21 世纪高等院校物流专业创新型应用人才培养规划教材

物流管理

主　编　张佺举　张　洪
副主编　王　兴　洪树权
参　编　杨　娜　赵　影

内 容 简 介

本书共分 15 章，主要包括物流的概念和功能、物流管理及发展、物流管理职能、运输管理、仓储管理与库存控制、包装学、装卸搬运、流通加工、配送与配送中心、物流信息管理、物流客户服务、物流成本管理、第三方物流、电子商务与物流、供应链管理。为满足应用型高素质人才的培养目标，同时使读者更好地学习物流管理的理论、技术与方法，本书力求选取最前沿理论，采用现代物流管理的新技术、新方法，每章均有导入案例、知识链接、小知识，在各章后均给出了本章小结、习题和案例分析，力求理论与实践的有机结合。

本书适用于高等教育本科物流管理专业及其他专业物流管理课程的教学，同时对从事物流管理的专业人员也具有较高的参考价值。

图书在版编目(CIP)数据

物流管理/张佺举，张洪主编 .—北京：北京大学出版社，2014.6
(21 世纪高等院校物流专业创新型应用人才培养规划教材)
ISBN 978-7-301-22161-7

Ⅰ.①物… Ⅱ.①张…②张… Ⅲ.①物流—物资管理—高等学校—教材 Ⅳ.①F252

中国版本图书馆 CIP 数据核字(2014)第 061533 号

书　　　名：	物流管理
著作责任者：	张佺举　张　洪　主编
策 划 编 辑：	王显超
责 任 编 辑：	刘　丽
标 准 书 号：	ISBN 978-7-301-22161-7/U · 0109
出 版 发 行：	北京大学出版社
地　　　址：	北京市海淀区成府路 205 号　100871
网　　　址：	http://www.pup.cn　新浪官方微博:@北京大学出版社
电 子 信 箱：	pup_6@163.com
电　　　话：	邮购部 62752015　发行部 62750672　编辑部 62750667　出版部 62754962
印 刷 者：	北京虎彩文化传播有限公司
经 销 者：	新华书店
	787 毫米×1092 毫米　16 开本　26 印张　602 千字
	2014 年 6 月第 1 版　2023 年 1 月第 7 次印刷
定　　　价：	49.00 元

未经许可，不得以任何方式复制或抄袭本书之部分或全部内容。
版权所有，侵权必究
举报电话：010-62752024　电子信箱：fd@pup.pku.edu.cn

前　　言

物流是整个经济、社会活动得以开展的基础。从总体上看，物流体现为物的物理流动，最终为用户服务；从具体内容上看，物流管理活动包括运输、储存、采购、包装、物料搬运、配送、流通加工等。

物流管理作为一门对企业影响深远的学科，旨在根据物质实体流动的规律，应用管理学、数学及经济学的基本原理和方法，对物流活动进行合理的规划、组织、协调和控制，以达到降低企业运作成本的目的，从而提高企业的运作效率和经济效益，并为客户创造价值。

随着我国经济的高速发展，物流人才在我国的需求数量越来越大，尤其是对有一定理论基础、实践能力强的专业人才的需求缺口更大。基于这样的经济背景，物流管理人才培养的落脚点应该放在以就业为导向，培养掌握一定物流理论知识、具备物流操作能力的应用型人才方面。

基于以上考虑，本书定位于应用型本科的物流管理、物流工程专业的入门教材，也适用于其他经管类专业的物流管理辅修教材。书中对现代物流管理的基本原理和基本方法作了深入浅出的全面介绍，涵盖了物流管理最主要的几个方面。

本书在编写体例上力求做到结构设计新颖、合理，书中每个章节的写作均以教学要点、导入案例、正文、小结、习题和案例分析作为主线编写，教学过程全部得到了展现。

本书由张佺举和张洪担任主编，负责全书的框架结构设计、部分内容编写及最后的统稿工作。王兴和洪树权任副主编。具体编写分工为：张洪负责编写第1章、第9章、第12章、第15章；王兴负责编写第2章、第5章、第7章、第8章；洪树权负责编写第3章、第4章、第11章；杨娜负责编写第6章、第13章；赵影负责编写第10章、第14章。

本书由张佺举、张洪、牛文学和熊小婷审稿并修正。

本书在编写过程中，参考了有关书籍和资料，在此向其作者表示衷心的感谢！本书在出版过程中，得到北京大学出版社的大力支持，在此一并表示衷心的感谢！

虽然整个编委均付出了艰辛的努力，限于编者的经验和水平，书中疏漏之处仍在所难免，恳请广大读者批评指正，以便后续修订之用。

编　者
2014 年 2 月

目 录

第1章 物流的概念和功能 ············ 1

1.1 物流概念溯源 ···················· 2
- 1.1.1 物流概念的孕育阶段 ······ 3
- 1.1.2 分销物流学阶段 ············ 4
- 1.1.3 现代物流学阶段 ············ 5

1.2 物流概述 ························ 6
- 1.2.1 物流的定义 ·················· 6
- 1.2.2 物流与商流、资金流、信息流的关系 ············ 9
- 1.2.3 物流的分类 ·················· 10

1.3 物流的功能 ······················ 12
- 1.3.1 物流的总体功能 ············ 13
- 1.3.2 物流的具体功能 ············ 13

1.4 物流合理化 ······················ 16
- 1.4.1 物流合理化的概念 ········ 16
- 1.4.2 物流合理化的原则 ········ 16
- 1.4.3 物流合理化的目标 ········ 17

本章小结 ································ 18
习题 ···································· 19
案例分析 ······························ 19

第2章 物流管理及发展 ············ 21

2.1 物流管理概述 ···················· 22
- 2.1.1 物流管理的含义 ············ 22
- 2.1.2 物流管理的目标与原则 ···· 26
- 2.1.3 物流管理的内容 ············ 27
- 2.1.4 物流管理发展的五个阶段 ···· 28
- 2.1.5 物流管理的相关理论 ······ 29

2.2 国外物流管理发展概况 ········ 32
- 2.2.1 美国物流管理发展历史 ···· 32
- 2.2.2 日本物流管理发展历史 ···· 34
- 2.2.3 德国物流管理发展历史 ···· 36

2.3 我国物流发展概况 ·············· 38
- 2.3.1 我国物流管理发展历史 ···· 38
- 2.3.2 我国物流管理发展现状 ···· 39

2.4 现代物流管理发展趋势 ········ 41

本章小结 ································ 44
习题 ···································· 44
案例分析 ······························ 45

第3章 物流管理职能 ················ 46

3.1 物流管理的职能及划分 ········ 48
- 3.1.1 物流管理的职能概述 ······ 49
- 3.1.2 物流管理的职能划分 ······ 49

3.2 物流管理的决策职能 ············ 53
- 3.2.1 物流管理的决策概述 ······ 53
- 3.2.2 物流企业决策的原则 ······ 54

3.3 物流管理的计划职能 ············ 56
- 3.3.1 物流计划概述 ················ 57
- 3.3.2 物流计划的类别 ············ 57
- 3.3.3 物流计划的制订步骤 ······ 58

3.4 物流管理的组织职能 ············ 60
- 3.4.1 物流组织结构设计 ·········· 60
- 3.4.2 物流组织结构模式 ·········· 62

本章小结 ································ 63
习题 ···································· 64
案例分析 ······························ 64

第4章 运输管理 ······················ 67

4.1 运输的基本知识与原理 ········ 68
- 4.1.1 运输的概念与特征 ·········· 68
- 4.1.2 运输原理 ······················ 73

4.2 现代基本运输方式 ·············· 75
- 4.2.1 铁路运输 ······················ 76
- 4.2.2 水路运输 ······················ 78
- 4.2.3 公路运输 ······················ 80
- 4.2.4 航空运输 ······················ 82
- 4.2.5 管道运输 ······················ 83

4.3 复合运输与国际运输 ············ 85
- 4.3.1 多式联运 ······················ 85
- 4.3.2 国际运输 ······················ 88

4.4 运价的计算 ······················ 94
- 4.4.1 公路货物运输运价计算 ···· 94
- 4.4.2 班轮货物运输运价计算 ···· 97
- 4.4.3 铁路货物运输运价计算 ···· 98
- 4.4.4 航空货物运输运价计费 ··· 100

本章小结 ······························ 108
习题 ·································· 108
案例分析 ···························· 110

第5章 仓储管理与库存控制 …… 112

- 5.1 仓储管理概述 …… 114
  - 5.1.1 仓储管理的含义 …… 114
  - 5.1.2 仓储活动的意义 …… 116
  - 5.1.3 仓储活动的作用 …… 118
  - 5.1.4 仓储管理信息系统 …… 121
- 5.2 仓库作业流程 …… 125
  - 5.2.1 入库作业 …… 125
  - 5.2.2 保管作业 …… 126
- 5.3 仓储管理模式与仓储合理化 …… 129
  - 5.3.1 仓储管理模式 …… 129
  - 5.3.2 管理模式的决策依据 …… 134
- 5.4 库存管理与库存控制 …… 137
  - 5.4.1 库存与库存管理 …… 137
  - 5.4.2 库存成本的构成 …… 139
  - 5.4.3 影响库存控制决策的因素 …… 142
  - 5.4.4 库存控制的方法 …… 144
  - 5.4.5 MRP与MRPⅡ库存控制方法的应用 …… 149
  - 5.4.6 企业制造资源计划ERP中的仓储管理应用 …… 152
  - 5.4.7 JIT概述 …… 153
- 本章小结 …… 154
- 习题 …… 155
- 案例分析 …… 155

第6章 包装学 …… 156

- 6.1 包装概述 …… 157
  - 6.1.1 包装的概念 …… 157
  - 6.1.2 包装的分类 …… 158
  - 6.1.3 包装标志 …… 160
  - 6.1.4 包装标准化 …… 163
- 6.2 包装材料与制品 …… 165
  - 6.2.1 纸包装材料与制品 …… 165
  - 6.2.2 塑料包装材料与制品 …… 169
  - 6.2.3 金属包装材料与制品 …… 173
  - 6.2.4 木质包装材料与制品 …… 176
- 6.3 物流包装技术 …… 179
  - 6.3.1 防霉腐包装技术 …… 179
  - 6.3.2 缓冲防震包装技术 …… 184
  - 6.3.3 防伪包装技术 …… 185
- 本章小结 …… 187
- 习题 …… 187
- 案例分析 …… 188

第7章 装卸搬运 …… 190

- 7.1 装卸搬运概述 …… 191
  - 7.1.1 装卸搬运的概念 …… 191
  - 7.1.2 装卸搬运的地位 …… 192
  - 7.1.3 装卸搬运的组成 …… 193
  - 7.1.4 装卸搬运的作业方式 …… 194
- 7.2 装卸搬运机械 …… 196
  - 7.2.1 装卸搬运机械的含义 …… 196
  - 7.2.2 装卸搬运机械的作用及采取的措施 …… 196
  - 7.2.3 装卸搬运机械的分类 …… 197
- 7.3 装卸搬运合理化原则及途径 …… 200
  - 7.3.1 装卸搬运的合理化原则 …… 200
  - 7.3.2 装卸搬运的合理化途径 …… 201
- 本章小结 …… 204
- 习题 …… 204
- 案例分析 …… 205

第8章 流通加工 …… 206

- 8.1 流通加工概述 …… 207
  - 8.1.1 流通加工的概念 …… 207
  - 8.1.2 流通加工产生的原因 …… 207
  - 8.1.3 流通加工与生产加工的区别 …… 208
- 8.2 流通加工的类型与方式 …… 209
  - 8.2.1 流通加工的类型 …… 209
  - 8.2.2 流通加工的方式 …… 211
- 8.3 流通加工合理化 …… 215
  - 8.3.1 实现流通加工合理化的途径 …… 215
  - 8.3.2 不合理流通加工的几种主要形式 …… 216
- 本章小结 …… 217
- 习题 …… 217
- 案例分析 …… 218

第9章 配送与配送中心 …… 219

- 9.1 配送与配送中心概述 …… 220
  - 9.1.1 配送概述 …… 220
  - 9.1.2 配送中心概述 …… 223
- 9.2 配送中心规划与设计 …… 226
  - 9.2.1 配送中心规划与设计概述 …… 226

  9.2.2 配送中心的选址 …………… 227
  9.2.3 配送中心的系统规划 …… 228
 9.3 配送中心作业管理 ……………… 235
  9.3.1 进货作业 …………………… 235
  9.3.2 储存作业 …………………… 237
  9.3.3 订单处理作业 ……………… 239
  9.3.4 补货作业 …………………… 241
  9.3.5 拣货作业 …………………… 242
  9.3.6 出货作业 …………………… 245
  9.3.7 送货作业 …………………… 247
  9.3.8 退货处理作业 ……………… 249
 9.4 配送合理化 ……………………… 250
  9.4.1 不合理配送的表现形式 …… 250
  9.4.2 合理配送的评价标准 …… 251
  9.4.3 配送合理化的措施 ……… 252
 本章小结 ……………………………… 252
 习题 …………………………………… 253
 案例分析 ……………………………… 253

第10章 物流信息管理 ………………… 255

 10.1 物流信息概述 ………………… 256
  10.1.1 物流信息的定义 ………… 256
  10.1.2 物流信息的特征 ………… 257
  10.1.3 物流信息的分类 ………… 257
 10.2 物流信息技术 ………………… 259
  10.2.1 自动识别技术 …………… 259
  10.2.2 电子数据交换技术 ……… 267
  10.2.3 全球定位系统 …………… 272
  10.2.4 地理信息系统 …………… 274
 10.3 物流信息系统 ………………… 276
  10.3.1 物流信息系统的概念 …… 276
  10.3.2 物流信息系统的总体结构 …… 277
  10.3.3 物流信息系统的类型 …… 279
  10.3.4 典型的物流信息系统 …… 280
 本章小结 ……………………………… 283
 习题 …………………………………… 284
 案例分析 ……………………………… 285

第11章 物流客户服务 …………………… 288

 11.1 物流客户服务概述 …………… 289
  11.1.1 客户服务概述 …………… 289
  11.1.2 物流客户服务定义 ……… 290
  11.1.3 全面物流质量管理 ……… 290

 11.2 物流客户服务内容与标准体系 … 294
  11.2.1 物流客户服务内容 ……… 294
  11.2.2 物流客户服务衡量指标 …… 298
 11.3 物流客户服务战略 …………… 300
  11.3.1 缺货战略 ………………… 300
  11.3.2 成本与服务战略 ………… 302
  11.3.3 客户服务 ABC 分析战略 … 304
  11.3.4 客户服务自我检查战略 …… 306
  11.3.5 客户服务延伸战略 ……… 307
 11.4 其他特殊物流客户服务 ……… 307
  11.4.1 应急服务 ………………… 307
  11.4.2 召回服务 ………………… 308
 本章小结 ……………………………… 308
 习题 …………………………………… 308
 案例分析 ……………………………… 309

第12章 物流成本管理 …………………… 311

 12.1 物流成本管理概述 …………… 312
  12.1.1 物流成本与物流成本管理的概念 ……………………… 312
  12.1.2 物流成本的构成 ………… 313
  12.1.3 物流成本管理的分类 …… 316
 12.2 物流成本的计算 ……………… 317
  12.2.1 物流成本的计算对象 …… 317
  12.2.2 物流成本的计算方法 …… 318
  12.2.3 物流成本计算程序 ……… 319
 12.3 物流成本的分析、预测与决策 … 321
  12.3.1 物流成本的分析 ………… 321
  12.3.2 物流成本的预测 ………… 324
  12.3.3 物流成本的决策 ………… 329
 12.4 影响物流成本的因素及降低物流成本的途径 ……………… 330
  12.4.1 影响物流成本的因素 …… 330
  12.4.2 降低物流成本的途径 …… 331
 本章小结 ……………………………… 332
 习题 …………………………………… 333
 案例分析 ……………………………… 334

第13章 第三方物流 ……………………… 335

 13.1 第三方物流理论 ……………… 336
  13.1.1 第三方物流的概念 ……… 336
  13.1.2 第三方物流的价值 ……… 337

13.1.3 第三方物流的分类 ……… 339
  13.1.4 国外第三方物流的发展
     状况 ……………………… 340
 13.2 第三方物流的营销管理 ……… 342
  13.2.1 第三方物流市场营销的
     含义和特点 ……………… 342
  13.2.2 第三方物流市场营销的
     过程 ……………………… 343
  13.2.3 第三方物流营销战略和
     计划 ……………………… 345
 13.3 第三方物流的客户服务 ……… 346
  13.3.1 第三方物流客户服务概述 …
     ……………………………… 346
  13.3.2 第三方物流的客户需求
     分析 ……………………… 347
  13.3.3 制定第三方物流客户服务
     方案 ……………………… 349
 13.4 第三方物流的项目管理 ……… 350
  13.4.1 第三方物流项目决策 …… 350
  13.4.2 第三方物流项目招标 …… 351
  13.4.3 第三方物流项目投标 …… 353
 本章小结 …………………………… 354
 习题 ………………………………… 354
 案例分析 …………………………… 355

第14章 电子商务与物流 ……… 356

 14.1 电子商务概述 ………………… 357
  14.1.1 电子商务的概念 ………… 357
  14.1.2 电子商务的特点 ………… 358
  14.1.3 电子商务的主要模式 …… 358
 14.2 电子商务与物流的关系 ……… 360
  14.2.1 物流对电子商务的影响 …
     ……………………………… 360
  14.2.2 电子商务对物流的影响 …
     ……………………………… 361
 14.3 电子商务环境下的物流作业流程 … 363
  14.3.1 电子商务下的物流系统 …
     ……………………………… 363

  14.3.2 电子商务下的物流流程 …
     ……………………………… 366
  14.3.3 电子商务物流作业流程 …
     ……………………………… 367
 14.4 电子商务物流模式 …………… 369
  14.4.1 电子商务下的物流模式
     类型 ……………………… 369
  14.4.2 电子商务下企业物流模式的
     选择 ……………………… 371
 本章小结 …………………………… 372
 习题 ………………………………… 373
 案例分析 …………………………… 374

第15章 供应链管理 ……………… 376

 15.1 供应链与供应链管理概述 …… 378
  15.1.1 供应链概述 ……………… 378
  15.1.2 供应链管理概述 ………… 380
 15.2 供应链的设计与优化 ………… 382
  15.2.1 供应链的设计 …………… 382
  15.2.2 供应链的优化 …………… 385
 15.3 供应链绩效评价 ……………… 387
  15.3.1 供应链绩效评价概述 …… 387
  15.3.2 供应链绩效评价指标
     体系 ……………………… 388
 15.4 供应链管理的基本方法 ……… 394
  15.4.1 快速反应 ………………… 395
  15.4.2 有效客户响应 …………… 396
 本章小结 …………………………… 397
 习题 ………………………………… 397
 案例分析 …………………………… 398

参考文献 ……………………………… 400

第1章 物流的概念和功能

【本章教学要点】

知识要点	掌握程度	相关知识
物流概念溯源	了解	物流概念的孕育阶段、分销物流学阶段和现代物流学阶段
物流概述	熟悉	物流的定义
	掌握	物流与商流、资金流、信息流的关系
	了解	物流的分类
物流的功能	掌握	物流的总体功能
	掌握	物流的具体功能
物流合理化	了解	物流合理化的概念
	掌握	物流合理化的原则
	掌握	物流合理化的目标

【名人名言】

　　物流是企业的管理革命。
　　在网络经济时代,一个现代企业必须要搞现代化物流。如果不搞现代化物流,你就无物可流。
　　对海尔来讲,物流可以使我们寻求和获得核心竞争力。

——海尔集团董事长张瑞敏

导入案例

海尔物流：整合与改造

海尔公司于1984年创立于青岛。创业以来，海尔坚持以用户需求为中心的创新体系驱动企业持续健康发展，从一家资不抵债、濒临倒闭的集体小厂发展成为全球最大的家用电器制造商之一。2011年，海尔集团全球营业额1 509亿元，在全球17个国家拥有8万多名员工，海尔的用户遍布世界100多个国家和地区。

海尔的物流化之路始于1999年。从1999年开始，海尔开始进行以"市场链"为纽带的业务流程再造，创造了富有海尔特色的"一流三网"的同步物流模式。"一流"是以订单信息网为中心；"三网"分别是全球供应资源网络、全球配送资源网络和计算机网络。"同步"即"三网"同步运行，为订单信息流的增值提供支持。

海尔进行的以"一流三网"为主要标志的物流革命，并其核心就是以订单信息流为中心对仓库进行革命，并通过同步模式以高效物流运作实现"与用户零距离"的战略目标，使海尔通过现代物流一只手抓住用户的需求，另一只手抓住可以满足用户需求的全球供应链，从而获得企业核心竞争力。

海尔实施了采购JIT。海尔物流整合的第一步是整合采购，即将集团的采购活动全部集中，在全球范围内采购质优价廉的零部件。海尔一年的采购费用约150亿元，有1.5万个品种、2 000多个供应商。通过整合采购，海尔将供应商的数目减少到900家（世界500强企业中有44家为海尔的供应商），集团采购人员优化掉1/3，成本每年环比降低4.5%以上。

海尔还实施了原材料配送JIT，建立了现代化的立体仓库及自动化物流中心。在立体库建立之前，海尔的平均库存时间为30天，仅海尔工业园企业的外租仓库就达20余万平方米。在两个立体库建成后，平均库存周转时间已经减至12天，整个集团仓库占地仅为2.6万平方米，即以原仓储面积1/10的空间承担起原仓储的全部功能。对订单的响应速度从原来的36天，降低到目前的不到10天。

海尔还实施了成品分拨物流JIT。海尔在采购整合后，又整合了全球配送网络，将产品及时按要求送到用户手中。目前，海尔与300多家运输公司建立了紧密的合作关系，全国可调配的车辆达1.6万辆。目前可做到中心城市6～8小时配送到位，区域配送24小时到位，全国主干线分拨配送平均4天，形成了全国最大的分拨物流体系。海尔还在德国的汉堡港等地建立了物流中心，向欧洲客户供货的时间也因此缩短了一半以上。值得一提的是，海尔物流运用已有的配送网络和资源，并借助较完备的信息系统，积极拓展社会化物流业务，目前已成为日本美宝集团、乐百氏集团的物流代理商，同时与ABB公司、雀巢公司、万家香酱园、伊利奶粉的物流及配送业务也在顺利开展。

点评

海尔物流是我国现代物流管理应用的典范，其科学先进的物流管理思想和方法对企业的发展起到了积极的作用。物流不仅是企业新的利润增长点，同时也是推动企业发展的重要动力，其在经济社会中的作用越来越显著。通过对物流进行科学管理，可以提高物流效率，从而提高企业效益和社会效益。

1.1 物流概念溯源

物流是一个古老的话题，自有商品生产开始就产生了物流，随着商品生产和商品流通规模与范围的扩大，物流也经历了由简单到高级、由传统到现代的发展过程，物流的发展体现了物流适应技术进步和经济发展要求，与时俱进、不断创新的时代风貌。回顾物流的发展历程和理解历史上经典的物流概念，不仅有利于了解物流的发展规律，更有利于全面深入地理解物流的内涵。物流概念最早起源于 20 世纪初的美国。从 20 世纪初到现在近一个世纪的时间内，物流概念的产生和发展经历了 3 个阶段。

1.1.1 物流概念的孕育阶段

20 世纪初到 50 年代是物流概念的孕育和提出阶段。此阶段对物流概念的理解分为以下两种意见。

1. 军事后勤学派的物流概念

1905 年，美国少校琼斯·贝克(Chauncey B. Baker)在其所著的《军队和军需品运输》一书中就提出了物流概念，叫做 Logistics。该书从军事后勤的角度提出，"那个与军备的移动和供应相关的战争艺术的分支就叫物流"。

知识链接

琼斯·贝克所指的物流是从军事后勤的角度来定义的，主要解决军备物资的运输、储存、供应问题，这实际上就是军队后勤部门的工作。这类物资的特点之一是数量大，而战时就更大，且很紧急，所以显得特别重要。他把这一类后勤工作定义为 Logistics，包含后勤学、后勤的意思。

2. 营销学派的实体分配概念

阿奇·萧(Arch W. Shaw)是最早提出物流概念并进行实际探讨的学者，他在 1915 年由哈佛大学出版社出版的《市场流通中的若干问题》一书中指出，在市场分销中，存在两类活动：一类叫做创造需求，一类叫做物资实体分配(Physical Distribution of Goods)。他认为这两类活动是不同的，但是在市场分销中是互相平衡、互相依赖的。他认为市场分销中发生的重大失误，往往是由这两类活动之间缺乏协调造成的。

知识链接

阿奇·萧所指的物流是从市场营销的角度来定义的，主要是研究如何把企业的产品分送到客户手中的活动。正如阿奇·萧所说，这个当中，确实有两类活动，一类是创造需求，也就是通过广告、促销、市场分析、销售网络等手段，让更多的人来购买企业的产品；另一类就是实体分配，也就是怎么样低成本、及时地将客户订购的产品送到客户手中。这两类活动确实是互相联系、互相平衡的。实际上，前者即"商流"，后者即"物流"，而这二者之间当然是互相联系、互相平衡的。

这两个不同意义的概念，之所以都存续了下来，是因为它们在各自的专业领域中得到了一定程度的响应、应用和发展。

在军事后勤领域，在 1941—1945 年第二次世界大战期间，美国军事后勤活动的开展，以及英国在战争中对军需物资的调运的实践都大大充实和发展了军事后勤学的理论、方法和技术，因此支持了这一学说的发展。在第二次世界大战后，Logistics 的运作理念和方法被广泛地运用到企业界。

而在营销领域，1915 年，威尔德(L. H. H. Weld)在《农场产品的市场营销》中指出市场营销的效用包括时间效用、场所效用、所有权效用的概念和营销渠道的概念，从而肯定了物流在创造产品的市场价值中的时间价值及在场所性价值中的重要作用。

1922年,著名营销专家克拉克(F.E.Clark)在《市场营销原理》中将市场营销定义为影响商品所有权转移的活动和包括物流的活动,从而将物流进一步纳入市场营销的研究范畴之中,并用物流依次作为要素研究企业经营活动中的运输、储存等业务活动。

在物流概念的孕育阶段,对物流的认识还没有统一的看法,社会上绝大多数人还基本上没有物流和物流业的概念。

1.1.2 分销物流学阶段

第二个阶段从20世纪50年代中期开始到20世纪80年代中期,可以叫做分销物流学(Physical Distribution)阶段。该阶段的基本特征表现为分销物流概念得到发展,从美国走向世界,形成了较为统一的物流概念,形成和发展了物流管理学,并且也形成了物流学派。

1. 分销物流概念的发展与完善

1954年,鲍尔·D.康柏斯在美国波士顿工商会议所召开的第26次波士顿流通会议上,发表了题为"市场营销的另一半"的演讲,指出应该重视认识、研究市场营销中的物流。

1956年,霍华德·T.莱维斯、吉姆斯·W.克里顿和杰克·D.斯蒂勒3人撰写了《物流中航空货运的作用》一书,书中第一次在物流管理中导入了整体成本的分析概念,深化了物流活动分析的内容。

1961年,爱德华·W.斯马凯伊、唐纳德·J.鲍尔索克斯和弗兰克·H.莫斯曼撰写了《物流管理》,这是世界上第一本介绍物流管理的教科书,它详细论述了物流系统以及整体成本的概念,为物流管理成为一门学科奠定了基础。20世纪60年代初期,密执安州立大学以及俄亥俄州立大学分别在大学部和研究生部开设了物流课程,成为了世界上最早把物流管理教育纳入大学学科体系中的学校。

1963年,成立了美国物流管理协会,该协会将各方面的物流专家集中起来,提供教育、培训活动,这一组织成为世界第一个物流专业人员组织。

1969年,唐纳德·J.鲍尔索克斯在《市场营销》杂志上刊登了《物流的发展——现状与可能》,对综合物流概念的过去、现状以及未来发展做出了全面分析。

2. 物流管理学理论体系的形成

从20世纪50年代中叶开始,日本经济开始复苏。随着经济的高度发展,许多企业面临着运输基础设施及运输业与需求不匹配的情况,同时企业综合管理、流通系统化和提高劳动生产率等课题亟待解决。1956年,日本生产性本部向美国派出了"流通技术考察团",在美国各地进行实地考察,并接触到物流这一全新概念。1958年,考察团刊登在日本《流通技术》杂志上的"劳动生产率报告33号",第一次提到PD(Physical Distribution)概念。由此,PD概念正式引入日本,并大大推动了日本的物流发展。

同样,这样的物流概念也逐渐流行到西欧、北美和其他许多国家。70年代末也传到了中国。这样,基本上全世界各个国家都接受了这样的物流概念和物流管理学。

分销物流学主要研究物流活动(如运输、仓储、包装、装卸搬运、流通加工等)在分销领域的优化问题。在该阶段，各种物流专业理论和应用发展也取得了很大的进展，例如运输理论、仓储理论、配送理论、库存理论、包装理论、网点布局理论、信息化理论以及它们的应用技术等。

3. 企业内部物流理论异军突起

在物流管理理论的发展上，特别值得注意的是，企业内部物流理论的异军突起。当人们正在专注地研究分销领域中的物流问题、发展各种专业物流理论和技术的时候，企业内部生产物流理论也在悄悄地发展起来。

1965年，美国奥列基(Orlicky)博士首次区分独立与相关需求概念，并提出再订购点法适用于独立需求而物料需求计划(Material Resource Planning，MRP)适用于相关需求。而企业内部的生产过程相互之间的需求就是一种相关需求。

20世纪80年代，美国著名生产管理专家奥列夫·怀特(Oliver W Wight)提出了一个新概念——制造资源计划(Manufacturing Resource Planning)，为了与物料需求计划的MRP相区别，将其简写为MRP Ⅱ。

在MRP发展的基础上，受MRP思想原理的启发，80年代又产生了应用于分销领域的物资资源配置技术(Distribution Resource Planning，DRP)。

在MRP和DRP发展的基础上，为了把二者结合起来，美国Gartner Group公司在90年代提出了企业资源计划(Enterprise Resource Planning，ERP)概念。

这一时期日本丰田公司创造的准时制生产技术(Just In Time，JIT)以及相应的看板管理是生产领域物流技术的另外一朵奇葩。它不光在生产领域创造了一种革命性的哲学和技术，而且为整个物流管理学提供了一种理想的物流思想理论和技术，现在已经应用到物流的各个领域。

企业内部物流理论和技术的快速发展，逐渐引起了人们的关注。分销物流的概念显然不能包含它们。到了20世纪80年代中期，随着物流活动进一步集成化、一体化、信息化的发展，物流概念发展到了第三个阶段。

1.1.3 现代物流学阶段

第三个阶段从20世纪80年代中期开始一直到现在，称为现代物流学(Logistics)阶段。随着物流业的发展，物流的领域已经延伸至分销以外的领域，包括物资的供应、生产、分销及回收与废弃物的全过程。全世界都意识到，原来分销物流的概念，已经不适应现在的形势，应该扩大概念的内涵。于是，决定采用Logistics作为物流的概念。在该阶段，物流概念得到了进一步的延伸和发展。

自20世纪80年代中期以来，企业内部的集成化物流如下：MRP Ⅱ是将生产管理与生产能力计划、采购管理、仓储管理、车间管理、成本管理等集成起来，面向企业内部管理；ERP是把MRP Ⅱ与人事管理、设备管理、行政办公等系统集成起来，面向供应链管理。

物流外包和第三方物流的产生，进一步导致物流专业化、技术化和集成化，从而实现了生产和物流的分工合作，提高了各自的核心竞争力。

20世纪90年代供应链理论的诞生和供应链管理系统的形成进一步导致了物流管理的联合化、共同化、集约化和协调化。

知识链接　从学会的演变看物流的发展

1963年,美国成立了国家物流管理协会(National Council of Physical Distribution Management, NCPDM);1985年,更名为美国物流管理协会(The Council of Logistics Management, CLM);2005年,更名为美国供应链管理专业协会(Council of Supply Chain Management Professionals, CSCMP)。

加拿大物流管理协会于1967年成立时叫 The Canadian Association of Physical Distribution;1992年,更名为 The Canadian Association of Logistics Management;2000年,更名为 The Canadian Association of Supply Chain & Logistics Management。

从美加两国物流学会命名的演变,可以揭示出物流发展的进程。从最初局限于分销领域,到20世纪80年代扩展到全过程的物流领域,再到90年代关注供应链管理。

1.2　物　流　概　述

1.2.1　物流的定义

国内外物流专家关于物流的定义众说纷纭,但基本都包括以下内容:物流是克服时间间隔和空间间隔的经济性活动;物流包括物资流通和信息流通。

1. 国外对物流的定义

1) 美国对物流的定义

美国国家物流管理协会(NCPDM)于1963年对物流的定义如下:物流管理是为了计划、执行和控制原材料、在制品库存及制成品从起源地到消费地的有效率的流动而进行的两种或多种活动的集成。这些活动可能包括但不仅限于顾客服务、需求预测、交通、库存控制、物料搬运、订货处理、零件及服务支持、工厂及仓库选址、采购、包装、退货处理、废弃物回收、运输、仓储管理。

美国物流管理协会(CLM)于1985年对物流的定义如下:物流是对货物、服务及相关信息从起源地到消费地的有效率、有效益的流动和储存进行计划、执行和控制,以满足顾客要求的过程。该过程包括进向、去向和内部、外部的移动以及以环境保护为目的的物料回收。

美国物流管理协会(CLM)于1998年对物流进行了重新定义:物流是供应链运作中,以满足客户要求为目的,对货物、服务和相关信息在产出地和消费地之间实现高效率低成本的正向和反向的流动和储存所进行的计划、执行和控制的过程。

美国学者查尔斯·塔夫将物流定义为对到达以及离开生产线的原料,在制品和产成品的运动、存储和保护活动的管理。它包括运输、物料搬运、包装、仓储、库存控制、订货销售、选址分析和有效管理所必需的通信网络等。

2) 日本对物流的定义

日通综合研究所于1981年出版的《物流手册》中这样解释:物流是将货物由供应者向需求者的物理性移动,是创造时间价值和场所价值的过程的活动,包括包装、搬运、保管、库存管理、运输、配送等活动领域。

日本工业标准(JIS)对物流的定义:物流是将实物从供给者物理性移动到用户这一过

程的活动，一般包括输送、保管、装卸以及与其有关的情报等各种活动。

日本早稻田大学教授西泽修在定义物流时说：物流是指包装、输送、保管、装卸工作，主要以有形物资为中心，所以称之为物资流通。在物资流通中加进情报流通，又称之为物流。

日本另一位物流专家汤前和夫认为：物流是一个包含"整体观点"的概念，是指产品从工厂生产出来到送达顾客手中这一过程的"结构"。

3）其他国家与地区的物流定义

欧洲物流协会(European Logistics Association，ELA)于1994年将物流的定义为在一个系统内对人员和商品的运输、安排及与此相关的支持活动进行计划、执行和控制，以达到特定的目的。

1991年11月，在荷兰乌德勒支市举办的第9届物流国际会议上，专家们认为，物流不仅应当包括生产前和生产过程中的物质流和信息流，而且应当包括生产之后的市场营销活动、售后服务、市场组织等领域。

加拿大物流管理协会(Canadian Association of Logistics Management，CALM)将物流定义如下：物流是对原材料、在制品、产成品库存及相关信息从起源地到消费地的有效率的、有效益的流动和储存进行计划、执行和控制，以满足顾客要求的过程。该过程包括进向、去向和内部流动。

2. 我国的物流的定义

2006年12月4日起正式实施的由国家质量技术监督局发布的中华人民共和国国家标准《物流术语》中规定：物流是物品从供应地向接收地的实体流动过程。根据实际需要，将运输、储存、装卸、搬运、包装、流通加工、配送、信息处理等基本功能实现有机结合。

我国著名物流学专家王之泰认为：物流是物质资料从供给者到需求者的物理性运动，主要是创造时间价值和场所价值，有时也创造一定加工价值的活动。

除此之外，也有学者提出了"现代物流"的概念。

张尧辰认为，现代物流是现代市场经济的重要组成部分，是一种先进的组织和管理模式。一个信息化的现代物流企业的特征是企业管理信息化、企业运营网络化、企业设备现代化。

王佐认为，"现代物流"这个术语的运用与"现代管理"、"现代企业制度"等术语一样，也是一种企业改革和发展的心态，是我国物流产业发展的标杆。从历史的角度来看，物流理念的内涵和外延一直伴随着物流运作的实践和企业经营管理理念的发展而发展，并且呈加速之势，现代物流就是客户服务。

陈春益认为，现代物流与传统物流的区别在于，后者仅仅是作业管理，旨在提高部门如运输、仓储的效率(Efficiency)，而现代物流则可以提升企业战略管理能力，旨在提升部门、企业甚至企业之间的效能(Effectiveness)。

本书采用的物流概念引自《物流术语》。

3. 物流现代化观念

物流现代化观念是建立在经济发展和科学进步的现代化基础上的。

1) 物流是市场的延伸观念

自20世纪20年代以来，物流还被看做是流通的一种附属机能。而自20世纪30年代起，人们从有利于商品销售的愿望出发，开始探讨如何进行"物资的配给"和怎样加强对"物质分布过程"的合理化管理。对物流进行研究的核心思想正如日本学者羽田升史所说："物流被看成是市场的延伸。"

"物流被看成是市场的延伸"这一提法，在新的时代背景下，人们又赋予其新的内涵。

（1）通过为用户提供物流服务来开拓市场。

（2）将物流功能和物流设施的建设，看做是潜在的市场机会。

（3）物流被看做是市场竞争的手段和策略。

（4）物流被视为企业的核心竞争力的重要来源。

2) 物流系统化观念

物流系统是指在特定的社会经济大环境里，由运输、储存、包装、装卸搬运等物流设施设备与物流的对象物所构成的，具有特定功能的有机整体。20世纪50年代～60年代期间，物流活动纯粹是建立在功能基础上的后勤工作，基本没有考虑物流系统化的问题。即便是计算机技术被运用于物流定量优化的初期，人们的注意力仍然局限于改善特定的物流功能因素的绩效，而没有从全局的角度去考虑整个物流系统。

现代物流管理追求的是物流系统的最优化，它要求实现物流总成本最小化，这是物流合理化的重要标志。但传统的物流管理往往将注意力集中于尽可能使每一项个别物流活动成本最小化，而忽视了物流总成本，忽视了物流要素之间存在着二律悖反的关系。即一个部门的高成本会因其他部门成本的降低或效益的增加而抵消的相互作用关系。从系统的观点看，构成物流的各功能之间存在着明显效益背反关系。例如，采用高速运输会增加运输费用，但是，运输的迅速化会使库存量降低，从而节省了库存费用和保养费用，最终导致物流总费用的降低。现代物流就是要利用物流要素之间存在的二律悖反关系，通过物流各个功能活动的相互配合和总体协调，从而达到物流总成最小化的目标。

3) 精益物流观念

精益物流是起源于日本丰田汽车公司的一种物流管理思想，其核心是追求消灭包括库存在内的一切浪费，并围绕此目标发展的一系列具体方法。它是从精益生产的理念中蜕变而来的，是精益思想在物流管理中的应用。

精益物流的内涵是运用精益思想对企业物流活动进行管理，其基本包括以下几项原则。

（1）从顾客的角度而不是从企业或职能部门的角度来研究什么可以产生价值。

（2）按整个价值流确定供应、生产和配送产品中所有必需的步骤和活动。

（3）创造无中断、无绕道、无等待、无回流的增值活动流。

（4）及时创造仅有顾客拉动的价值。

（5）不断消除浪费，追求完善。

4) 绿色物流观念

绿色物流是指在物流活动中，组织者应尽量防止物流对环境造成危害，同时还要对物流环境进行净化，以使物流资源得到最充分的利用。环境共生型的物流管理就是要改变原来经济发展与物流、消费生活与物流的单向作用关系，在抑制物流对环境造成危害的同时，形成一种能促进经济发展和人类健康发展的物流系统，即向绿色物流、循环型物流转变。

1.2.2 物流与商流、资金流、信息流的关系

商品流通过程包含商流、物流、资金流和信息流,如图1.1所示。它们互相联系,又互相区别;互相结合,又互相分离。

图1.1 流通活动示意图

1. 四流的概念

1) 商流

对象物所有权转移的活动称为商流。在商流中的物资也称为商品,商流活动一般称为贸易或交易。商品通过交易活动由供给方转让给需求方,这种转让是按价值规律进行的。商流的研究内容是商品交换的全过程,具体是指商品交易的一系列活动。

2) 物流

物流是指实物从供应方向需求方的转移过程,这种转移既要通过运输或搬运来完成实物的空间位置变化,又要通过储存保管来调节供需双方在时间方面的差异,还有可能通过流通加工来改变实物的物理或化学性质。

例如,作为燃烧的煤,在漫长的历史时期中埋藏在深山里,它和泥土、石块等一样没有体现任何价值,只有经过采掘、输送到城市用来作为发电、取暖的燃料,才能成为重要的物资。它的使用价值是通过运输克服了空间距离才得以实现的,这就是物流的空间效应。

又如,大米的种植和收获是季节性的,多数地区每年收获一次。但是对消费者而言,大米作为食品,每天都要消耗,必须进行保管以保证经常性的需要,供人们食用以实现其使用价值。这种使用价值是通过保管克服了季节性生产和经常性消费的时间差后才得以实现的,这就是物流的时间效应。

3) 资金流和信息流

资金流是在所有权的更迭的交易过程中发生的,从属于商流。

信息流则分别从属于商流和物流。信息流解决的是物流与商流、资金流之间的信息传递。

2. 商流与物流的关系

1）商流与物流的统一

商流是物流的前提。商品交换活动没有产品所有权的转移，那么实物的空间位移则无从谈起。实物运动方向与商品交易方向具有一致性的普遍规律。

物流是商流的保证。商品发生所有权的转移，从根本上来讲，购买者是对商品的使用价值情有独钟。如果设想由于物流条件的不具备或实物运动过程受阻，则商品不能到达购买者手中，那么商流就失去了保证。

在小额、零星的交易活动中，"一手交钱，一手交货"的情况下，商流和物流会结合在一起。但随着商品经济的发展，上述商流与物流结合在一起的情况虽然仍有存在，但是人们站在现代管理和科学技术上考察商品流通的全过程时发现：物流如果和商流完全一致，则存在着不合理性。

2）商流与物流的分离

商流与物流产生分离是由于商流与物流存在相对的独立性，即商流可以通过谈判等交易手段完成，资金流可以通过金融系统完成，从而实现了所有权的转让。而物流完全可以脱离资金流单独运行，经过运输、储存、配送等环节将货物送达客户手中。有时如果按照一定的原则优化了物流的渠道，使得物流与商流分离，则可以节约大量成本，加快物资流通的速度。

商流与物流相分离的形式，有时表现为时间上的分离，如赊账、分期付款、托收承付的物流在前、商流在后的形式，也有预购、信汇、电汇等商流在前、物流在后的形式。有时则表现为商流与物流在空间上的分离，如甲地购物或签订协议完成商流，乙地提货完成物流。也有商流多环节，物流少环节或者物流少环节，商流多环节的情况。如产品由甲销售给乙，再由乙销售给丙，此时，所有权从甲向乙再向丙转移，而物流只需由甲直接向丙转移，这种方式简化了物流环节，降低了物流成本。

在商品交易中，也存在只有商流而没有物流的特殊现象，这就是房屋、建筑物等的交易。这些商品虽然会发生所有权转移，但并不发生位置上的位移。

总之，商流和物流构成了商品流通的两大支柱。商流搞活了，能加速物流的速度，给物流带来活力；而物流的畅通无阻能使商品快速地送达消费者手中。商流与物流分离的意义在于充分发挥资金运作和实物运作各自的规律性和有效性，从而推动商品流通向更有益的方向发展。

1.2.3 物流的分类

由于物流对象不同、物流目的不同、物流方向不同及物流范围不同，人们可以从不同的角度、采用不同的标准对物流进行分类。目前有以下几种主要的物流分类方法。

1. 按物流的作用分类

1）企业供应物流

生产企业、流通企业或用户购入原材料、零部件或商品的物流过程称为供应物流，也就是物资生产者、持有者到使用者之间的物流。对于制造企业而言，供应物流是指对于生产活动所需要的原材料、燃料、半成品等物资的采购、供应等活动所产生的物流。对于流通企业而言，供应物流是指在为商品配置而进行的交易活动中，从买方角度出发的交易行为中所发生的物流。由于供应物流占用大量的企业流动资金，因此对其严格管理，使其合理化，对企业的成本至关重要。

供应物流的重心是采购，企业生产或经营活动所需的货物都通过采购获得，它是企业物流管理的起点。在有效的货物或服务的采购中，"按需采购"既是前提，又是原则，即尽量做到以最小的费用、最低的价格购进企业所需的最合适的各类货物。

2) 企业生产物流

从工厂的原材料购进入库起，直到工厂成品库的成品发送为止，这一全过程的物流活动称为生产物流。生产物流是制造企业所特有的，它和生产流程同步。原材料、半成品等按照工艺流程在各个加工点不停顿的移动、流转形成了生产物流。如果生产物流发生中断，生产过程也将随之停顿。

过去人们注重的是生产加工过程，现在人们在研究生产加工过程的同时更加关注生产物流如何安排，从物流角度看如何做更合理，生产活动环节如何有效衔接，如何缩短生产的物流时间，如何选配合适的机械装备等，特别是注意工厂布置、工艺流程、装卸搬运、生产物流的物流节点等。

3) 销售物流

生产企业、流通企业售出产品或商品的物流过程称为销售物流，是指物资的生产者或持有者到用户或消费者之间的物流。对于制造企业，是指售出产品，而对于流通企业，是指交易活动中，从卖方角度出发的交易行为中的物流。

通过销售物流，企业得以回收资金，并进行再生产的活动。销售物流的效果关系到企业的存在价值是否被社会承认。销售物流的成本在产品及商品的最终价格中占有一定的比例。因此，在市场经济中为了增强企业的竞争力，销售物流的合理化可以收到立竿见影的效果。

4) 回收物流

回收物流是指退货、返修物品和周转使用的包装容器等从需方返回供方所引发的物流活动。在生产及流通活动中有一些资料要回收并加以利用，如作为包装容器的纸箱、塑料筐、酒瓶等，还有可用杂物的回收和再加工，如旧报纸、书籍通过回收、分类可以再制成纸浆加以利用，金属废弃物可以回收并重新冶炼成有用的原材料等。

5) 废弃物物流

废弃物物流是指将经济活动中失去原有使用价值的物品，根据实际需要进行收集、分类、加工、包装、搬运、储存等，并分送到专门处理场所的物流活动。生产过程产生的废旧物资有工艺性的废料、生产过程中产生的废品、损坏和报废的机械设备、各种废旧零件和废旧材料等。

严格地说，废旧物资可分为废品回收物流和废弃物物流两个部分。废品回收物流是指对生产中所产生的废旧物品经过回收、加工等可转化为新的生产要素的流动过程；而废弃物物流则是指对不能回收利用的废弃物，通过销毁、填埋等方式予以处理的流通过程。

2. 按物流系统性质分类

1) 社会物流

社会物流是指企业外部物流活动的总称，是全社会物流的整体，即国民经济部门与部门之间、地区与地区之间、企业与企业之间为实现商品流动的各种经济活动。社会物流的一个标志是它伴随商业活动的发生而发生，也就是说社会物流过程与商品所有权的更迭密切相关。

从总体上看，社会物流的流通网络是国民经济发展的命脉。社会物流的网络分布是否合理、渠道是否畅通，对国民经济的发展至关重要。因此，宏观规划和管理部门应该对社会物流进行科学的管理和有效的控制，尽量采用先进的物流技术和手段，以保证社会物流的高效能和低成本运行。对社会物流的优化，不仅可以带来良好的经济效益，更重要的是可以产生巨大的社会效益。

2）行业物流

同一行业中的企业是市场上的竞争对手，但是在物流领域中它们常常互相协作，共同促进行业物流系统的合理化，因为行业物流合理化可以使所有参与企业都得到相应好处，实现真正意义上的"共赢"。

例如，日本的建设机械行业，提出行业物流系统化的具体内容如下：各种运输手段的有效利用；建设共同的零部件仓库，实行共同集配送；建立新旧设备及零部件的共同流通中心；建立技术中心，共同培训操作人员和维修人员；统一建设机械的规格等。

3）企业物流

企业物流是指货主企业在经营活动中所发生的物流活动。它体现了企业内部各部门之间为实现物质实体流动的各种活动，是以企业经营为核心的物流活动。如一个工厂，要购进原材料，经过若干道工序的加工，形成产品销售出去；一个运输公司要按客户要求将货物输送到指定地点。在企业经营范围内由生产或服务活动所形成的物流系统称为企业物流。

3. 按物流在社会再生产中的作用分类

1）宏观物流

宏观物流是指从社会再生产总体角度认识和研究的物流活动。这种物流活动的参与者是构成社会总体的大生产者、大集团，宏观物流也就是研究社会再生产总体物流，研究产业或集团的物流活动行为，即从宏观的角度，以长远性和战略性为观点，全面系统地研究和管理物流。

2）微观物流

微观物流是指消费者、生产者所从事的实际的、具体的物流活动。在整个物流活动中的一个局部、一个环节的具体的物流活动，在一个小地域空间发生的具体的物流活动，针对某一种具体产品所进行的物流活动都属于微观物流。在物流活动中，企业物流、生产物流、供应物流、销售物流、回收物流、废弃物流、生活物流等皆属于微观物流。微观物流研究的特点是具体性和局部性，微观物流的运行状况将直接影响企业的经济效益。

1.3　物流的功能

物流是若干领域经济活动系统的、集成的、一体化的现代概念。从总体上来看，物流是物的物理性流动，最终为用户服务；从具体内容上看，构成物流总体的种种活动，实际上是物流所具有的具体功能。

1.3.1 物流的总体功能

1. 组织实物进行物理性的流动

物流的物理性运动的动力来自5个方面：生产活动的要求；消费活动的要求；流通活动的要求；军事活动的要求；社会活动、公益活动的要求。

2. 实现对用户的服务

物流服务的内容是满足货主需求，保障供给，而且是在适量性、多批次的基础上，安全、准确、迅速、经济地满足货主的要求。因此，物流服务的本质就是使客户满意，服务作为物流的核心功能，为客户提供物流的时空效用，因此可通过客户满意度衡量物流产出的优劣。

3. 实现对物流资源和物流流程的整合

将物流资源和物流流程按用户要求重新加以整合，使之更优化、更合理，是将物流资源和物流相关资源进行一定程度的集成，以创新物流体制、物流系统和物流服务组织，从而提升物流活动水平的一种方式。物流系统通过有效的整合，物流资源尤其是闲置资源和没有充分利用的资源会得到最大限度、最优的利用，这种整合的效果是依靠管理来实现的。

1.3.2 物流的具体功能

1. 运输

运输是物流系统中的核心功能，是物品借助于运力在空间上所发生的位置移动。《中华人民共和国国家标准物流术语》（GB/T 18354—2006）对运输的解释是用专用运输设备将物品从一地点向另一地点运送。其中包括集货、分配、搬运、中转、装入、卸下、分散等一系列操作。

运输在物流系统中提供两大功能：物品转移和物品存储。物品转移是运输的主要功能。运输利用的是时间资源、财物资源和环境资源，只有当运输确实提高了物品价值时，这种物品转移才是有效的。而运输的主要目的就是以最少的时间、财务和环境资源成本，将物品从供应地转移到需要的地点，且希望物品的损失成本最低。

将运输车辆作为相当昂贵的储存设施，对物品进行临时储存只是一个附属的运输功能。如果转移中的物品需要短时间储存，又将重新转移，这种储存是必要的。因为将物品卸下来再装上去的成本可能会超过储存在运输工具上的成本，这时，就可以利用运输的这种临时储存物品的功能。

常见的运输方式有5种，包括铁路、公路、水路、管道和航空。各种方式的相对重要性可以按照系统千米数、交通流量、收入，以及交通成分性质等来衡量。

2. 储存

储存活动也称为保管活动，是为了克服生产和消费在时间上的距离而形成的。物品通过储存活动产生了商品的时间效用。保管活动是借助各种仓库，完成物资的保管、保养、堆码、维护等工作，以使物品使用价值的下降降低到最小的程度。保管的管理要求合理确定仓库的库存量、建立各种物资的保管制度、确定保管流程、改进保管设施和保管技术等。储存活动也是物流的核心，与运输活动共同构成了物流的两大支柱。

我国的国家标准物流术语(GB/T 18354—2006)对储存的定义十分简单，认为储存就是"保护、管理、贮藏物品"。本书认为，储存是以改变物的时间状态为目的的活动，通过克服供需间的时间差异而使产品获得更好的效用。

储存的作用体现在以下几方面。

(1) 储存能够创造时间价值。在社会经济生活中，许多物品的生产与消费之间客观地存在着时间差异，需要通过物流的储存功能去产生这种时间差，从而使商品在更高价值的时间去实现其价值，这一过程中所产生的商品价值的增量即为物流所创造时间价值。

(2) 储存可以降低成本，提高效率。大规模、整车运输会带来运输的经济性。在供应物流方面，企业从多个供应商分别小批量购买原材料并运至仓库，然后将其拼箱并整车运输至工厂。由于整车运输费率低于零担运输费率，因此这将大大降低运输成本，提高运输效率。在销售物流方面，企业将各工厂的产品大批量运到市场仓库，然后根据客户的要求，小批量运到市场或客户。此外，各种运输工具的运量相差很大，它们之间进行转运，运输能力上是很不匹配的，因此仓库还具有调节运力差异的作用。

(3) 调节供应和需求，为销售服务。由于生产和消费之间存在时间或空间上的差异，商品的储存可以提高产品的时间效用，调节均衡生产和集中消费或均衡消费，以及集中生产在时间上的矛盾，使生产和消费协调起来。

3. 包装

包装是物流的基本功能要素之一。2006年颁布的中华人民共和国国家标准《物流术语》(GB/T 18354—2006)中对包装定义如下：所谓包装，是指为在流通过程中保护产品、方便运输、促进消费，按照一定技术方法而采用的容器、材料及辅助物等的总体名称。也指为了达到上述目的而在采用容器、材料和辅助物的过程中施加一定技术方法等的操作活动。

包装的功能归纳起来有以下3点。

(1) 保护功能。包装的保护功能，即保护商品不受损伤的功能，它体现了包装的主要目的。

(2) 方便功能。包装具有方便流通、方便消费的功能。合理的包装可以为物流全过程提供巨大的方便，从而提高物流的效果。

(3) 销售功能。销售功能是促进物资销售的包装功能。在商业交易中促进物资销售的手段很多，其中包装的装潢设计占有重要地位。优美的包装能唤起人们的购买欲望。包装的外形形态是商品很好的宣传品，对顾客的购买起着刺激的作用。

综上所述，包装的保护功能和方便功能是与物流密切相关的两大功能，而销售功能是与商流相关的。改进包装的不合理性，发挥包装的作用，是促进物流合理化的重要方面，是日益被物流工作者重视的一个十分重要的领域。

4. 装卸搬运

物资的装卸搬运是物流的主要功能之一。装卸搬运活动渗透到物流各领域、各环节，成为物流顺利进行的关键。物资装卸搬运伴随着物流的始终，联系着物流的其他功能，成为提高物流效率、降低物流成本、改善物流条件、保证物流质量最重要的物流环节之一。

我国国家标准物流术语(GB/T 18354—2006)对装卸的定义是物品在指定地点以人力或机械实施垂直位移的作业。对搬运的定义是在同一场所内，对物品进行水平移动为主的作业。那么，装卸搬运就是指在某一物流节点范围内进行的，以改变物料的存放状态和空间位置为主要内容和目的的活动。

同生产或流通领域的其他活动相比，装卸搬运具有装卸搬运作业量大、装卸搬运对象复杂、装卸搬运作业不平衡等特点。

5. 配送

配送是目前发达国家普遍采用的合理高效的现代化物流方式。我国国家标准物流术语(GB/T 18354—2006)对配送的定义如下：所谓配送，就是指在经济合理区域范围内，根据用户要求，对物品进行拣选、加工、包装、分割、组配等作业，并按时送达指定地点的物流活动。

配送是物流活动中一种特殊的、综合的活动形式，它将商流与物流紧密结合起来，既包括了商流活动，也包含了物流活动中若干功能要素，是物流的一个缩影或在某一个小范围中全部物流活动的体现，也有人称配送是物流活动的"小物流"。一般的配送集装卸、包装、保管、运输于一身，通过这一系列的物流活动将货物送达目的地；特殊的配送还要进行流通加工活动，其目的指向是安全、准确、优质服务和较低的物流费用。

配送具有以下功能。

(1) 配送是从物流节点至用户的一种送货形式。其特殊性表现如下：从事送货活动的是专业流通企业，而不是生产企业；配送是"中转"型送货，而工厂送货一般是直达型送货(直接送到用户手中)，而且是生产什么送什么；配送是用户需要什么送什么。

(2) 配送不是单纯的运输和输送，在整个运送过程中是处于"二次运输"、"支线运输"、"终端运输"的位置。

(3) 配送不是广义概念的组织物资订货、签约、进货及对物资处理分配的供应，而是以供给者送货到户式的服务性供应，是一种"门到门"的服务。

(4) 配送是在全面配货基础上，完全按用户要求，包括种类、品种搭配、数量、时间等方面的要求所进行的运送，是"配"和"送"的有机结合。

6. 流通加工

流通加工是物流中具有一定特殊意义的物流形式。一般来说，生产是通过改变物的形式和性质创造产品的价值和使用价值，而流通则是保持物资的原有形式和性质，以完成其所有权的转移和空间形式的位移。物流的包装、储存、运输、装卸等功能，虽然具备生产的性质，但往往并不改变物流对象的物理、化学属性。但是为了提高物流速度和物资的利用率，在物资进入流通领域后，还需按用户的要求进行一定的加工活动，即在物品从生产者向消费者流动的过程中，为了促进销售，维护产品质量，实现物流的高效率所采取的使物品发生物理和化学变化的功能，这就是流通加工。

我国国家标准物流术语(GB/T 18354—2006)对流通加工的定义是物品在从生产地到使用地的过程中，根据需要施加包装、分割、计量、分拣、刷标志、拴标签、组装等作业的总称。

7. 信息

我国国家标准物流术语(GB/T 18354—2006)对物流信息的定义是反映物流各种活动内容的知识、资料、图像、数据、文件的总称。

物流信息是指组织物流活动所必需的，或者物流活动中所生成的各种有关信息。它与运输、储存、装卸搬运、包装、流通加工、配送等职能结合在一起，共同保证物流活动的顺畅进行。作为物流系统中的一个特殊子系统，物流信息的职能总是伴随其他物流职能的运行而产生，又不断对其他物流职能以及整个物流活动起支撑保障作用。

物流信息技术是应用于物流作业环节中的各种现代信息技术的总称，是物流现代化的重要技术基础，也是物流技术领域发展最快的研究方向之一。计算机及其网络技术的进步，使物流信息技术达到了一个全新的高度。目前经常采用的物流信息技术包括条形码技术(Bar Code)、电子交换技术(Electronic Data Interchange，EDI)、电子自动订货系统(Electronic Ordering System，EOS)、销售时点信息系统(Point of Sale，POS)等。

1.4 物流合理化

1.4.1 物流合理化的概念

所谓物流合理化，就是使物流设备配置和一切物流活动趋于合理。具体表现为以尽可能低的物流成本，获得尽可能高的服务水平。物流合理化是物流学科产生以来学者们一直关注、探讨的一个问题，也是产业界追求、探索的理想化目标。

1.4.2 物流合理化的原则

1. 计划原则

计划原则是实现物流合理化的首要条件，也是提高物流服务质量的一个重要标志。以最优化的计划方案，实行固定路线、固定地区、固定日期的送货作业，做到按客户的要求，准时、准地、有计划地送货到家，减少无效运输，达到用户满意。计划原则通过有计划地组织物流活动达到其协调一致，运作合理化的目的。

2. 短距离原则

短距离原则是指在物流作业中，以有效的配送尽量减少中间环节，特别是注意减少在物流系统中的流程环节，以最短的线路完成该商品的空间转移。

3. 大量化原则

近年来，用户对商品的需求呈现出多品种、小批量、多频度、时间快的趋势，这使得物流成本处于上升趋势。通过一次处理大批量货物，提高设备设施的使用效率和劳动生产率，以达到降低物流成本费用的目的，大量化还有利于采用先进的作业技术，实现自动化和省力化。

4. 共同化原则

共同化原则指在物流作业中，进行物流作业的合作，提高单个企业的物流效率。如多个配送中心和运输企业，把发往同一地区，同一方向的货物，在计划化的基础上，通过企业之间的协作，实施共同物流、集中配送，这样可以提高运输工具的转载效率，减低物流成本。

5. 标准化原则

物流中的标准化包括信息的标准化、作业的标准化、相关工具设备的标准化。只有做到物流系统的标准化，才能更有效地保证物流活动的统一和整体效率的更大发挥。

6. 信息化原则

运用现代计算机技术，信息网络技术和数字通信技术，构筑起能够对物流活动相关信息进行高效率的收集、分析处理和高速传输的物流信息系统。通过信息的顺畅流通，将物流系统与采购、生产、销售系统密切联系起来，可以有效控制物流作业活动。

7. 社会化原则

社会化原则主要指第三方物流的产生和发展。第三方物流是物流专业化水平的提高，是物流服务范围延伸和物流高级化的产物，依靠第三方物流活动，使得生产企业专注核心业务。第三方物流与企业自身开展物流相比，具有专业、服务质量、信息、管理和人才5大优势。

1.4.3 物流合理化的目标

1. 时间少

时间是用以衡量客户收到特定产品或服务需要等待的期限，即从客户下订单那一刻起到收到所订购商品所需要的时间，这个时间跨度可以是零（产品即时可得，如超市货架上的货物），也可以长达数月甚至数年（如飞机）。时间可以使企业获得竞争优势。

时间通常也被表述为"速度"和"反应力"。加速物流的速度可以帮助促进终端客户的更新，或降低系统中次品和过时产品积压的风险。通过追踪产品的整个物流过程，可以发现哪些流程增加了价值，哪些流程增加了时间和成本却没有实现价值增值，并通过管理时间获取优势。

2. 质量高

质量高是物流合理化目标中的核心环节。物流质量高的内容包括以下内容：运输、保管、包装、装卸搬运、流通加工、配送和信息各环节本身的质量高；为客户提供的服务质量高；物流管理的质量高等。

运输的质量高体现在送货的数量、地址、路线无差错，中途不能出交通事故，保证按时送达。保管的质量高表现在要及时入库、上架、登记，做到库存物品数量准确、货位确切，并做好日常库存商品的保养和盘点，及时将库存数据传递给相关部门，作为生产和销售的依据。在物流其他环节，也要保证商品的安全、物流活动的高质量。

物流合理化还表现在为客户提供高质量的物流服务上。客户是物流的服务对象，物流企业要按照用户的要求，将货物安全、准确地送达指定地点。

物流质量高还体现在物流管理水平上，没有高质量的物流管理水平就不可能有高水平的物流。

3. 费用省

在物流合理化目标中，物流服务水平与物流成本之间具有效益悖反关系，同时物流各功能间也存在此消彼长、此盈彼亏的关系。因此，如何在各物流合理化目标中进行权衡，实现物流总成本的降低，便成了物流企业应该考虑的问题。

实际上，如果真正实现了物流合理化，是可以做到既提高物流服务又降低物流成本的。例如，减少交叉运输和空车行驶会节约运输费用；利用计算机进行库存管理，充分发挥信息的功能，可以大幅度降低库存，加快仓库周转，大大节省费用；采取机械化、自动化装卸搬运作业，既能大幅度削减作业人员，又能降低人工费用。

4. 安全、准确、环保

物流活动必须保证安全，在物流过程中货物不能出现被盗抢、雨淋、日晒等现象，确保货物准时的送达指定地点。同时，在物流各环节中，如运输、保管、装卸搬运、包装、流通加工、配送等，不能给周围环节带来影响，应尽量减少废气、废水、废渣的排放，减少噪声对周边的影响，符合环保要求。

本 章 小 结

物流是一个古老的话题，自有商品生产就产生了物流。物流概念最早起源于20世纪初的美国。从20世纪初到现在近一个世纪的时间内，物流概念的产生和发展经历了3个阶段：物流概念的孕育阶段、分销物流学阶段和现代物流学阶段。

国内外物流专家关于物流的定义众说纷纭，美国、日本、欧洲的组织和学者从各自的角度对物流做出了定义。我国在2006年12月4日起正式实施的由国家质量技术监督局发布的中华人民共和国国家标准《物流术语》中规定：物流是物品从供应地向接收地的实体流动过程。根据实际需要，将运输、储存、装卸、搬运、包装、流通加工、配送、信息处理等基本功能实现有机结合。

在商品交换中必然包含商流、物流、信息流和资金流。商流是商品的所有权的转移，物流是物品的实体移动，资金流从属于商流，信息流发生在物流的全过程。商流与物流是商品流通活动的两个方面。它们互相联系，又互相区别；互相结合，又互相分离。对物流的分类，通常有以下几种：按物流的作用分类；按物流系统性质分类；按物流在社会再生产中的作用分类。

物流是若干领域经济活动系统的、集成的、一体化的现代概念。从总体上来看，物流是物的物理性流动，最终为用户服务；从具体内容上看，构成物流总体的种种活动，实际上是物流所具有的具体功能。物流的具体功能体现在物流的运输、储存、包装、装卸搬运、配送、流通加工、物流信息。

物流合理化是使物流设备配置和一切物流活动趋于合理。具体表现为以尽可能低的物流成本，获得尽可能高的服务水平。物流合理化的目标包括时间少、质量高、费用省、安全、准确和环保等方面。

习 题

一、填空题

1. 在物流概念的孕育阶段，存在的两类学派有_____和_____。
2. 按物流的作业分类，物流可分为_____、_____、_____、_____和_____。
3. 按物流系统性质分类，物流可分为_____、_____和_____。
4. 商品流通过程包含的4流有_____、_____、_____和_____。

二、名词解释

1. 物流　　2. 商流　　3. 精益物流　　4. 绿色物流

三、简答题

1. 简述物流概念产生和发展经历的阶段。
2. 如何理解物流系统化观念。
3. 简述商流与物流的关系。
4. 简述物流的总体功能。
5. 简述物流合理化的原则。

案 例 分 析

UPS是一家大型的国际快递公司，它除了自身拥有几百家货物运输飞机之外，还租用了几百家货物运输飞机，每天运输量达1 000多万件。UPS在全世界建立了10多个航空运输的中转中心，在200多个国家和地区建立了几万个快递中心。UPS公司的员工达到几十万，年营业额可达几百亿美元，在世界快递行业中享有较高的声誉。

UPS公司是从事信函、文件及包裹快递业务的公司，即它是从事某些物品运输的公司。它在世界各国和地区均取得了进出的航空权。在中国，它已建立了许多快递中心。自2001年4月起，它可以直航中国大陆，这样一来，它在中国的业务量快速增长，于是UPS又采取了多种措施，包括增加直航中国的运力和航班。在上海浦东机场快件中心仓库，UPS还包装了包裹处理流水线，这条流水线于2001年9月初投入使用。从2001年8月下旬开始，UPS在上海安装了上百台速递资料收集器，这些收集器取代了传统的纸上传送记录。

UPS公司在世界各地发展迅速，效益显著上升。UPS公司之所以能够取得如此可观的成果，这与它的特点有关。那就是，它的快递能够真正做到将遍布在世界各地的快递物品迅速、安全地送达目的地。迅速是快递公司的主要特点。UPS公司能够实现国际快件3日达到，国内快件1h取件和24h下个航班达到承诺，满足了较高的服务质量要求。安全是快递公司的另一个特点。UPS公司能够实现每天1万多人的网上文件跟踪查询，每天2万人的电话文件跟踪查询。

UPS之所以能够达到以上服务标准，究其原因：一是公司对内具有严格的管理制度和规范的业务处理流程；二是公司充分地运用了高科技手段，在互联网上建立了快递文件跟踪系统，同时又建立了快递文件数据汇总的数据中心，实现了快递档案的管理；三是建立了EDI(电子数据交换)等系统。

UPS公司除了具有信函文件、包裹的物流快递业务之外,还为客户提供与代理报关服务,减轻了客户报关负担,缩短了报关时间;也为客户代理特殊物品的包装服务,解决了客户在物品包装上的困难及节省了包装材料费用。以上服务的提供,说明UPS公司的物流服务内容越来越广泛,UPS的国际第三方物流的形象越来越完美。

国际物流不仅仅只是商务活动中出现的物流,还存在一些面向社会的实现物品流通的社会物流,全球快递业务就是属于这种物流,而UPS公司就是一个国际物流企业。除了UPS公司,还有联邦快递等许多快递公司,每年通过全球快递业务所实现的特快专递的物流业务金额就高达几千亿美元,从而使从事这项业务的快递公司快速崛起。

讨论题:

1. 为什么说UPS公司是一家国际物流企业?
2. UPS为什么如此成功?
3. 在UPS进入中国后,中国的物流企业如何应对?

第 2 章 物流管理及发展

【本章教学要点】

知识要点	掌握程度	相关知识
物流管理概述	掌握	物流管理的含义
	掌握	物流管理的目标与原则
	掌握	物流管理的内容
	理解	物流管理发展的五个阶段
	掌握	物流管理的相关理论
国外物流管理发展概况	了解	美国物流管理发展历史
	了解	日本物流管理发展历史
	了解	德国物流管理发展历史
我国物流管理发展概况	理解	我国物流管理发展历史
	理解	我国物流管理发展现状
物流管理发展趋势	理解	现代物流管理发展趋势

【基本概念】

物流管理 客户满意 整体 渠道 快速反应 最小变异 生命周期 合理化 黑大陆 物流冰山 第三利润源泉 效益背反 成本中心 服务中心 战略 供应链

导入案例

宝洁公司的物流管理收益

作为国际一流的日用化工品生产商的宝洁公司,曾经描述从物流管理中获得以下收益。
(1) 顾客仓库中的库存量从 19 天降到 6 天,年库存周转次数从 19 次增加到了 60 次;
(2) 配送中心的设施设备得到充分利用,车辆利用率提高了 4%~12%;
(3) 存货可得性从 96.4% 增加到了 99.2%;
(4) 客户订货数量增加了 30%;
(5) 市场份额增长了 4%;
(6) 退货率降低了 60%;
(7) 货物残损率减少了 20%~40%。

海尔集团的物流管理收益

海尔集团剥离物流资产成立海尔物流,从 1999 年开始创新了一套现代物流管理模式,兴建了现代化的立体自动化仓库,构筑了将物流、商流、资金流和信息流为一体的供应链管理体系,使呆滞物资降低 73.8%,仓库面积减少 50%,库存资金减少 67%。

点评

物流管理能够给企业带来最直接的经济效益。

2.1 物流管理概述

物流管理科学是近年以来在国外兴起的一门新学科,它是管理科学的新的重要分支。随着生产技术和管理技术的提高,企业之间的竞争日趋激烈,人们逐渐发现,企业在降低生产成本方面的竞争似乎已经走到了尽头,产品质量的好坏也仅仅是一个企业能否进入市场参加竞争的敲门砖。这时,竞争的焦点开始从生产领域转向非生产领域,转向过去那些分散、孤立的,被视为辅助环节而不被重视的,诸如运输、存储、包装、装卸、流通加工等物流活动领域。人们开始研究如何在这些领域里降低物流成本,提高服务质量,创造"第三个利润源泉"。物流管理从此从企业传统的生产和销售活动中分离出来,成为独立的研究领域和学科范围。物流管理科学的诞生使得原来在经济活动中处于潜隐状态的物流系统显现出来,它揭示了物流活动的各个环节的内在联系,它的发展和日臻完善,是现代企业在市场竞争中制胜的法宝。

2.1.1 物流管理的含义

20 世纪初,市场经营中形成了三大最基本的管理环节,即市场管理、运营管理和财务管理,物流管理并没有被列入其中,物流管理习惯上被分为三段:采购物流、制造物流和销售物流,所以相应的业务被归入采购部门、制造部门和市场营销部门。这样,各部门各司其职,采购经理关心的是供应商的选择,通过采购谈判,希望获得尽可能低的采购价格,但低价格往往又以大批量采购为代价,价格上得到的好处很快被高额的库存费用抵消了。销售经理考虑更多的是如何扩大销售量，为保证供货，很少考虑产品的供货方式。仓库地点的选择、仓库的数量、库存量的控制、运输方式的选择等不是销售经理职责范围内的事，结果，销售费用的水平也难以令人满意。制造经理最感兴趣的就是生产过程的连续性，因此也需要依靠规模较大的在制品库存来支持。可见在整个生产制造过程中，到处存在大量库存和由此形成的大量资金占压，企业营运资金被不受重视的"物流黑洞"吞噬了。

直到20世纪40年代系统论产生，人们才开始用系统的观点来解决物流过程中的各类管理问题，并使其逐步形成一门完整的科学体系，即现代物流管理。

因此，可以对物流管理做如下定义，物流管理（Logistics Management）是指在社会再生产过程中，根据物质资料实体流动的规律，应用管理的基本原理和科学方法，对物流活动进行计划、组织、指挥、协调、控制和监督，使各项物流活动实现最佳的协调与配合，以降低物流成本，提高物流效率和经济效益。

物流管理作为管理科学的一个组成部分，通过使物流功能达到最佳组合，在保证物流服务水平的前提下，实现物流成本最低化，这是现代物流管理的根本任务所在。

我们可以从以下几个层面来理解上述概念：

1．"客户满意"是现代企业物流管理的出发点

客户服务是整个物流体系设计和运作的基础和必要组成部分。物流企业在市场竞争中需要确定自己的核心业务和核心优势，差异化的客户服务能给企业带来独特的竞争优势。加强物流管理、改进客户服务是创造持久竞争的有效手段。此外，客户服务水平直接影响到企业的市场份额、物流总成本，进而影响到总体利润市场规模和经营范围扩大等因素的影响。物流业提供给各种企业的是物流服务，而绝不仅仅是单独企业内部的物流活动。从某种意义上说，"服务"是物流的性质，而一流的客户服务已成为高水平物流服务企业的标志。客户服务不仅决定了原有的客户是否会继续维持下去，而且也决定了有多少潜在客户会成为现实客户。因此物流的客户服务都要注重赢得新客户，留住老客户，这是客户服务最基本的要求。现代物流通过提供客户所期望的服务，在积极追求自身交易扩大的同时，强调实现与竞争对手在客户服务方面的差别化，就是在对物流资源、物流实践、物流品质、退换货、信息等物流服务质量决策时，不能仅从供给者角度考虑，而应在了解竞争对手战略的基础上，努力提高客户满意度。

 案例　UPS的物流服务

UPS之所以取得巨大的经营成功，与富有特色的物流服务是密切相关的。主要概括为以下几个方面。

1．快捷优质的传递

UPS规定：国际快件3个工作日内送达目的地；国内快件保证在翌日上午8时半以前送达。为了测试UPS的快递究竟快不快，UPS总裁曾于星期三在北京向美国给自己寄了一个包裹，星期五当他回到亚特兰大公司总部上班时，包裹已出现在他的办公桌上。UPS坚持"快速、可靠"的服务准则，获得了"物有所值的最佳服务"的声誉。

2．代理通关服务

UPS从20世纪80年代末期起投资数亿美元建立起全球网络和技术基础设施，为客户提供报关代理服务。UPS建立的"报关代理自动化系统"，使其承运的国际包裹的所有资料都进入这个系统，这样，通关手续在货物到达海关之前即已办完。UPS的电脑化通关为企业节省了时间，提高了效益。UPS有6

个通关代理中心,每天办理两万个包裹的通关手续。

3. 即时追踪服务

UPS 的即时追踪系统是目前世界快递业中最大、最先进的信息追踪系统。所有交付货物都能获得一个追踪条码,货物走到哪里,这个系统就跟到哪里。这个追踪系统已经进入全球互联网络。非电脑网络客户可以用电话询问"客户服务中心",路易斯维尔的服务中心昼夜服务,200 多名职员每天用 11 种语言回答世界各地的客户大约 2 万次电话询问。

4. 无纸包裹服务管理

UPS 的"信息数据中心"可将 UPS 系统的包裹的资料从世界各地汇总到这里。包裹送达时,员工借助一个类似笔记本电脑的"传递信息读取装置",摄取客户的签字,再通过邮车上的转换器,将签名直接输送到"信息数据中心",投递实现了无纸化操作。送达后,有关资料将在数据中心保存 18 个月。这项工作使包裹的管理工作更加科学化,也提高了 UPS 服务的可靠性。

5. 完善的包装检验与设计服务

UPS 设在芝加哥的"服务中心"数据库中,抗震、抗挤压、防泄漏的等等各种包装案例应有尽有。这类服务为企业节省了材料费和运输费,被誉为"超值服务"。

2. 注重整个流通渠道的有效整合

传统物流管理认为,物理是从生产阶段到消费阶段的商品运动过程,也就是说,物流管理的主要对象是"销售物流"和"企业内物流",现代物流管理的范围不仅包括销售物流和企业内物流,而且应当包括从原材料采购直至客户的所有过程和环节,还包括退、换货物流及废弃物物流。这里需要注意的是,现代物流管理中的销售物流概念也有新的延伸,即不仅是单阶段的销售管理(如厂商到批发商、零售商、至消费者的相对独立的物流活动),而且是一种整体的销售活动,也就是将销售渠道的各个参与者(厂商、批发商、零售商等)进行有效整合,以保证销售物流过程合理化。

案例

零售商正以惊人的比率倒闭。这种危机感促使萨克斯第五大道百货公司将其销售计划与物流管理结合起来。如果按照在孟加拉国裁剪,在意大利缝制成衣,然后将成品运到美国的豪华商店进行销售的模式,收益将十分显著。对旺销的产品来讲,赢利与亏损之间可能只是 7~10 天的差别,所以必须依靠出色的物流服务使这些款式恰好在最需要的时候出现在卖场。那么萨克斯公司是怎样做的呢?

公司的 69 家商店仅有两个分拨中心供货。一个在纽约州的扬克斯,距离纽约市第五大道上萨克斯公司最大的商店很近,另一个在加利福尼亚州的安大略,是供应新潮前卫的南加州市场的绝好位置。供货在供应渠道中快速移动是赢利的重要保证。分拨中心 24H 日夜运转,分拨货物。萨克斯公司 80% 的进口货物通过空运到达分拨中心,来自欧洲的货物在扬克斯处理,来自远东的货物在安大略处理。两个中心之间的货物较好也通过空运,每个营业日,还在纽约和洛杉矶之间安排一个专用航班。分拨中心对各地商店的供货采用了空运和公路运输相结合的方法。

3. 以物流整体最优为目的

随着经济全球化和科技进步,世界市场也发生着巨大的变化,商品的生存周期趋短、消费者需求趋变、服务要求趋高、商品流通地域趋广,这就要求物流活动必须高效、经济。在这种背景下,如果物流管理仅仅追求"节点最优"或"部门最优",将无法在日益激烈的市场竞争中取胜。从原材料采购计划直至商品向最终客户移动的所有活动,已经不再是某一环节和部门的活动,而是整个流程各环节有效结合所发挥的综合效益。就是说,现代物流管理所追求的费用、效益，是针对采购、生产、销售、配送等整体最优而言。在企业组织中，以低价格购入为主的采购理论，以生产增加、生产合理化为主的生产理论，以追求低成本为主的物流理论，以增加销售额和扩大市场份额为主的销售理论等理论之间仍然存在着分歧与差异，跨越这种分歧与差异，力图追求整体最优，才是现代物流管理理论。例如，从现代物流管理观念来看，跨国公司的生产全球化或许多企业生产的集约化，虽然造成了物流输送成本的增加，但是由于这种生产战略有效利用了低价生产要素，降低了总生产成本，提高了企业竞争力。对这种背反关系的取舍，取决于企业管理部门因时、因物、因地的决策。所以说，追求整体最优，应在充分认识采购理论、生产理论、销售理论及物流配送理论的基础上，实现物流管理的整体最优。

4. 现代物流管理以"双效"为基础

现代物流管理是对经济效益和社会效益的双追求。具体表现为：从物流手段上看，从原来重视物流机械、设备等硬件要素转向重视信息等软件要素的有效收集和利用。从物流活动领域上看，从以运输、储存为主活动领域转向物流全过程，也就是从原材料供应向客户服务的整个物流活动过程扩展。从管理方式上看，现代物流从对原来的执行作业层次的管理控制，发展为对经营决策的控制。从管理理念上看，从原来强调确保运输、储存等，实现低成本的直接利益，转变为强调物流服务水平的提高，以及对环境、能源、污染等有关可持续发展的社会利益的关注。

综上所述，原来的传统物流管理以提高经济效益、降低成本为重点，而现代物流管理不仅重视企业经济效益，更强调的是整个物流过程中所形成的经济效益和社会效益。

5. 现代物流是以信息为核心形成的共同体

现代物流认为物流活动不是物流系统中某单个部门、环节或企业的业务活动，而是包括供应商、批发商、零售商等关联企业在内的整个统一体的共同活动，因而现代物流管理通过这种供应链强化了企业间的关系。具体地说，通过企业计划的联结、企业信息的联结、风险共同承担的联结等有机结合，包含了流通过程的所有企业，从而使物流管理成为一种供应链管理。供应链管理就是从供应商开始到最终用户，对整个流通过程中的商品运动的综合管理，其手段是信息的沟通，信息已成为物流管理的核心，没有高度发达的信息网络和信息支撑，如条形码、EDI（Electronic Data Interchange，电子数据交换）、GIS（Geographical Information System，地理信息系统）、GPS（Global Position System，全球定位系统）等，供应链管理是无法实现的，信息使物流各环节联结为利益共同体。

案例 UPS 的信息化战略

1. UPS 信息化的进程

1907 年，年仅 19 岁的吉姆·凯希开创了 UPS 的最初业务。在 20 世纪 80 年代，UPS 就应用了货物信息收集器（DIAD）、条码系统、大规模数据中心等一系列领先技术，实现了让客户了解实时货物运输进程的目标。1995 年，货物跟踪网络开通时，艾科发现客户对于货物信息非常关心。因此，让客户能够更简便的接收托运货物信息已经成为与对手竞争的有利手段。为此，UPS 收购了 buy-9-spatula.com，建立 UPS 网站，最终开始了自己的电子商务业务。

2. UPS 信息化战略

UPS 在 10 多年前，为了规划 UPS 内部运营，公司开始应用信息系统，时至今日信息技术已经成为这个年收入300亿美元，拥有240架飞机，36万雇员的巨型企业中最有战略价值的资产。2000年，UPS投资信息领域总额将超过100亿美元。虽然投入巨大，但回报也同样丰厚：公司的赢利空间增长15%，利润增长了20%，达到30亿美元。通过这一系列努力，UPS已经摆脱了从前包裹搬运工的角色，成了一个从经营原材料运输到售后结算业务，提供完善后勤服务的物流企业。2001年，美国邮政快递业巨头UPS公司与欧洲物流管理公司UNI-DATA达成并购协议，这不仅令加入UPS全球后勤服务网络的国家超过60个，而且，UNI-DATA在高科技领域的丰富经验更能帮助这个已有百年历史的传统物流企业进一步实施其信息化战略。并且，为了应对世界物流产业的变化，UPS推出两项基于其全球电子后勤保障战略的客户服务技术，以帮助UPS客户准确估计包裹的运输时间并实时查询货物所在地点。

总之，现代物流管理是对从供应商开始到最终客户的整个流通阶段所发生的商品运动的管理，在商品实体的运动中，形成的"场所移动"和"时间推移"的物流现象，既是物流服务的对象，又是企业生存、发展过程中，可利用的有效经营资源。

2.1.2 物流管理的目标与原则

1. 物流管理的目标

物流管理最基本的目标就是以最低的成本向用户提供满意的物流服务，即在需要的时间，将所需要的物品以合适的方式按照指定的时间送达到需要的场所。

物流管理的目标具体包括：快速反应、最小变异、最低库存、整合运输、产品质量以及生命周期支持等。

（1）快速反应关系到企业能否及时满足客户的服务需求的能力。信息技术提高了在尽可能短的时间内完成物流作业，并尽快交付所需存货的能力。快速反应的能力把物流作业的重点从根据预测和对存货储备的预期，转移到从装运到装运方式对客户需求做出迅速反应上来。

（2）最小变异就是尽可能控制任何会破坏物流系统表现的、意想不到的事件。这些事件包括客户收到订货的时间被延迟、制造中发生意想不到的损坏、货物交付到不正确的地点等。传统解决变异的方法是建立安全储备存货或使用高成本的溢价运输。信息技术的使用使积极的物流控制成为可能。

（3）最低库存的目标是减少资产负担和提高相关的周转速度。存货可用性的高周转率意味着分布在存货上的资金得到了有效的利用。因此，保持最低库存就是要把存货减少到与客户服务目标相一致的最低水平。

（4）整合配送运输。最重要的物流成本之一是运输。一般来说，运输规模越大及需要运输的距离越长，每单位的运输成本就越低。这就需要有创新的规划，把小批量的装运聚集成集中的、较大批量的整合运输。

（5）由于物流作业必须在任何时间、跨越广阔的地域来进行，对产品质量的要求被强化，因为绝大多数物流作业是在监督者的视野之外进行的。由于不正确的装运或运输中的损坏导致重做客户订货所花的费用，远比第一次就正确地履行所花费的费用多。因此，物流是发展和维持全面质量管理不断改善的主要组成部分。

（6）某些对产品生命周期有严格需求的行业，回收物流将构成物流作业成本的重要部分。如果不仔细审视逆向的物流需求，就无法制订良好的物流策略。因而，产品生命周期支持也是设计的重要目标之一。

物流管理理念要体现以人为本的思想，促进人类生活水平和社会福利的提高是物流管理的终极目的。在这个前提下,广泛采用物流管理的组织方式和物流管理技术,提高物流合理化水平,降低物流成本,提供优质的物流服务。

2. 物流管理的原则

1）物流管理的总原则——物流合理化

物流管理的具体原则很多,但最根本的指导原则是保证物流合理化的实现。所谓物流合理化,就是对物流设备配置和物流活动组织进行调整改进,实现物流系统整体优化的过程。它具体表现在兼顾成本与服务上,即以尽可能低的物流成本,获得可以接受的物流服务,或以可以接受的物流成本达到尽可能高的服务水平。

2）物流合理化的基本思想

物流活动各种成本之间经常存在着此消彼长的关系,物流合理化的一个基本的思想就是"均衡"的思想,从物流总成本的角度权衡得失。不求极限,但求均衡,均衡造就合理。

3）物流管理面临的新挑战

近年来,很多先进的信息技术的出现,极大地推动了物流行业的巨变。我们不能再以传统的观念来认识信息时代的物流,物流也不再是物流功能的简单组合运作,它现在已是一个网的概念。加强连通物流结点的效率,加强系统的管理效率已成为整个物流产业面临的关键问题。

2.1.3 物流管理的内容

从不同的角度出发,可以对物流管理进行不同的分类。物流管理的内容主要体现在三个方面（表2-1）,一是对物流活动诸要素的管理,包括运输、储存、装卸搬运、包装、配送、流通加工、信息处理等环节的管理；二是对物流系统诸要素的管理,即对其中人、财、物、设备、方法和信息这六大要素的管理；三是对物流活动中具体职能的管理,主要包括物流计划、质量、技术、经济等职能的管理。

表2-1 物流管理的内容

分 类	项 目	管理内容
对物流活动诸要素的管理	运输方式	运输方式的选择；运输路线的选择；车辆调度与组织等
	储存管理	原料、半成品和成品的储存策略；储存统计、库存控制、养护等
	装卸搬运管理	装卸搬运系统的设计、设备规划与配置；作业组织等
	包装管理	包装容器和包装材料的选择与设计；包装技术和方法的改进；包装系列化、标准化、自动化
	流通加工管理	加工场所的选定；加工机械的配置；加工技术和方法的改进；包装系列化、标准化、自动化等
	配送管理	配送中心的选址及优化布局；配送机械的合理配置与调度；配送作业流程的制定与优化
	物流信息管理	对物理信息所进行的搜集、加工、处理、存储和传输等
	客户服务管理	客户信息收集、客户满意度管理、客户开拓与巩固、客户项目管理等

续表

分 类	项 目	管理内容
对物流系统要素的管理	人的管理	物流从业人员的选拔与录用；物流专业人才的培训与提高；物流教育和物流人才培养规划与措施的制定等
	物的管理	物的运输、储存、包装、流通加工等
	财的管理	物流成本的计算与控制、物流经济效益指标体系的建立、资金的筹措与运用、提高经济效益的方法等
	设备管理	各种物流设备的选型与优化配置；个汇总设备的合理使用和更新改造；各种设备的研制、开发与引进等
	方法管理	各种物流技术的研究、推广普及；物流科学研究工作的组织与开展；新技术的推广普及；现代管理方法的应用等
	信息管理	物流信息的传输、处理等
对物流具体职能的管理	物流计划管理	物流系统内各种计划的编制、执行、修正及监督
	物流质量管理	物流服务质量、物流工作质量、物流工程质量等的管理
	物流技术管理	对物流基础设施和物流设备的管理；物流各种专业级数的开发、推广和引进；物流作业流程的制定；技术情报和技术文件的管理；物流技术人员的培训等
	物流经济管理	物流费用的计算与控制；物流劳务价格的确定和管理；物流活动的经济核算、分析等

2.1.4 物流管理发展的五个阶段

近年来，随着经济的发展，企业的物流管理在不断革新，从发达国家物流发展的历史来看，物流管理经历了以下 5 个阶段。

1. 物流功能个别管理阶段

在这个阶段，真正意义上的物流管理意识还没有出现，降低成本不是以降低物流总成本为目标，二是分别停留在降低运输成本和保管成本等个别环节上。降低运输成本也是局限于要求降低运价或者寻找价格更低的运输业者上。物流在企业中的位置，企业内对于物流的意识程度还很低。

2. 物流功能系统化管理阶段

物流功能系统化管理阶段的主要特征表现为：通过物流管理部门的设立，其管理对象已不仅是现场的作业活动，而是站在企业整体的立场上整合，各种物流合理化对策开始出现并付诸实施。

3. 物流管理领域扩大阶段

进入物流管理领域扩大阶段，物流管理部门可以处于物流合理化的目的向生产和销售部门提出自己的建议。如对于生产部门的建议：从产品的设计阶段就考虑物流效率、实现包装的标准化、生产计划要具备柔性等。但是，物流管理部门对于生产和销售部门提出的建议在具体实现上有一定限度，特别是在销售竞争非常激烈的情况下，物流服务一旦被当做竞争手段的时候，仅仅以物流合理化的观点来要求销售部门提供协助往往不被对方所接受，因为，这时候考虑问题的先后次序首先是销售，然后才是物流。

4. 企业内物流一体化管理阶段

企业内物流一体化管理是根据商品的市场销售动向决定商品的生产和采购，从而保证生产、采购和销售的一致性。企业内物流一体化管理受到关注的背景来自于市场的不透明化。需要正确把握每一种商品的市场销售动向，尽可能根据销售动向来安排生产和采购，改变过去那种按预测进行生产和采购的方法。企业内物流一体化管理正是建立在这应样一种思考之上的物流管理方式。

5. 供应链管理阶段

供应链管理是一个将交易关联的企业整合进来的系统，即将供应商、制造商、批发商、零售商和顾客等所有供应链上的关联企业和消费者作为一个整体看待的系统结构。基于供应链的顺利运行的物流管理使物流业为产品的实物空间位移提供时间和服务质量的保证，从而使物流管理进入了更为高级的阶段。

2.1.5 物流管理的相关理论

1. "黑大陆"学说

著名的管理学权威 P.F. 德鲁克曾经讲过："流通是经济领域里的黑暗大陆"，德鲁克泛指的是流通，但是，由于流通领域中物流活动的模糊性尤其突出，是流通领域中人们更认识不清的领域，所以，"黑大陆"说法现在转向主要针对物流而言。

"黑大陆"说法主要是指尚未认识、尚未了解，在黑大陆中，如果理论研究和实践探索照亮了这块黑大陆，那么摆在人们面前的可能是一片不毛之地，也可能是一片宝藏之地。在某种意义上来看，"黑大陆"说是一种未来学的研究结论，是战略分析的结论，带有很强的哲学的抽象性，这一学说对于研究这一领域起到了启迪和动员作用。

2. "物流冰山"理论

物流冰山说是日本早稻田大学西泽修教授提出来的，他专门研究物流成本时发现，现行的财务会计制度和会计核算方法都不可能掌握物流费用的实际情况，因而人们对物流费用的了解是一片空白，甚至有很大的虚假性，他把这种情况比做"物流冰山"。冰山的特点，是大部分沉在水面之下，而露出水面的仅是冰山的一角。物流便是一坐冰山，其中沉在水面以下的是我们看不到的黑色区域，而我们看到的不过是物流的一部分。

 知识链接　管理中的冰山理论

把一个员工的全部才能看作一座冰山，呈现在人们视野中的部分往往只有1/8，而看不到的则占7/8。对员工来说，1/8是其资质、知识、行为和技能，7/8则是由职业意识、职业道德和职业态度三个方面形成的基石。要培育优秀的职业化素质，就要重视这三个隐性方面的内容，因为它占有员工素质的7/8，同时还深刻地影响着员工1/8的显性素质。浮在水面上的1/8是他所拥有的资质、知识、行为和技能，这些就是员工的显性素质，这些可以通过各种学历证书、职业证书来证明，或者通过专业考试来验证。

而潜在水面之下的7/8的东西,包括职业道德、职业意识和职业态度,我们称之为隐性素质。显性素质和隐性素质的总和就构成了一个员工所具备的全部职业化素质。例如:应届毕业生在显性素质方面表现还可以,但在隐性素质方面由于没有得到过培训,所以比较欠缺,这就是很多企业不招聘应届毕业生的真正原因。

职业化素质既然有大部分潜伏在水底,就如同冰山有八分之七存在于水底一样,正是这八分之七的隐性素质部分支撑了一个员工的显性素质部分!

员工素质的"水上部分"包括基本知识、基本技能,是显性的,即处在水面以上,随时可以调用,是人力资源管理中人们一般比较重视的方面,它们相对来说比较容易改变和发展,培训起来也比较容易见成效,但很难从根本上解决员工综合素质问题。

员工素质的"水下部分"包括职业意识、职业道德、职业态度,是隐性的,即处在水面以下,如果不加以激发,它只能潜意识地起作用,这方面处于冰山的最下层,是人力资源管理中经常被忽视的,也经常被员工被人所忽视。然而,如果员工的隐性素质能够得到足够的培训,那么对员工的提升将是非常巨大的,同时对企业的影响也将更加深远。

大部分企业非常重视员工的显性素质培训,诸如职业技能培训等等,好像这些培训的效果能够立竿见影地凸现出来。很多企业往往忽视员工隐性素质的培训,忽视职业意识、职业道德和职业态度方面的培训,因此也就很难从根本上提升企业的核心竞争力!全方位职业化素质培训的作用就是要"破冰",要将被培训者头脑中潜藏的意识和态度挖掘出来,将冰山水面上和水面下的部分完全协同起来,更大程度地发挥7/8水下部分的核心作用。只有重视员工隐性素质的培训,才能够更大地提高员工的显性素质培训的效果!

企业员工职业化程度的高低决定了企业的未来发展,也决定了员工自身未来的发展。是否具备职业化的意识、道德、态度和职业化的技能、知识与行为,直接决定了企业和员工自身发展的潜力和成功的可能。具备职业化素质,那么你就拥有了相当的职业竞争力,也就迈出了获得成功的第一步。

3. "第三利润源泉"说

第三利润源泉是日本早稻田大学教授、日本物流成本学说的权威学者西泽修先生在1970年提出的。在生产力相对落后、社会产品处于供不应求的历史阶段,由于市场商品匮乏,制造企业无论生产多少产品都能销售出去。于是就大力进行设备更新改造、扩大生产能力、增加产品数量、降低生产成本,以此来创造企业剩余价值,即第一利润。当产品充斥市场,转为供大于求,销售产生困难时,也就是第一利润达到一定极限,很难持续发展时,便采取扩大销售的办法寻求新的利润源泉,这就是第二利润。当销售达到了一定极限时,同时发现物流不仅可以帮助扩大销售,而且也是一个很好的新利润增长源泉。

于是,出现了西泽修教授的"第三利润源泉"说。物流作为"第三利润源泉",在降低成本、提高效益、增强企业市场竞争力方面起着极其重要的作用。

 知识链接 第三利润源的理论基础

(1) 物流是可以完全从流通中分化出来的,自成体系,有目标有管理,因而能进行独立的总体判断。

(2) 物流和其他的独立经济活动一样,它不是总体的成本构成因素,而是单独盈利因素,可以成为"利润中心"。

(3) 从物流服务角度看,通过有效地物流服务,可以给接受物流服务的生产企业创造更好的盈利机会,成为生产企业的"第三利润源"。

(4) 通过有效的物流服务,可以优化社会经济系统和整个国民经济的运行,降低整个社会的运行成本,提高国民经济总效益。

4. 效益背反

"效益背反"又称为二律背反，即两个相互排斥而又相互被认为是同样正确的命题之间的矛盾。物流成本的效益背反规律或二律背反效应又被称为物流成本交替损益（trade off），是指在物流的各要素间，物流成本此消彼长。

"效益背反"是物流领域中很经常的很普遍的现象，是这一领域中内部矛盾的反映和表现。这是一种此涨彼消，此盈彼亏的现象，虽然在许多领域中这种现象都是存在着的，但物流领域中，这个问题似乎尤其严重。效益背反说有许多有力的实证予以支持，例如，包装问题，在产品销售市场和销售价格皆不变的前提下，假定其他成本因素也不变，那么包装方面每少花一分钱，这一分钱就必然转到收益上来，包装越省，利润则越高。但是，一旦商品进入流通之后，如果简省的包装降低了产品的防护效果，造成了大量损失，就会造成储存、装卸、运输功能要素的工作劣化和效益大减，显然，包装活动的效益是以其他的损失为代价的，我国流通领域每年因包装不善出现的上百亿的商品损失，就是这种效益背反的实证。

物流成本与服务水平的效益背反是指物流服务的高水平必然带来企业业务量的增加，收入的增加，同时却也带来企业物流成本的增加，使得企业效益下降，即高水平的物流服务必然随着高水平的物流成本，而且物流服务水平与成本之间并非呈线性关系。在没有很大技术进步的情况下，企业很难同时做到提高物流水平和降低物流成本。

5. 成本中心说

成本中心说的含义，是物流在整个企业的战略中，只对企业营销活动的成本发生影响，物流是企业成本的重要的生产点，因而，解决物流的问题并不主要是为搞合理化、现代化，也不是主要在于支持保障其他活动，而主要是通过物流管理和物流的一系列活动降低成本。所以，成本中心说既是指主要成本的产生点，又是指降低成本的关注点，物流是"降低成本的宝库"等说法正是这种认识的形象描述。

6. 服务中心说

服务中心学说代表了美国和欧洲一些学者（如：鲍尔索克斯）对物流的认识，他们认为，物流活动的最大作用并不在于为企业节约了成本或增加了利润，而是在于提高了企业对用户的服务水平，进而提高了企业的竞争力。服务中心学说特别强调了物流的服务保障功能，借助于物流的服务保障作用，企业可以通过整体能力的加强来压缩成本、增加利润。

服务中心说则是强调物流的服务保障功能，认为服务重于成本，通过服务质量的不断提高可以实现总成本的下降。

7. 战略说

学术界和产业界越来越多的人逐渐认识到，物流更具有战略性，是企业发展的战略而不是一项具体操作性任务。应该说这种看法把物流放在了很高的位置，企业战略是生存和发展。物流会影响企业总体的生存和发展，而不是在哪个环节搞得合理一些，省了几个钱。将物流和企业的生存和发展直接联系起来，这对促进物流理论的发展有重要意义，企业不是追求物流的一时一事的效益，而是着眼于总体，着眼于长远，如制定战略性的规划、进行战略性的投资和战略性的技术开发。

8. 供应链管理

进入20世纪90年代，物流环境发生了一系列变化，如顾客需求不断升级、订货周期逐渐缩短、快速反应系统的推广应用、市场竞争日趋加剧、营销方式不断更新以及经济全球化的到来等。为适应这些变化，供应链管理逐渐受到重视。一般认为，供应链管理是对供应链中的商流、物流、信息流、资金流以及对工作流进行计划、组织、协调与控制。它是一种从供应商开始，经由制造商、分销商、零售商直到最终客户的全要素、全过程的集成化管理模式。其目标是从整体的观点出发，寻求建立供、产、销企业以及客户间的战略合作伙伴关系，最大程度地降低内耗与浪费，实现供应链整体效率的最优化。

2.2 国外物流管理发展概况

从使用传统的物流手段到现代物流的大规模发展，从单一功能的物流形式到综合物流，国内国外都经历了一个发展过程。物流的发展不仅与社会经济和生产力的发展水平有关，同时也与科学技术发展的水平有关，因此物流技术的发展史也反映了物流的发展过程。在物流发展的历史上，有几个重要的国家如美国、德国和日本，起到了决定性的作用，为近现代世界物流业的发展起到了奠基的作用。

2.2.1 美国物流管理发展历史

1. 物流观念的启蒙与产生阶段(1901—1949年)

1916年阿什·肖(Arch Shaw)在《经营问题的对策》一书中，初次论述物流在流通战略中的作用。同年，L.D.H.威尔德(Weld)指出市场营销能产生3种效用，即所有权效用、空间效用和时间效用，与此同时，他还提出了流通渠道的概念，应该说这是早期对物流活动较全面的一种认识。

将物流活动真正上升到理论高度加以研究和分析的当数著名营销专家弗莱德.E.克拉克(Fred E. Clark)，他于1929年在所著的《市场营销的原则》一书中，将市场营销定义为商品所有权转移所发生的各种活动以及包含物流在内的各种活动，从而将物流纳入到了市场经营行为的研究范畴之中。1927年拉尔夫·布素迪(Ralph Borsodi)在《流通时代》一书中，初次用Logistics来称呼物流，为物流的概念化奠定了基础。

从实践发展的角度看，1941—1945年第二次世界大战期间，美国军事兵站后勤活动的开展为人们对综合物流的认识和发展提供了重要的实证依据，而且也推动了战后对物流活动的研究以及实业界对物流活动的重视。这表现在1945年，美国正式形成了一个戴尔塔&阿尔法输送组织，这是一个对输送管理知识教育给予奖励，并为进一步推广而在全美范围内结成的团体组织。此后，1946年在美国正式成立了全美输送物流协会(AST&L)，该组织的主要职能是对专业输送者进行考试，并发予证书，从而将物流活动的培训纳入到正规化的轨道。

2. 物流理论体系的形成与实践推广阶段(1950—1978年)

1954年，在美国波士顿工商会议所召开的第26次波士顿流通会议上，鲍尔·D.康柏斯发表了题为"市场营销的另一半"演讲，他指出无论是学术界还是实业界都应该重视认识、研究市场营销中的物流，真正从战略的高度来管理、发展物流，应该讲，这是物流管理发展的一个里程碑。

1961年爱德华·W. 斯马凯伊（Edward W. Smykay）、罗纳德·J. 鲍尔索克斯（Ronald J. Bowersox）和弗兰克·H. 莫斯曼（Frank H. Mossman）撰写了《物流管理》，这是世界上第一本介绍物流管理的教科书，在该书中他们详细论述了物流系统以及整体成本的概念，为物流管理成为一门学科奠定了基础。60年代初期，密西根州立大学以及俄亥俄州立大学分别在大学部和研究生院开设了物流课程，成为世界上最早把物流管理教育纳入到大学学科体系中的学校。

1962年美国著名经营学家彼德·德鲁克在（财富）杂志发表了题为"经济的黑暗大陆"一文，强调应当高度重视流通以及流通过程中的物流管理，从而对实业界和理论界又产生了一次重大的推动作用。

总之，从50年代到70年代末，很多有关物流的论文、著作、杂志开始大量涌现，有关物流管理研讨的会议也开始频繁召开，这些都推动了物流管理学的形成以及物流管理实践的广泛推广。

3. 物流理论的成熟与物流管理现代化阶段（1978—1985年）

1977年到1978年《航空规制缓和法》的制定拉开了规制缓和的序幕，加速了航空产业的竞争，从而对货主和运输业产生了巨大影响。紧接着1980年通过了汽车运输法案和铁路法案，根据这两项法案，运输公司可以灵活决定运费和服务。到1984年随着海运法案的通过，运输市场已全面实现了自由化。随着运输业者、运输工具选择自由度的增加，一方面接受服务的水准得到提高；物流的效率性得以实现；另一方面，可以从发货地到目的地之间自由选择、组合交通工具，实现联合运输。

在物流管理理论上，这一时期随着MRP、MRP Ⅱ、MRP Ⅲ、DRP、DRP Ⅱ、看板制以及Just-in-time等先进管理方法的开发和在物流管理中的运用，使人们逐渐认识到需要从流通生产的全过程来把握物流管理，而计算机等现代科技的发展，为物流全面管理提供了物质基础和手段。

最具有历史意义的是1985年美国物流管理协会正式将名称从National Council of Physical Distribution Management改为National Council of Logistics Management，从而标志着现代物流观念的确立，以及对物流战略管理的统一化。

4. 物流理论、实践的纵深化发展阶段（1985年迄今）

20世纪80年代中期以后，在理论上，人们越来越清楚地认识到物流与经营、生产紧密相连，它已成为支撑企业竞争力的三大支柱之一。

从物流实践来看，20世纪80年代后期电子计算机技术和物流软件的发展日益加快，进而更加推动了现代物流实践的发展，这其中的代表是EDI的运用与专家系统的利用。EDI是计算机之间不需要任何书面信息媒介或人力的介入，是一种构造化、标准化的信息传递方法。这种信息传递不仅提高了传递效率和信息的正确性，而且带来了交易方式的变革，为物流纵深化发展带来了契机。此外，专家系统的推广也为物流管理提高了整体效果，现代物流为了保障效率和效果，一方面通过POS系统、条形码、EDI等收集、传递信息，另一方面利用专家系统使物流战略决策实现最优化，从而共同实现商品附加价值。

知识链接 美国物流管理发展的启示：注重"企业物流"

美国在发展物流过程中，一直把物流作为企业战略的核心组成部分给予高度重视并努力发展。20世纪50年代后，现代市场营销观念改变了美国企业经营管理的行为，促使企业意识到顾客满意是实现企业利润的唯一手段，是保障企业生存发展的唯一路径；现代的顾客满意是企业可持续发展所必需的行为规范，并作为企业经营管理行为的理念和哲学而被赋予时代使命。因此，美国企业特别强调物流的服务保障职能，并通过物流的服务保障增强企业竞争力，增加企业利润。以顾客满意为理念的企业物流深刻地影响了美国物流的研究和实践，导致美国的物流发展史成为一部以企业物流发展为核心的历史。1963年成立的美国物资配送管理协会在1985年改名为美国物流管理协会，其称谓离不开"物流管理"，从一个侧面说明了美国物流师始终围绕企业物流理念的升级和企业物流技术的进步发展起来的，是在追求顾客服务竞争的企业物流管理的基础上发展起来的。

2.2.2 日本物流管理发展历史

日本的物流虽说是20世纪中期从美国引进概念，但无论是物流的发展速度、政府对物流的重视程度、企业对物流的管理，还是物流基础设施、现代化物流发展水平，均不亚于欧美，而且诸如配送中心、物流中心、流通加工以及物流信息等方面还独具特色。所以，了解和掌握日本的物流发展过程以及与此密不可分的经济状态、社会生活等情况，对于我们认识物流的实质、内涵和外延均有一定的参考价值。日本的物流共分为六个发展阶段。

1. 物流管理萌芽阶段(1945—1953年)

据有关资料记载，1941—1945年第二次世界大战期间，美国军队有效地运用Logistics解决了战时军事后勤。但在后来的很长一段时间里，Logistics并没有被企业重视，而Physical distribution却在美国、日本作为物流运用了三四十年时间。日本1945—1953年是第二次世界大战失败后的经济恢复期，也是物流的萌芽时期。这一阶段，以重化学工业为主导，采取"倾斜生产方式"，重点发展煤炭、钢铁、化学工业。粮食、食品供给不足，短缺商品曾实行配给制，市场供应紧张。国家重生产、轻流通，物流作为流通技术，只被看做销售过程中的辅助手段，不受重视。仍存在肩背人扛，野蛮装卸，包装简陋等现象。1950年成立了装卸研究所，开始使用传送带、起重设备和叉车。

2. 物流管理形成阶段(1953—1963年)

这一阶段是日本经济恢复到战前水平以后开始高速增长的起步时期，也是物流发展初期。日本经济仍以生产为主导，流通处于配角地位。1956年日本经济经过十年的恢复期后，生产效率有了很大提高，已经意识到与生产效率相对，流通效率不匹配，于是刚刚成立不久的日本生产性本部决定向美国派出代表团，考察流通，这就是1956年秋季出访美国的日本"流通技术专业考察团"。该考察团从美国带回了物流的概念，引进了Physical distribution 一词。从此，在日本掀起了物流启蒙、宣传和普及运动，奠定了物流发展基础。

3. 物流管理理论转化生产力阶段(1963—1973年)

第三阶段正是日本经济高速增长，物流也开始受到重视的时期，同时也是流通由"配角"上升到"主角"的阶段。市场商品变得饱和,货物流通量猛然骤增,流通成为经济发展的障碍,到了不解决物流,整体经济就无法推进的地步。日本学术界、理论界不断地宣传物流,积极向日本通产省、运输省等政府相关部门提出重视物流的建议,后来终于使日本政府认识到物流的重要性,开始研究和解决物流问题。

4. 形成物流标准化的思想,在物流技术上逐步实现精细化发展方向阶段(1973—1983年)

这一阶段,正遇1973年第一次世界石油危机,日本经济从此由高速增长转为稳步增长,强调节约能源和资源,工业生产由"量"的扩大转为"质"的提高,市场饱和,商品供大于求,流通主导经济发展,物流在经济舞台上唱"主角"。日本政府为使经济持续稳步发展,进一步重视流通环节,加大物流合理化的力度,增加物流基础设施投资,注重企业物流发展。

5. 物流服务的概念开始得到认同阶段(1983—1993年)

在这一发展阶段,消费主导日本经济,消费者是"上帝"的说法被世人公认。企业由原来的注重生产转为注重销售,又由注重销售转向注重消费者。用户第一,客户至上,"上帝"的多样化需求和个性化消费,给物流又增添了新的难度。1985年美国物流管理协议会的英文名称由PD改为Logistics,1992年,日本两大物流团体合并,成立了日本物流系统协会,简称为JILS。这一阶段里,企业在竞争激化的经营环境中,在提高服务质量和水平的同时,努力降低成本,加强物流管理,调整物流体系,追求综合效益。共同运输、共同配送、协同组合的做法得到推崇,条形码技术、托盘联营,单元化装载搬运,门到门配送等进而提升了企业物流运作的水平,系统化、智能化物流有了长足发展。

6. 国际化趋势逐渐渗透,供应链联盟逐渐成熟并且大力发展绿色物流阶段(1993年至今)

此时,国际政治经济环境发生了很大变化,在全球经济一体化明显,环境问题越来越受到关注,国际化和环保型经济成为日本的主流。从物流中找出路,把物流问题置于首要地位,加强国际竞争力,建立环保型、资源再生循环型经济社会,成为日本政府新的政策取向。

1996年,日本政府在国家经济体制改革文件中,把物流列为首要课题,1997年制定了一个重要的政策性文件,即《综合物流施政大纲》。2001年,政府为了强化这一施政纲领,根据形势变化和发展需要,又在该大纲的基础上,颁布了《新综合物流施政大纲》。这一阶段,企业也开始重新审视自己的经营理念,充分发挥自身核心竞争力,有效利用社会专业企业资源,充分发挥第三方物流作用,实现供应链物流管理和整合。受电子商务、计算机网络、信息平台、第三方物流、供应链、电子标签、电子数据交换(EDI)、全球卫星定位(GPS)、无线电射频技术等新技术、高科技的重大影响,在经济全球化、环境和资源再生利用问题突出、消费者要求苛刻等诸多因素中,接受考验,寻找出路。

 知识链接 日本物流管理发展的启示:强调"物流系统"

日本物流概念形成的历史比美国晚得多,但是在政府和企业的共同推动下,物流理念的提升和物流功能的整合进程很快。现代物流发展十分迅速,并形成了自身独特的经验和方法,成为现代物流方面的先进国家。20世纪50年代中后期,日本从美国导入物流概念的过程中。把物流理解为"各种活动综合体",包含了运输、配送、保管、库存、装卸、包装、流通加工和信息活动等基本活动。60年代,日本通产省发表了《关于流通活动系统化》,提出为了适应流通活动高度化和效率化,要把整个流通活动作为一个系统来考虑,把物流基本功能作为一个整体来把握;70年代,运输省发表了《走向物流系统化的道路》,认为物流系统是经济社会的子系统,提出构建理想的物流系统的思路。从此,在日本,从政府层面到行业层面再到企业层面开始全面构建物流系统。

2.2.3 德国物流管理发展历史

在欧洲,法国和意大利早起开发物流园区的时间可以推到20世纪60年代末、70年代初。而在德国,第一个物流园区试验项目是在20世纪80年代中期的不莱梅物流园区,其在经过十几年的经营后其投入产出比已达到1:6,投资1.02亿欧元,而实现的效益为6.1亿欧元。2003年5月联邦政府交通部再发布文件,要大力扶植和继续发展建设物流园区,再次表明了物流园区建设的重要性。

众所周知,德国的汽车、电气和电子、机械制造、化工等行业具有相当的规模,其实德国的汽车物流、电器物流、化工物流等也是做得相当出色。物流在德国推行已有二十多年,几乎渗透各行各业,无处不存,无时不在。德国的物流产业特征表现为在高度的规范化、有序化的前提下高度的社会化、规模化、网络化、信息化、集装单元化、托盘化、机械化、专业化、多功能化与绿色化等。

1. 产业的社会化

德国的物流产业社会化驱动力来自于企业非核心竞争业务的外包;如Kieserling物流公司通过从汽车业、化工业、啤酒业等获得外包的运输、仓储配送等物流业务,和上述行业的相关企业建立长期的合同物流关系,为数不多的合同即可获得稳定饱满的业务,如Kieserling的5个配送中心及若干运输车辆,为Beck's啤酒厂提供运输仓储配送等业务,年运输量不低于一百万吨,仓储配送业务也相当可观。这种外包效应相得益彰,物流供需双方致力于与各自的核心竞争业务,形成供应链上的合作伙伴关系,其供应链具有相当的竞争力,实现双赢。

2. 产业网络化与规模化

物流业是一个高度分散、零散与随机的行业。物流业的效益化离不开规模化,规模化离不开网络化。网络化包括了物流基础设施的网络化、物流业务的网络化、物流信息的网络化。同时,物流的社会化是物流业规模化的前提。

德国政府在物流基础设施的网络化做了大量的工作,如加强公路、铁路、港口的基础建设,所有的运输基础设施均由政府投资建设,政府的资金一方面通过税收转为投入,另一方面通过土地的置换来获得。德国的高速公路成网,又与欧洲的高速公路连通,水运资源整治合理,利用充分,如莱茵河运量胜过上十条高速公路或上十条铁路。天然河流通过人工运河形成网络,通达各个城市港口,又与国际大港相连;铁路网密集,通达欧洲各大城市。

3. 产业的标准化

物流的又一个定义是按照客户的需求提供物品的时间与场所转移。由于物品的物理和化学的多样性、零散性、不规则性等,只有建立在化零为整,集装单元化,依靠托盘化和各种物流机械基础之上转移才是效率化、省力化、低货损的转移。在德国,物品无论是进入工厂、商店、建筑工地还是仓库、码头、配送中心等都是通过集装单元化、托盘化、各种装卸搬运、输送机械、专用车辆等实现的。托盘已如同钱币般进入流通,可见其用量之多;装卸搬运过程中使用叉车数目多,如:Beck's 啤酒厂用于厂区内的叉车数量竟高达135 台。根据货物选择专用车辆,如厢式车辆、罐式车辆、挂车、半挂车、尤其以集装箱运输车为多。

4. 物流产业的专业化与多功能化

德国的物流业市场已经成熟,反映为第一、二、三、四方物流业已各自在市场中定好位。第一方物流是需求方,第二方物流是供应方,第三方物流为客户提供所有的或一部分供应链物流服务,以获取一定的利润。第三方物流公司提供的服务范围很广:它可以简单到只是帮助客户安排一批货物的运输,也可以复杂到设计、实施和运作一个公司的整个分销和物流系统。理论上,以上三方是具有一体化利益目标的战略同盟,是长期性的伙伴合作关系。第四方物流供应商是一个供应链的集成商,它对公司内部和具有互补性的服务供应商所拥有的不同资源、能力和技术能进行整合和管理,并提供一整套供应链解决方案。

5. 产业的绿色化

绿色物流,顾名思义,是融入了环境可持续发展理念的物流活动。通过改革运输、储存、包装、装卸、流通加工、管理等物流环节,绿色物流可以达到降低环境污染、减少资源消耗的目的。德国的物流绿色化表现在宏观与微观物流中方方面面的文明规划、设计、生产、使用与绿色消费,注重到达消费者手中的绿色运输、仓储、包装等的同时也注重从消费者手中的逆向物流,如垃圾分类回收、饮料瓶回收、旧电器、轮胎、汽车等等的回收等。

6. 传统产业转型物流业

德国的物流产业化还包括了传统产业向物流业的转变,如鲁尔工业区是传统工业区,1998 年在政府的指令下,其内的 Duisburg-Rheinhausen 钢铁集团公司被迫停产。

 知识链接 欧洲物流管理发展的启示: 强调 "综合物流"

在欧洲的物流观念中,始终强调综合的观念,重视发展社会化、专业化物流,提倡第三方物流服务的理念。成本中心观念带来欧洲供应链管理的盛行,供应链理论和技术应用相当出色,提高采购、生产、销售各个环节之间的效率成为欧洲物流发展的重点。欧洲的许多企业通过直接控制供应链,降低物流成本,提高物流效益;通过把供应链上的物流和其他企业经营管理要素纳入一个整体的思考系统中,进行系统规划,促使"功能性"的物流系统成为重要部门,大大提高了物流一体化程度,"综合物流"成为欧洲物流发展的重要特征;通过把 SCM 和 ECR(Efficient Consumer Response,高效消费者响应)作为企业"价值创造链",强化物流作用。随着欧盟的诞生、欧洲共同市场的形成,欧洲物流呈现出企业物流社会化、国际化的趋势,第三方物流的应用水平高于美国和日本。在大型物流企业规模扩张的趋势中,一个以市场需求为导引、以顾客需求为中心,供应商、制造商、中间商和相关服务商有机结合的完美网络结构在欧洲形成。

综上所述,现代物流在美国、日本和欧洲为首的西方发达国家呈现出不同的发展轨迹,其特征与风貌各有千秋,可供发展中国家借鉴的经验主要有三点:第一,现代物流体现的是系统化的思想，追求的是系统最优，实现的是企业效益和社会效益；第二，现代物流活动是企业行为，第三方物流成为现代物流发展的动力；第三，在现代物流发展过程中政府的作用是举足轻重的，政府的物流发展政策措决定现代物流发展的方向。

2.3 我国物流发展概况

2.3.1 我国物流管理发展历史

我国对物流概念、物流理论的研究是从20世纪70年代末引进西方发达国家的有关物流理念才开始展开的。物流作为经济管理的一个基本领域、基本功能，是经济社会发展的产物，其物流活动和物流管理在新中国经受了半个多世纪的洗礼，先后经历了计划经济下的发展阶段、有计划的商品经济下的发展阶段和在社会主义市场经济体制建立过程中的发展。

1. 计划经济下的物流（建国初期至20世纪80年代初）

这个时期，我国实行的是高度集中的计划经济管理体制，国家的整个经经济运行处于计划管理之下。国家对各种商品特别是生产资料和主要消费品，实行指令性计划生产、分配和供应，商品流通企业的主要职责是保证指令性分配计划的实现。

可以说，这个时期我国尚未有"物流"的概念，更没有现代物流的理念。资源分配和组织应是按部门、行政区划进行的，物流活动的主要目标是保证国家指令性计划分配指标的落实，物流的经济效益目标被放到了次要位置。物流活动仅限于对商品的储存和运输，物流环节相互割裂，系统性差，整体经济效益低下。

2. 有计划的商品经济下的物流（20世纪80年代初至90年代初）

这个时期，我国引入了"物流"的概念，物流发展进入部分一体化的管理阶段。我国经济开始从计划经济逐步向市场经济过渡，随着产品和服务的商业化和市场化，市场竞争日益加剧，各类企业开始意识到现代物流的重要作用，不仅流通部门加强了物流管理，生产部门也开始重视物流问题，不仅国营物流企业的建设有所加强，同时一些集体和个体物流企业也有了发展，物流业已打破部门地区的界限，向社会化、专业化的方向发展。但是，这个时期还没有真正意义的现代物流运作和现代物流企业。

3. 社会主义市场经济下的物流（20世纪90年代中期至今）

1993年，党的十四届三中全会通过了《中共中央关于建立社会主义市场经济体制若干问题的决定》，我国加快了经济体制改革的步伐，经济建设开始进入一个新的历史发展阶段。科学技术的迅速发展和信息技术的普及应用，消费需求个性化、多元化趋势的加强，竞争机制的建立，使得我国工商企业，特别是中外合资企业，为了提高竞争力，不断提出新的物流需求，我国经济界开始把物流发展提到了重要议事日程。国家逐渐加大力度对一些老的仓储、运输企业进行改革、改造和重组，使他们不断提供新的物流服务，与此同时出现了一批适应市场经济发展需要的现代物流企业。

随着改革开放的深入，经济增长方式的转变，大多数地方政府把发展现代物流放在重要的地位，并采取切实可行的措施发展现代物流，逐步建立起专业化、现代化、社会化的物流服务网络体系。目前，深圳、北京、天津、上海、广州等地政府极为重视本地区物流产业的发展，研究制定地区物流发展规划和政策措施；物流企业企业逐渐摆脱部门附属机构的地位，开始按照市场规律的要求开展物流活动。

2.3.2 我国物流管理发展现状

1. 物流产业地位显著提升

2009年3月，我国第一个全国性物流业专项规划《物流业调整和振兴规划》，由国务院发布。《规划》进一步明确了物流业的地位和作用，指出：物流业是融合运输业、仓储业、货代业和信息业等的复合型服务产业，是国民经济的重要组成部分，涉及领域广，吸纳就业人数多，促进生产、拉动消费作用大，在促进产业结构调整、转变经济发展方式和增强国民经济竞争力等方面发挥着重要作用。

2. 物流市场规模快速扩张

随着工业化推进和产业升级，工业物流运行模式发生深刻变化。工业企业加快资源整合、流程改造，采取多种方式分离外包物流功能。一是分离分立，将企业物流业务从主业中分离出来，成立了面向社会服务的物流企业。二是合资合作，由制造企业与物流企业合资组建物流公司。三是全面外包，物流业务全盘委托给专业物流公司管理。

在一系列扩大消费政策引导下，商贸物流加快发展。一是生产资料流通企业和传统批发市场增加储存、加工、配送、网上交易等物流功能，形成了贸易加物流的新模式。二是大型连锁零售企业强化物流系统，构建和完善自身物流网络。三是网购物流"爆炸式"增长。2013年网络购物交易规模达到1.85万亿元，随着传统企业大规模进入电商行业，移动互联网的发展促使移动网络购物日益便捷，我国网络购物市场整体还将保持相对较快增长，预计到2016—2017年我国网络购物市场交易规模将达到40 000亿元。四是农业和农村物流集中释放。随着"万村千乡市场工程"、"家电下乡"、"汽车摩托车下乡"和"农超对接"等政策的实施，农产品进城、农资和日用工业品下乡带来的物流需求较快增长。

3. 物流企业加速成长

各类企业深化兼并重组。一是合并重组，二是并购重组，三是转型重组，通过兼并重组，行业资源得到有效整合，企业规模迅速壮大，专业服务能力得到增强。一是运输、仓储、货代、快递等传统物流企业转型发展，二是围绕企业需要的专业化物流融合发展，三是各类物流企业创新发展。供应商管理库存、供应链金融、卡车航班、越库配送、保税物流、邮政物流等服务新模式得到推广运用。

供应链管理有新的发展。物流企业介入代理采购和分销业务，流通企业延伸物流和金融服务，引导上下游企业，打造采购、生产、分销及物流一体化的现代产业服务体系。

4. 物流基础设施建设进度加快

"十一五"时期，我国物流类基础设施投资保持了较快增长，综合运输体系初具规模。截至2012年年底，我国公路总里程达424万公里，高速公路通车里程达9.6万公里，高速公路已覆盖全国90%以上的中等城市；全国内河航道通航里程达12.5万公里，沿海和内河港口生产性泊位达3.2万个；全国拥有公路营运汽车1 340万辆、水上运输船舶17.9

万艘。2012年，全国完成公路客运量355.7亿人次、旅客周转量18 468亿人公里；全国完成公路货运量318.9亿吨、货物周转量59 535亿吨公里；全国完成水路货运量45.9亿吨、货物周转量81 708亿吨公里，亿吨大港达到29个。

物流园区（基地、中心）等物流设施发展较快。北京空港、上海西北、浙江传化、山东盖家沟、上海外高桥、苏州综合物流园区等一批重点园区显示了良好的社会经济效益。铁道部规划建设的18个铁路物流中心，已有9个建成投用。仓储、配送设施现代化水平不断提高。化工危险品库、液体库、冷藏库、期货交割库、电子商务交割库以及自动化立体仓库快速发展。

5. 物流信息化运用和技术创新取得实效

物流信息化加快发展。已有70.5%的企业建立了管理信息系统。仓储管理、运输管理、采购管理、客户关系管理系统得到普遍应用。物流企业通过与客户的信息共享、流程对接，加快融入客户供应链体系。在整合海关、交通、商检、质检等电子政务服务的基础上，出现了应用网上交易、金融、检测、配送等集成化电子商务服务的信息平台。企业资源计划（ERP）和供应链管理（SCM）软件应用开始普及，RFID等物联网技术在车辆监管、物品定位管理、自动识别分拣和进出库安防系统等方面开始应用。

先进适用的物流技术得到推广。仓储保管、运输配送、装卸搬运、分拣包装、自动拣选等专用物流装备广泛应用；条码技术、智能标签技术、配载配送和路径优化技术等得到推广；冷藏、配送等专用车辆需求旺盛，叉车、托盘、货架、自动拣选、自动化装备等专用设备加快更新换代。

6. 物流业对外开放迈开新的步伐

外商外资全面进入。2005年12月11日以后，我国履行加入世贸组织的承诺，物流服务领域全面开放。五年来，国际知名的跨国物流企业加紧布局，我国物流市场国有、民营和外资三足鼎立的格局已经形成。在某些领域，如国际快递、远洋运输和物流地产等方面，有的外资企业已占据明显优势。

区域物流扩大交流与合作。东盟—中国自贸区启动，东北亚加强物流合作，以及上海合作组织经济联系日益密切，推动了我国与周边国家的区域物流合作。物流企业也开始"走出去"，到2009年年底，我国对外直接投资存量达2 458亿美元，海外工程承包和劳务合作累计营业额达3 400亿美元。国内物流企业跟随制造和商贸企业及工程承包"走出去"。例如，中外运长航海外业务有新的拓展，顺丰速运逐步在周边国家和地区布点。中远物流在核燃料和废料物流、工程物流和会展物流等领域，已具备较强的国际竞争力。

7. 物流业政策环境有所改善

"十一五"时期，特别是《物流业调整和振兴规划》发布以来，政府有关部门对物流业重视程度提高。一是加强《规划》组织实施。国家发改委牵头成立了由38个部门和单位组成的落实《规划》工作小组，制定了《部门分工方案》。二是多渠道设立专项资金。国家发改委、财政部、商务部等部门安排专项资金，支持物流业重点建设项目。三是制订落实专项规划。《规划》中提出的7个专项规划，已有3个发布实施，其余接近完成。四是各部门加大政策支持力度。全国现代物流工作部际联席会议出台《关于促进制造业与物流业联动发展的意见》；商务部组织开展流通领域现代物流示范工作；国家税务总局持续扩大物流企业税收试点；铁道部积极推进战略装车点建设和路企直通运输；交通运输部开展物流信息化和甩挂运输试点工作；工信部组织编制《物流信息化发展规划（2010—2015）》；国家邮政局制定部门规章，规范邮政快递市场；海关总署开展出口货物分类通关试点改革；国家开发银行等金融机构为物流项目提供战略性融资服务。中国物流与采购联合会提出了税收、交通、投融资、物流企业、物流园区和制造业与物流业联动发展这六个方面的"60条"政策建议，为有关部门研究制定具体政策提供了基础资料。

与此同时，全国已有超过半数的省份出台了《物流业调整和振兴规划》实施细则。大部分省市建立了现代物流工作协调机制，一些省市政府还成立了主管物流工作的常设机构。许多省市制定相应的专项规划和法规，出台具体的财税扶持政策。

2.4　现代物流管理发展趋势

随着进入新世纪，全球经济一体化进程的加快，企业面临着尤为激烈的竞争环境，资源在全球范围内的流动和配置大大加强，世界各国更加重视物流发展对于本国经济发展、民生素质和军事实力增强的影响，更加重视物流的现代化，从而使现代物流呈现出一系列新的发展趋势。根据国内外物流发展的新情况，未来物流的发展趋势可以归纳为信息化、网络化、自动化、电子化、共享化、协同化、集成化、智能化、移动化、标准化、柔性化、社会化和全球化。

1. 信息化

现代社会已步入了信息时代，物流信息化是社会信息化的必然要求和重要组成部分。物流信息化表现在：物流信息的商品化，物流信息收集的代码化和商业智能化，物流信息处理的电子化和计算机化，物流信息传递的标准化和实时化，物流信息存储的数字化和物流业务数据的共享化等。它是现代物流发展的基础，没有信息化，任何先进的技术装备都无法顺畅地使用，信息技术的应用将会彻底改变世界物流的面貌，更多新的信息技术在未来物流作业中将得到普遍采用。

信息化促进了物流功能的改变，使得那些在工业社会里的产品生产中心、商业贸易中心发挥的主导功能发生了转变，传统的物流业以物为对象，聚散的是物；而信息社会是以信息为对象。物流不再仅仅传输产品，同时也在传输信息，例如物流中心的聚散功能除针对实物之外，还要完成对各种信息的采集和传输，各种信息被聚集在那里，经过加工、处理、使用，再传播出去供社会使用。总之，信息社会使物流的功能更强大，并形成一个社会经济的综合服务中心。

2. 网络化

网络化是指物流系统的组织网络和信息网络体系。从组织上来讲，它是供应链成员间的物理联系和业务体系，国际电信联盟（ITU）将射频识别技术（RFID）、传感器技术、纳米技术、智能嵌入技术等列为物联网的关键技术，这种过程需要有高效的物流网络支持。而信息网络是供应链上企业之间的业务运作通过互联网实现信息的传递和共享，并运用电子方式完成操作。例如配送中心向供应商发放订单就可以利用网上的电子订货系统通过互联网来实现，对下游分销商的送货通知也可通过网上的分销系统、甚至是移动手持设备来实现，等等。

3. 自动化

物流自动化的基础是信息化，核心是机电一体化，其外在表现是无人化，效果是省力化。此外，它还能扩大物流能力、提高劳动生产率、减少物流作业的差错等。物流自动化的技术很多，如射频自动识别、自动化立体仓库、自动存取、自动分拣、自动导向和自动定位、货物自动跟踪等技术。这些技术在经济发达国家已普遍用于物流作业中，在我国，虽然某些技术已被采用，但达到普遍应用还需要相当长的时间。

4. 电子化

电子化是指物流作业中的电子商务。它也是以信息化和网络化为基础。它具体表现为：业务流程的步骤实现电子化和无纸化；商务的货币实现数字化和电子化；交易商品实现符号化和数字化；业务处理实现全程自动化和透明化；交易场所和市场空间实现虚拟化；消费行为实现个性化；企业或供应链之间实现无边界化；市场结构实现网络化和全球化，等等。作为电子商务发展关键性因素之一的物流，是商流、信息流和资金流的基础与载体。电子化使得跨国物流更加频繁，对物流的需求更加强烈。

5. 共享化

供应链管理强调链上成员的协作和社会整体资源的高效利用，以最优化的资源最大化地满足整体市场的需求。企业只有在建立共赢伙伴关系的基础上，才能实现业务过程间的高度协作和资源的高效利用，通过资源、信息、技术、知识、业务流程等的共享，才能实现社会资源优化配置和物流业务的优势互补、快速对市场需求作出响。近年来，一些新型的供应链管理策略，如 VMI、JIT Ⅱ、CPFR、第四方物流、RSP 与 DI 等都实现了信息、技术、知识、客户和市场等资源的共享化。

6. 协同化

市场需求的瞬息万变、竞争环境的日益激烈都要求企业具有与上下游进行实时业务沟通的协同能力。企业不仅要及时掌握客户的需求，更快地响应、跟踪和满足需求，还要使供应商对自己的需求具有可预见能力，并能把握好供应商的供应能力，使其能为自己提供更好的供给。为了实现物流协同化，合作伙伴需要共享业务信息、集成业务流程，共同进行预测、计划、执行和绩效评估等业务。而只有企业间真实现了全方位的协同，才能使物流作业的响应速度更快、预见性更好、抵御风险能力更强、降低成本和增加效益。

7. 集成化

物流业务是由多个成员与环节组成的，全球化和协同化的物流运作要求物流业中成员之间的业务衔接更加紧密，因此要对业务信息进行高度集成，实现供应链的整体化和集成化运作，缩短供应链的相对长度，使物流作业更流畅、更高效，更快速，更加接近客户和需求。集成化的基础是业务流程的优化和信息系统的集成，二者都需要有完善的信息系统支持，实现系统、信息、业务、流程和资源等的集成。同时，集成化也是共享化和协同化的基础，没有集成化，就无法实现共享化和协同化。

8. 智能化

智能化是自动化、信息化的一种高层次应用。物流涉及大量的运筹和决策，例如物流网络的设计优化、运输(搬运)路径和每次运输装载量的选择，多货物的拼装优化、运输工具的排程和调度、库存水平的确定与补货策略的选择、有限资源的调配、配送策略的选择等优化处理，都需要借助智能的优化工具来解决。近年来，专家系统、人工智能、仿真学、运筹学、商务智能、数据挖掘和机器人等相关技术已经有比较成熟的研究成果，并在实际物流业中得到了较好的应用，使智能化已经成为物流发展的一个新趋势，智能化还是实现物联网优化运作的一个不可缺少的前提条件。

9. 移动化

移动化是指物流业务的信息与业务的处理移动化。它是现代移动信息技术发展的必然选择。由于物流作业更多地体现在载体与载物的移动，除了暂时静态的存储环节外全都处于移动状态，因此移动化对物流业具有更加重要和深远的意义。应用现代移动信息技术（通信、计算机、互联网、GPS、GIS、RFID、传感、智能等技术）能够在物流作业中实现移动数据采集、移动信息传输、移动办公、移动跟踪、移动查询、移动业务处理、移动沟通、移动导航控制、移动检测、移动支付、移动服务等，并将这些业务与物体形成闭环的网络系统，在真正意义上实现物联网。它不仅使物流作业降低成本、加速响应、提高效率、增加盈利，而且还使其更加环保、节能和安全。

10. 标准化

标准化是现代物流技术的一个显著特征和发展趋势，也是实现现代物流的根本保证。货物的运输配送、存储保管、装卸搬运、分类包装、流通加工等作业与信息技术的应用，都要求有科学的标准。例如，物流设施、设备及商品包装、信息传输等的标准化等。只有实现了物流系统各个环节的标准化，才能真正实现物流技术的信息化、自动化、网络化、智能化等。特别是在经济贸易全球化的新世纪中，如果没有标准化，就无法实现高效的全球化物流运作，这将阻碍经济全球化的发展进程。

11. 柔性化

柔性化是 20 世纪 90 年代由生产领域提出来的，为了更好地满足消费者的个性化需求，实现多品种、小批量以及灵活易变的生产方式，国际制造业推出柔性制造系统 FMS（Flexible Manufacturing System），实行柔性化生产。随后，柔性化又扩展到了流通领域，根据供应链末端市场的需求组织生产和安排物流活动。物流作业的柔性化是生产领域柔性化的进一步延长，它可以帮助物流企业更好地适应消费需求的"多品种、小批量、多批次、短周期"趋势，灵活地组织和实完成流作业，为客户提供定制化的物流服务来满足他们的个性化需求。

12. 社会化

物流社会化也是今后物流发展的方向，其最明显的趋势就是物流业出现第三方和第四方物流服务方式。它一方面是为了满足企业物流活动社会化要求所形成的，另一方面又为企业的物流活动提供了社会保障。而第三方、第四方乃至未来发展可能出现的更多服务方式是物流业发展的必然产物，是物流过程产业化和专业化的一种形式。人们预测下阶段的物流将向虚拟物流和第 N 方物流发展，物流管理和其他服务也将逐渐被外包出去。这将使物流业告别"小而全、大而全"的纵向一体化运作模式，转变为新型的横向一体化的物流运作模式。

13. 全球化

为了实现资源和商品在国际间的高效流动与交换，促进区域经济的发展和全球资源优化配置的要求，物流运作必须要向全球化的方向发展。在全球化趋势下，物流目标是为国际贸易和跨国经营提供服务，选择最佳的方式与路径，以最低的费用和最小的风险，保质、保量、准时地将货物从某国的供方运到另一国的需方，使各国物流系统相互"接轨"，它代表物流发展的更高阶段。

我国企业正面临的国内、国际市场更加激烈的竞争，面对资源在全球范围内的流动和配置大大加强，越来越多的外国公司加速加入中国市场，同时一大批中国企业也将真正融入全球产业链中，这将加剧中国企业在本土和国际范围内与外商的竞争，这都将对我国的物流业提出更高的要求。在新的环境下，我国的企业必须把握好现代物流的发展趋势，运用先进的管理技术和信息技术，提高物流作业的管理能力和创新能力，提升自己的竞争力。

本章小结

本章主要介绍了物流管理的含义、特征、目标、原则和内容，物流管理在国内外的发展历史和发展现状以及发展趋势等。国内外的发展历史中主要介绍了物流管理在美国、日本、德国以及我国的发展历史，美国在物流发展过程中注重"企业物流"，日本则强调"物流系统"，而欧洲国家则更为重视"综合物流"，这些都给我国物流管理发展提供了经验借鉴。我国的物流发展分为三个阶段，虽然起步较晚，但是发展迅速，在市场地位、产业规模、企业数量、基础设施建设等方面都取得了较好的成绩。根据国内外物流发展的新情况，未来物流的发展趋势可以归纳为信息化、网络化、自动化、电子化、共享化、协同化、集成化、智能化、移动化、标准化、柔性化、社会化和全球化。

习　题

一、单项选择题

1. "第三利润"是通过（　　）获得利润的。

　　A. 资源领域　　　　B. 资本领域　　　　C. 人力领域　　　　D. 流通领域

2. 物流活动诸要素的管理内容包括（　　）。

　　A. 人的管理　　　　B. 包装管理　　　　C. 物的管理　　　　D. 设备管理

3. 物流系统诸要素的管理内容包括（　　）。

　　A. 财的管理　　　　B. 配送管理　　　　C. 储存管理　　　　D. 物流信息管理

4. 物流管理的原则是（　　）。

　　A. 物流合理化　　　　　　　　　　　　B. 高效率原则

　　C. 物流管理经济核算原则　　　　　　　D. 经济、技术、法律相结合原则

二、多项选择题

1. 物流管理发展的历史阶段包括（　　）。
   A. 物流功能系统化管理阶段　　　　B. 物流领域扩大阶段
   C. 企业内物流一体化管理阶段　　　D. 供应链管理阶段
2. 物流管理的目标是（　　）。
   A. 快速响应　　B. 最大变异　　C. 最低库存　　D. 物流质量
3. 物流活动中的具体职能管理是（　　）。
   A. 物流计划管理　B. 物流质量管理　C. 物流技术管理　D. 物流经济管理
4. 从物流系统的角度看，物流管理的内容有（　　）。
   A. 人的管理　　　B. 物的管理　　　C. 财的管理
   D. 设备的管理　　E. 方法的管理

三、问答题

1. 简述物流管理发展的趋势。
2. 现代物流管理的内容有哪些？
3. 简述物流管理发展的五个阶段？

四、讨论题

结合你对现代物流的理解，谈谈我国物流发展过程中存在哪些制约因素？

案 例 分 析

东芝电脑的退货管理存在不同的问题，因为客户想要他们之前使用的、存有所有资料的那个电脑，替代电脑根本不行。因此，客户满意的两个关键因素是速度和第一时间的修理。如果东芝忽略了这两个因素中的任意一个，客户满意度就会降低。

东芝采用六西格玛法寻找缩短修理时间的解决方案。东芝想要外包这项业务，起初对合作伙伴的选择犹豫不决——选择修理企业，还是物流企业？实际上，对于大规模的退货处理业务，具备修理和物流服务双重功能的企业很少。最后，东芝选择了UPS集团旗下的供应链管理解决方案事业部（UPS Supply Chain Solutions）——具备修理能力，更为重要的是在物流领域处于核心地位。在物流与修理服务两者之间，东芝更加注重物流，因为东芝坚信修理技能可以学习、改进，而物流模型难以模仿。

UPS位于美国路易（斯）维尔的飞机跑道也是一个大的有利条件。东芝的零件存储和修理中心都位于路易（斯）维尔。结果，双方合作以后，库存竟然变得非常好，因为零部件不用离开工厂。而且，修理周期也大大缩短，由过去的10天降为4天。在修理周期缩短方面UPS发达的店铺网络贡献最大。现在，UPS再也不用花费几天时间，邮寄给客户一个替代的退回产品。客户可以去往任何一家UPS店铺，店铺会为客户包好产品并在当天送出。

讨论题：

从东芝电脑退货处理方式上能得到什么样的启发？

第 3 章　物流管理职能

【本章教学要点】

知识要点	掌握程度	相关知识
物流管理的职能及划分	掌握	物流管理的职能概述
	了解	物流管理的职能划分
物流管理的决策职能	了解	物流管理的决策概述
	掌握	物流企业决策的类别
	掌握	物流企业决策的原则
物流管理的计划职能	了解	物流计划概述
	掌握	物流计划的类别
	掌握	物流计划的制订步骤
物流管理的组织职能	了解	物流组织设计概述
	掌握	物流组织结构设计
	重点掌握	物流组织结构模式

【名人名言】

三流的点子加一流的执行力，永远比一流的点子加三流的执行力更好。

——日本软银公司董事长孙正义

导入案例

安得物流,停不下来的桑巴舞

听说物流是第三利润源泉的企业很多,但真正尝到第三利润源泉甜头的只有海尔、美的等少数几家企业。在目前的家电物流领域,有种"北海尔南安得"的说法。这两家是业界做得比较成功的企业。

如果说海尔是把物流作为降低成本的机器,那么美的集团除了要降低成本以外,还把物流作为一个赚钱机器。这个赚钱机器就是安得物流有限公司。

安得的催生针把物流业务剥离出来,美的就可以专心做产品,而安得物流则专心做物流。

安得物流的催生针是国内家电行业竞争的加剧。家电业曾一度被认为是我国发展得最成熟的行业。但随着竞争的加剧,家电行业的利润空间正在逐渐紧缩。于是,各家电企业都把目光转向了物流:海尔、科龙、小天鹅、美菱、TCL都相继建立了自己的电子商务公司。一时间,零库存、低损耗、及时准确送抵目的地,成了家电企业共同追求的目标。

安得物流的成立正是处于这样的一个大背景下。

早在1998年,美的集团就开始酝酿剥离物流业务。次年又进行了一些试点。2000年1月,美的正式成立安得物流公司。当时,反对的人不少,其中有专家,有同行,也包括美的集团内部高层人员。他们认为美的擅长的是做家电,物流属于非核心业务。不过,反对归反对,安得物流公司还是风风火火地做了起来。安得物流公司作为美的集团的旗下子公司,成为美的其他产品事业部的第三方物流公司,同时也作为专业物流公司向外发展业务。美的的其他事业部可以使用安得物流,但是也可以选择其他的物流公司。

蒋波说,把物流业务剥离出来,美的就可以专心做产品,而安得物流则可以专心做物流。美的把安得物流公司分立出来,一方面能为美的生产、制造、销售提供最快捷的物流服务;另一方面,安得又可以向外延伸业务。

在游泳中学会游泳,做自己的物流,让别人说去吧!

2000年8月,蒋波正式接任安得物流总经理。这之后,安得在整个的观念上发生了一些变化,蒋波充分认识到现代物流光靠某一家企业来做的话对成本的降低没有很强的支撑作用,必须通过客户的集成方式,才能达到降低成本的目的。安得最初在跟很多企业谈判的过程中,客户的第一个要求就是降低成本。有一些外资背景的企业,在提升物流水平和物流速度方面有更多的要求,而把降低物流成本放在第二或者第三位。虽然安得定位为一家第三方物流企业,但当时更多的是为美的服务的。之后才逐渐地走向了真正意义上的第三方物流企业,时间界线是2000年的下半年,那时候安得开发出了第一个除美的外的客户。2001年安得的营业额约为1.5亿元人民币,2011年预计将达到28亿元人民币。公司目前已为国际知名品牌提供物流服务的有韩国LG、美标洁具、伊莱克斯、克莱福等,国内品牌如海螺型材、新飞电器、鹰牌电器、威灵电机及方正电脑、TCL等。

安得物流现任总经理蒋波原来在美的集团市场部任职,他坦言在做市场的时候几乎不认识物流,也没有去多加了解。他非常赞赏YCC副总李朝友的那句话:在游泳中学会游泳。他说他是在做物流中学会做物流。他的最原始的认识就是美的集团那时候有个计划科,下达一些计划指令,还有一个储运科,管货物储存运输。更深一步的认识是在仓库的利用上。当时美的一般租5 000平方米仓库,从头做到尾。最高峰的时候用到5 000平方米,可能用了两个月到三个月。但其他大多数时间只用到2 000~3 000平方米。这时候场地空着场租照付。由于产品都有一定的季节性,因此有时候付出量大一些,有时候付出量小一些。但美的在仓库的利用上,都是一以贯之,全部都是多少平方米。当时蒋波直观的感觉就是:多浪费啊。这个第三方物流才能解决的问题,蒋波在那个时候也不知道用什么办法解决。蒋波真正接触物流是在2000年8月份,当时美的集团高层找蒋波谈话,之后他才开始思考一些物流的问题。当时是站在市场的一个视角来看待现在物流发展方面的问题。之前(1999年下半年)蒋波在集团市场部也曾经参与过我们物流中心区域仓库布局的一些理论上的探讨。当时是从一个市场的层面来参与的。做区域商当时是美的的一个需求，但当时美的又找不到一个理论上的支撑。这时候找了"副话用"全球最大的物流咨询商来帮我们做咨询。在此之后有了理论上的支撑，才成立了安得物流公司。

蒋波的生意经：

就像一个人每天要生活，安得注重的不是老盯在米价上，而是考虑米该什么时候买，是否可改变食物的结构，是否可以少吃这些协调和统筹的工作上。

蒋波的目标是把安得做成一个专家型的第三方物流企业，不仅为企业提供物流的操作服务，而且更多地从企业经营战略的角度提供供应链管理的专业咨询等服务。

蒋波说他不赞成第几方物流的说法，认为所有做物流的专业公司都是第三方。"中国人喜欢造词。明年可能第五方第六方都出来了。"蒋波开玩笑地说。他认为第三方物流必须做几样事情：物流方案的设计，供应链解决方案的拟订和企业物流的诊断、咨询。这是第三方物流企业应该做的，而不是第几方该做的。因为不是实际在操作，写出来的方案，可行性又不高。一个标准的第三方物流企业应该具备高端的设计策划能力，同时具备整合社会资源的能力，具备操作能力。蒋波认为不应该人为地把它分割开来，这个叫第四方，然后把搞具体操作的运输公司和仓储公司叫第五方，第三方就是在中间按方案设计流程。

蒋波做物流的最深体会是现代物流企业讲网络，讲多节点的彼此支撑，如果是单节点很难做好一个物流企业。而在讲网络的时候，我国的税收、工商的政策不明确，交税要哪儿交，是不是全国各地都要交，交是个什么交法。如果按照原来运输、仓储的税收来收则物流企业无法承受。蒋波举了个建仓库的例子。建一个仓库需要交如下税：17%的投资方向调节税，5%的营业税，还有教育费附加等。这么高的税收是物流企业无法承受的。但是这个行业很大的利润就是建仓库。现在物流企业很大，很多城市包括广州、深圳在内，仓库很多，但是合乎现代物流需求的仓库很少，蒋波认为其中一个原因是税收太重。同时他又认为仓库管理是未来整个物流管理的一个基础。因为运输和配送都以仓库为出发点，一下线马上就配送出去是做不到的。而仓库在管理上如果不具备现代物流的一些特征，做配送就没办法做。例如，仓库里没有分拣系统，就不能最快速地把货拿出来，即使有最好的GPS等配送信息系统也是枉然的。

在物流企业怎么做大做强的问题上，蒋波的看法是，除了要有人才和资金的优势外，最重要的是要有自己的核心优势，而且不容易被竞争对手模仿。他认为安得的核心优势就是有网络优势：一个天网一个地网。天网是指强大的信息系统，信息如果沟通不好，这个网实际上是空的；地网就是安得在全国这么多的网点，每个网点之间是可以连接在一起的。安得有点有网，这个网络便可以支撑起全国性的业务。

点评

从最初的制造业与物流业的合一到分离，只是短短的十多年时间，以安得物流为例，充分证明了对企业物流进行行之有效的优化管理是何等重要，这也是当今中国企业在国内立于不败之地的关键法宝，更是我国企业发展跨国业务的一样重要武器。

3.1 物流管理的职能及划分

随着社会发展，管理作为改变企业命运主要方式已经被广泛认同，没有管理就没有现代企业，也没有现代的经济繁荣。而作为新兴的朝阳行业物流业就更加渴望一套物流管理的思想和管理方式对物流企业进行指导。因此，有必要了解分析物流管理的管理方式和架构，以选择一种适合物流企业的物流管理模式。

3.1.1 物流管理的职能概述

企业管理是指通过各种管理职能作用于企业经济活动的各个环节，以实现其经营目标的活动。物流企业管理是指遵循客观规律的要求，按照现代化的管理思想，运用科学的方法，对物流企业的经营活动进行计划、组织、领导和控制，以保证企业经营活动的顺利进行，实现企业经营目标，取得最佳的经济效益。而对物流企业的经营活动进行的计划、组织、领导和控制就是本章节所重点阐述的物流管理的职能。

3.1.2 物流管理的职能划分

物流企业作为现代国民经济流通产业肌体的细胞，它对经济社会的正常运行具有重要的职能作用。因此，对物流企业的职能进行划分可以有效加强对物流企业的经营情况进一步分析和管理。按照不同的标准物流管理的职能可以总体划分为 3 大类。

1. 按物流管理的范围划分

1）物流管理的宏观职能

商品的流通是社会生产总过程中相对独立的环节，它是连接生产和消费的纽带。生产企业只有相互交换各自的物质产品，才能使其生产过程不间断地进行。因此，社会物质产品的生产能力同社会产品的流通能力是互相作用、互相制约的。物流企业作为以流通为重点的经济组织，其宏观职能在于解决生产与消费之间在数量、质量、时间和空间上的矛盾，以实现生产与消费的供求结合，保证社会再生产的良性循环。

2）物流管理的微观职能

物流管理的宏观职能是通过其微观职能的具体实施来完成的，宏观职能为微观职能指明了方向，微观职能又是实现宏观职能的具体体现。物流管理的微观职能具体地讲可从资源组织职能、供应职能、储存职能、运输配送职能、信息流通职能 5 个方面去考虑。

(1) 物流管理的资源组织职能。这一职能是物流过程的起点。物流企业根据市场的需求，组织社会物资资源进入流通领域，这意味着完成了流通过程的第一个环节，掌握了物质资源，为商品的销售供应奠定了基础。

(2) 物流管理的供应职能。这一职能是物流过程的终点。它表现为物质资源所有权的变更，即产品物流变成了商流。通过物质资源到货币的转换，获得了货币的增值，实现了销售利润。

(3) 物流管理的储存职能。由于商品的储存可看做物质产品离开生产领域，尚未进入消费领域而在流通领域内的暂时停滞，所以物流企业可通过这种"蓄水池"职能，将组织来的物质产品加以积累，并根据消费者的需要进行分拣、加工、组装等，使物品实时、适量、适用、齐备地满足用户消费的需求，从而创造生产过程的时间价值。

(4) 物流管理的运输配送职能。物流企业的这一职能将暂时停滞在流通领域的物质产品，依靠运输和配等手段完成商品实体在空间分布上的转移，运送到消费者所在地，从而创造出产总过程的地点价值。

（5）物流管理的信息流通职能。在市场经济社会中，最重要、最大量的信息均来自于市场。而物流企业处于连接产需双方及其直接置身于市场的特殊地位，所以在收集信息方面具有得天独厚的条件。将市场供求变化和潜在需求的信息反馈给供求双方，必将起到指导生产、引导消费和开拓市场的作用。

2. 按物流管理的系统要素划分

1）人力资源的管理职能

企业管理的关键在于人的管理，而作为服务业的物流业，员工的一切表现都体现着企业的管理水平，代表着企业的综合素质，是企业的一张张明信片，因此，对人员的管理自然是物流管理职能中的重中之重。人力资源管理主要包括物流从业人员的选拔和录用、物流专业人才的培训和提高、物流教育和物流人才培养规划、物流人员的绩效管理等。

2）财务管理职能

对于几乎所有企业管理者来说，除了人力资源管理之外，企业管理的另外一个管理重点则是财务管理，很多企业家往往都忽视了财务管理从而导致企业出现各种各样的问题，甚至令企业走向破产；而作为经常遭遇赊销的物流企业来说，加强财务管理尤为重要。财务管理主要包括资金的筹措和管理、应收账款的管理、投资目标的资金风险评估、物流企业的成本控制、物流企业的财务分析和评价等。

3）物流固定资产管理职能

一般人认为物流企业与一般的生产性企业最大的区别在于生产企业属于工业，而物流企业属于服务业，其固定资产的投入自然没有生产性企业的投入大，从而对于物流业的固定资产采取轻视的态度。然而，现代物流业随着科学技术的发展，对于人员的依赖越来越低，而对于大型的物流设备的依赖却呈现持续飙升状态，因此对于各种各样的物流设备的投入自然而然不断增加，资金的投放量也在不断加剧，所以对物流设备（货车、叉车、货架、托盘、传送带等）和物流仓库、配送中心、流通加工中心等各种固定资产都要进行必要的定期的维护和保养，否则一旦出现设备损坏，不但对企业运作造成影响，而由于保养不到位而导致设备提早报废也是对企业的另外一个伤害。因此，加强对物流设备等固定资产的管理职能是降低物流成本、提高物流效率的最有效途径之一。

4）物流技术管理职能

现代物流管理随着社会的发展，物流技术也日新月异，企业管理者要不断地与时俱进才能保持企业的竞争力，因此加强物流技术管理的职能是物流管理的重点之一。物流技术主要包括硬技术和软技术的管理。

（1）对于物流的硬技术主要包括物流硬件设施，例如，体现在现代各种新型的运输设备（磁悬浮/高速铁路、五十三尺大型集装车、大型运输飞机、百万吨货轮）、存储设备（立体货架、旋转货架等），各种全自动的和半自动装卸搬运设备，而将来的物流硬件设备发展趋势则是往多功能机器人的领域发展，尤其是全自动的机器人；物流设施的规划、建设、维修、运用；物流日常工具管理工作等。

（2）对于物流硬技术来说软技术就更为突出，软技术主要是物流各种软件专业技术的开发、推广和引进；物流作业流程的制定；技术情报和技术文件的管理；物流技术人员的培训等；而这些软技术中主要的体现还集中在物流软件技术的开发和利用，作为现代物流业，其效率的高低已然从硬件技术过渡到软件技术，最终达到软硬融合的目标。而无论多么优秀的硬件技术都需要高效的软件来驱使，因此作为现代物流行业的大脑——物流软件技术的开发、利用和管理是现代物流企业提高效率，增强竞争优势的必然选择。

3. 按企业管理的职能划分

1) 决策职能

(1) 决策职能的含义。所谓决策，就是指为了达到一定目标，采用一定的科学方法和手段，从两个以上的方案中选择一个满意方案的分析判断过程。管理就是决策，是指通过分析、比较，在若干种可供选择的方案中选定最优方案的过程。

(2) 决策职能的作用。科学决策是现代管理的核心，决策贯穿整个管理活动，是决定管理工作成败的关键，是任何有目的的活动发生之前必不可少的一步。不同层次的决策有大小不同的影响，决策是现代管理者的主要职责。

2) 计划职能

(1) 计划职能的含义。所谓计划职能(Plannings)，就是规定组织要实现的目标及选定实现目标的方法。它包含规定组织目标、制定整体战略以实现这些目标、将计划逐步展开以便协调和将各项活动一体化。

(2) 计划职能的重要性。计划职能在物流企业管理所有职能中居于首要地位。因为计划既为企业确立经营活动的目标，又为如何实现这些目标拟订行动方案。计划是企业经营活动取得成功的基础，也是现代物流企业经营活动的客观要求。计划是一项指导性、预测性、科学性和创造性很强的企业管理活动。

(3) 计划的内容。根据市场的需要以及企业的自身能力，确定企业在一定时期的奋斗目标，通过计划的编制、执行和检查，协调和合理安排企业的各种经营活动，有效地利用企业的资源，以取得最佳的经济效益和社会效益。具体内容可总结为"5W1H"：What(做什么)、Why(为什么做)、When(何时做)、Where(何地做)、Who(谁去做)、How(怎样做)。

3) 组织协调职能

(1) 组织协调职能的含义。所谓组织协调职能(Organizing and Coordinating)，是指要把物流企业经营活动的各个要素、各个环节和各个方面，从劳动的分工和协作上，从纵横交错的相互关系上，从时间和空间的相互衔接上，合理地组织起来，形成一个有机整体，从而有效地进行生产经营活动。

(2) 组织协调职能的内容。

① 机构设置：提出机构或部门设置的原则、模式和方案。

② 岗位设置：根据企业目标，设计和建立一套企业组织机构的职位系统。把企业的各种业务活动按企业目标进行分类组合，建立相应的部门，并根据工作量，将必要数量的从事同类工作的人结合在同一部门内，即设计出组织结构并配备相应的人员。

③ 岗位标准：为各部门及其主管人员规定职权和职责，规定部门主管人员与上、下级的关系，配备合适的人选承担各级主管的职位，并授予执行职务的权力。

④ 业务流程：规定企业组织机构中各部门之间的相互关系，明确它们之间的协调原则和方法。

组织工作过程可以用组织系统图和职位说明书加以描述。组织系统图描述的是一个组织内部的各种机构以及其中相应的职位和相互关系。而职位说明书则详细规定了各个职务的职权和职能，以及与其相关的上下、左右关系。

4）领导职能

（1）领导职能的含义。所谓领导职能（Leading），主要是指激励下属并指导他们的活动，选择最有效的沟通渠道和方式，解决组织成员之间的冲突。

（2）领导职能的内容。

① 凝聚员工：引导企业中的全体人员有效地理解和认同企业目标和企业文化，使全体人员步调一致地为实现企业的目标而努力。

② 服务下属：为下属提供良好的工作环境，努力解决下属的困难，鼓励下属努力实现企业的目标。

③ 激励员工：采取不同的手段激励员工，调动全体员工的积极性，使员工以高昂的士气和最大的努力自觉地为企业做出贡献。

④ 协调沟通：帮助全体员工理解企业目标，让每个人了解自己在企业中的地位，对企业所承担的责任，让他们明白个人与企业是紧密地联系在一起的，而不是一个旁观者，从而使他们能够自觉地服从企业目标。同时，领导者应该关心每一位员工，经常与员工沟通，协调员工个人与公司的利益，在实现企业目标的同时，尽可能满足员工的合理要求，从而使员工对企业产生自然的信赖感情，为加快实现企业目标更加勤奋地工作。

⑤ 决策：充分掌握企业信息，征求各方意见做出科学决策。

5）控制职能

（1）控制职能的含义。控制职能（Controlling）也称监督职能，是指为保证组织按既定的计划和目标进行，通过检查、考核等手段，找出实际完成与计划目标的差异，分析原因，并采取对策，及时纠偏，以确保组织目标的实现。

（2）控制工作的作用。

① 控制工作不仅是实现计划的保证，而且可以积极地影响计划；

② 它能使企业的生产、库存、质量、成本、营销和财务等活动按计划进行，使企业稳步地实现预期的目标。

（3）控制工作的内容。

① 监督和评定组织的实际绩效；

② 把组织的实际活动绩效与设定的目标加以比较；

③ 采取措施，纠正偏差。

（4）控制工作的关键环节。

① 人员行为控制：人员行为控制主要通过确定人员的甄选、目标的确定、职务和职责的设计、直接或间接监督、培训、传授、绩效评估、组织文化等因素对人员进行控制。

② 财务控制常用的财务比率指标：主要包括流动比率、速动比率、负债比率、盈利比率、库存周转率、固定资产周转率和销售收入与销售费用的比率等。

③ 作业控制：主要包括成本控制、采购控制、维护控制（高设备利用率及最低限度的停工时间作业）、质量控制。

④ 信息控制：管理者需要信息来完成他们的工作。不精确的、不完整的、过多的或延迟的信息将会严重阻碍他们的行动。因此，应该使信息能在正确的时间，以正确的数量，为正确的人提供正确的数据。

物流企业管理的上述 5 项职能既是统一的，又是相对独立的。在应用这些管理职能时，既要全面考虑，又要有所侧重。物流企业的经理通常用于计划和组织职能的时间要多一些，而基层管理干部的大部分时间则用于组织和控制职能。只有根据实际情况，灵活运用，才能把物流企业的经营活动管理好，才能提高工作效益，达到向管理要效益的目的。

3.2 物流管理的决策职能

3.2.1 物流管理的决策概述

1. 决策的理论基础

关于决策的概念，不同的管理学派从不同的角度给出了不同的描述。这里的决策（Decision-making）定义如下：决策是为了实现一定的目标，提出解决问题和实现目标的各种可行方案，并依据评定准则和标准，在多种备选方案中，选择一个方案进行分析、判断，并付诸实施的管理过程。简单地说，决策就是针对问题和目标，分析问题、解决问题的一个管理过程。

决策的概念实际上包含了以下几个方面内容。

（1）决策具有明确的目标。决策前必须明确所要解决的问题和所要达到的目标。决策的目标有时是一个，有时是相互关联的几个目标，而且目标是具有一定层次的。如果决策前缺乏明确的目标，将会导致整个决策过程偏离方向，最终导致决策的失败。

（2）决策有多个可行方案。决策必须在两个或两个以上的可行方案中选择。如果只有一个方案，那就不需要选择，也就不存在决策问题。这些方案应该是平行的或互补的，能解决设想的问题或预定的目标，并且可以加以定性和定量的分析。

（3）决策是对方案的分析和判断。决策所面临的多个可行方案，每个都具有不同的优缺点，有的方案还带有较大的风险。决策的过程就是对每个可行方案进行分析、评判，从中选出较好的方案，并加以实施。因此，决策者必须掌握充分的信息，进行逻辑分析，才能在多个备选方案中，选择一个较为理想的合理方案。

（4）决策是一个整体性过程。决定采用哪个方案的决策过程，是一个连续、统一的整体性过程。从搜集信息到分析、判断，再到实施、反馈活动，没有一个完整的过程，就很难合理地决策。实际上，经过执行活动的反馈，又将进入到下一轮的决策。决策是一个循环过程，贯穿于整个管理活动的始终。

2. 物流企业决策的概念及类型

1）物流企业决策的定义

物流企业的决策（Logistics Enterprise's Decision-making），是指物流企业在组织商品流通和提供服务过程中，对企业活动的重大问题，例如经营方向、经营目标、经营范围，以及销售、运输、存储、价格、服务等经营要素的合理组织所做出的系列决策。

2）物流企业决策的类型

物流企业决策包括的内容很多，依据不同的分类参照标准相应可以划分为不同的类型。

（1）从决策主体来看，可以分为组织决策与个人决策。

组织决策是物流企业组织整体或组织的某个部分对未来一定时期的活动的调整；个人决策是指个人在参与组织活动中的各种决策。

（2）从决策需要解决的问题来看，可分为初始决策和追踪决策。

初始决策是指物流企业对从事某种活动或从事该种活动的方案所进行的初次选择；追踪决策则是在初始决策的基础上对物流企业活动方向、内容或方式的重新调整。

（3）从决策调整的对象和涉及的时限来看，可分为战略决策和战术决策。

战略决策与战术决策的区别主要表现在以下几个方面：从调整对象看，战略决策调整物流企业的活动方向和内容，战术决策调整在既定方向和内容下的活动方式；从涉及的时空范围来看，战略决策面对的是物流企业整体在未来较长一段时期内的活动，战术决策需要解决的是物流企业组织的某个或某些具体部门在各个较短时期内的行动方案；从作用和影响来看，战略决策的实施是组织活动能力的形成与创造过程，战术决策的实施则是物流企业对已经形成的能力的应用。

（4）从决策的具体物流活动来看，可以划分为运输决策、仓储决策、配送决策和物流信息决策等物流活动决策。

物流企业的具体活动决策主要集中在物流的主要几项职能，即运输决策、配送决策和仓储决策。运输决策主要包括运输经营方式选择、运输路线的规划、运输价格的设定等；仓储决策主要包括仓库的选址、仓库的规模、仓库的类型、仓储的模式、仓储的技术选择等决策。

 案例链接

《聊斋志异》中有这样一则故事：两个牧童进深山，入狼窝，发现两只小狼崽。他俩各抱一只分别爬上大树，两树相距数十步，片刻老狼来寻子。一个牧童在树上掐小狼的耳朵，弄得小狼嗷叫连天，老狼闻声奔来，气急败坏地在树下乱抓乱咬。

此时，另一棵树上的牧童拧小狼的腿，这只小狼也连声嗷叫，老狼又闻声赶去，就不停地奔波于两树之间，终于累得气绝身亡。

点评

以上案例告诉我们在每一个人的生活中也经常面临着种种抉择，如何选择对人生的成败得失关系极大，因而人们都希望得到最佳的抉择，常常在抉择之前反复权衡利弊，再三仔细斟酌，甚至犹豫不决，举棋不定。但是，在很多情况下，机会稍纵即逝，并没有留下足够的时间让我们去反复思考，反而要求我们当机立断，迅速决策。如果我们犹豫不决，就会两手空空，一无所获。这跟企业管理的原理一样，企业在市场中面临着诸多机遇，如何成功地把握和进行选择都依靠企业的决策行为。

3.2.2 物流企业决策的原则

1. 采用稳健的决策原则

从宏观的角度看，由于物流市场是比较波动的经济市场，深受市场经济环境的影响，因此，企业在进行决策的时候必须对当前的国内外经济形势做出较为深刻和详细的判断方能应对这个不断变化的市场。但是，某些时候在进行决策时候不必要非得进行非黑即白的选择，可以尝试中庸之道，采取一个平衡策略。例如，物流企业在选择经营业务的时候，可以选择多种业务来进行风险分摊；或者在选择合作伙伴的时候可以同时选择多个合作伙伴同时进行合作，来防止一旦与伙伴方式矛盾而导致业务中断的风险。

案例链接

从前，有兄弟两个看见天空中一只大雁在飞，哥哥准备把它射下来。说："等我们射下来就煮着吃，一定会很香的！"这时，他的弟弟抓住他的胳膊争执起来："鹅煮着才会好吃，大雁要烤着才好吃，你真不懂吃。"哥哥已经把弓举起来，听到这里又把弓放下，为怎么吃这只大雁而犹豫起来。就在这时，有一位老农从旁边经过，于是他们就向老农请教。老农听了以后笑了笑说："你们把雁分开，煮一半烤一半，自己一尝不就知道哪一种方法更好吃了？"哥哥大喜，拿起弓箭再回头要射大雁时，大雁早已无影无踪了，连一根雁毛都没有留下。

点评

不能独立思考，总是人云亦云，缺乏主见的人，是不可能做出正确决策的。如果不能有效运用自己的独立思考能力，随时随地因为别人的观点而否定自己的计划，将会使自己的决策很容易出现失误。

2. 培养独立思考的原则

物流企业在竞争激烈的市场当中，机遇和风险并存，切忌盲目跟风而导致不必要的经济损失，更为甚至可能导致企业破产。例如，当国外先进的物流技术引入国内的时候，很多物流企业都对这些物流技术深感兴趣，然后不考虑这些技术的"后遗症"而盲目上马，最后导致企业面临重大亏损。如自动化立体仓库的引入，国内某些企业看到其自动化高效率的优点而忽视其高昂的运营费用和维修费用的缺点，最终导致企业巨大盈亏失衡，使其变成了"鸡肋"；又如 ERP 软件的引入，很多物流企业都不了解 ERP 的内涵和本质，就盲目跟风上项目，最终导致物流企业与 ERP 供应商之间的合作破裂，甚至导致法律的矛盾；再者，磁悬浮铁路的引入也是我国物流决策的一大失误，幸亏这个失误较早的认识并阻止。因此，无论是宏观的物流决策还是微观的物流企业决策，都必须坚持独立思考的原则。

案例链接

一个越国人为了捕鼠，特地弄回一只擅于捕老鼠的猫，这只猫擅于捕鼠，也喜欢吃鸡，结果越国人家中的老鼠被捕光了，但鸡也所剩无几，他的儿子想把吃鸡的猫弄走，父亲却说："祸害我们家中的是老鼠不是鸡，老鼠偷我们的食物咬坏我们的衣物，挖穿我们的墙壁损害我们的家具，不除掉它们我们必将挨饿受冻，所以必须除掉它们！没有鸡大不了不要吃罢了，离挨饿受冻还远着哩！"

点评

利与弊往往是事情的一体两面，很难分割。有的人明明事先已经编制了能有效抵御风险的决策纪律，但是一旦现实中的风险牵涉到自己的切身利益时，往往就不容易下决心执行了。

3. 严格执行一种决策纪律的原则

在现实决策当中，经常面临的问题不是如何进行决策，而是在决定了决策之后经常由于各种原因而要进行决策变更甚至放弃该决策，这样的行为对企业来说是很不利的，甚至是一种危害。当然，如果发现最初的决策是错误的而进行的更改或者放弃该决策就另当别论了。例如，当一家物流企业已经对某个物流项目进行了决策之后，由于领导层的更换或者政府的决策更改,导致正在进行的该项目的放弃,最终给企业带来了不必要的损失;又如,在市场竞争异常激烈的时候,某些物流市场该放弃的时候就应该坚定地执行既定的放弃策略,否则会导致更大的亏损。

 案例链接

有个人布置了一个捉火鸡的陷阱,他在一个大箱子的里面和外面撒了玉米,大箱子有一道门,门上系了一根绳子,他抓着绳子的另一端躲在一处,只要等到火鸡进入箱子,他就拉扯绳子,把门关上。有一次,12只火鸡进入箱子里,不巧1只溜了出来,他想等箱子里有12只火鸡后,就关上门,然而就在他等第12只火鸡的时候,又有2只火鸡跑出来了,他想等箱子里有11只火鸡后,就拉绳子,可是在他等待的时候,又有3只火鸡溜出来了,最后,箱子里1只火鸡也没剩。

点评

过高的目标不仅没有起到指示方向的作用,反而由于企业经营目标定得过高,带来一定心理压力,束缚决策水平的正常发挥。事实上在多数环境中,如果没有良好的决策水平做支撑,一味地追求最高利益,势必将处处碰壁。而且,很多人不了解尽快停损的重要性,当情况开始恶化时,依然紧抱着飘渺的构想,无法客观分析情况,以赌徒的心态,盲目坚守以致持续深陷,直至无法挽回的地步。这时平衡的心态往往更重要。

4. 不要总是试图获取最多利益原则

虽然,决策的概念就是寻求最优的方案,但是,这个最优的方案是有前提的,这个前提就是企业自身的实际情况。例如,物流企业或者其他企业都有想迅速扩大市场份额的欲望,因为生怕扩张的步伐慢了会被竞争对手所超越而导致市场份额的丢失。虽然,这种想法是非常合理的,但是,急剧的扩张必然需要各种的条件支撑,同时也会带来各种问题,而没有对这些情况根据企业自身的情况而做出合理的判断分析,为了获取所谓的最大利益到头来是获取了最大的亏损,因此决策是要根据自身情况而做出的,同时要切记防止掉进好大喜功陷阱。

3.3 物流管理的计划职能

凡事预则立,不预则废。科学而周密的计划是成功的一半。因此,任何企业都需要制订不同的计划来帮助企业降低成本,提高效率,使其更好的发展。而物流企业的核心任务就是帮助社会、企业乃至自身不断的减低成本的一个服务体,因此就更需要制订各种各样的物流计划。

 案例链接 丁渭建宫

丁渭是宋朝初期的宰相。虽然他曾经因为替寇准擦胡子上的米饭而颇受诟病,但几乎所有的人都知道,他是中国历史上少有的管理大师之一。

北宋真宗祥符年间,京都汴梁的皇宫内失火,宫殿被焚毁。丁渭受命重建宫室。在交通不便的条件下,要在紧迫时间内完成如此浩大的工程,很不容易。

丁渭考虑到取土路途遥远,先命人在皇宫前的大街上挖凿取土,将挖出来的土烧制成砖瓦。没过几天,大街就被挖成了一条大沟;接着,丁渭又下令把京城附近的汴河决开,把河水引入沟中,用船把大量的建材直接运到宫前,十分快捷。

等到皇宫建完,又把拆毁的瓦砾灰土等建筑废料,统统填进沟里,水沟又变成了平坦的大街。

这一举动解决了取土、运输和清理废料3个问题,不仅节约了时间,而且省下了费用数以亿万。皇帝大为赞赏,丁渭也更受重用。

点评

制订一个合理的计划不但可以为国家、企业乃至个人省下不少资源和时间,最重要是可以提高社会整体的劳动效率,间接地创造了大量的社会财富。

3.3.1 物流计划概述

物流企业的计划是按照经营决策所确定的方案,对物流企业经营活动及其所需各种资源,从时间和空间上做出具体统筹安排的工作。计划是管理者进行控制的基础,是应对不确定性、降低风险的手段,是减少浪费、提高效益的方法,是管理者指挥的依据。因此,物流企业对一切工作的管理都必须始于计划和终于计划。

3.3.2 物流计划的类别

由于物流企业活动的复杂性与多元性,计划的种类也变得十分复杂和多样。人们根据不同的背景、不同的需要编制出各种各样的计划。去除计划的具体内容,寻找各种计划中共性的东西,可以根据几种原则把计划进行大体的分类。

1. 按计划的时间界限划分,可把计划分为长期、中期和短期计划

人们习惯于把1年或1年以下的计划称为短期计划,1年以上到5年的计划称为中期计划,而把5年以上的计划称为长期计划。但这种划分不是绝对的,可根据企业自身的实际情况而更改。

2. 按计划制订者的层次划分,可把计划分为战略计划、管理计划和作业计划

(1) 战略计划。战略计划是由高层管理者制订的,是企业的一个总体大政方针指导文件,具有大局观的计划。它的主要作用是决定或变动一个组织的基本目标以及基本政策。同时它对管理计划和作业计划具有指导作用。

(2) 管理计划。管理计划是由中层管理者制订的,它将战略计划中具有广泛性的目标和政策,转变为确定的目标和政策,并且规定了达到各种目标的确切时间。管理计划中的目标和政策比战略计划具体、详细,并具有相互协调的作用。此外,战略计划是以问题为中心,而管理计划是以时间为中心。一般情况下,管理计划是按年度分别拟订的。

(3) 作业计划。作业计划是由基层管理者制订的。作业计划根据管理计划确定计划期间的预算、利润以及其他更为具体的目标,确定工作流程,划分合理的工作单位,分派任务和资源,以及确定权力和责任。

3. 按物流活动内容划分,可把计划分为运输计划、仓储计划、采购计划、搬运装卸计划等

(1) 运输计划。运输计划是对物资运输量和所需运输工具所编制的计划。它是合理组织物流运输的重要前提,对于节约运力,降低费用,促进运输管理合理化都具有重要意义。

一个合格的运输计划必然要实现运输成本和运输效率的最佳平衡状态,即均衡状态。当然,也可以根据企业或者客户的要求采取偏向一方而制订运输计划。例如,偏向运输成本,可以进行集运措施,但是运输整体时间会拖慢;又或者偏向运输效率,不惜牺牲成本,例如,为了赶上国际性的销售季节而采取了高成本的航空运输,使其运输效率大大提高。

同时运输计划也存在不同的划分方法,按交通工具划分,有铁路运输计划、水路运输计划、公路运输计划、航空运输计划或者不同组合的多式联运计划等。各种运输计划内容不完全相同,但一般都有物资品名、起运站(港)、到达站(港)等项目和运输量指标等内容。

运输计划的编制,一般要在合理选择运输路线和运输工具的基础上,计算确定货运量,再经过讨论、修改,就可以编制出运输计划。其手段可以通过计算机对运输模型进行数量化计算等定量化编制,也可以根据过往的运输经验结合当前的运输环节进行定性化编制,或者可以将定量和定性两者结合进行编制。

(2) 仓储计划。编制科学的仓储计划是安排仓储业务,保证进销业务正常开展的前提。同时,也是调节社会物资供需平衡的一个重要环节。根据仓库业务活动的内容,仓储计划包括以下几种。

① 物资出入库计划:根据物资流转计划中规定的储存指标,结合仓库的吞吐储存能力来编制,它是仓库业务活动的主体计划,用来指导仓库业务活动的开展,是编制仓储计划的关键。

② 仓位利用和物资保管保养计划:根据仓库的实际情况和物资出入库的数量质量状况,提出仓位、货架和堆码规划,以便充分利用仓库的储存能力。根据物资的不同特性,制订物资保养计划,如保养时间、措施等,以保证仓储物资的完好。

③ 仓库设备、工具维修和技术计划:根据库内设备、工具的使用情况,按照设备例行保养规定,有计划地安排设备、工具的维修保养。并根据仓库发展规划和逐步实行仓库作业机械化、自动化的要求,提出技术革新计划。

④ 仓库人力资源安排计划:根据仓库的吞吐储存任务及各种作业定额编制,以便有计划地安排人力资源。

⑤ 仓库费用计划:根据仓库完成物资吞吐储存计划所需要的各种费用来编制,以掌握仓库费用开支,进行经济核算。

(3) 采购计划。采购计划是指企业的物流管理人员在了解市场供求情况,认识企业生产经营活动过程中和掌握物料消耗规律的基础上对计划期内物料采购管理活动所做的预见性的安排和部署。采购计划是根据物流部门与生产部门或者其他使用部门共同制订的包括采购物料、采购数量、需求日期等内容的计划表格。

采购计划的科学编制可以有效地规避风险,减少损失,并为企业组织采购提供了依据和有利于资源的合理配置,以取得最佳的经济效益。

(4) 搬运装卸计划。搬运装卸计划是运输和储存计划的重要补充。它的编制是为了消除无效搬运,提高搬运灵活性,促进搬运装卸作业的合理化,保持物流的均衡顺畅。

3.3.3 物流计划的制订步骤

在制订物流企业计划时应遵照一些基本的原理来进行,如限定因素原理、许诺原理、灵活性原理、改变航道原理等，其中灵活性原理是计划工作中最重要的原理。灵活性原理就是在制订计划时要留有余地。例如，仓储企业制订仓储计划，随着市场经济的发展，物流变化将随经济的周期性涨落而改变，由此造成货物的仓储需求也发生周期性变化，这种变化并不与经济涨落同步，而是相对滞后。由于影响仓储需求变化的因素很多，以至于难以准确地估计出仓储需求的变化规律。这给仓储企业考虑仓储能力在时间上的平衡带来一定的困难。因此，要求仓储企业的经营者应注意货物供需市场的变化，以求能够掌握仓储需求的一些变化趋势，仓储经营者在掌握仓储需求变化后，应在仓储计划中较长时段的仓储安排上做到时间的平衡，在时间不能变化的情况下，应及时调整原先的库场存货的分区方法，以满足当前货种存储的需要。

在制订各类别、层次计划体系时，一般包括以下步骤。

1. 充分了解自身的优劣势和市场环境

物流企业在现在多变复杂的环境下，想要制订一套符合自身实际情况的计划就必须要对自身的各项能力有个全面的实际了解和综合评价。同时，由于还要面对现在各种各样的竞争环境和客户的多变要求等因素，一旦某个因素没考虑周全，就可能发生"一步走错，全盘皆输"的局面，因此，物流企业要进行各种计划的编制的第一步就是对自身实际条件和能力进行综合分析和评价，例如订单处理能力、信息反馈能力、项目策划和推动能力、物流技术应用能力、人员处理能力等。

（1）自身的各项能力。

① 订单处理能力是指物流企业是否能够处理用户企业的订单，这些订单在物流企业进行整合，然后再分配到供应链的各个执行部门去，促进用户企业生产或销售业务的顺利完成。

② 信息反馈能力是指物流企业是否能够为用户企业提供足够的、企业需要的库存信息。例如，当因质量问题发生客户退货的时候，物流企业能够提供相应信息，追溯是哪一批出库、哪一批入库出现了问题，为企业进行索赔和进行事故处理提供依据；另外，能够为用户企业及时提供库存在一定时期的变化趋势，这将非常有利于用户调整库存，进行采购和销售决策。

③ 项目策划和推动能力是指物流企业是否可以为用户企业进行项目策划，或者当用户企业在进行市场扩展的时候，是否能够提供相对应的物流支持。例如，星巴克咖啡2015年计划把在全中国的店开到1 400多家，而2012年全国只有500多家，因此，他们的物流供应商就对此制订了一系列相对应的物流营运支持计划。

（2）环境因素。物流企业在复杂多变的市场环境里面，尤其受当今的全球化影响，全球经济可以说是牵一发而动全身，物流企业也不能置身度外，当环境在急剧变化时候，原来的计划也要立刻做出相应的更改来适应当前环境的变化。例如，2008年全球的金融风暴，经济萎缩，国际贸易空前放缓，物流业大受打击，因此，物流企业纷纷做出相应的计划更改。把原来的运输计划、仓储计划、配送计划进行大幅度的调低或者取消；财务计划要加紧对应收账款的催缴；人力资源计划要对人员工资、增加或者减少人员计划做出调整等。

2. 确定合理计划目标，初设计划

根据企业自身条件、能力和未来市场环境预测等众多因素与企业的自身发展目标相结合，初步设置物流企业的总体发展计划和各部门的相对应的各种计划。

3. 实践检验，确定最终计划

根据初设计划，物流企业按该计划进行一段时间的试运营，试运营时间的长短按计划的种类和复杂程度而定，接着从试运营的情况对计划进行修改，然后，再集合部门的负责人进行重新修订和规划，最终得出改善计划；接着继续根据改善计划试运营，流程跟上一步一样，一直轮回，直到企业对企业修订的计划达到满意为止。

4. 设置后备计划

当设置好了最终计划后，原则上应该严格执行该计划，但是，如果市场或者企业内部发生突发情况或者事件，导致原计划无法继续执行，就需要有一套甚至多套的后备计划来进行预案，因此，在完成最终计划后必须设置一套或者多套后备计划。

5. 设置评价体系

计划跟不上变化，当变则变。当原计划执行了一段相当时间后，随着时代和环境的变迁，物流企业的各种计划必然也要跟着变化，但是，如何变和变哪方面这都需要一套计划评价体系来作为变更的标准。

3.4 物流管理的组织职能

无论一个杰出的管理人员多么优秀，没有一个完善而且优秀的组织是不可能创造出好的业绩来的。而设置一个高效的企业组织架构是现代企业管理的核心任务，而作为我国一个急剧发展的行业——物流业来说，建立一个适合物流企业或者企业内部的物流活动的优秀组织都是至关重要的。

3.4.1 物流组织结构设计

1. 物流组织设计概述

组织设计是指对一个组织的框架体系进行规划、构造、创新或再构造，以使组织各个部门的职权划分简洁、明确、协调一致，从而达到高效实现组织目标的目的。管理者开发或变革一个组织结构的过程就是开展组织设计的过程。组织设计的目的就是不仅要保证组织运营的高效率，同时要保证组织在面对外部动态环境时所具有的灵活性、开放性和适应性。

2. 物流组织设计的重要性

一个物流企业或者企业内部的物流活动是否具有高效率，营运情况是否流畅，内部各部门是否协调一致都由物流组织设计的架构所决定，因此设置一个优秀的物流组织其重要性就不言而喻。一个优秀的组织应该具有以下作用。

(1) 明确组织内部各部门的职能和工作目标。
(2) 具有合理分工，避免工作的重复、浪费和资源滥用。
(3) 部门之间应当具有协调机制，使各部门或者各项机构之间都能充分的合作。
(4) 应当具有开放性、灵活性等特点。

3. 物流组织的类别

物流组织一般根据其经营范围和性质进行划分，总体划分为以下 3 类。

1）按企业物流来划分

企业经营范围内由生产或服务活动所形成的物流系统称为企业物流。因此，按此可以划分为生产制造型企业、流通型企业、服务型企业等不同种类企业的内部物流组织。

2）按第三方物流企业划分

纯粹以物流服务作为主要经营项目的企业组织可以称之为第三方物流企业。而该类企业由于其本身就是专业从事物流服务的企业，因此其物流组织的设计就是企业本身的架构设计。

3）按从属关系划分

当现代某些企业集团具备一定的经营规模后，会形成一种母公司和子公司的从属关系的组织架构，而该类架构也会涉及新建一家或者多家的不同种类的物流公司来作为集团的子公司。因此，这种母子从属关系也是当今主流的物流组织结构之一。

4. 影响物流组织设计的因素

要想设计一个科学合理的组织，必须要了解设置组织的本身具备哪些条件和影响其设计的各种因素，综合考虑才会设计出一个符合企业本身实际需求的优秀组织。以下主要介绍 4 大影响因素。

1）物流战略

企业的组织架构设计必须以企业的战略作为前提。因此，根据企业所制定的不同的战略特征来进行设计才是组织设计的根本。例如，某物流企业的物流战略是其核心业务要以中国为基地，以覆盖整个亚洲区为核心战略，那么该物流企业的组织设计架构就要设计符合该特点的跨国组织为蓝本进行设计。

2）物流规模

物流企业规模的大小直接影响着各项资源的调配，例如，大规模的物流企业，员工的数量、培训、工资等都与小规模的物流企业有着重大差别；再者，大规模的物流企业其分工、规章制度和标准化程度都与小规模物流企业有着明显差别。因此，根据企业内部的物流规模大小或者第三方物流企业的物流量规模大小，对其进行符合其规模的组织设计才是合理的组织设计。

3）物流技术

物流技术包括软技术和硬技术。无论是哪种技术占主导，或者同时占重要位置，物流企业的组织设计也会根据这些技术的引入程度而做出不同的设置。例如，物流软技术中物流信息技术的大量引入，就可以适当地减少劳动力，对人力资源的部门的设计和信息部门的设计就会产生影响。同样，硬技术的引入也会带来不同程度的影响效果。

4）管理思想

当然，无论是物流企业还是企业物流，管理者的管理思想才是对组织架构的设计最大的影响因素之一。不同的企业管理者所追求的企业管理目标的不一样，接受的管理思想的不一样，对自身企业的了解程度不一样，对当今经济环境的看法不一样，这都将导致企业组织设计的不一样。

3.4.2 物流组织结构模式

前面提到了不同类别的物流组织划分形式,由于篇幅有限,本节主要探讨和分析第三方物流企业的组织模式及其特点。

1. 小型物流企业的组织结构

这种组织结构也称为直线组织结构模式。在这种模式中,物流经理一方面管理下属各部门的日常业务工作,同时又兼顾物流系统的分析、设计和规划工作,这对物流经理的业务水平提出了较高要求。它的优点是指挥统一,权责明确,物流活动效率较高;但缺点是物流经理决策风险较大,如图3.1所示。

图3.1 小型物流企业组织图示例

2. 中型物流企业组织结构

中型组织结构模式又称为直线职能制组织模式。在这种组织模式中,物流总经理对业务部门实行垂直领导,具有指挥和命令权力。各职能部门服从总经理指挥,充当总经理的参谋和助手,对业务部门没有管理和指挥权,只起到业务上的指导监督作用;业务部门负责物流业务的日常运作,并接受总经理的领导,如图3.2所示。

图3.2 中型物流企业组织图示例

3. 大型事业部物流组织结构

这种组织模式是大型物流企业组织模式之一。事业部按地区、产品或服务类别划分成一个类似分公司的事业单位,实行独立核算,决不用盈利的事业部去弥补亏损的事业部。事业部实行的是一种分权式的管理制度,事业部部长(或经理)为其最高负责人,其地位相当于独立公司的经理,他全权处理该事业部的一切事务,可根据市场变化,自主采取对策。总公司的职能部门只对事业部部长负责,从而保证了事业部部长的决策能切实得以履行。事业部之间的关系是竞争关系,通常按竞争原则建立合同关系,如图 3.3 所示。

图 3.3 大型物流企业组织图示例

4．超大型物流组织结构

这种组织模式是在股东大会下产生董事会和监事会,由总经理(或总裁)全面负责物流经营管理的组织结构。它实行三权分立制,即董事会行使决策权,监事会行使监督权,总经理(或总裁)行使执行权。物流集团公司的纵向、横向组织结构如图 3.4 所示。

图 3.4 超大型物流企业组织图示例

本 章 小 结

本章主要介绍了企业管理职能与物流管理职能的联系,详细介绍了物流管理职能的内涵及其分类,包括宏观物流管理职能、微观物流管理职能、人力资源管理职能、财务管理职能、物流技术管理职能等；具体介绍了以企业管理为划分类别的物流决策职能、物流计划职能和物流组织职能，其中物流决策职能包括物流决策定义、物流决策类别和物流决策的原则。物流计划职能包括物流计划的内涵、物流计划的重要性、物流计划的划分和制订物流计划的步骤。而物流组织职能主要介绍物流组织职能定义、物流组织职能的重要性、物流组织的类别、影响物流组织划分的因素和多种物流组织的结构模式等。通过本章学习，使同学们对物流企业的内部管理职能有个系统的了解和认识，对以后学习相关的物流知识奠定基础。

习　题

一、选择题

1．物流管理职能按微观职能划分有（　　）。
  A．物流资源组织职能　　　　　　B．物流供应职能
  C．物流储存职能　　　　　　　　D．信息流通职能

2．物流决策从具体的物流活动来看，可以划分为（　　）。
  A．运输决策　　　B．追踪决策　　　C．配送决策　　　D．组织决策

3．物流计划按层次划分可以分为（　　）。
  A．战略计划　　　B．管理计划　　　C．长期计划　　　D．运输计划

4．影响物流组织设计的因素有（　　）。
  A．物流战略　　　B．物流规模　　　C．物流技术　　　D．管理思想

5．股东大会下产生董事会和监事会，由总经理（或总裁）全面负责物流经营管理的组织结构的是（　　）。
  A．小型物流组织　　　　　　　　B．中型物流组织
  C．大型物流组织　　　　　　　　D．超大型物流组织

二、名词解释

1．物流企业管理　　2．物流企业的决策　　3．物流企业的计划
4．组织设计　　5．采购计划

三、简答题

1．物流企业决策的原则是什么？
2．制订物流计划的步骤有哪些？
3．物流组织设计的重要性。

案例分析

春天酒业公司的销售物流整合

1．春天酒业公司现状
1）春天酒业公司经营现状

春天酒业有限责任公司是一个集酒类产、供、销一体化的民营股份制企业。下设春天酒业公司、甘肃龙马商贸有限公司、甘肃花雨酒业有限公司。

春天酒业始终以振兴陇酒产业为己任，以全心全意服务顾客为宗旨，不论对买断经营的品牌还是自主经营的品牌都严把质量关，十分注重产品的质量与品位，重视对营销环节的严格控制，春天酒业目前所经营的"丝路花雨"、"康庆坊"、"风度"、"本色"白酒品牌，备受消费者青睐，稳居市场前列。2004年，中国白酒行业的领导企业五粮液选择春天酒业为市场合作伙伴，共同打造五粮液旗下的9个全国性品牌之一的"丝路花雨"品牌，翻开了春天酒业发展史上崭新的一页，同时也拉开了陇酒企业走向全国的历史序幕。

目前，春天酒业有限责任公司拥有3个经销不同品牌的白酒销售公司，春天酒业公司经销与陇南春酒业合作的自有品牌"康庆坊"，根据档次不同分为饮品、一品、二品、三品、精品、七品共6个系列；龙马商贸经营与皇台酒业公司合作的厂家品牌"本色"，有自然本色、天地本色、龙马本色、生活本色、英雄本色、男儿本色、欢乐本色共7个系列；花雨酒业公司与五粮液酒厂合作经营，本企业做其全国总经销的共有品牌"丝路花雨"，花雨酒共有4个系列，分别是汉唐文明、魏晋风度、波斯神韵、五彩缤纷；"风度"酒，甘肃永登酒厂出品，属自有酒厂，同时自己负责销售的自有品牌，有5个不同的系列，分别是王者风度、大家风度、绅士风度、君子风度、勇者风度。产品的产地分别在甘肃的陇南地区、武威地区和四川泸州。

2）春天酒业公司的物流现状

春天酒业公司的注册资金为4 000万元，这四大品牌在甘肃市场和全国具有相当大的市场份额。2003年仅"康庆坊"和"本色"两个品牌的营业额就高达1.5亿元。春天酒业公司的产品以省内14个地州市销售为主，远销山东、东北、上海、江苏、河南、陕西、宁夏、青海、新疆等省市自治区。

甘肃春天酒业有限责任公司所拥有的3个经销不同品牌的白酒销售公司中，春天酒业负责"康庆坊"和"风度"酒的生产与经销工作，拥有两个仓储面积为800平方米和100多平方米的仓库，大库位于兰州市西站附近的文化库，另一个是位于春天酒业公司附近的"兰海库"，运输工具情况如下：市内是小面包6辆，区域市场的运输车辆为3吨、5吨、8吨货车各1辆。花雨公司负责"丝路花雨"系列酒的营销工作，为"五粮液"集团甘肃的总代理。它拥有两个仓库，大库在七里河区，小库在公司附近，车辆的情况如下：大小型号的面包车8辆，3吨厢式货车1辆，5吨的敞篷货车两辆，同样是面包车负责市内送货，货车负责区域市场的运输任务。龙马商贸公司负责"本色"的经销工作，该公司拥有200平方米和300平方米的库房各一个，5辆面包车和2辆3吨的厢式货车及2辆吨位分别为5吨和8吨的敞篷货车各1辆。市内运输之所以选择小面包的原因在于市内货运车不能跑，面包车还有防风挡雨、防偷盗的功能，在运量足够的同时，还可以坐人。货车主要负责从厂内调货，发往省内各地市的区域市场。从四川宜宾的厂家发货，主要采用铁路运输的形式。往省外的区域市场发货，根据运输量的不同，选择自派车辆运输或借助第三方物流零担托运的形式。

3个公司共有物流工作人员72人，正是由于3个子公司分别都有一个车队和配送中心，负责各自品牌的运输和物流业务，因此存在严重的部门设置重复、仓储点分散、人员利用率低等问题，造成了人力物力的巨大浪费，致使销售成本居高不下，严重影响了公司的经济效益。在甘肃省内尚无实质第三方物流公司可供利用，企业的仓储、运输、配送必须自行解决的前提下，春天酒业亟需成立物流中心将3个公司的物流进行有效整合，从而降低公司运营成本、提高经济效益。

2．春天酒业公司销售物流整合分析

销售物流系统战略规划的思路如下：甘肃春天酒业有限责任公司下属的3个子公司：春天酒业公司、花雨公司和龙马商贸公司，其商流由各个公司自己完成，而且对3个公司的物流部门进行整合，成立物流中心，3个公司的物流配送任务都由物流中心来完成，资金流伴随商流的发生而发生，方向与物流相反，信息流贯穿各个环节，是其他行为发生的前提和基础。

通过对3家公司的物流有效整合，统一调配车辆，对产品进行高效配送，最后要达到只要一个大型仓储中心、一个小库临时周转即可。运输车辆也可由原来的19辆面包车、10辆货车，降到10辆面包车、5辆货车(其中3辆3吨的厢式货车,一辆作为市内大宗货物的配送使用,另外两辆作为区域市场的配送使用,5吨、8吨的货车保留)即可圆满完成配送任务的水平。原来需要72人来完成的工作,现在要规划到39人即可。

3. 物流整合效果评价

春天酒业公司的销售物流战略规划执行结果,可以以几组对照的数据来说明。然后根据整体物流费用中几项费用所占比例进行推算,得出此次的物流整合对整个物流所做的贡献。

1)整合前后员工工资比较

在春天酒业公司的3个子公司进行物流整合以后,在信息部6个人办公大大提高工作效率的前提下,每年可节约人工工资 980 000 元 - 766 500 元 = 213 500 元;节约额度为 213 500 ÷ 980 000 × 100% = 21.8%。

2)整合前后仓储库房租赁费用

在整合以前,花雨公司拥有两个仓库,面积分别为300平方米和100平方米,龙马商贸也拥有面积为300平方米和100平方米的仓库两个,春天酒业公司则拥有一个800平方米的大库和一个100多平方米的小库,负责兰州市内五区的配送。经过物流整合,只需春天酒业的两个仓库足以满足3个子公司、4个品牌白酒的储存、配送任务,这样就可以节约800平方米的仓储租赁费用,可节约成本 85 000 元 - 50 000 元 = 35 000 元。节约额度为 35 000 ÷ 85 000 × 100% = 41.2%。

3)整合前后运输费用

3个全资子公司的物流在整合前后,拥有相同车辆的情况下,本来需3家公司跑3趟的送货任务,现在可以规模运输一次完成,仅从节约的油费和过路过桥费就是一笔很大的开支。整合以前每家平均拥有6辆小面包车和3辆五吨的货车,一方面存在每次远远不能满足车的运载量的情况,另一方面也经常发生相反方向送货车辆不能同时满足的情况,区域配货量大,产品积压,占用大量流动资金,每次配货的量太小,大大提高运输成本。经过整合,合理规划兰州市内的配送路线,通过网络提前一天得到需求方的定货量,对就近的运输范围进行有效整合,尽量做到既能及时供货又能充分利用车辆的运输能力,从而达到节约物流成本的目的。一年的运输费用可节约 1 311 500 元 - 816 500 元 = 495 000 元。节约额度为 495 000 ÷ 1 311 500 × 100% = 37.8%。

由以上3组数据可以看出,通过对春天酒业公司3个全资子公司的物流进行整合,成立物流中心,在员工工资大幅度提高的前提下,节约运营成本的效果是显著的,这种模式值得借鉴和推广。

一般认为,营销物流总成本的主要构成部分是运输(46%)、仓储(26%)、存货管理(10%)、接收和运输(6%)、包装(5%)、管理(4%)以及订单处理(3%)。物流成本在生产企业往往占到全部销售额的13.6%以上,因此日益受到管理人员的重视。一些经济学家认为,营销物流具有节约成本费用的潜力,并将物流管理形容为"成本经济的最后防线"和"经济领域的黑暗大陆"。如果物流决策不协调,则将导致过高的成本代价。

讨论题:

1. 春天酒业公司是怎样整合其销售物流的?
2. 评价春天酒业公司销售物流整合的方案。

第4章 运输管理

【本章教学要点】

知识要点	掌握程度	相关知识
运输的基本知识与原理	掌握	运输的基本知识
	掌握	运输的特征
	掌握	运输的三大运输原理
五种运输方式的特征与服务	了解	五种常规运输方式的运作方式
	掌握	五种运输方式的优缺点
复合运输与国际运输	掌握	多式联运的特点与服务
	掌握	国际运输的特点与服务
	掌握	国际港口与地理
运价	掌握	运价的分类和计算

【名人名言】

成大事若烹小鲜,做大事必重细节。天下难事,必作于易;天下大事,必作于细。

——老子《道德经》

温家宝主持召开国务院常务会议讨论通过
《"十二五"综合交通运输体系规划》

会议明确了"十二五"时期综合交通运输体系建设的原则。一是安全质量,建立严格的安全监管和质量管理制度,并贯穿于交通运输规划、设计、建设、运营各阶段。着力提升技术和装备水平。二是合理布局,与区域经济发展、城镇化格局、资源分布和产业布局相适应,实现通道畅通、枢纽高效。三是优化结构,统筹发展各种运输方式,优化运输结构。四是适度超前,在满足现阶段客货运输需求基础上,适度超前建设基础设施。五是讲求效益,促进各种运输方式有效衔接,一体服务。六是绿色发展,节约集约利用资源,切实保护环境。七是多元投入,鼓励民间资本参与交通运输建设。八是改革创新,深化管理体制改革,完善政府运输监管,提高运输服务水平和物流效率。

资料来源:国务院办公厅,2012 年 3 月 21 日

点评:规划决定未来

国家在继"十一五"的五横五纵取得重大成就后,"十二五规划"继续对我国交通运输体系进行了进一步的规划,使得交通运输体系更加符合我国将来的经济和民生要求,从而促进我国的整体经济发展。因此,我国交通运输体系的整体进一步规划是为我国的经济民生的进一步发展奠定厚实基础。

4.1 运输的基本知识与原理

随着我国经济的发展,企业越来越关注运输成本的问题,毕竟运输成本在物流成本中占有三分之一的比重,甚至达到三分之二。因此,许多企业家都会从不同角度去关注运输问题,至少会从成本角度去关注。

本章重点不单单从运输成本角度去看运输问题,更多地从运输伴随着经济、科技、社会的不同发展程度而改变的方方面面去探讨。具体而言,我们要从运输对社会的重要性,对人们生活的重要性,对社会未来发展的重要性去探讨。

4.1.1 运输的概念与特征

1. 运输的概念

运输指使用各种(已知或未知)工具实现物品(有形或无形)在不同地点或时空的传输。《辞海》的定义为"人和物的载运和输送"。根据目前的观点和辞海的定义,多数人头脑中认为运输所输送的是人或物品,都是有形的。而本章作者认为随着网络时代的发展,无形的电子产品,例如:歌曲、电影、程序和各种应用的传输都属于"运输"范畴。因此,运输的概念是随着时代的发展而发展。

 知识链接 "运输"一词各时期的摘述

汉司马相如《喻巴蜀檄》:"今闻其乃发军兴制,惊惧子弟,忧患长老,郡又擅为转粟运输,皆非陛下之意也。"宋张齐贤《洛阳缙绅旧闻记·张太监正直》:"今上方知其有才,力欲擢用之,忽遘疾于路,

时自荆湖运输旋也。"柳青《铜墙铁壁》第七章:"这时,野战军一来因为沙漠上粮食运输困难,大部队不能到长城外边作战。"

2. 运输业的特征

运输业作为一个古老的行业,一直都伴随着人类社会的发展而发展,从古代的原始牛车、马车、羊车等交通工具发展到现在例如磁悬浮等的各种新颖交通工具,都是伴随着社会发展的需要而发展,同时又促进社会的发展。但是其产业特征有别于其他行业的特征,主要表现为服务性、公共事业性以及战略性。

1) 运输业的服务性特征

运输业与其他产业一样都是遵循经济规律,由于其非生产特征按照现行的产业划分标准,运输业被划分为第三产业,也就是服务行业。因此,可以简单地认为运输业所销售的就是服务这种无形产品。

既然是产品,那就有质量好坏之分,而作为无形产品的运输服务,其质量好坏取决于运输业的具体服务特征:价格、运输时效以及产品的损坏度。

(1) 价格。运输业的价格跟其他行业产品价格具有不一样的特征,主要表现为价格的波动性较大,受到市场的各种环境影响剧烈。同时,运输业的各种运输方式的价格又差异甚大,因此运输业的价格是具有行业特征非常明显的一个行业价格。例如,石油价格的波动直接影响着运输价格的调整,外国竞争者的"价格挑衅"也是运输价格的重要影响因素之一,除此之外还有各种行政政策影响着运输价格。

而作为托运人来讲,选择价格最低的运输服务是理所当然的,因此作为承运者来说,就要做到在托运人所选择的运输方式上能交出有竞争力的价格方能在市场上站稳。而目前我国的运输业竞争尤为激烈,已然已经进入"大鱼吃小鱼"时代,同时也迫使运输相关行业—电商业关于物流战略的重新战略部署。

在电子商务日益发展的今天,电商的竞争性主要取决于成本因素,而作为电商的成本因素中主要的为运输价格,具体而言是快递价格。因此作为电商业的关键合作行业,运输快递业的价格一直都在拉紧电商企业的每一条神经。

而全社会的各种产品的销售价格也间接受到运输价格的波动而波动,甚至有的产品的运输价格占到总体销售价格的50%。

 新闻链接　快递价格或将在"五一"集体上调

"再不提价,就没利润了"

快递业务和市民的生活密不可分,然而受油价上调、中转费上涨等诸多因素的影响,国内部分地区的快递公司传来涨价的消息。近日,记者从我市多家快递公司了解到,一些快递公司正在酝酿提高收费标准,但对外并未明确公布。圆通快递公司负责人告诉记者:"现在南昌市的快递公司竞争非常激烈。我们也不敢率先提价。一旦轻易涨价,客户很容易选择别的公司,业务量会受到明显的影响。""再不提价,就没利润了。"韵达快递公司负责人表示,受油价上调、中转费上涨的影响,快递成本不断上涨,快递涨价是必然的趋势。如果快递邮件的价格不跟上,快递公司就没有盈利空间,但公司暂时还只是采取观望态度,他们会跟随同行业公司的步伐提价。

网购费用悄悄增加

目前从表面上看,我市多家快递公司并未调整快递收费价格。但细心的消费者或许已经发现,近期网络购物中运费的收取已有增加的迹象。以往淘宝的衣服快递费用一般是每单10元左右,如果购买100

元以上物品大都能享受到"包邮"服务。但是近日网上购物的消费者发现,"包邮"的门槛已悄然提升,很多网店都将"包邮"价从 100 元上调至 150 元甚至 200 元。业务人员均表示,提价并没有统一标准,都是由各网点与淘宝商家协商确定。

"以后如果买衣服,我会多和实体店比较了,感觉价格差别越来越小。一些小零碎就不考虑在网上买了,要不就和朋友一起团购,或者选择包邮的网店。"对于网购快递费的涨价,网购达人王小姐表示,她喜欢在网上买衣服、手包、化妆品等东西,因为这些东西往往要比实体店便宜很多,但是最近她发现快递费都涨到 12 元以上了,网购费用明显增加了不少。

资料来源:南昌新闻网-南昌日报(南昌),2012-4-16

(2) 运输时效。所谓的运输时效是指承运人在多次运输过程中对所承运的货物从起点到终点所平均耗费的时间和实现该运送任务所实现效率的统称。这里的运输时效可以分为运输时间和运输效率两方面。

运输时间主要指货物从运输起点运输到目标地点所耗费的平均时间。而作为目前运输行业的主要竞争指标之一,缩短运输时间基本都是运输业的共同目标。但是由于各种因素导致运输时间会出现不同程度的波动,例如气候环境,交通堵塞、行政交通管制、运输方式的选择等。因此运输业对运输时间的把握度是属于不可控因素,只能控制在一定的时间范围,只有当所有影响运输时间的因素都趋向有利于运输条件的时候,运输业的整体效率才真正的体现。

运输效率主要指其他运输指标一定的情况下,在单位时间内所运达的货物的数量或者服务的质量。运输效率的高低直接体现在社会产品的价格上,通过对发达国家与发展中国家的产品价格的对比不难发现,剔除各种价格因素,例如汇率,通货膨胀等因素,发达国家产品中运输成本所占产品总成本的比例是远远低于发展中国家,其原因之一就是运输效率的问题。一个具有高效运输系统的国家,必然是在单位时间内实现数量庞大的运输量,因此会直接导致规模效应,即产品的价格会大幅下降,使得居民的社会质量提高。

因此,实现运输效率的大幅提高,必须建立一个高效的社会化的运输系统。应该从全局出发,从长远出发,设计规划一套能适应至少二十年后的社会发展的交通系统;打破城际、省际的利益格局,实现全面的运输系统高效对接;加快引进适合我国国情的国际先进运输技术;从法律上尽快立法为建立高效运输系统提供法律基础,从行政上打破一切阻碍建立高效运输系统的因素。

新闻链接

广东省公安厅、广东省交通运输厅关于广深高速公路
广州至东莞路段分时段限制大货车通行的通告

为确保广州亚运会赛时运动员跨市转场交通安全畅通,广东省公安厅、广东省交通运输厅经研究决定,广深高速公路广州至东莞出口路段于 2010 年 11 月 1 日至 2010 年 11 月 19 日期间,每天 7 时至 22 时禁止核定载质量 5 吨以上(含 5 吨)的货车双向通行。

特此公告

广东省公安厅　广东省交通运输厅

二〇一〇年十月二十一日

新闻点评：政策影响运输业

该新闻对于一般人来说是无关痛痒的新闻，但是对于运输业来说，具体应该说珠三角的运输业来说是大新闻，尤其是经常要使用广深高速进行货运的东莞运输业来说该新闻犹如一座大山般重重地压在他们心上。而东莞运输业唯有采取非禁行时间段（深夜）进行运输，同时要为了满足客户的需求，还要进行"化整为零"的运输办法租用5吨以下的车辆进行紧急运输，因此该时段给使用该运输通道的运输业者带来了沉重的损失。

（3）物品的灭损率。物品的灭损率作为运输业的服务特征之一，反映了运输产品的质量，也是承运人的能力体现，因此降低或者消除货物的灭损率成为运输业者的共同目标。

托运人在选择不同的单一运输方式或者多种方式的时候，应该把不同运输方式的灭损率作为选择运输方式的考虑之一，也是选择承运商的主要考虑点之一。但是灭损率作为运输业的一个重要指标之一有其独特性，即承运商基本很难做到灭损率为零，出色的承运商只能把灭损率降低到趋向零。尤其在遭遇到不可抗力的时候，灭损率就完全不在人力的控制下，因此托运人为了保护自己的利益不但要选择灭损率低的承运商，更重要的是在合同签订上订明多条关于对灭损货物如何赔偿的相关条款。

作为承运商，灭损率也是其加强管理的一个重点，因为灭损率高不但要对客户进行赔偿，甚至面临各种索赔官司，同时如果长期的高灭损率还会导致不断的流失客户，这样的损失就不是赔偿可以解决的。因此为了维护承运商和托运人的共同利益，一般都会采取风险转移的方式，目前运输业使用最多的是通过保险的方式进行风险处理，而且此方式也是目前国际运输业的主流方式。但是保险并不是解决双方最有效的方法，最有效的方法依然是不断进行运输管理降低灭损率，包括管理的流程处理、电子跟踪、员工培训等方式。

2）公共事业特征

从运输业的发展历程来看，交通运输业是否具有或者说是否应该具有公共事业特征一直都是存在争论。从交通运输业发展史来看，交通运输业被赋予公共事业特征是资本主义发展过程中的一个产物，并非天生具有的。而公共事业性最明显的特征应该是非营利性。

而现代运输业在其特征的影响下应该分为公共交通业和私人交通业。

从最早的原始社会、奴隶社会乃至封建社会，交通运输业都是由民间或者政府需求而成为社会发展的主要的基础力量，但是其特征都是非公共事业的，即盈利性，因此都属于私人交通业的发展过程。一直到资本主义社会发展的过程中，某些发达国家由于民生、经济、社会所需要而将交通运输业赋予了公共事业特征，因此而诞生了近代社会公共交通系统，也就是诞生了公共交通业，该系统完全由政府作为公共事业来维持运营，出于非盈利特征，为社会市民出行而服务。但是随着国家的发达程度不一样或者政府的政策变化，即使是发达国家或者地区，公共交通系统也有可能作为的盈利性的产业而被扶持，例如新加坡就是一个活生生的例子，公共交通系统都是以盈利为目的，都由新加坡的几大运输财团所垄断，而政府只能通过行政法规去监管其定价行为，但是其监管力度往往十分脆弱，甚至无效，也成为新加坡市民对政府最大的诟病之一。由于新加坡是奉行完全的积极不干预经济的政策，因此将公共交通业完全私有化的行为在其他发达地区或者国家都不会出现，绝大部分都是把公共交通系统纳入公共财政支出体系，作为高税收体系下的社会福利支出之一。

而我国也是实行公共交通纳入财政支出的范围,但是由于地区的发展程度不一,同时各地政府对这块的财政支出表现出不同态度,因此在某些城市出现非常低廉的公共交通价格,而有些地区却出现高昂的运输价格,这都是由于公共交通事业并没有实行全国范围的行政法规统一。

3) 战略性

运输业除了其服务性、公共事业性之外,还有一个被很多人所忽视的重要特征,即战略性。这里的战略性主要探讨的是军事领域的战略性和灾害应急领域的战略性。

(1) 军事战略性。运输业从古至今,其他特征例如公共事业性皆不是天生的,而作为军事战略性却是非常早就诞生了,自从有战争以来,运输业就成为了战争胜败的重要关键因素之一。我国古语云:三军未动,粮草先行。而这个先行通常就是胜负关键,而要达到有效率的先行就必须有一套高效的稳健的运输系统,建立起这样的系统不但可以为战争赢取时间,同时可以影响整个战局。

 案例链接 秦始皇修建"高速公路"

秦始皇曾修筑一条世上最早、最长也最宽的超级马路——军事直道。这是秦始皇为快速集结调动军队和运输粮草物资而建的,是可与长城媲美的边防军事设施。这条军事直道,全长900公里,北起九原即今内蒙古包头市西北,南至云阳即今陕西淳化西北,横穿陕甘两省14个县。长城外路面宽164米,长城内路面宽60~80米,最宽处可供40多辆大卡车或百多架马车并排行驶,其路面之宽,为当今世上最宽的高速公路望尘莫及。另外,直道两侧还筑有5尺高矮垣,使人车分流,既安全又快速。因此有人把它称做古代的"高速公路"。直道是秦始皇35年(前212年)秦始皇令大将蒙恬主持修建的,历时4年,动用了20万民工。这么宽这么长的路面,又得取直,其设计施工难度与工程之浩大,令人咋舌。经历两千多年的风雨淋蚀,直道的泥土夯筑的路面,已大部分湮没于林海、沙丘之中,平坦完整路面尚存数公里可供世人凭吊。文物考古学者在直道的残存路段见到许多秦汉陶片、砖瓦、铁箭头以及一些附道驿馆、烽火台的遗迹,可想当时这条超级高速马路上人喊马嘶的热闹壮观景象。

资料来源:王兆通.现代交通管理,1999年第10期

以上案例反映我国从秦始皇时代就已经开始注重交通运输业对战争的重要性,到后来的京杭大运河等,都是出于国家战略因素而修建,到了近代我国所修建的青藏铁路除了为了打通经济、文化、社会民生交流外,主要还是出于对西藏其重要战略地位的考虑而修建的。为了我国西部的各地区的稳定发展,青藏铁路的修建具有重大的战略意义。

(2) 灾害应急战略性。我国处于灾害多发国,每年大大小小的灾害非常之多,但是由于各种原因,尤其是交通运输的应急预案不完善,以及运输系统的缺陷,都导致了救灾的延迟,甚至无法进行救援,因此建立起高效的灾害应急运输系统对灾害即将或者已经发生时候的处理都具有重大战略意义。

 案例链接 保障"生命线" 保障救灾物资运输就是保护生命

汶川大地震已有半个月,但是塌方还在不断发生,交通运输部门的现场抢通队伍正在随塌随抢修。

曾经安静秀美的川西小城,天高云淡下的人们笑容纯真,远离外面的世界,生活简单而美好。一场特大地震以后,一个个城镇沦为伤城。

为了这些伤城不继续沦为孤城，交通运输部门的数万将士已经连续奋战近半个月。前方需应付余震导致的不断塌方，后方需力求救灾物资以更快速度送到受灾群众手中。5月26日上午，交通运输部发布消息称，截至5月25日12时，陕西、重庆、甘肃、四川通过公路运往灾区的救灾物资运输累计15.5万辆，运输救灾物资186万吨。27日早上，茂县至马尔康的公交车恢复通行。

地震孤儿意味着他们在人生的起始阶段就遭受巨大的双重创伤，失去父母和经历惨痛。5月21日，四川省民政厅副厅长陈克福透露，据初步统计，目前包括临时孤儿在内的地震孤儿已有4 000多名。

如果更多的道路被打通，更多的救灾药品运输进来，更多的伤员运出去治疗，也许就会少一些人员死亡，少一些孩子失去父母。截至当日15时，四川受灾严重的439个乡镇中已有396个乡镇道路抢通，还有43个乡镇仍在进一步抢通中。

交通运输部紧急从救捞系统调用救助飞机支援四川灾区抗震救灾。截至当日14时30分，救助直升机在抗震救灾中共运送食品和饮用水10.05吨，接救重伤灾民70名。陕西、重庆、甘肃、四川通过公路运往灾区的救灾物资运输累计8.1万辆次，运输救灾物资97.2万吨。

资料来源：搜狐网，2008-5-28

以上案例反映当灾害发生的时候，运输系统绝大部都受到不同程度的影响甚至摧毁，因此建立起一套反灾害的应急的运输系统是具有重大战略意义的。例如2008年我国发生的50年一遇的大雪灾，由于基本的交通运输系统都被风雪切断，人民群众的生命财产都面临重大危险，而我国又缺乏高效的灾害应急运输系统，因此造成了当年的大量人民财产的损失。

4.1.2 运输原理

运输原理，是指符合运输经济规律，依托现有运输技术，旨在降低运输成本，提高运输经济效益的途径和方法，是指导运输业科学发展与管理的最基本原理。

1. 规模原理

规模原理是指随着单位次数的装运量的规模增大，使得货物的单位运输成本随之下降的基本原理。这是因为目前市场上的运输价格计费多数以重量和体积计算，而运输工具的装载体积和额定装载重量是固定的（超载行为另当别论），因此当以重量为计费单位时，选择的运输工具的装载体积为固定体积，因此最大效益的状态当然是满负重运输，即完全满足所选择的运输工具的额定重量运输，但是绝大多数情况是很难达到这种情况，甚至不可能做到。因此，随着装载重量的不断趋向于满负重的情况下，单位货物所分担的单位运输成本自然不断下降，这就是在体积一定情况下的规模原理。

同时另外一种情况是，货物的体积是变化的，而且跟重量是不成比例的，因此，就会出现两种情况。第一种情况是货物体积庞大，但是重量较轻，俗称轻泡货，运输此种货物对于规模原理来说主要看此种轻泡货物的密度情况，在额定装载体积下，货物密度越大，单位运输成本越低，就越符合规模原理；第二种情况是相反，货物是体积轻巧，但是重量较重，此种货物完成能实现满负重运输，所以是完全的规模原理，但是缺点是浪费空间。

因此，最理想的状态应该是轻重结合，达到符合额定重量情况下，最大限度填充运输工具空间或者在额定体积下，最大限度地达到额定重量。因此图4.1和图4.2分别表示在不同情况下的规模原理的影响因素。

图4.1 装载量与运输成本的关系　　图4.2 货物密度与运输成本的关系

因此，此原理正是说明为什么在运输市场上会出现的各种超载现象，尤其在发展中国家由于各种原因导致超载现象屡禁不止。而我国此现象也甚为严重，主要原因是由于我国的各种路桥收费项目繁多，远远超于运输业者所能承担的运输成本，尤其以低价格产品（农副产品）最为严重，同时也由于各地地方政府出于路桥收费的利益关系，而出现各种违法违规的乱收费现象。近年来，国家对于此现象也作出相当的努力，保护取消某些路桥费项目，打击非法路桥乱收费现象，取得相当效果，但是，路还很漫长。

2. 距离原理

距离原理是指随着单位次数的运输距离的增加，相对应的运输费用呈现边际递减的现象，称之为距离原理。如图4.3所示。

图4.3 距离与运输费用关系

从图4.3可以看出货物的单位运输费用在最开始时候是不为零的，原因是运输工具即使在不发生运输距离的情况下，仍然会产生各种费用，包括折旧费、路桥费，保险费等各种固定费用，而这些固定费用只能通过运输过程中分担到货物身上，而随着运输距离的增大，原理上，增加的运输费应该是按距离比例而增加，即每增加一单位距离即增加相同的单位运费，但事实上，运输费用是随着运输距离的增加而呈现先迅速增加，然后缓慢增加，最后趋向于一个固定费用，此所谓距离原理。例如：同样一批货物，使用同样运输工具（假设为铁路运输），从东莞运输到广州的运费为5 000元，而从东莞运输到北京的运费为30 000元，但是如果把距离算上，得出东莞到广州的距离大约为100公里，那么平均每公里运输成本为50元；而东莞到北京距离大约为2 000公里，那么平均每公里的运输成本为15元，因此可以看出运输费用随着距离的增加而呈现边际递减，同样如果采取其他运输工具答案也是一样。

因此，根据此原理，运输业中的长途运输平均费用要远低于短途运输的平均费用，所以，属于短途运输的配送业就要从其他方面去降低费用，例如进行路线的优化，装载的合理搭配等措施，都是根据此原理而降低成本，提高整体配送业的效益。

3. 速度原理

速度原理是指以目前世界运输科技水平条件下，货物运输的产生的经济效益随着速度的提高而提高，同时运输成本也随着运输速度的提高而提高的运输原理。根据此原理不难说明，由于所选择的运输工具或者运输方式在固定路径和固定距离下，运输速度的提高意味着货物在单位时间内的运输量的提高，并与速度的提高成一定正比例；但是，根据目前的运输科技和国际运输条件下，运输成本与运输速度也呈现不同程度的正比例，即运输成本随着运输速度的提高而提高。原因是在目前世界运输科技下，高速度运输方式都需要高额的固定成本和变动成本才能维持，因此使用高速度运输方式进行运输就必须分摊高额的维持成本。例如，目前速度最快的运输方式为航空运输，高昂的机场建设成本、飞机购买成本、飞机的维护成本，航空人员的高额工资等成本都是比其他运输方式要高出好几倍。因此，选择高速度的运输方式就必须要承担高额的运输费，除非当世界运输科技有所突破，发明一种快速但是营运成本低廉的运输工具和运输方式，或者发明一种完全无能源负担的运输工具和运输方式，否则，按照目前世界运输科技和能源价格情况下，该原理是指导运输业的重要原理。

  案例链接　发改委郭文龙：高铁减速是运营策略调整

减速为降低运营成本

《21世纪》：近期武广高铁开行时速从 350 公里降至 300 公里和 250 公里，你认为主要原因是什么？

郭文龙：中国高铁经历了 6 次大提速，开通了 200 公里时速的动车组，部分路段达到了 250 公里。到 2008 年，随着京津城际铁路的建成通车，中国高铁时速提升到了 350 公里。目前，高铁已经进入大规模建设的高潮期。

高铁时速 350 公里是战略需要，向全世界证明了中国高铁可以达到这个速度。它对机车、信号等都提出了更高的要求，从技术上讲，我们还可以达到 400 公里，但营运成本会加大很多。这好比开汽车，车速快了，造价和营运成本都会提高。所以，减速主要是从降低成本的角度来考虑的。

事实上，现有调低速度为 300 公里的高速铁路，是按 350 公里时速的标准建设的，如刚通车的京沪高速铁路，设计时速为 350 公里，初期运营最高为 300 公里。调低速度是铁道部做出的运营策略的一种选择，非安全原因。

《21世纪》：那么，调低时速后，在运营成本上将有什么样的变化？

郭文龙：据有关研究分析，相比时速 350 公里，高铁 300 公里的时速营运成本能下降 10%～20%。

《21世纪》：这种变化是什么原因造成的？

郭文龙：主要是电力消耗以及动车组、线路等主要设备设施的损耗减少，尤其是车轮的损耗特别大，调低车速可以延长它们的寿命周期。时速一旦提高，信号控制方面也要增加费用。时速不同，建造成本也有差别，但现在中国高铁是按照 350 公里时速建的，建造成本每公里 0.8 亿～1.7 亿元。

资料来源：世纪经济报道，2011 年 7 月 4 日

4.2　现代基本运输方式

从古至今，运输都是社会经济繁荣的关键之一，是人们生活生产的重要环节，因此选

择不同的运输方式来符合不同的人们的运输需求，达到其运输的最高经济效益一直都是人们的着眼点。古代由于科学技术的限制，运输方式比较单一而且落后，到了现代，运输方式随着科技的发展，产生多种多样的运输方式，本节注重阐述现代最基本的五种运输方式的经济特征以及服务特性。

4.2.1 铁路运输

1. 铁路历史

1825年9月27日，世界上第一条现代意义的铁路（"木"路被"铁"路代替，蒸汽机车开始使用）在英国的斯托克顿（Stockton）和达灵顿（Darlington）之间开通，最初的速度为4.5km/h，后来达到24km/h。

1872年日本第一条铁路修建成功，即东京新桥到横滨樱木町之间的铁路。这也代表日本有了自己正式的列车，也意味着现代亚洲第一条铁路的诞生。

1876年，英商怡和洋行，以修普通马路为名，擅自修建了上海租界至吴淞的窄轨轻便铁路，即中国的第一条铁路——吴淞铁路，全长14.5公里。

2. 铁路运输特征

铁路运输是指利用牵引机车拉动或者推动车厢在预先铺设的轨道上进行中长距离的运输方式。目前该运输方式承担着世界各国的国内的主要交通运输方式之一，也是国际运输方式的重要一环。在我国，因铁路运输的独特的运输特点，除了承担一般货物运输，更重要的是还承担着我国特有的一年一度的"春运"的主要运输任务，因此，该运输方式在目前或者不久的将来依然是我国最重要的运输方式之一。下面讨论铁路运输的特点。

（1）铁路运输的优点。

① 运载能力大，目前该能力来说在五种运输方式中仅次于海上运输，一列货物列车运载能力达3 000～5 000吨，适合中长距离而价值低廉的货物，而特殊的货物则可以使用重载列车，重载列车运载能力达2万多吨。

② 安全系数大，在目前五种运输方式来说，无论是运货物还是载人，事故率一直都是运输业关注的焦点，在业界一直都有讨论航空运输与铁路运输的安全性问题，我们也无从分辨究竟哪种运输最安全，但是可以确定的是在我国乃至世界，铁路运输的事故率对比其他运输方式都是非常低的，更重要的是由于运输条件问题载人运输方面的死亡率也是远远低于航空运输的，因此，铁路运输的安全性是其重要特点之一。

③ 抗气候能力强，气候一直都影响着运输业，在五种运输方式中，铁路运输相对于其他运输方式来说属于抵抗气候影响的最佳运输方式。原因是其独特的轨道式运输保证了其抗气候性，但是如果发生的是特大灾害，损坏了运输轨道，例如洪水把轨道冲垮，铁路运输也是无法再进行运输，因此该优点也是相对的。

④ 运输速度较快，相对于五种运输方式来说，运输速度仅次于航空运输，就算目前的高速列车，磁悬浮列车也暂时无法超越航空运输，但是在陆地运输来说是最快的运输方式，目前世界铁路运输的平均速度为160～350公里/小时。

（2）铁路运输的缺点。

① 运输路径受限，不能实现"门到门"运输，铁路运输相对于其他运输的最明显特

点就是其独特的轨道运输，即必须在预先铺设好的轨道上面或上方才能运行，即没有轨道铺设的路面或者地点是无法进行运行的，因此更加无法实行"门到门"运输。

② 货物的灭失率高，铁路运输相对于五种运输方式的货物灭失率来说一直都是居高不下，甚至是最高的。原因是多方面的，在我国，主要原因在于铁路运输的装卸搬运方式比较粗犷，甚至野蛮；同时货物灭失的责任追究所获赔偿甚低，甚至不用赔偿；货物运输量大，缺乏有效的监管等这都是造成灭失率高的原因之一。

③ 固定成本较高，由于铁路运输自身需要铺设轨道的要求，其固定建设费用一直都是其高成本的重要因素之一，到了后期所使用的高速铁路和磁悬浮轨道就更加昂贵；同时随着能源价格的飙升，铁路运营方面的维持运营费用也是相对于其他运输方式较高。

3. 铁路运输适合的主要作业

（1）根据规模原理和速度原理，铁路运输在大批量、中长距离运输过程中运输成本可以达到最低，同时由于其灭失率高的特点，不适合运输中高价值的货物，因此铁路运输适合运载中低价值货物，同时也适合某些抗灭失率高的散装货物，例如煤炭、金属、谷物、矿石等。

（2）危险货物运输的主要运输方式之一，由于危险品的致命污染特点，运输该些物品都应该远离人群，由于铁路轨道的分布（除了站点在市区外）基本都是远离人群，远离人群率是众多地面运输方式最高，因此铁路运输作为地面最佳的危险品运输方式之一。

（3）适合大批量运费承担压力的大的货物，由于铁路运输的特点，其运输费用相对于其他运输方式来说一直都是相对低廉，因此适合大批量，运费承担压力大的货物。

4. 铁路运输组织形式

铁路运输的组织方式一般按照货主的要求，根据货物的数量、物理和化学特性等因素划分为整车运输、零担运输和集装箱运输。

（1）整车运输。指凡一批货物的重量、性质、体积、形状需要以1辆或1辆以上货车装运的，均按整车条件运输，简称为整车。作为大宗货物长距离运输，企业首选铁路的整车运输方式，因为不但成本低廉，同时铁路部门根据承包车厢的多寡也会给出一定幅度的折扣。

（2）零担运输。指货主需要运送的货不足一车，则作为零星货物交运，铁路部门将不同货主的货物按同一到站凑整一车后再发运的服务形式。由于社会交易物品种类和数量的差异，尤其今年来电子商务的兴起，铁路零担运输的需求日益旺盛，但是零担运输需要等待凑整车，因而速度慢，为克服这一缺点，已发展出定路线、定时间的零担班车。

（3）集装箱运输。指以集装箱作为铁路运输的基本单位进行的一种快捷、高效、安全的运输方式。由于集装箱的发明，大大地提高了运输的效率，同时铁路运输也发展利用集装箱的优点，配合使用集装箱，从而发展出了铁路集装箱运输。该运输模式可以与不同的运输方式进行快速的对接，大大地提高运输方式间的交接效率。

5. 新型的铁路运输方式

随着科技的发展，铁路科技也一日千里，目前世界的铁路运输科技上诞生了以日、德、法为首的磁悬浮列车技术和以我国为首的高速铁路技术，都是当今世界铁路运输的最高成就。

4.2.2 水路运输

水路运输应该说是最古老的运输方式之一,承载着人类发展的历史,我国的郑和七下西洋,海上丝绸之路,哥伦布发现新大陆,都是靠水路运输实现。随着运输科技的发展,当今的水路运输也呈现了承担世界经济发展的重担。水路运输按照运输方式划分,分为内河(内海)运输和海洋运输。海洋运输又分为沿海运输和远洋运输,本节只讨论远洋运输。

1. 水路运输的特征

(1) 优点。

① 运载量大。水路运输发展至今,由于大型集装箱货轮、油轮等大型货轮的出现,使得水路运输的运载量远远超越了其他运输方式,一般的集装箱货轮的载重量为0.5万~5万吨左右,而随着运输科技的更进一步发展,目前运载量最大的货轮为油轮,其最大载重量达13万吨,加上自身重量达60万吨,因此,海上运输的巨型油轮也被称之为百万油轮。

② 费率低。由于巨型货轮的发展,运载量的庞大,根据运输的规模原理,货物所分摊的成本也随之不断降低,同时,大型海上货轮一般都是进行长距离运输,也同时符合的距离原理,因此其运输费率基本达到是所有运输方式中的最低点。

③ 基础建设投资少。由于水路运输的特点在于其水体的承载性,因此不需要像其他运输方式要修建特定的运输载体,例如轨道和公路等;但是,如果是在内河运输就需要定期进行航道的清淤,否则无法进行顺畅的航道运输;而海上运输就完全省去该笔费用,只需承担码头的建设费用和码头设备投资费用等费用,因此,在五种运输方式中海上运输可以说其基础建设投资最少的一种。

④ 能耗少。相对于其他运输方式,由于水路运输可以借助水的推动力、浮力和海上风力等物理特性,因此在同等运载量下其耗能为目前所有运输方式中最低。

⑤ 占地资源少。由于水路运输在水体进行运输,基本不占用陆地的土地面积,因此在土体资源稀缺的当今成为了其一大优点。

(2) 缺点。

① 速度慢(这里指的速度主要指货船速度)。水路运输的速度取决于货船本身的技术条件,包括船体的体积的大小,推动引擎的马力等,同时还被水体的流向(顺流或者逆流)、风力等因素影响,因此,对于水路运输中的海洋运输速度取平均值来看,一般在40公里/小时左右,相对于其他运输方式是比较慢的一种。

② 受自然条件影响大。影响海洋运输最大的问题应该在于大海的变幻莫测了,虽然现代运输科技打破了很多自然条件的限制,但是仍然无法战胜大自然,因此,海洋运输经常受到潮汐、暴风雨、礁石、龙卷风等气候影响,同时还受到纬度季节的影响,某些国家常年或者有大部分时间处于冰冻季节,令到货轮无法靠岸,因此航行时间需要安排的非常准确。

③ 安全性受到威胁。一般情况来说,海洋运输的安全性是非常高的,这里指的安全性受到威胁主要指当代的海洋运输线路上的海盗问题,由于国际关系风云变幻,海盗最近几年越来越猖獗,多过屡次打击无效,令到海洋运输的安全性受到严重的威胁。

新闻链接　韩向索海盗支付巨额赎金换取油轮获释

据悉，今年4月4日遭索马里海盗劫持的韩国30万吨级油轮"三湖梦想"号和船上的5名韩国籍船员等共24人，本月6日全部获释。

这是三湖梦想号油轮载着价值1.7亿美元原油从伊拉克驶往美国途中在印度洋遭劫持后的第216天。总部设在肯尼亚的东非海员援助组织负责人安德鲁·穆万古拉表示："三湖梦想号当地时间6日上午11时左右被释放，正驶往美国。"

关于救出船舶及船员所用的赎金问题，政府和船舶公司方面均闭口不谈。不过，据路透社报道，作为三湖梦想号释放条件，支付了950万美元。一名叫阿尔里的海盗在接受该媒体采访时表示："我们6日早晨收到了950万美元。等分完赎金后，将释放船只。"

安德鲁·穆万古拉也表示："海盗起初要求2 000万美元赎金，最终以900万美元达成了共识。"这是近几年来，向索马里海盗支付的最高赎金。

资料来源：http://www.ibtimes.com.cn，2010-11-8

2．水路运输适用的主要作业

（1）适合大批量、对时间要求和保存条件不高的货物运输。由于水路运输速度较慢，时间较长，同时海上的气候变化大，因此海洋运输适合对时间和保存条件都不高的货物运输。

（2）适合原材料、半成品等散装和液气货物的运输，例如矿石、石油、天然气、煤炭、谷物等。

（3）适合国际贸易运输，由于水路运输的运量大、距离远等因素，成为了国际贸易运输的主要方式之一。

3．水路运输的组织形式

（1）班轮运输，指船舶严格按照船期表在特定的航线上进行的海上货物运输形式。船期表是班轮运输的核心部分，其内容主要包括：船名、航次编号、始发港、中途港和终点港的港名，到达和驶离各港的时间等详细内容，因此船期表编制的合理性是各大企业和班轮企业的进行合作的关键。班轮运输分为定期班轮运输和不定期班轮。定期班轮是严格按照预先计划并公布的船期表进行海上运行。而不定期班轮也是按照船期表进行运行，但是跟班轮运输区别在于船舶的到港和离港的时间有一定的弹性，同时中途挂靠港的数目和停留的时间也视情况而定。因此，我们一般意义上说的班轮运输绝大部分指的是严格按照船期表的班轮运输即定期班轮运输。

班轮运输一般适合运输的货物主要是散件杂货，包括工业半成品、零件、食品、工艺品等不满整船的高值、小批量货物。其运输具有以下特点。

① 四固定，即固定船期、固定航线、固定停靠港口和相对固定的费率。

② 付费明了，托运人一次付费后，其余费用由承运人承担，例如货物的装卸船和理货的费用。

③ 手续简便，托运人和承运人双方不需要签订海上运输合同，双方的权责利均以提单所记载的条款作为依据。

④ 班轮运输适合接收货物种类多样和数量零散，小批量或者单价货物的运输。

（2）租船运输，是指船舶所有人（船东）根据承租人所提出的运输要求向承租人提供符合其要求的一切船舶的相关运力或者劳动力等相关能力，租金和权责问题由双方协定的运输方式。租船运输具有以下特点和种类。

① 租船运输的特点。

a. 无固定，即船期、航线、挂靠港口和租金都没有固定，都是通过协商而定。

b. 租金浮动，租金率和运费率根据双方协商和市场行情决定。

c. 签订合同，双方的合作形式也租船合同的形式确定，一切权责利皆由双方协商所签订的合同为依据。

d. 租船运输适合大宗低值货物运输，例如粮食、饲料、化肥、水泥、农药等。

② 租船运输的种类。

a. 航次租船，又称程租船，顾名思义即租船方式以航次决定，指船东按照承租人所指定的港口间进行一个航次或者多个航次的租船方式。船舶的营运调度、营运费用和相关人员由船东负责，计费模式以航次为计费单位，跟每航次的时间无关，只跟完成任务的次数有关，因此，作为船东理所当然地想缩短每次航运的时间，所以作为承运人在与船东签订合同时要订明货物的装卸速度、装卸时间、延滞费和速遣费等条款以保护自己的权益。该租船方式是国际现货（液体散货和干散货）市场上使用最广泛的一种租船方式。

b. 航次期租船，该方式同样以完成航次作为租船的基础模式，但是却同时按照完成次数所使用的日数或者约定的日租金率计费。该方式主要在于起始港和目的港的之间的航线条件较为恶劣或者装货港和卸货港的基础设施较差，难以计算其完成任务时间的条件下使用。该方式有利于保护出租人即船东的利益。

c. 定期租船，又称期租船，指船东按照合同规定在约定的时期内出租一艘或多艘船舶给予承租人并收取合同规定的租金的租船方式。出租人负责船长等相关人员的任命、相关人员费用和船舶运营费用（燃料费、港口费、装卸费等）的支出，而船舶的运营调度和船舶的固定费用（折旧费、维修保养费、保险费等）则由承租人负责。计费模式以租用的时间为计算单位，因此在签订合同时还要订明"自动递增条款"，该条款主要是保护出租人在出租时间段内租金因部分费用上涨而导致船舶拥有人减少或者损失的费用。

d. 光船租船，又称船壳租船，即出租人在合同约定的时期内提供船舶给予出租人，而其他一切相关人员、设备和船舶运营费用等由承租人自己负责的租船方式。该方式出租人只提供一艘空船，而承租人负责人员配置、调度等一切相关事宜，适合一些对船舶经营经验缺乏的出租人使用的方式。

4.2.3 公路运输

公路运输是历史最悠久的运输方式，从人类文明开始那刻起就承担着人类经济发展的重担，而发展到今天，随着运输技术的发展，公路运输不但承担着社会经济发展的重要使命，同时也让社会交通运输系统面临着诸多棘手而又矛盾的问题，因此合理的发展和利用公路运输成为各国乃至世界的共同话题。

1. 公路运输的特征

（1）优点。

① 机动、灵活、可以实现"门到门"的直达运输。在众多运输方式中，只有公路运输是最容易实现"门到门"的运输，不受轨道、航线、基础设施等限制，可以在各种地形运输。

② 灭损率较低是公路运输的最大特点之一，这里主要对比其他运输方式来说，公路运输是相对较低的运输方式。主要因为现代公路网的发展和公路等级的提高，同时汽车的技术性能不断提高都是灭损率低的重要原因。

③ 原始投资少，资金周转快。与其他运输方式相比，运输设备购置费低，回报率高，因此也是五种运输方式中民营资本参与最多的运输方式之一，也是竞争最激烈的运输方式之一。

(2) 缺点。

① 运输成本高，尤其是中长途运输，据统计，对于同等运输量，运营费用和管理费用相对于铁路、水路和管道都较高，分别高出 11~17 倍、27~43 倍和 13~21 倍，比航空运输低 6%~9%，因此公路运输适合中短途运输。

② 运量少，公路运输的运量少是其关键缺点，目前公路运输一般使用最广泛的大型运输方式为公路集装箱运输，运载量为 20~30 吨，而目前世界载重最大的通用公司生产的矿用车也只能载重 350 吨左右，相对于铁路的上千吨和轮船的上万吨，显得十分渺小。

③ 受气候和路面情况影响大，公路运输一旦遇到如大雾、冰雪、狂风等恶劣天气，行驶将十分困难，甚至要停止运输。

④ 能耗高、污染大，对于完全同等运输量，同等运输距离下，公路运输的能耗远远高于其他运输方式，因此劳动生产率较低；同时，其尾气排放和噪声影响也是造成城市污染的重要源头之一。

2. 公路运输适用的主要作业

(1) 适合中短距离的运输，由于公路运输的特点，根据运输三大原理，唯有中短途运输(50 公里以内为短途运输，200 公里以内为中途运输)才能体现公路运输的经济效益。因此，公路运输尤其适合当代配送业的迅速发展。

(2) 补充和配合衔接其他运输方式，公路运输由于其他机动、灵活和"门到门"的特点，因此起到了与其他运输方式配合衔接的重要作用，尤其当代发展的多式联运，尤其凸显其作用。

(3) 区域物流的重要承担者，由于其中短途运输经济效率高、机动、灵活、直达等众多优点，因此也成为城市内部和城市间人流和物流的主要承载者。

3. 公路运输的组织形式

(1) 整车运输，指托运方一次托运货物在 3 吨以上的货物运输为整车运输。但是如果货物不足 3 吨而同时尤其其自身原因不能与其他货物拼装的，也可办理整车运输，费率按整车运输费率计算。整车运输适合大批量，集中度较高的货物运输。

(2) 零担运输，指托运方一次托运的货物在 3 吨以下的运输为零担运输。零担运输其灵活的特征适合小批量运输，因此，在目前的电子商务业高速发展的今天，零担运输成为电商商家的重要运输方式。

4. 公路运输的问题

公路运输发展到今天给人们带来了无比的便利性和给人类社会经济带来了无比的繁华，但同时也给人们带来了意想不到的问题，就是城市交通拥堵问题。目前该问题是具有全球性的，给世界各国都带来严重的问题。因此，世界各国也出台了不同办法去解决该问题，例如按单双号或者按车牌颜色划分行驶时间，收取拥堵费、进城费，提高车辆的购置和行驶成本等，这些办法都是治标不治本，只能解决一时，不能解决长远。

因此，要从根本解决城市交通拥堵问题的办法有两个，但是目前能实施的只有一个，就是大力发展和推广公共交通运输系统，要发展公共交通运输系统的速度性、到达性和舒适性，只有当公共交通运输系统的三个特性能与私人交通媲美，那到时交通拥堵问题就可以水到渠成，不攻自破而迎刃而解。第二个解决办法是实行立体空间运输，当然目前有许多该方式，例如高架立交桥运输、空轨运输等，但是真正的立体空间运输就是公路运输载体可以在路面的不同层次上自由运行，类似某些科幻电影，因此，只有交通运输科技发展到实现这种程度才能解决该问题。

4.2.4 航空运输

航空运输是当代运输科技的最高成就，也承担了其他运输方式无法实现的运输任务，在国家经济和军事战略都占有重要的位置，因此无论在民用还是军用，航空运输都成为当代运输至关重要的一种运输方式。

1. 航空运输的特征

（1）优点。

① 速度快，这是航空运输的最大特点，也是其他运输方式无法比拟的，目前的航空运输中民用运输飞机的平均速度为800~1 000公里/小时，而军用战斗机的速度一般达到3 000公里/小时，最快的战斗机是由美国宇航局研制的 X-43A 超音速实验飞机，速度更达到11 260公里/小时。

② 灭损率低，航空运输的另外一个特征在于其对运输的货物具有非常强的保护程度，其灭损率也远远低于公路运输。主要是因为航空运输严格的装卸搬运要求和货物的在途时间较短，同时航空运输在飞行时候的具有极度平稳性等因素，都是其灭损率低的重要原因。

③ 机动性大、不受地形影响，航空运输的重要特征之一是其在空中运行，因此在运行过程中完全不受各种地形的影响，这个特点也使其成为紧急救援、执行紧急任务的主要选择运输方式之一。

④ 安全性大，这点我们在铁路运输的介绍中提到，目前就安全性的比较来说，航空运输的事故率和总体死亡率是稍低于铁路运输，尽管事故发生时候的顾客死亡率非常高，但是在单位行程的总体死亡率是远远低于其他运输方式的，因此才被誉为最安全的运输方式。

（2）缺点。

① 受气候影响大，由于航空运输其运行的空间在空中，因此气候的变化对于航空运输的影响是巨大，例如大雾、台风、气旋等恶劣气候都对其运输是致命的，所以气候因素也成为影响航空运输经济效率的重要指标。

② 载重量小，航空运输由于受到技术和气候等因素影响，其载重量是非常有限的，目前最大运输飞机美国波音747最大载重量为120吨，相对于铁路和水路运输都是非常小。

③ 运输费用高昂，根据运输三大规律，其载重量小和飞行速度快都是造成其高运输成本的重要因素。

2. 航空运输适合的主要作业

(1) 适合价值高、重量低、体积轻小的货物运输。由于航空运输的载重量小，运输费用高的特征，所以适合使用航空运输的货物必须能承担起运费，同时不能超出航空运输的载重量，因此适合航空运输的货物多为高科技产品、奢侈产品等。

(2) 适合紧急和救援运输。由于航空运输的速度是目前所有运输方式中最快，而且不受地形影响，因此非常适合某些需要紧急运输的货物，例如鲜花、药品、鲜活产品等。同时，其运行特点也适合对于紧急救援运输。

(3) 是国际运输的主要方式之一。目前国际经济合作中航空运输是主要的运输方式之一，主要承担国际的人流和物流运输，而海上运输绝大多数是承担国际货物运输。

3. 航空运输的组织形式

(1) 班机运输，类似于班轮运输，指固定航线、固定起始和停靠航站、费率不定的客货混载或者全货运载的运输方式。该方式由于其货物的到达时间比较准确，成为目前国际航空运输的主要使用方式。适合于鲜活产品、紧急运输产品等。

(2) 包机运输，包机运输分为整包机和部分包机。

① 整包机运输，即租用整架飞机或多架飞机，指航空公司根据市场供求情况跟承租人约定的相关的租用条件和费率，将飞机租用给承租人的运输方式。该方式适合于大批量的紧急货物运输。

② 部分包机运输，即由多位承租人联合租用一架飞机或者航空公司将一架飞机的舱位分别租给多个承租人的运输方式。该方式适合小批量的不足一架飞机舱位货物运输。

(3) 集中托运，指由航空货代公司将各个具有共同到货地点单独发货人的货物集中一起组成一整舱货物，然后进行统一理货、报关，最后统一送达目的地并分拨给各个实际收货人的运输方式。该方式不但费用节省、手续方便，更重要的是可以提早结汇，因此该运输方式是我国进出口货物的主要运输方式之一。

4.2.5 管道运输

管道运输是以管道作为运输载体输送气体、液体、粉状和流质体的运输方式。该方式可以追溯到早在公元前3世纪，中国就创造了利用竹子连接成管道输送卤水的运输方式，可说是世界管道运输的开端。但现代化管道运输始于19世纪中叶，1865年美国宾夕法尼亚州建成第一条原油输送管道。然而它的进一步发展则是从20世纪开始的。随着二次大战后石油工业的发展，管道的建设进入了一个新的阶段，各产油国竞相开始兴建大量石油及油气管道。进入20世纪60年代，管道运输更是由于其特点主要承担着世界大部分的能源运输量。我国在近代也积极的发展管道运输，取得相当瞩目的成就。

1. 管道运输的特征

(1) 优点。

① 运量大，由于管道运输输送的连续性，因此可以不间断的进行输送，其输送量取决于管道的口径。例如，一条管径为720毫米的管道就可以每年输送原油2 000多万吨，而管径为1 200毫米的则可以每年输送原油达上亿吨，其运输量是巨大的。

② 占用地面空间少，由于目前的管道运输基本都是属于埋地运输，仅有少部分管道

铺设于地表，因此对于目前地面土地资源缺乏的今天，充分的利用地下空间，占用地表空间基本为零，是其他运输方式无法比拟的，从而带来了经济效益。

③ 成本和运营费用低，管道运输相对于其他运输方式，最大特点在于其运营成本在于管道的铺设、更新和定期维护，而不需要其他大型基础设施的建设，更加不需要豪华的轨道和路面，因此管道运输是目前运输成本较低的运输方式之一。

④ 不受气候和地形影响，相对于其他运输方式，管道运输可以说基本不受地形和气候影响，其他运输方式或多或少都受气候或者地形所影响，而管道运输由于其埋地特征，可以穿越江河、爬过高山、穿越岩洞等地形，同时由于埋地而被土地所保护只要不是地震或者其他特殊灾害导致其管道破裂，大部分情况都是可以维持正常运输。

⑤ 灭损率低，由于管道运输埋地性，同时其封闭性运输，使货物灭损率达到了最低，由于其货物的特殊性（多数为石油、天然气），配合管道运输的封闭特性，可以降低货物的挥发和泄漏，增强了货物的完整性。

⑥ 安全性，由于管道运输的货物大多具有易燃易爆的特征，进行地下的管道运输能把危险事故所产生的人民财产损失降到最低。

(2) 缺点。

① 货物的局限性，管道运输虽然有很多优点，但是其最大的缺点在于其运输的货物非常有限，而且有针对性，只针对液体、气体和部分流质体，对于固体运输也只限于短距离的细小物体使用气动管道的冲压式运输，多数应用于医疗事业。

② 泄漏的检测难，对于管道运输最致命的问题应该是如何检测其泄漏问题，虽然管道运输在地下工作，受到地表保护，但是也可能由于可能自然或者人为的因素导致其泄漏，而长距离的管道运输，例如我国西气东输，管道长达 4 000 公里，其检测难度是相当大的，只能依靠分段管理来维护。

2. 管道运输适合的主要作业

管道运输主要是随着石油产业的兴起而兴起，因此目前其主要应用于石油、天然气等液气物的输送任务，同时也广泛应用于居民生活中，例如，小区的管道煤气/天然气，管道自来水等；而其他行业也在加紧研发其使用，目前利用最广泛的是医疗行业，医院在各大楼间铺设气动管道，利用气压推动"胶囊"在管道中输送，而各种药物就放在"胶囊"里面，达到速度传输药物，同时也达到卫生的标准。而国际间的能源运输也在管道运输的带动下蓬勃发展。

 新闻链接　中俄石油管道开阀首日输送4.2万吨原油

中俄原油管道2011年1月1日正式启用，首日输送4.2万吨，将年输送1 500万吨。中俄原油管道起自俄罗斯远东原油管道斯科沃罗季诺分输站，穿越中国边境，止于大庆站，管道全长近1 000公里，设计年输油量1 500万吨，最大年输油量3 000万吨。

专家称中俄石油管运行符合俄东西方平衡战略俄罗斯科学院远东研究所副所长谢尔盖·卢贾宁说，中俄石油管道的运行标志着俄罗斯的能源输出战略正在从传统的西方转向东方，对于俄中两国加强合作具有重大意义。

"从苏联时期开始，俄罗斯在油气出口上就形成了以欧洲为主的传统。但与中国和亚太地区相比，欧洲市场相对狭小。在对未来燃料能源行业和其他领域投资的可能性方面，欧洲也无法与中国相提并论。

所以，能源'向东看'是俄罗斯重新调整能源流动走向之举，也符合俄东西方平衡的能源战略。"

卢贾宁认为，随着中俄原油管道开通，中国将成为俄罗斯向亚洲出口能源的通道。因为中国不仅是消费方，还是转口商。对俄罗斯来说，中国是运输方、消费方，也是贷款提供方。中方向俄罗斯石油公司和俄罗斯管道运输公司提供了总额200亿美元的长期贷款。

中国社会科学院俄罗斯东欧中亚研究所副研究员李福川认为，从经贸合作的角度看，中俄原油管道建成投运，不仅会明显增加贸易规模，有利于两国原油贸易多元化，加强了经济互信，巩固了两国战略协作伙伴关系的经济基础。

资料来源：新京报（北京），2011-01-02

4.3 复合运输与国际运输

随着社会经济的发展，单一的运输模式已经不能满足社会需求，因此人们开始尝试将单一的各种运输方式有机的联合起来，就形成了目前社会和国际应用最广泛的复合运输。复合运输总体来说指的是使用两种或两种以上的运输方式共同完成一次或者多次运输任务的运输方式。目前的复合运输主要指的是多式联运，而多式联运现在主要参与的都是国际上得运输，因此也较多地称之为国际多式联运。

4.3.1 多式联运

多式联运是指根据托运人的实际运输要求，使用两种或两种以上的运输方式进行联合运输，同时在运输过程中实施一次托运、一份合同、一次付费、一票到底、一次保险，承租人全程负责的运输方式。而该方式多使用与国际间，因此多数称之为国际多式联运。

1. 多式联运的特征

（1）多式联运的货物运输方式主要使用的是集装箱运输，由于集装箱的众多优点成为多式联运尤其是国际多式联运的使用方式。

（2）手续简便，多式联运是由两种或两种以上运输方式来共同完成运输任务的，即不需要与众多承运人协商，签订多份合同、填写多份单证和多次付费等，只需和多式联运承运人进行一次协商、一次合同、一次付费、一份保险、一票到底即可，大大节省时间。

（3）全程负责，进行多式联运时如果运输过程发生各种意外的时候，托运人不需要与各区段的承运人进行赔偿磋商，只需与多式联运总承运人进行商讨即可。

（4）节省成本、提高运输效率，由于多式联运大多进行的是国际运输，而多式联运的众多特点使其在节省中间环节上起到巨大作用，大大地节省了各方面的时间成本和各种行政成本，使国际运输的经济效率大大提高。

2. 多式联运的组合方式和种类

目前多式联运的组合方式是多样的，例如公铁组合、铁管组合、公水组合、公管组合和航铁组合等两种方式组合，也有公铁海组合、航铁海组合、管公铁组合等三种方式组合，还有四种或五种运输方式的组合，以下介绍几种常见的多式联运组合。

1）铁路运输与公路运输组合

铁路运输虽然其运量大，行驶速度快，长距离运输成本低，但是其可达性差的特点，使其不能进行终端运输，而公路运输恰巧可以弥补其不足，因此现在社会主流的多式联运为公铁联运。

公铁联运使得两种运输方式的各自特点互相弥补，起到 $1+1>2$ 作用，尤其使得当代的电子商务业得以全面发展，主要依托的就是公铁快速联运。除此之外，公铁联运还有一种综合运输模式，称之为驼背运输，指的是在铁路平板车上载运整辆卡车或拖车的运输方式。

这种方式非常灵活、方便，由于这种方式可以选择搭载集装箱（COFC 图 4.4）、平板车载运挂车（TOFC 图 4.5）和平板车载运整车（图 4.6）等几种方式，这几种方式可以实现货物无需卸载，直接进行长距离运输，大大节省了装卸搬运的时间，同时铁路部门分享了公路部门的业务，而公路部门又可以实现铁路部门无法实现的"门到门"运输，可以说该方式实现了两种方式的双赢局面，也是目前国际上采用最多的一种多式联运方式。

图 4.6 平板车加挂车和牵引车

2）海洋运输和管道运输的组合

这种运输组合是随着目前石油运输业的发展而兴起，主要是为了石油、天然气等重要气液化资源而产生的联合运输模式。由于石油，天然气这些资源集中于中东和俄罗斯地区，一般都需要通过远洋运输来实现全球分销，同时由于其易燃易爆等特性，使用管道运输是最为安全和节省成本的运输，因此海洋运输和管道运输的结合自然而然成为了国际上运输该资源产品的主要联运模式。

3）海洋运输和铁路运输的组合

海铁联运，这种组合非常符合国际间频繁的货物贸易，也是目前主流的国际联运模式，该模式由铁路负责运输至码头然后直接通过海运运输出口或者由海运运输到码头然后由铁路负责运输至内陆的联运模式。该模式具有巨大的运能、较低的运输成本和较少的污染排放等独特优势,成为我国主要发展的一种外贸运输模式。但是该模式的成功运营不但取决于船公司和铁路部门的配合,同时关键还要取得港口部门和政府部门的大力配合。

 新闻链接　招商局国际海铁联运战略力促泛珠三角经济融和

湖南省和深圳市的第一个内陆港项目正式在长沙投产运营。

2012年7月31日,由湖南省商务厅、湖南省口岸办、长沙市人民政府、广州铁路(集团)公司、招商局国际有限公司(CMHI)主办;中国铁路集装箱运输责任有限公司广州分公司、蛇口集装箱码头(SCT)、赤湾集装箱码头(CCT)、湖南霞凝内陆港有限公司承办的"长沙至深圳集装箱铁水联运示范项目启动仪式暨湖南省内陆港建设项目推介会"在长沙隆重举行,湖南省和深圳市的第一个内陆港项目正式在湖南长沙投产运营,也标志着招商局国际海铁联运战略迈上了新的发展阶段。

2011年交通运输部与铁道部签署《关于共同推进铁水联运发展合作协议》并确定了首批六大集装箱铁水联运通道示范项目,其中深圳—长沙线列入其中。招商局国际以深圳西部港区为试点,在2008年开通深圳—长沙五定班列(定点、定时、定线、定车次、定价格)的基础上,在湖南省商务厅的支持下,与湖南企业合作,于2011年开发长沙内陆港,地处长沙金霞经济开发区的新长沙北站。内陆港是在内陆地区建立的具有报关、报验、签发提单等港口服务功能的物流中心,是港口功能在内陆的延伸。

伴随泛珠三角区域经济的进一步融合,沿海产业向内陆地区转移加速扩展开来,湖南省会——长沙作为中部崛起的重镇必将在其中扮演十分重要的角色。作为中国重要的国际门户,深圳位列全球第四大集装箱港口,是中国东部沿海的重要枢纽港。长沙至深圳的海铁联运搭建起了一条贯穿东部和中部的运输通道,使长沙获得了出海入洋的国际门户,也使深圳有了宽广坚实的内陆基地。

海运和铁路运输都具有运能大、运距长、能耗小、污染少、成本低的比较优势,这两种运输方式的结合对促进节能减排、降低物流成本、促进东中西部区域经济互动发展具有重要意义,同时将为泛珠三角地区广大企业提供一条更加快捷和便利的绿色通道,搭建起更加经济和高效的公共运营平台。作为海铁联运业务的所有参与者都将会为此作出积极贡献,并从中受益。

资料来源:招商局集团有限公司,2012-08-07

4) 海洋运输与航空运输的组合

海空联运又被称为空桥运输(Air-bridge Service)。该联运的特点在于海洋运输和航空运输的货物衔接上需要更换集装箱,因为海洋运输的集装箱规格不符合航空运输的集装箱规格,这是在海空联运与路桥联运的区别。

该方式的主要优点在于其比单纯的海洋要快捷,比单纯的空运要便宜。例如,从国内到非洲,欧洲,如果全程海运,需要至少20天,多时则需要25~30天,而海空联运到这些区域只需要15天左右,节省大量时间,而从国内到非洲,欧洲,如果全程空运,费用会相当的高,而选择海空联运,则至少比全程空运费用低一半,因此,为那些需要紧急运输而同时不想支付高昂运费的货主提供了一种可靠地选择。

这种联运方式主要以海洋运输为主,以航空运输为最终交货点。目前该方式主要是有远东—欧洲、远东—中南美和远东—中近东、非洲、澳洲等三条主要航线。

 案例链接　方兴未艾的海空联运

迪拜模式的海空联运理念形成并发展于20世纪90年代,主要是当时杰贝勒阿里港已成为转运中心,迪拜国际机场已成为全球领先的空中枢纽和发展最快的机场,海空联运条件成熟,这些优势吸引全球规模较大的运输商纷至沓来。迪拜是全球最早一批开展亚洲—欧洲海空联运的城市之一,尽管韩国和新加坡也有此类业务，但货运量难与迪拜匹敌。在运输高峰季节，在亚洲—欧洲贸易航线上，海空联运比单纯的空运节省费用高达50%。

迪拜的港口距机场很近，集装箱从港口卸下后可直接运到机场装上飞机，整个过程可在6小时内完成，且这一过程均在海关保税区的监管之中。2010年，迪拜"物流走廊"正式开放，将杰贝勒阿里港与迪拜世界中心——阿勒马克图姆国际机场连接起来，使迪拜的全球海空联运中心地位得到进一步巩固。迪拜"物流走廊"是目前世界规模最大的海—陆—空枢纽之一，每年的设计能力超过1 200万吨，"物流走廊"内设有独立的海关区域，并按照保税区的模式运作，保证了货物运输的无缝连接。迪拜世界港口集团的旗舰港口杰贝勒阿里港对外宣称，它们有能力利用"物流走廊"，将港内的进口货物在24~48小时内运到世界的任何一个地方。速度之快、效率之高，令人称奇。

迪拜"物流走廊"为客户提供了一个高度集中的统一电子结关服务，所有手续全部实现了无纸化作业。该电子商务平台由迪拜贸易网支持，已将迪拜世界港口集团、杰贝勒阿里自由贸易区、迪拜海关、迪拜多种商品中心等相关机构和公司的业务并入网内。

资料来源：航运交易公报，http://www.yesinfo.com.cn.2012-04-09

4.3.2 国际运输

1. 概述

随着经济一体化进程的不断深化，国际运输的地位和重要性越发突出，而得益于集装箱的发明，使得国际运输加快了其全球化的进程。目前国际运输主要以海运为主，占全球货物贸易额达50%以上，航空运输占21%，其余由跨国的公路、铁路和管道运输完成。

国际运输方式的选择主要取决于交易国家之间的地理条件和贸易距离的影响。例如像中国和美国之间由于相隔一个辽阔的太平洋，该国际运输就大量采用海洋运输和航空运输；而像中国和俄罗斯国土相邻的两个国家的国际运输方式就选项大量铁路运输、公路运输和管道运输。但是国际运输由于是跨越两个或多个国家进行的运输，需要根据各经过国的海关政策进行报关，因此也就是需要更多的单据；同时在进行国际运输过程中也要非常熟悉各途经国的法律，不然很容易受到途经国的处罚而拖延了运输进程，承担不必要的赔偿就得不偿失了。因此作为国际运输的承运人需要熟悉各经营国家的法律和海关政策。

2. 保税区和自由贸易区

在国际运输过程中，为了加快和推进国与国之间的加工转口贸易，减少不必要的税收手续，各国在其本国的某些特定区域设立保税区或者自由贸易区。所谓的自由贸易区是指进入该特定区域的产品可以进行储存、加工，然后再出口，在此过程中不必缴纳任何关税，而如果转为进口该区域国时才补交该缴纳的税款的区域。比自由贸易的规模小，但是功能与自由贸易区相同的区域，同时由海关所设置或者海关批准注册的，受到海关监管的特定区域或者仓库，我们称之为保税区。

在国际运输中，自由贸易区或者保税区的设立，是对国际运输的物流管理者提供了非常有利的条件，具备以下优势。

（1）进口产品进入自由贸易区以后，可以进行存储、加工、展览、再包装、销毁等不同服务，随后转出自由贸易区而出口别国，在此过程中不必缴纳关税，也即不必办理任何关税手续，使得运输业者节省大量时间和成本。

（2）如果在进入进口国时发现商品有标识上或者包装上等出现违反进口国规定的情况

出现，可以在自由贸易区进行处理，避免进入进口国后受到不必要的处罚。

(3) 如果产品发生不同程度的灭损或者失窃，进口商不必要为该灭损和失窃产品支付关税。

(4) 如果在国际贸易过程中，贸易双方发生贸易分歧而导致商品暂时无法进入进口国，卖方可以让产品进入自由贸易区，等找到买家时才继续进行贸易，如果买家为进口国买家，此时再补交关税，避免税金的占用；如果买家是国外买家，卖方直接转口就可以完全避免一切税务缴纳和单证手续，防止了税金的占用，保证了资金的流通性。

(5) 如果进口商在自由贸易区进行产品加工或者拼装，进入进口国时只需缴纳原材料和零件的关税。

(6) 如果没有特别的规定，一般私人的有形物品可以免征国家和地方税。

(7) 如果没有特别规定，在自由贸易区的绝大部分商品可以无限期的停留。

自由贸易区的这些规定可以影响国际运输者在进行国际运输过程中的运输路线问题，如果某些国家没有自由贸易区或者保税区，国际运输者就可能不会选择该国作为中转停留，也因此不会行驶该运输路线；而本来贸易双方协商好的运输路线也可能贸易过程中的各种问题发生贸易纠纷而导致中断贸易合作，使得本该是进入该进口国的国际路线改为转口别国的运输路线；因此，自由贸易区或者保税区的设定，对国际运输的影响是巨大的。

3. 国际运输代理人及其服务

国际运输的另外一个特点是其拥有众多的不同形式的国际代理人。他们是国际运输的重要组成部分，分别有国际货代、进口商、出口商、各大运输公司（船公司、航空公司等）、海关代理人、银行等。因此国际运输是一个庞大而又复杂的运输系统，需要多方面的配合才能完成。

4. 国际港口与地理

在国际运输中，由于海运占世界国际运输的份额占到 70%，因此本节将重点的介绍海上国际运输所涉及的国际主要港口、航线以及收费。

1) 国际主要港口分布

(1) 东北亚。

① 韩国。基本港：BUSAN/PUSAN（釜山），2002 年第 16 届亚运会主办城市，东北亚重要港口，从中国往东的很多条航线要经过釜山。其他：INCHON（仁川），国际空港 SEOUL，韩国首都，现在改名叫"首尔"。

② 日本。六个基本港，关西：KOBE（神户）、OSAKA（大阪），关东：NAGOYA（名古屋）、TOKYO（东京）、YOKOHAMA（横滨）、MOJI（门司）。

③ 中国。KEELUNG（基隆）港是商业、军事、渔业三合一的港口，和台北已经联为一体，所依托的城市为基隆市和台北市；SHANGHAI（上海），上海港前通中国南北沿海和世界大洋，后贯长江流域和江浙皖内河、太湖流域；其主要港区沿黄浦江分布，三角洲地势平坦开阔，为港口提供了条件。

(2) 东南亚。

① 越南。HOCHIMINH CITY（胡志明市）是越南南部的大港，是为了纪念越南独立的英雄胡志明而命名的；HAIPHONG（海防）位于北部湾，是越南北部的重要港口。

② 新加坡。SINGAPORE 又叫"狮城"，74%左右的人口是华人。

③ 泰国。BANGKOK(曼谷)泰国的首都，将其泰文全称转为拉丁文字，长达 142 个字母，其意为："天使之城、伟大的都市、玉佛的宿处、坚不可摧的城市、被赠予九块宝石的世界大都会"等；LAEM CHABANG(林查班)是泰国另外一个重要的港口城市。

④ 菲律宾。MANILA(马尼拉)历史悠久，16 世纪已是著名商港，现在分为南港和北港，如今大部分的集装箱都是在南港卸货。

⑤ 马来西亚。全境被南中国海分成东马来西亚和西马来西亚两部分，重要的港口 PORT KELANG(巴生)和 PENANG(槟城)位于东马来西亚，在西马来西亚则有 KUCHING(古晋)、PASIR GUDANG(巴西古当)、SIBU(泗务)等港口；PORT KELANG(巴生港)是新生的重要港口，很多船公司都以此为中转枢纽。

⑥ 印度尼西亚。由太平洋和印度洋之间 1.750 8 万个大小岛屿组成，素有千岛之国美名。JAKARTA(雅加达)：印尼首都，在爪哇岛上，是东南亚第一大城市；SEMARANG(三宝垄)：三宝太监郑和下西洋时在此登陆因而得名；此外重要港口还有 BELAWAN(勿拉湾)和 SURABAYA(泗水)。

⑦ 柬埔寨。PHNOM PENH(金边)和缅甸的 YANGON/RANGOON(仰光)只要知道就可以了。

(3) 南亚/印度洋。

① 印度是南亚第一大国，海岸线长 5 560 公里，有很多港口，重要的是：BOMBAI/MUMBAI/BOMBAY(孟买)是印度最大的海港和重要交通枢纽，也是印度的经济中心，工业基地，素有印度"西部门户"之称。1995 年，印度联邦政府决定将其英文拼写改为"Mumbai"；其他的港口还有：位于孟加拉湾的 CALCUTTA(加尔各答)和 MADRAS(马德拉斯)。

② 巴基斯坦。KARACHI(卡拉齐)是巴基斯坦第一大城市和最大的海港和军港。

③ 斯里兰卡。首都 COLOMBO(科伦坡)早在公元 8 世纪时，阿拉伯商人就已在此经商，12 世纪时科伦坡就已初具规模，素有"东方十字路口"之称。科伦坡在当地的辛哈里语中意为"海的天堂"。

④ 孟加拉国的首都 DHAKA(达卡)，港口是 CHITTAGONG(吉大港)。

(4) 中东地区(波斯湾和红海)。

① 阿联酋。对于我们来说是最重要的海湾国家，DUBAI(迪拜)是航运重点港口，DUBAI 是中东地区贸易集散中心，其辐射面已达北非、中东、南欧、南亚和西亚其他地区，有大量的华人在迪拜经商；SHARJAH(沙加)是阿联酋另外一个港口。

② 沙特阿拉伯。是阿拉伯世界的第一大国，首都 RIYADH(利雅得)，港口城市 DAMMAN(达曼)也是波斯湾重要的港口，有铁路和利雅得相连；JEDDAH(吉达)位于红海，是沙特第二大城市，红海最重要的港口，有沙特的"外交首都"之称。

③ 波斯湾还有科威特的 KUWAIT(科威特城)、卡塔尔的 DOHA(多哈)、巴林的 BAHRAIN、伊朗的 BANDAR ABBAS(阿巴斯港)等港口，红海还有约旦的 AQABA(亚喀巴)。

(5) 地中海。从红海过苏伊士运河，就到了地中海。航运界通常把地中海划分为西地中海和东地中海。

① 东地中海。马耳他公国的 MALTA(马耳他)，希腊的 PIRAEUS(比雷埃夫斯)，土耳其的 ISTANBUL(伊斯坦布尔)、IZMIR(伊兹密尔)和 MERSIN(梅尔辛)，埃及的 ALEXANDRIA(亚历山大)和 PORT SAID(赛德港)，塞浦路斯的 LIMASSOL(利马索尔)，叙利亚的 LATTAKIA(拉塔基亚)，黎巴嫩的 BEIRUT(贝鲁特)，以及以色列的两个港口 ASHDOD(阿什杜德)和 HAIFA(海法)。这些港口各个船公司的挂靠都有不同。

② 西地中海。西班牙的 BARCELONA(巴塞罗那)和 VALENCIA(瓦伦西亚)都是重要的大港；法国的 MARSEILLES(马赛港)，意大利的 GENOA(热那亚)和 NAPLES(那不勒斯)。

(6) 欧洲基本港。

欧洲基本港通常指以下港口：荷兰的 ROTTERDAM(鹿特丹)、德国的 HAMBURG(汉堡)和 BREMEN(不莱梅)、比利时的 ANTWERP(安特卫普)、英国的 FELIXSTOWE(菲利克斯托)和 SOUTHAMPTON(南安普敦)、法国的 LE HAVRE(勒阿弗尔)，因各船公司而异。

(7) 黑海港口。

罗马尼亚的 CONTANTZA(康斯坦萨)和乌克兰的 ODESSA(敖德萨)、ILICHEVSK(伊利切夫斯克)是中国商人发货很集中的地方，也是"灰色清关"现象很严重的地区，持续旺盛的出货量养肥了很多人。

(8) 欧洲其他重要的港口/城市。

① 北欧。丹麦的 AARHUS(奥尔胡斯)、COPENHAGEN(哥本哈根)，瑞典的 GOTHENBURG(哥德堡)、首都 STOCKHOLM(斯德哥尔摩)，挪威的首都 OSLO(奥斯陆)，芬兰的首都 HELSINKI(赫尔辛基)、KOTKA(科特卡)。

② 南欧。葡萄牙的 LISBON(里斯本)、PORTO(波尔图)、LEIXOES(莱克索斯)，西班牙的 MADRID(马德里)、BILBAO(毕尔巴鄂/比尔堡)、ALICANTE(阿里坎特)、ALGECIRAS(阿尔赫西拉斯)，意大利的 LA SPEZIA(拉斯佩齐亚)、VENICE(威尼斯)、LIVORNO(里窝那)。

③ 西欧。荷兰的 AMSTERDAM(阿姆斯特丹)，比利时的 BRUSSELS(布鲁塞尔)，德国的 BREMENHAVEN(不莱梅哈芬)，英国的 LONDON(伦敦)、MANCHESTER(曼彻斯特)、LIVERPOOL(利物浦)、THAMESPORT(泰晤士港)，爱尔兰的 DUBLIN(都柏林)。

④ 东欧和中欧。波兰的 GDYNIA(格丁尼亚)、GDINSK(格但斯克)、WARSAW(华沙)，匈牙利的 BUDAPEST(布达佩斯)，罗马尼亚的 BUCHAREST(布加勒斯特)，捷克共和国的 PRAGUE(布拉格)，奥地利的 VIENNA(维也纳)，保加利亚的 SOFIA(索菲亚)。

(9) 非洲大陆。

非洲有很多条件很好的深水良港，但是受其经济制约，大部分的港口设施落后、管理混乱。非洲分为北非、西非、南非和东非四条不同的航线。

① 北非。北非以前是法国的殖民地，和法国关系密切。重要的港口有：摩洛哥的 CASABLANCA(卡萨布兰卡)，突尼斯的 TUNIS(突尼斯城)，利比亚的 BENGHAZI(班加西)、TRIPOLI(的黎波里)，阿尔及利亚的 ALGIERS(阿尔及尔)和 ORAN(奥兰)。

② 西非。西非的基本港有：尼日利亚 LAGOS/APAPA（拉各斯/阿帕帕），科特迪瓦的 ABIDJAN（阿比让），贝宁的 COTONOU（科托努），多哥的 LOME（洛美），加纳的 TEMA（特马），冈比亚的 BANJUL（班珠尔），喀麦隆的 DOUALA（杜阿拉），安哥拉的 LUANDA（卢旺达）。

③ 南非。南部非洲的重要港口和城市都是在南非，CAPE TOWN（开普敦）、DURBUN（德班）是基本港，其他重要的城市还有 JOHANNESBURG（约翰内斯堡）、PORT ELIZABETH（伊丽莎白港）。

④ 东非。我国在明朝的时候郑和下西洋的船队就曾经到达过东非，重要港口有：坦桑尼亚的 DAR-ES-SALAAM（达累斯萨拉姆），肯尼亚的 MOMBASA（蒙巴萨），乌干达的 KAMPALA（坎帕拉），莫桑比克的 MAPUTO（马普托），毛里求斯的 PORT LOUIS（路易斯港），马达加斯加的 TAMATAVE/TOAMASINA（塔马塔弗）。

（10）美洲大陆港口。

① 加拿大。基本港只有一个：西岸的 VANCOUVER（温哥华），还有东岸的两个大城市也经常有人会询价：TORONTO（多伦多）和 MONTREAL（蒙特利尔）。

② 美国西岸。LO3 ANGELE3（洛杉矶）、LONG BEACII（长滩）、OAKLAND（奥克兰）、SEATTLE（西雅图）、SAN FRANCISCO（三藩/圣弗兰西斯科）。

③ 美国东岸。美国东岸到达有两种方式，经美国西岸转运的小路桥和经巴拿马运河的全水运。港口有：NEW YORK（纽约）、BOSTON（波士顿）、PHILADELPHIA（费城）、BALTIMORE（巴尔的摩）、MIAMI（迈阿密）/SAVANNAH 撒凡纳/CHARLESTON 查尔斯顿。

④ 从美国向南，到了中美洲和加勒比地区，这里的小国家众多，港口也极多。中美洲大国墨西哥的 MANZANILLO（曼萨尼罗）和 MOXICO CITY（墨西哥城），位于巴拿马运河口的 COLON FREE ZONE 是中美洲很重要的中转港，巴拿马的首都 PANAMA CITY（巴拿马城）也需要注意一下。

⑤ 南美洲的航线分为东西两条，西岸的国家以智利为主，港口有：智利的 VALPARAISO（瓦尔帕莱索）、SAN ANTONIO（圣安东尼奥）、IQUIQUE（伊基克），秘鲁的 CALLAO（卡亚俄），厄瓜多尔的 GUAYAQUIL（瓜亚基尔）；东岸则是三个南美强国的城市：巴西的 SANTOS（桑托斯）、RIO DE JANEIRO（里约热内卢）、PARANAGUA（巴拉那瓜），阿根廷的 BUENOS AIRES（布宜诺斯艾利斯），乌拉圭的 MONTEVIDEO（蒙特维的亚）。

（11）澳洲地区港口。

① 临近的太平洋岛国斐济的首府 SUVA（苏瓦）。

② 澳大利亚的基本港是：成功举办过 2000 年奥运会的 SYDNEY（悉尼），澳大利亚南端的 MELBOURNE（墨尔本），其他还有 BRISBANE（布里斯班）、ADELAIDE（阿德莱德）和 FREMENTLE（弗里曼特尔）。

③ 新西兰的基本港只有一个：AUCKLAND（奥克兰），其他的像首都 WELLINGTON（惠灵顿）、LYTTELTON（利特尔顿）、NAPIER（纳皮尔）、TAURANGA（陶朗加）都是从 AUCKLAND 转运的。

2）世界主要航线

（1）太平洋航线。

① 远东—北美西海岸航线。该航线包括从中国、朝鲜、日本、俄罗斯远东海港到加拿大、美国、墨西哥等北美西海岸各港的贸易运输线。从我国的沿海各港出发，偏南的经大

隅海峡出东海；偏北的经对马海峡穿日本海后，或经清津海峡进入太平洋，或经宗谷海峡，穿过鄂霍茨克海进入北太平洋。

② 远东—加勒比，北美东海岸航线。该航线常经夏威夷群岛南北至巴拿马运河后到达。从我国北方沿海港口出发的船只多半经大隅海峡或经琉球庵美大岛出东海。

③ 远东—南美西海岸航线。从我国北方沿海各港出发的船只多经琉球庵美大岛。硫黄列岛、威克岛、夏威夷群岛之南的莱恩群岛穿越赤道进入南太平洋，至南美西海岸各港。

④ 远东—东南亚航线。

(2) 西北欧航线。

① 西北欧，北美东海岸—加勒比航线。

西北欧—加勒比航线多半出英吉利海峡后横渡北大西洋。它同北美东海岸各港出发的船舶一起，一般都经莫纳，向风海峡进入加勒比海。除去加勒比海沿岸各港外，还可经巴拿马运河到达美洲太平洋岸港口。

② 西北欧，北美东海岸—地中海，苏伊士运河—亚太航线。

西北欧，北美东海—地中海—苏伊士航线属世界最繁忙的航段，它是北美，西北欧与亚太海湾地区间贸易往来的捷径。该航线一般途经亚速尔，马德拉群岛上的航站。

③ 西北欧，地中海—南美东海岸航线。

该航线一般经西非大西洋岛屿—加纳利，佛得角群岛上的航站。

④ 西北欧，北美东海—好望角，远东航线。

该航线一般是巨型油轮的油航线。佛得角群岛、加拿利群岛是过往船只停靠的主要航站。

⑤ 南美东海—好望角—远东航线。

这是一条以石油，矿石为主的运输线。该航线处在西风漂流海域，风浪较大。一般西航偏北行，东航偏南行。

(3) 远东—西北欧航线。

远东至西北欧一共有六条航线，分别为欧洲二线 AEX1/2/3/4/5/6 航线，本节只列出两条航线供阅读。

(4) 远东—地中海航线。

(5) 远东—澳洲航线。

远东—澳洲航线一共有三条航线，分别为 AUS1/2/3 线。图 4.7 为澳洲一线 AUS1。

(6) 地中海—美东航线。

(7) 远东—非洲航线。

(8) 世界航线诸港图。

5. 世界部分航线的海运费构成

(1) 世界各大航线主要收费项目。

世界各大航线的海运费主要由 O/F(OCEAN FREIGHT，基本海运费用)；ORC(Origin Receiving Charge，本地出口附加费/起运港码头附加费)；THC(Terminal Handling Charge，码头费用)；DOC(文件费用)；DDC(Destination Delivery Charge，目的港提货费)；T/R(电放费用)；AMS(America Manifest System，出口北美货物预申报费用)；

BAF(Bunker Adjusted Factor，燃油附加费)；CAF(Currency Adjustment Factor，货币贬值附加费)；PSS(Peak Season Surcharge，旺季附加费)等费用构成。这些费用也是根据各国在不同的经济环境和政治环境下进行不定时的调整和变动。

图 4.7 世界主要海港和航线示意图

(2) 世界各大航线费用构成。

欧洲线：O/F＋ORC＋BAF＋CAF＋DOC；

北美线：O/F＋ORC＋AMS＋DOC(＋DDC＋BAF)；

中南美线：O/F＋ORC(THC)＋DOC；

东南亚线：O/F＋THC＋DOC(＋T/R)；

印巴线：O/F＋THC＋DOC；

澳洲线：O/F＋THC＋DOC；

红海线：O/F＋THC＋DOC；

非洲线：O/F＋THC＋DOC。

4.4 运价的计算

下面具体介绍在我国现实生活中各种运输方式其运价的具体计算方法以及注意问题。

4.4.1 公路货物运输运价计算

公路运价的计算我们基本分为五步走，但是同时也会因为其他具体情况而发生改变。

第一步：确定计费重量或者计费时间。

(1) 单位的确定。

① 整批货物运输以吨为单位；零担货物运输以千克为单位；集装箱运输以箱为单位；包车运输以小时为单位，超过半小时进整。

② 运价单位：整车运输为元/(吨·千米)；零担运输为元/(千克·千米)；集装箱运输为元/(箱·千米)；包车运输为元/(吨位·小时)。

(2) 重量的确定。

① 计费重量均按毛重计算。整批货物吨以下计至 100 千克，尾数不足 100 千克的，四舍五入。零担货物起码计费重量为 1 千克。重量在 1 千克以上，尾数不足 1 千克的，四舍五入。

② 轻泡货物：指每立方米重量不足 333 千克的货物。

③ 装运整批轻泡货物的高度、长度、宽度，以不超过有关道路交通安全规定为限度，按车辆标记吨位计算重量。

④ 零担运输轻泡货物以货物包装最长、最宽、最高部位尺寸计算体积，按每立方米折合 333 千克计算重量。

⑤ 包车运输按车辆的标记吨位计算。

⑥ 货物重量一般以起运地过磅为准。起运地不能或不便过磅的货物，由承托运双方协商确定计费重量。

⑦ 散装货物，如砖、瓦、砂、石、土、矿石、木材等，按体积由各省、自治区、直辖市统一规定重量换算标准计算重量。

(3) 包车计费时间确定。

① 起码计费时间为 4 小时，超过 4 小时按实际包用时间计算。

② 整日包车，每日按 8 小时计算，超过 8 小时按实际使用时间计算。

第二步：确定计费里程。

(1) 单位的确定。

货物运输计费里程以千米为单位，尾数不足 1 千米的，进整为 1 千米。

(2) 营运里程的确定。

货物运输的营运里程，按交通部和各省、自治区、直辖市交通行政主管部门核定、颁发的《营运里程图》执行。《营运里程图》未核定的里程由承、托双方共同测定或经协商按车辆实际运行里程计算。

第三步：确定计价类别。

(1) 车辆类别。

载货汽车按其用途不同，划分为普通货车、特种货车两种。特种货车包括罐车、冷藏车及其他具有特殊构造和专门用途的专用车。根据车辆的不同用途，在基本运价的基础上加成计算，特种车辆运价和特种货物运价两个价目不准同时加成使用。

(2) 货物类别。

货物按其性质分为普通货物和特种货物两种。普通货物分为三等；特种货物分为长大笨重货物、大型物件、危险货物、贵重货物、鲜活货物五类。普通货物运价以一等货物为基础，二等货物加成 15%、三等货物加成 30%；特种货物运价根据以上五类按规定单独计算。

(3) 集装箱类别。

集装箱按箱型分为国内标准集装箱、国际标准集装箱和非标准集装箱三类，其中国内标准集装箱又分为 1 吨箱、6 吨箱、10 吨箱三种；国际标准集装箱分为 20 英尺箱、40 英尺箱两种；集装箱按货物种类分普通货物集装箱和特种货物集装箱。

(4) 公路类别。

公路按公路等级分等级公路和非等级公路。非等级公路货运运价在基本运价的基础上加成 10%～20%。

(5) 其他类别。

其他类别为快速货运运价和出入境汽车货物运价。快速货运运价在按计价类别在相应运价的基础上加成计算；出入境汽车货物运价按双边或多边出入境汽车运输协定，由两国或多国主管机关协商确定。

第四步：其他杂项费用。

除了以上三个步骤核算加成运价外，还有运输过程中的其他杂项费用要加以核算，包括调车费、延滞费、装货落空损失费、道路阻塞停运费、车辆处置费、车辆通行费和运输变更手续费等多项费用。

第五步：运费计算公式。

(1) 整批货物运费＝吨次费×计费重量＋整批货物运价×计费重量×计费里程＋货物运输其他费用。

(2) 零担货物运费＝零担货物运价×计费重量×计费里程＋货物运输其他费用。

(3) 重(空)集装箱运费＝重(空)箱运价×计费箱数×计费里程＋箱次费×计费箱数＋货物运输其他费用。

(4) 包车运费＝包车运价×包用车辆吨位×计费时间＋货物运输其他费用。

【例4-1】某货主托运一批瓷砖，重4536公斤，承运人公布的一级普货费率为RMB1.2元/(t·km)，吨次费为RMB16元/t，该批货物运输距离为36km，瓷砖为普货三级，计价加成30%，途中通行费RMB35，计算货主应支付运费多少？

解：整批货物运费＝吨次费×计费重量＋整批货物运价×计费重量×计费里程＋货物运输其他费用

(1) 瓷砖重4 536千克，超过3吨按整车办理，计费重量为四舍五入4.5吨。

(2) 瓷砖为三级普货，计价加成30%；运价＝1.2元×(1＋30%)＝1.56元/(吨·公里)。

(3) 运费＝16×4.5＋1.56×4.5×36＋35＝359.72≈360(元)。

【例4-2】某商人托运两箱毛线玩具，每箱规格为1m×0.8m×0.8m，毛重185.3kg，该货物运输费率为RMB0.002 5元/(kg·km)，运输距离为120km，毛绒制品属于三等货物，计价加成30%，货主要支付多少运费？

解：零担货物运费＝零担货物运价×计费重量×计费里程＋货物运输其他费用

(1) 货物的体积＝2×1.0m×0.8m×0.8m＝1.28m³。

(2) 判断是否属于轻泡货物：185.3kg/1.28m³＜333(kg/m³)。

(3) 所以属于轻泡货物，计费重量为1.28×333＝426.24(kg)≈426kg。

(4) 因为毛绒制品属于三等货物，计价加成30%；

货物运价＝0.002 5元/(kg·km)×(1＋30%)＝0.003 25元/(kg·km)。

(5) 计费里程＝120km。

(6) 运费＝0.003 25×426×120＝166.14≈166.1(元)。

【例4-3】某人包用运输公司一辆5吨货车5小时40分钟，包车运价为12元/(吨·小时)，应包用人要求对车辆进行了改装，发生工料费120元，包用期间运输玻璃3箱、食盐3吨，发生通行费70元，行驶里程总计136km，请计算包用人应支付多少运费？

解：包车运费＝包车运价×包用车辆吨位×计费时间＋货物运输其他费用

(1) 包车运价＝12元/(吨·小时)。

(2) 包车吨位＝5 吨(包车运输按车辆的标记吨位计算)。

(3) 计费时间＝5 小时 40 分钟≈6 小时。

(4) 其他费用＝120＋70＝190(元)。

(5) 所以运费＝12×5×6＋190＝550(元)。

4.4.2 班轮货物运输运价计算

(1) 班轮运费的具体计算方法：

先根据货物的名称，从货物分级表中，查出有关货物的计算等级及其计算标准；然后再从航线费率表中查出有关货物的基本费率；最后加上各项需支付的附加费率，所得的总和就是有关货物的单位运费(每重量吨或每尺码吨的运费)，再乘以计费重量吨或尺码吨，即得该批货物的运费总额。

(2) 计算公式为

$$F = F_b + \sum S$$

在公式中，F 表示运费总额；F_b 表示基本运费；S 表示某一项附加费。基本运费是所运货物的数量(重量或体积)与规定的基本费率的乘积。即：$F_b = f \times Q$。

在公式中，f 表示基本费率；Q 表示货运量(运费吨)。

附加费是指各项附加费的总和。在多数情况下，附加费按基本运费的一定百分比计算，其公式为：

$$\sum S = (S_1 + S_2 + \cdots + S_n) \times F_b = (S_1 + S_2 + \cdots + S_n) \times f \times Q$$

其中 S_1、S_2、S_3、S_n 为各项附加费，用 F_b 的百分数表示。

【例 4-4】上海运往肯尼亚蒙巴萨港口"门锁"一批计 100 箱，每箱体积为 20 厘米×30 厘米×40 厘米。每箱重量为 25 公斤。当时燃油附加费为 40%。蒙巴萨港口拥挤附加费为 10%。

计算方法为：

(1) 查阅货物分级表：门锁属于小五金类，其计收标准为 W/M，等级为 10 级。

(2) 计算货物的体积和重量。

100 箱的体积为：(0.2 米×0.3 米×0.4 米)×100＝2.4 立方米。

100 箱的重量为：25 公斤×100＝2 500 公斤＝2.5 公吨。

由于 2.4 立方米的计费吨小于 2.5 公吨，因此计收标准为重量。

(3) 查阅表 4-1，10 级费率为 443 港元，则基本运费为：

443×2.5＝1 107.5(港元)。

(4) 附加运费为：1 107.5×(40%＋10%)＝553.75(港元)。

(5) 上海运往肯尼亚蒙巴萨港 100 箱门锁，其应付运费为：$F = F_b + \sum S$。

1 107.50＋553.75＝1 661.25(港元)。

【例 4-5】某公司出口商品 200 件，每件毛重 80 千克，体积 100 厘米×40 厘米×25 厘米，经查轮船公司的"货物分级表"，该货物运费计算标准为 W/M，等级为 5 级，又查中国至××港费率为 5 级，运费率为每吨运费为 80 美元，另收港口附加费 10%，直航附加费 15%，轮船公司对该批货物共收取运费多少？

表4-1 中国—东非航线等级费率表　　　　　　　　　单位：港元

货　名	计算标准	等级(CLASS)	费率(RATE)
农业机械	W/M	9	404.00
棉布及棉织品	M	10	443.00
小五金及工具	W/M	10	443.00
玩具	M	20	1120.00

基本港口：路易港(毛里求斯)，达累斯萨拉姆(坦桑尼亚)，蒙巴萨(肯尼亚)等

解：200件商品的重量为

(1) 200×80 千克 $=16\,000$ 千克 $=16$ 吨；

(2) 体积为：$200 \times 1 \times 0.4 \times 0.25 = 20$(立方米)；

(3) 因为16吨<20立方米计费吨，所以按尺码吨计算。

所以，总运费：$F = 80 \times 20 \times (1 + 10\% + 15\%) = 2\,000$(美元)。

4.4.3　铁路货物运输运价计算

计算货物运输费用依据的基本规章是《铁路货物运价规则》及其附件。它规定了计算货物运输费用的基本条件，各种货物运输使用的运价号、运价率，各种杂费的核收办法、费率及运价里程的计算方法等。

1) 铁路货物运输费用一般要经过的六个程序

(1) 按《货物运价里程表》算出发站至到站间的运价里程。

(2) 根据货物运单上填写的货物名称，查找《铁路货物运输品名分类与代码表》和《铁路货物运输品名检查表》，确定适用的运价号。如规定特定运价时，按特定运价办理。

(3) 整车和零担货物根据货运号，集装箱货物根据箱型，冷藏车货物根据车种，在"铁路货物运价率表"中查出适用的基价1和基价2。

(4) 按《铁路货物运价规则》确定的计费重量(集装箱为箱数)。

(5) 货物适用的基价1与计费重量(集装箱为箱数)相乘，计算出发到运费；基价2与货物的运价里程相乘之积再与计费重量(集装箱为箱数)相乘，计算出运行运费。

(6) 按《铁路货物运价规则》的规定计算杂费。

综上得出铁路货物运费计算公式为：(基价1＋基价2×运价里程)×(1＋加减成率)×计费重量。

2) 铁路运输计费方法

(1) 铁路整车计费。

整车货物除下列情况外，均按货车标记载重量(简称标重，以下同。标重尾数不足1吨时四舍五入)计费。货物重量超过标重时，按货物重量计费。

① 使用矿石车、平车、砂石车，经铁路局批准装运"铁路货物运输品名分类与代码表"，"01"、"03\10"、"04"、"06"、"081"和"14"类货物按40吨计费，超过时按货物重量计费。

② 表4-2所列货车装运货物时，计费重量按表中规定计算，货物重量超过规定计费重量的，按货物重量计费。

③ 使用自备冷板冷藏车装运货物时按 50 吨计费；使用自备机械冷藏车装运货物时按 60 吨计费。

④ 使用标重不足 30 吨的家畜车，计费重量按 30 吨计算；使用标重低于 50 吨、车辆换长小于 1.5 的自备罐车装运货物时按 50 吨计费（表 1 中明定的车种车型按第 2 项办理）。

⑤ 始发、中途均不加冰运输的加冰冷藏车和代替其他货车装运非易腐货物的铁路冷藏车，均按冷藏车标重计费。

⑥ 车辆换长超过 1.5 的货车（D 型长大货车除外）本条未明定计费重量的，按其超过部分以每米（不足 1 米的部分不计）折合 5 吨与 60 吨相加之和计费。

表 4-2 铁路货物运价率表

办理类型	运价号	基价1 单位	基价1 标准	基价2 单位	基价2 标准
整车	1	元/吨	6.20	元/(吨·公里)	0.036 0
	2	元/吨	6.80	元/(吨·公里)	0.043 2
	3	元/吨	8.50	元/(吨·公里)	0.048 2
	4	元/吨	9.20	元/(吨·公里)	0.053 7
	5	元/吨	10.40	元/(吨·公里)	0.061 2
	6	元/吨	16.80	元/(吨·公里)	0.084 5
	7			元/(吨·公里)	0.279 5
	机械冷藏车	元/吨	12.5	元/(吨·公里)	0.085 0
零担	21	元/10 千克	0.122	元/10(千克·公里)	0.000 60
	22	元/10 千克	0.171	元/10(千克·公里)	0.000 87
集装箱	1 吨箱	元/箱	10.70	元/(箱·公里)	0.041 4
	20 英尺箱	元/箱	249.20	元/(箱·公里)	1.173 0
	40 英尺箱	元/箱	436.30	元/(箱·公里)	1.834 6

【例 4-6】兰州站发银川站机器一台重 24t，用 50t 货车一辆装运，计算其运费。

解：从兰州站至银川站根据运价里程表查得运价里程为 479km。查货物品名检查表，机器的运价号为 6 号。再查运价率表，运价号为 6 号，发到基价为 16.8 元/t，运行基价为 0.084 5 元/(t·km)。货物如无特殊规定，一律按货车标记载重量计算，因此按 50t 计算。

运费=（基价1+基价2×运价里程）×(1+加减成率)×计费重量
$$F=(16.8+0.084\ 5\times 479)\times 50=2\ 863.775(元)\approx 2\ 863.8\ 元$$

【例 4-7】山西大同站发南京站原煤 35t，用 60t 平车一辆装运，运价里程为 1 524km，计算其运费。

解：查货物品名表，运价号为 4 号。再查运价率表，运价号为 4 号的发到基价为 10.5 元/t，运行基价为 0.0537 元/(t·km)。根据整车运输规定运价号为 4 号的货物一律按 40t 计算，超过按货物实际重量计算，题目货物 35t 没超过，所以按 40t 计算。
$$F=(10.5+0.053\ 7\times 1524)\times 40=3\ 693.552(元)\approx 3\ 693.6\ 元$$

(2) 铁路零担运输计费。

① 零担货物以 10 千克为基本单位，不足 10 千克时进为 10 千克。

② 零担货物按货物重量或货物体积折合重量择大计算运费，即每立方米重量不足 500 千克的轻浮货物，按每 1 立方米折合重量 500 千克计算。

③ 按货物重量和折合重量，选择大的计费。

零担货物规定计费重量见表 4-3。

表 4-3 零担货物规定计费重量表

顺 号	货物名称	计算单位	规定计费重量/千克
1	组成摩托车： 两轮； 三轮（包括正，侧带斗的，不包括三轮汽车）	每辆 每辆	750 1 500
2	组成的机动车辆，拖斗车（单轴的拖斗车除外）； 车身长度不满 3 米； 车身长度 3 米以上，不满 5 米； 车身长度 5 米以上，不满 7 米； 车身长度 7 米以上	每辆 每辆 每辆 每辆	4 500 15 000 20 000 25 000
3	组成的自行车	每辆	100
4	轮椅，折叠式医疗车	每（辆）件	60
5	牛，马，驴，骡，骆驼	每头	500
6	未装容器的猪，羊，狗	每头	100
7	灵柩，尸体	每具（个）	1 000

【例 4-8】广安门发包头车站灯管 4 件，共重 46 公斤，货物每件长 1 米，宽 0.35 米，高 0.16 米，从广安门发包头里程为 798km，试计算运费。

解：(1) 查货物检查表，灯管的运价号为 22 号。再查运价率表，运价号为 22 号，发到基价为 0.171 元/10 千克，运行基价为 0.000 87 元/10(千克·公里)。

(2) 体积 $4×1×0.35×0.16=0.224$（立方米）。

(3) 折合重量 $=500×0.224=112$（公斤）。

(4) 计费重量 $=120$（公斤）。

(5) 运费为：$F=(0.171+0.000\ 87×798)×120/10=10.383\ 12$（元）$≈10.4$ 元。

4.4.4 航空货物运输运价计费

1. 航空运价基础知识

(1) 航空运费基本概念：货物的航空运费是指将一票货物自始发地机场运输到目的地机场所应收取的航空运输费用，不包括其他费用。货物的航空运费主要由两个因素组成，即货物适用的运价与货物的计费重量。

(2) 航空货物运价所使用的货币：运输始发地货币。货物的航空运价一般以运输始发地的本国货币公布，即运输始发地货币。有的国家以美元代替其本国币公布运价，此时，美元即为运输始发地货币。

(3) 货物运价的有效期，销售航空货运单所使用的运价应为填制货运单之日的有效运价。即在航空货物运价有效期内适用的运价。

(4) 运价，又称费率，是指承运人对所运输的每一重量单位货物（千克或磅）(kg or lb)所收取的自始发地机场至目的地机场的航空费用。货物的航空运价一般以运输始发地的本国货币公布。

(5) 计费重量(Chargeable Weight)。货物的计费重量或者是货物的实际毛重，或者是货物的体积重量，或者是较高重量分界点的重量。包括以下指标。

① 实际毛重(Actual Gross Weight)：包括货物包装在内的货物重量。

② 体积重量(Volume Weight)：体积重量的折算，换算标准为每6 000立方厘米折合1千克。

③ 计费重量：采用货物的实际毛重与货物的体积重量两者比较取高者；但当货物较高重量分界点的较低运价计算的航空运费较低时，则此较高重量分界点的货物起始重量作为货物的计费重量。

国际航协规定，国际货物的计费重量以0.5千克为最小单位，重量尾数不足0.5千克的，按0.5千克计算；0.5千克以上不足1千克的，按1千克计算。

(6) 最低运费(Minimum Charge)。货物按其适用的航空运价与其计费重量计算所得的航空运费，应与货物最低运费相比，取高者。

(7) 其他费用(Other Charges)，其他费用是指由承运人、代理人或其他部门收取的与航空货物运输有关的费用。在组织一票货物自始发地至目的地运输的全过程中，除了航空运输外，还包括地面运输、仓储、制单、国际货物的清关等环节，提供这些服务的部门所收取的费用即为其他费用。

2. 航空运价的种类

(1) 目前国际航空货物运价按制定的途径划分，主要分为协议运价和国际航协运价。

(2) 国际航协运价是指IATA在TACT运价资料上公布的运价。国际货物运价使用国际航空运输协会(IATA，International Air Transport Association)的运价手册(TACT RATES BOOK)，结合并遵守国际货物运输规则(TACT RULES)共同使用。按照IATA货物运价公布的形式划分，国际货物运价可分为公布直达运价和非公布直达运价。

(3) 公布直达运价包括普通货物运价(General Cargo Rate)、指定商品运价(Specific Commodity Rate)、等级货物运价(Commodity Classification Rate)、集装货物运价(Unit load Device Rate)。

(4) 非公布直达运价包括比例运价和分段相加运价。

3. 几种公布直达运价的计费方法

(1) 普通货物运价(General Cargo Rate，简称GCR)。

普通货物运价是指除了等级货物运价和指定商品运价以外的适合于普通货物运输的运价。运价的公布形式有N、Q45、……等运价结构，也有B、K运价结构（欧洲内特有的运价结构）。N运价，即Normal General Cargo Rate，指的是45千克以下的普通货物运价（如无45千克以下运价时，N表示100千克以下普通货物运价）；Q运价则为Quantity Rate，指的是重量等级运价，对于45千克以上的不同重量分界点的普通货物运价均用"Q"表示。

下面我们介绍该运价计算的七个步骤。

第一步：计算出航空货物的体积(Volume)及体积重量(Volume Weight)。

体积重量的折算，换算标准为每6 000立方厘米折合1千克。即：

$$体积重量（千克）=\frac{货物体积}{6\ 000\text{cm}^3/\text{kg}}$$

第二步：计算货物的总重量（Gross Weight）。

$$总重量=单个商品重量×商品总数$$

第三步：比较体积重量与总重量，取大者为计费重量（Chargeable Weight）。根据国际航协规定，国际货物的计费重量以0.5千克为最小单位，重量尾数不足0.5千克的，按0.5千克计算；0.5千克以上不足1千克的，按1千克计算。

第四步：根据公布运价，找出适合计费重量的适用运价（Applicable Rate）。

① 计费重量小于45千克时，适用运价为GCR N 的运价（GCR 为普通货物运价，N 运价表示重量在45千克以下的运价）。

② 计费重量大于45千克时，适用运价为GCR Q45、GCR Q100、GCR Q300 等与不同重量等级分界点相对应的运价（航空货运对于45千克以上的不同重量分界点的普通货物运价均用"Q"表示）。

第五步：计算航空运费（Weight Charge）。

$$航空运费=计费重量×适用运价$$

第六步：若采用较高重量分界点的较低运价计算出的运费比第五步计算出的航空运费较低时，取低者。

第七步：比较第六步计算出的航空运费与最低运费 M，取高者。

【例4-9】由北京运往东京一箱服装，毛重31.4千克，体积尺寸为（80×70×60）cm³，计算该票货物的航空运费。公布运价如下：

BEIJING	CN		BJS
Y. RENMINBI	CNY		KGS
TOKYO	JP	M	230.00
N			37.51
45			28.13

解：体积（Volume）：　　　　（80×70×60）cm³=336 000cm³

体积重量（Volume Weight）：　336 000cm³÷6 000cm³/kg=56.0kg

毛重（Gross Weight）：　　　　31.4kg

计费重量（Chargeable Weight）：31.4kg<56.0kg，所以取56.0kg

适用运价（Applicable Rate）：　GCR Q28.13 CNY/kg

航空运费（Weight charge）：　　56.0×28.13=CNY1 575.28

【例4-10】北京运往新加坡一箱水龙头接管，毛重35.6千克，计算其航空运费。公布运价如下：

BEIJING	CN		BJS
Y. RENMINBI	CNY		KGS
SINGAPORE	SG	M	230.00
N			36.66
45			27.50
300			23.46

解：(1) 按实际重量计算：
Gross Weight： 35.6kgs
Chargeable Weight： 36.0kgs
Applicable Rate： GCR N 36.66CNY/kg
Weight charge： 36.0×36.66＝CNY1 319.76

(2) 采用较高重量分界点的较低运价计算：
Chargeable Weight： 45.0kgs
Applicable Rate： GCR Q 27.50CNY/kg
Weight charge： 27.50×45.0＝CNY1 237.50

(1) 与(2)比较，取运费较低者，即航空运费为 CNY1 237.50。

(2) 指定商品运价(SCR)。

指定商品运价是指适用于自规定的始发地至规定的目的地运输特定品名货物的运价。通常情况下，指定商品运价低于相应的普通货物运价。就其性质而言，该运价是一种优惠性质的运价。鉴于此，指定商品运价在使用时，对于货物的起讫地点、运价使用期限、货物运价的最低重量起点等均有特定的条件。使用指定商品运价计算航空运费的货物，其航空货运单的"Rate Class"一栏，用字母"C"表示。

① 使用指定商品运价的条件：
a. 运输始发地至目的地之间有公布的指定商品运价；
b. 托运人所交运的货物，其品名与有关指定商品运价的货物品名相吻合；
c. 货物的计费重量满足指定商品运价使用时的最低重量要求。

② 计算步骤：
a. 先查询运价表，如有指定商品代号，则考虑使用指定商品运价；
b. 查找 TACT RATES BOOKS 的品名表，找出与运输货物品名相对应的指定商品代号；
c. 如果货物的计费重量超过指定商品运价的最低重量，则优先使用指定商品运价；
d. 如果货物的计费重量没有达到指定商品运价的最低重量，则需要比较计算。

【例 4-11】北京运往大阪 20 箱鲜蘑菇共 360.0 千克，每件体积长、宽、高分别为 60cm×45cm×25cm，计算航空运费。公布运价如下：

BEIJING	CN		BJS
Y. RENMINBI	CNY		KGS
OSAKA	JP	M	230.00
N			37.51
45			28.13
0008		300	18.80
0300		500	20.61
1093		100	18.43
2195		500	18.80

解：查找 TACT RKTES BOOKS 的品名表，蘑菇可以使用 0008（新鲜蔬菜和水果）的指定商品运价。由于货主交运的货物重量符合"0850"指定商品运价使用时的最低重量要求，运费计算如下：

Volume：	$(60 \times 45 \times 25) cm^3 \times 20 = 1\,350\,000 cm^3$
Volume Weight：	$1\,350\,000 cm^3 \div 6\,000 cm^3/kg = 225 kg$
Chargeable Weight：	360.0kg
Applicable Rate：	SCR 0008/Q300 18.80CNY/kg
Weight charge：	$360.0 \times 18.80 = CNY6\,768.00$

【例 4-12】例 4-11 中，如果货主交运 10 箱蘑菇，毛重为 180 千克，计算其航空运费。

解：（1）按指定商品运价使用规则计算：

Actual gross weight：	180.0kgs
Chargeable Weight：	300.0kgs
Applicable Rate：	SCR0008/Q300 18.80CNY/kg
Weight charge：	$300.0 \times 18.80 = CNY6\,768.00$

（2）按普通运价使用规则计算：

Actual gross Weight：	180.0kgs
Chargeable Weight：	180.0kgs
Applicable Rate：	GCR/045 28.13CNY/kg
Weight charge：	$180.0 \times 28.13 = CNY5\,063.40$

对比（1）与（2），取运费较低者，即航空运费为 CNY5 063.40。

【例 4-13】例 4-12 中，如果货主交运 2 箱蘑菇，毛重为 36 千克，计算其航空运费。

分析：由于货物计费重量仅 36 千克，而指定商品运价最低重量要求 300 千克，因此采用普通货物运价计算，求得较低运费。

解：（1）按 NORMAL GCR 运价计算运费：

Actual gross weight：	36.0kgs
Chargeable Weight：	36.0kgs
Applicable Rate：	GCR/N 37.51CNY/kg
Weight charge：	$36.0 \times 37.51 = CNY1\,350.36$

（2）按 Q45 运价计算运费：

Actual gross weight	36.0kgs
Chargeable Weight：	45.0kgs
Applicable Rate：	GCR/Q45 28.13CNY/kg
Weight charge：	$45.0 \times 28.13 = CNY1\,265.85$

对比（1）与（2），取运费较低者，即航空运费为 CNY1 265.85。

（3）等级货物运价。

① 等级货物运价是指在规定的业务区内或业务区之间运输特别指定的等级货物的运价。当某种货物没有指定商品运价可以适用时，才可选择合适的等级运价，其起码质量规定为 5kg。IATA 规则规定，等级货物包括以下各种货物：活动物；贵重货物；书报杂志类货物；作为货物运输的行李；灵柩、骨灰；汽车等。

② 等级货物运价是在普通货物运价基础上附加或附减一定百分比的形式构成，附加或附减规则公布在 TACT RULES 中，运价的使用须结合 TACT RATES BOOKS 一同使用。通常附加或不附加也不附减的等级货物用代号(S)表示(S—Surcharged Class rate)。附减的等级货物用代号(R)表示(R—Reduced class rate)。

③ IATA 区域的划分：TC1 \ TC2 \ TC3，如图 4.8 所示。

一区(TC1)：包括北美、中美、南美、格陵兰、百慕大和夏威夷群岛。

二区(TC2)：由整个欧洲大陆(包括俄罗斯的欧洲部分)及毗邻岛屿，冰岛、亚速尔群岛，非洲大陆和毗邻岛屿，亚洲的伊朗及伊朗以西地区组成。本区也是和我们所熟知的政治地理区划差异最多的一个区，它主要有三个亚区。

a. 非洲区：含非洲大多数国家及地区，但北部非洲的摩洛哥、阿尔及利亚、突尼斯、埃及和苏丹不包括在内。

b. 欧洲区：包括欧洲国家和摩洛哥、阿尔及利亚、突尼斯三个非洲国家和土耳其(既包括欧洲部分，也包括亚洲部分)。俄罗斯仅包括其欧洲部分。

c. 中东区：包括巴林、塞浦路斯、埃及、伊朗、伊拉克、以色列、约旦、科威特、黎巴嫩、阿曼、卡塔尔、沙特阿拉伯、苏丹、叙利亚、阿拉伯联合酋长国、也门等。

三区(TC3)：由整个亚洲大陆及毗邻岛屿(已包括在二区的部分除外)，澳大利亚、新西兰及毗邻岛屿，太平洋岛屿(已包括在一区的部分除外)组成。其中：

a. 南亚次大陆区：包括阿富汗、印度、巴基斯坦、斯里兰卡等南亚国家。

b. 东南亚区：包括中国(含港、澳、台)、东南亚诸国、蒙古、俄罗斯亚洲部分及土库曼斯坦等独联体国家、密克罗尼西亚等群岛地区。

c. 西南太平洋洲区：包括澳大利亚、新西兰、所罗门群岛等。

d. 日本、朝鲜区：仅含日本和朝鲜。

图 4.8　IATA 区域的划分图：从左至右分别为 TC1、TC2、TC3 区

④ 等级货物运价使用参考表 4-4。

表 4-4　等级使用参考

运价种类	货物种类		从中国至			备注 NOTE
			TC1	TC2	TC3	
指定商品运价	指定商品货物	运价	SCR	SCR	SCR	1. 优先使用 SCR
		最低运费	M	M	M	2. 优先使用确指 SCR
等级货物运价	贵重物品	运价	200%N　SN200			1 000KG 以上北太平洋至 TC1 为 150%N
		最低运费	200%M　SM200　但不得低于 USD 50.00			
	活体动物运价	所有活体动物以下除外	GANADA　U.S.A　OTHER	TC2	TC3	*冷血动物最低运费为：M
			150%GRA　110%GCR　N	N	N	
		出生小于72H	150%GRA　110%GCR　NQ45	NQ45	NQ45	运马匹最低运费为：1 000KG * 110GCR
		猴子和灵长类	150%GRA　110%GCR　GCR	N	N	冷血动物：鱼，蛙，蜥蜴，两栖动物，蟒虫等
		冷血动物	125%GCR　GCR　N	N	N	
		最低运价	150%M　110M*　220%M	200%M	200%M	
	尸体骨灰运价	尸体	100%N　SN100			最低运费不少于：USD 65.00
		骨灰	100%GCR　SN100　SQ100			
		最低运价	100%M　SM100			
	U-BAG运价	运价	GCR(无等级商品运价)	50%NRN50		DEST，在 TCI 所属国时按普货发运
		最低运费	M	M(不小于10KGRN50)		
	书报杂志运价	运价	50%N　RN50			适用：报纸，杂志，期刊，书籍，目录，盲人打字设备和盲人读物
		最低运费	M			
	车辆运价		4 000KG * Q(最高重量等级)			
			1 000KG * Q(最高重量等级)			
普通货物运价	普通货物	运价	GCR			
		最低运费	M			

【例 4-14】从北京运往温哥华一只大熊猫，重 400.0 千克，体积尺寸长、宽、高分别为 150cm×130cm×120cm，计算航空运费。公布运价如下：

```
BEIJING              CN                    BJS
Y. RENMINBI          CNY                   KGS
VANCOUVER            BC   CA    M         420.00
N                                          59.61
45                                         45.68
100                                        41.81
300                                        38.79
500                                        35.77
```

解：查找活动物运价表，从北京运往温哥华，属于自 T3 运往 T1 的加拿大，运价的构成形式是"150% of Appl. GCR"。

运费计算如下：
(1) 按查找的运价构成形式来计算：

Volume： $(150 \times 130 \times 120) \text{cm}^3 = 2\,340\,000 \text{cm}^3$

Volume Weight： $2\,340\,000 \text{cm}^3 \div 6\,000 \text{cm}^3/\text{kg} = 390.0 \text{kg}$

Chargeable Weight： 400.0kgs

Applicable Rate： S 150% of Applicable GCR

$150\% \times 38.79 \text{CNY/kg} = 58.185 \text{CNY/kg} \approx 58.19 \text{CNY/kg}$

Weight charge： $400 \times 58.19 = \text{CNY}23\,276.00$

(2) 由于计费重量已经接近下一个较高重量点500kg，用较高重量点的较低运价计算：

Chargeable Weight： 500.0kgs

Applicable Rate： S 150% of Applicable GCR

$150\% \times 35.77 \text{CNY/kg} = 53.655 \text{CNY/kg} \approx 53.66 \text{CNY/kg}$

Weight charge： $500.0 \times 53.66 = \text{CNY}26\,830.00$

对比(1)与(2)，取运费较低者。

因此，运费为CNY23 276.00。

【例4-15】 Routing： Beijing，CHINA(BJS)to ROME，IT(ROM)

Commodity： Books

Gross Weight： 980.0kgs

Dimensions： 20 Pieces $(70 \times 50 \times 40) \text{cm}^3$ each

公布运价如下：

BEIJING	CN		BJS
Y. RENMINBI	CNY		KGS
ROME	IT	M	320.00
N			45.72
45			37.98
100			36.00
500			31.26
1 000			28.71

解：分析，查等级货物费率表等，书报的等级运价为50%N，因此运费计算如下：

(1) Volume： $(70 \times 50 \times 40) \text{cm}^3 \times 20 = 2\,800\,000 \text{cm}^3$

Volume Weight： $2\,800\,000 \text{cm}^3 \div 6\,000 \text{cm}^3/\text{kg} = 466.67 \text{kgs} \approx 467.0 \text{kgs}$

Chargeable Weight： 980.0kg

Applicable Rate： R 50% of the Normal GCR

$50\% \times 45.72 \text{CNY/kg} = 22.86 \text{CNY/kg}$

Weight charge： $980.0 \times 22.86 = \text{CNY}30\,968.00$

(2) 用较高重量点的较低运价。

计费重量：1 000.0kgs

运费：1 000×28.71＝CNY28 710.00

因为(2)小于(1)，因此航空运费为CNY28 710.00。

4. 国际货物运输的其他费用

（1）货运单费。用两字代码"AW"表示，按国际航协规定，航空货运单若由航空公司销售或填制，表示为"AWC"；由航空公司的代理人销售或填制，则表示为"AWA"。

（2）垫付款和垫付费。①垫付款仅适用于货物费用及其他费用到付。垫付款由最后一个承运人向提货人收取。在任何情况下，垫付款数额不能超过货运单上全部航空运费总额，但当货运单运费总额低于100美元时，垫付款金额可以达到100美元标准。②垫付费，代码为"DB"。

（3）危险品处理费。代码为"PA"，自中国至IATA业务一区、二区、三区，每票货物的最低收费标准均为400元人民币。

（4）运费到付货物手续费，代码为CCFee，在中国，CCFee最低收费标准为CNY100。

本章小结

本章主要介绍了运输的基础知识与原理、五种运输方式的特征与服务、复合运输与国际运输、运输单证和运输成本与价格。运输的基础知识与原理主要介绍了运输业的主要特征和运输的三大原理；五种运输方式的特征与服务主要介绍了目前世界主要的五种运输方式的优缺点以及技术特性；复合运输与国际运输主要介绍了两部分，复合运输部分主要介绍多种复合运输各自的经济特点与服务，而国际运输方面主要介绍了国际运输的基本知识包括保税知识和国际海运的地理知识；运输单证则主要介绍四种主要运输方式在国内外运输所使用的各种单证；运输成本与价格介绍了两部分，运输成本方面主要介绍运输成本的构成、运输成本的控制策略，而运输价格方面主要介绍了影响运输价格的多种内外因素，重点介绍了公铁海空四种运输方式的在目前国内外运输过程中的不同计费方式，有助于加深学生对运输业的实际认识。

习 题

一、选择题

1. 运输业的特征有（　　）。
   A. 服务性　　　　B. 公共事业性　　　　C. 战略性　　　　D. 科技性

2. 下面属于运输时效的是（　　）。
   A. 运输时间　　　B. 运输速度　　　　　C. 运输效率　　　D. 运输质量

3. 随着单位次数的装运量的规模增大，使得货物的单位运输成本随之下降的基本原理是（　　）。
   A. 规模原理　　　B. 速度原理　　　　　C. 价格原理　　　D. 距离原理

4. 下面属于铁路的运输特征是(　　)。
A. 运载能力达 10 万吨　　　　　　B. 抗气候能力强
C. 货物灭损率高　　　　　　　　　D. 速度达 800 公里每小时

5. 班轮运输的特点是(　　)。
A. 四固定　　　B. 付费明了　　　C. 手续复杂　　　D. 价格浮动

二、名词解释

1. 运输　2. 运输时效　3. 运输原理　4. 班轮运输　5. 多式联运

三、判断题

1. 多式联运的货物运输方式主要使用的是集装箱运输。　　　　　　　　　(　　)
2. 五种运输方式的运输能力最大的是铁路。　　　　　　　　　　　　　　(　　)
3. 五种运输方式中抗气候能力最强和不受地形影响的方式是管道运输。　　(　　)
4. 在进入进口国时发现商品有标识上或者包装上等出现违反进口国规定的情况出现，可以在自由贸易区进行处理，避免进入进口国后受到不必要的处罚。　　　(　　)
5. 奥克兰属于澳大利亚的重要港口之一。　　　　　　　　　　　　　　　(　　)

四、问答题

1. 自由贸易区或者保税区对于国际运输的优势是什么？
2. 国际多式联运的特征有哪些？
3. 提单的特征有哪些？

五、计算题

1. 某公司出口商品 20 公吨，单位净重 20 千克，纸箱装该批商品总毛重为 22 260 千克，每箱尺码为 42 厘米×28 厘米×20 厘米，海运运费按 W/M 11 级，查出口地至科威特 11 级货的基本运费为 70 美元，加港口附加费 20%，求该批货物的运费是多少？

2. 某托运人从包头站发石家庄南站双轮及三轮摩托车各二辆，每辆重分别为 116 公斤和 166 公斤，运价里程为 1 091 公里，按一批托运，分项填记重量，试计算其运费。

3. Routing:　　　　Beijing, CHINA(BJS) to London, GB(LON)
Commodity:　　　Gold Watch
Gross Weight:　　32.0kgs
Dimensions:　　　1 Piece 60cm×50cm×40cm

公布运价如下：

BEIJING	CN		BJS
Y. RENMINBI	CNY		KGS
LONDON	GB	M	320.00
N			63.19
45			45.22
300			41.22
500			33.42

案例分析

TNT快运别具特色的运作模式

作为荷兰TPG公司唯一在欧洲各主要城市拥有网络的快件服务商旗下两个品牌之一的一个品牌，TNT快运的业务收入占到了TPG公司三大主营业务的41.3%。TNT快运目前主要提供以下五种门到门的服务：当日快件、早9点快件、午时12点快件、全球午后17点快件、经济快件等。另外，TNT快运还提供多种价值附加服务，如技术速递、夜间速递、保险速递等。多样化的服务能够满足不同层次、不同要求顾客的需要，多样化的服务使得快运网络更加稠密、通达不同的角落，促进了企业快运业务的增长。这五项服务均为标准化服务，服务的内容及要求都按照严格的标准及相关程序进行。就TNT快运的运作模式而言，其主要具有以下3个特点。

1. 统一营销

客户服务中心统一负责整个快运业务的销售、售后服务以及财务结算等，实行统一业务受理、标准化服务、程序化管理，一个声音对外一站式的运作模式。TNT快运共有五个客户服务中心，其中四个负责国际快运业务，一个负责国内快运业务。根据客户的需要，客户服务中心提供不同的服务。小型客户业务量小，要求方便，专门为小型客户设立了每天24小时的免费电话。对大型客户，则有固定人员定期联系。所有的业务受理电话由TNT快运付费。

2. 集中分级分拣

TNT快运欧洲空运网络有五个空运快件主集散站，分布在比利时的列日、英国的利物浦和德国的科隆等地。并在列日租用机场和跑道，每周飞行500个航班，加上利用商业网络，构成250条空运航线，每周飞行13 000个飞行段，运送1 500吨货物，与745个集散站相连。在欧洲路运网络中，卫星集散站到客户（门或货架）的配送85%由TNT快运公司承担，卫星集散站到主集散站、主集散站之间的长途、大吨位厢式货车运输的30%是TNT快运公司承担，70%是外包，由有运输协议的小型运输公司承担，但车辆和人员要使用TNT的标志和品牌。

集散站分为主集散站（main depot）和卫星集散站（satellite depot）。卫星集散站对货物进行粗检，按流向运到相应的主集散站，在主集散站进行集中分拣。重量小于30公斤的货物由货物到达地的主集散站运到卫星集散站配送，大于31公斤以上的货物由主集散站直接配送。

主集散站负责快运货物的分流向分拣（粗拣），卫星集散站负责快运货物的定向分拣（细拣），卫星集散站在进行货物收集（托运）业务时是粗略分拣，承担货物配送时是细拣。通过主集散站和卫星集散站的分级分拣，合理分工，加快了快运货物的分拣速度，便于货物按流向集中运输，降低了运输费用。

3. 统一配送

TNT快运服务网络覆盖面很广，按照服务功能和区域不同分为欧洲空运网络、欧洲路运网络、亚洲网络、商用网络、国内网络五个部分。货运量的65%靠路运，25%空运，10%商业航班。

快件货物运输根据不同的服务项目的要求，采用空运或陆运（汽车或大型货车）。一般早9点、午12点快运选择空运方式；当日快件则比较灵活，只要能按时到达，则采用较经济的运输工具；经济快运一般采用汽车运输。通常在800公里范围内用汽车运输，超过800公里用航空运输。

由于TNT快运网络十分发达，能运达200多个国家，故快件的运送速度比邮件快。虽然快件和邮件由不同的网络运送，但有时邮件和快件会相互利用和协调，邮件也能通过快件网络运行。

TNT快运运输组织形式的统一销售、集中分级分拣、统一运输，特别是集中分级分拣，将不同的货运站进行功能设置，有些大型货运站完全服务于粗拣后站与站间的运输。这种接力式的分拣、运输，强化了集团公司间的合作，也提高了分拣和运输的整体效率。这种在集团公司内部进行专业化分工的组织形式非常有利于提高整个网络的运输效率，降低营运成本。统一营销，统一调度，统一分拣、统一配送，信息共享，是今后快件运输发展的趋势，也是货物运输集团企业专业化、规模化、网络化的运作模式。

讨论题：

1. 说明 TNT 快运的运作模式及其特点。
2. 分析 TNT 快运的运作模式的优势。

第5章 仓储管理与库存控制

【本章教学要点】

知识要点	掌握程度	相关知识
仓储管理概述	掌握	仓储管理的含义
	了解	仓储活动的意义
	了解	仓储活动的作用
	理解	仓储管理信息系统
仓库作业流程	掌握	入库作业
	掌握	保管作业
	掌握	出库作业
仓储管理模式与仓储合理化	掌握	仓储管理模式
	重点掌握	管理模式的决策依据
	重点掌握	仓储管理合理化
库存管理与库存控制	理解	库存与库存管理
	掌握	库存成本的构成
	掌握	影响库存控制决策的因素
	掌握	库存控制的方法

惠尔以仓储管理为核心，实现"脱胎换骨"

如今，信息化管理已成为客户选择第三方物流服务时最基本的要求。上海惠尔物流有限公司借助信息化成功地由一家传统的运输公司转型为第三方物流公司，完成了"脱胎换骨"的转变。

2003年4月，惠尔决定转型。此前，惠尔是一家传统的运输公司，他们的目标是转型为第三方物流公司，开展以储、运一体化为主要内容的物流服务。

与此同时，惠尔制定了"通过物流分发网络的快速扩张、大幅缩短客户响应时间，以及电子商务来拓展市场"的战略。

要实现这些美好的"蓝图"，惠尔的领导寄希望于物流信息管理系统。因为物流公司不是拼有多少车，而是拼服务，也就是看物流公司能否提供准确的报表反馈，以保证单据处理的及时和准确。

但是，惠尔的信息化需求究竟是什么？惠尔究竟要建一套什么样的物流信息管理系统？公司领导莫衷一是。正在此时，已近而立之年的孙大亮加盟惠尔，任惠尔信息技术部经理。孙大亮大学毕业后进了一家新加坡的物流公司，一干就是4年，对物流的各环节了如指掌。他提出："对于物流管理，仓库是核心，尽管利润点可能不在仓库，但拿到仓库，运输就基本拿到了；而拿到运输，但拿不到仓库，估计客户也很快会丢掉。所以，物流管理的核心是仓储管理，然后可上升到供应链管理。"

基于这种认识，惠尔的整体物流系统建设把仓储管理系统摆在了首位，同时兼顾运输管理系统、客户关系管理系统、电子商务系统等。

针对系统的设计目标，孙大亮指出："要创建一个基于网络的集成的物流管理信息系统，实现企业、客户及相关环节的信息资源的数据共享和数据交换。系统应该具有良好的稳定性和可扩展性，能够同外部系统集成，并且安全可靠。"

谈及惠尔物流信息管理系统的投资情况，孙大亮向记者透露："整个系统的投资总计100多万元，其中软件占60%。"据了解，与同行业相比，惠尔建这样一套物流信息管理系统，投资额度还达不到中等水平。针对这种情况，孙大亮表示："没有最贵的，只有最合适的。"

基于这种考虑，惠尔最终选择了招商迪辰软件系统有限公司来开发这套系统。针对与迪辰的合作，孙大亮补充道："其实，迪辰开发的物流信息管理系统并不比其他的物流系统便宜。之所以选择迪辰，是因为迪辰的物流信息管理系统拥有较好的DAP平台。DAP平台是采用纯Java开发的BS三层架构，能满足惠尔目前的需求及客户在线随时查询的需求。"

据悉，DAP是招商迪辰开发的应用于物流及供应链管理领域的标准化的信息技术平台。DAP平台具有行业针对性，可进行图形化操作及管理。

就在建设物流信息管理系统之际，惠尔已开始在全国设立分发中心。目前，惠尔在全国14个城市设立了分发中心，仓库总面积达8万平方米，其中设在上海的中央分发中心仓库面积达4万平米。

目前，惠尔各地的分发中心借助因特网，随时可与客户系统进行连接和数据交换。

点评

仓储管理除了能够给企业带来直接的经济效益外，在整个物流系统中也起着核心的作用。

企业是否真地需要将储存作为物流系统的一个重要组成部分？如果产品的需求确定、已知，而且产品又能即刻供给以满足需求，那么，从理论上讲，既然不会有库存，也就不需要储存。然而，因为需求无法准确预测，所以用这种方法去经营企业既不实际也不经济。即使产品的供需趋于完全一致，但也需要生产即刻做出反应，要求运输完全可靠，且不存在运送时间。对于一个企业来讲，在任何合理成本范围内，这都是不可能的。因此，企业要用库存来更好地平衡供需，降低总成本。而要保有库存，就会对储存产生需求，并在很大程度上对物料搬运产生同样的需求。因此，与其说存储是一种必要的活动，不如说是一种很经济的便利活动。

储存具有经济上的合理性，因为它们能平衡运输、生产和采购成本。也就是说，通过储备一定量的库存，企业常常可以调整经济生产批量和生产次序来降低生产成本。利用这种办法，企业就可以避免因需求模式不确定和产品多样性造成的产出水平的大幅度波动。同时，储备库存也可以通过更大、更经济的运输批量来降低运输成本。总之，仓储管理的目的就是利用恰到好处的存储活动来实现存储、生产和运输之间良好的经济平衡。

5.1 仓储管理概述

5.1.1 仓储管理的含义

1. 仓储的含义

"仓"也称为仓库，为存放物品的建筑物和场地，可以为房屋建筑、大型容器、洞穴或者特定的场地等，具有存放和保护物品的功能；"储"表示收存以备使用，具有收存、保管、交付使用的意思，当适用有形物品时也称为储存。"仓储"则为利用仓库存放、储存未即时使用的物品的行为。简言之，仓储就是在特定的场所储存物品的行为。

仓储是通过仓库对物资进行储存和保管。它是指在原产地、消费地，或者在这两地之间存储商品（原材料、部件、在制品、产成品），并向管理者提供有关存储商品的状态、条件和处理情况等信息。它是整个物流系统中的一个重要环节，与运输相对应，仓储是以改变"物"的时间状态为目的的活动，从而克服产需之间的时间差异获得更好的效用。

仓储是随着物资储存的产生而产生，又随着生产力的发展而发展，是商品流通的重要环节之一，也是物流活动的重要支柱。在社会分工和专业化生产的条件下，为保持社会再生产过程的顺利进行，必须储存一定量的物资，以满足一定时期内社会生产和消费的需要。仓储的性质可归结如下：仓储是物资产品的生产过程的持续，物资的仓储也创造着产品的价值；仓储既有静态的物品储存，也包含动态的物品存取、保管、控制的过程；仓储活动发生在仓库等特定场所；仓储的对象既可以是生产资料，也可以是生活资料，但必须是实物动产。

2. 仓库的含义

有了仓储，就必然要有仓库。仓库是保管、存储物品的建筑物和场所的总称。仓库曾经被认为只具备仓储的职能，而现在库存的"流速"已成为评价仓库职能的重要指标，仓库是"河流"而不再是"水库"或"蓄水池"。对仓储管理的要求已从静态管理向动态管理发生了根本性的转变，对仓储管理的基础工作也提出了更高的要求。因此，从现代物流系统的角度来看，仓库是从事储存、包装、分拣、流通加工、配送等物流作业活动的物流节点设施。

案例链接　伊士曼化工公司管理整个供应链

环抱于田纳西州东部的群山之中的伊士曼化工公司，其生产来自于850家供应商的1 500种不同的原材料。为确保尽可能地减少存货闲置浪费，伊士曼公司设计出所谓的"流水存货计划"。该公司的物料管理副总裁说："我们试图使整个供应链的运营像一个管道，""当客户的订单进来之后，我们从生产终端取走一磅产品，同时，我们已经将从供应商那里得到的另一磅物料放入另外一端进行加工生产了。我们希望形成一种连续不断的流动过程"。

流水存货管理是将来自于该公司的全球商务整合信息系统的零碎信息进行整处理。该系统对于客户需求和整个供应链的存货水平提供可视化的服务。一旦客户订单消耗了库存，系统就会计算出应该给供应链补入何种类型的原材料，补入多少？这就使得供应链中现有原材料和应该补进的原材料数量达到平衡。而且一个执行经理有责任对整个供应链的存货进行跟踪监控和管理。

这是供应链工作的整体观点吗？在20年前，该公司平均持有1 800万磅的超二甲苯的存货，这是一种用来生产塑料碳酸水瓶的物料。现在，即使是生产上对该物料的需求量增加3倍，该公司也只需要持有1 400万磅就够了。该公司还将木纸浆的存货由3个月的供应量减少到9天的供应量。它还希望进一步减少到4天的供应量。总之，伊士曼公司的存货已经由10年前占销售额的11.5%减少到8%。

根据中华人民共和国国际标准，仓库（Warehouse）是保管、储存物品的建筑物和场所的总称。

仓库作为物流服务的据点，在物流作业中发挥着重要的作用。它不仅具有储存、保管等传统功能，而且还具有拣选、配货、检验、分类、信息传递等功能并具有多品种小批量、多批次小批量等配送功能以及附加标签、重新包装等流通加工功能。一般来讲，仓库具有以下功能。

1）储存和保管的功能

这是仓库最基本的传统功能，仓库具有一定的空间，用于储存物品，并根据物品的特性，仓库内还配有相应的设备，以保持储存物品的完好性，如储存精密仪器的仓库需要防潮、防尘、恒温等，应设置空调、恒温等控制设备。

2）配送和加工的功能

现代仓库的功能已由保管型向流通型转变，即仓库由原来的储存、保管货物的中心向流通、销售的中心转变。仓库不仅具有仓储、保管货物的设备，而且还增加分袋、配套、捆装、流通加工、移动等设施。这样，既扩大了仓库的经营范围，提高了物资的综合利用率，又方便了消费者，提高了服务质量。

3）调节货物运输能力的功能

各种运输工具的运输能力差别较大，船舶的运输能力很大，船运船舶一般都在万吨以上，火车的运输能力较小，每节车厢能装10～60吨，一列火车的运量多达几千吨。汽车的运输能力相对较小，一般在10吨以下，它们之间运输能力的差异，也是通过仓库调节和衔接的。

4）信息传递的功能

信息传递功能总是伴随着以上3个功能而发生的。在处理有关仓库管理的各项事物时，需要及时而且准确的仓库信息，如仓库利用水平、进出货频率、仓库的地理位置、仓库的运输情况、顾客需求状况，以及仓库人员的配置等，这对一个仓库管理能否取得成功至关重要。

5.1.2 仓储活动的意义

商品的仓储活动是由商品生产和商品消费之间的矛盾所决定的。商品在从生产领域向消费领域转移过程中，一般都要经过商品的仓储阶段，这主要是由于商品生产和消费在时间、空间以及品种和数量等方面的不同步所引起的，也正是在这些不同步中，仓储活动发挥了重要的作用。

1. 搞好仓储活动是社会再生产过程顺利进行的必要条件

商品由生产地向消费地转移，是依靠仓储活动来实现的。可见，仓储活动的意义正是由于生产与消费在空间、时间以及品种、数量等方面存在着矛盾所引起的。通过仓储活动，发挥仓储活动连接生产与消费的纽带和桥梁作用，借以克服众多的相互分立又相互联系的生产者之间、生产者与消费者之间地理上的分离，衔接商品生产与消费时间上的不一致，以及调节商品生产与消费在方式上的差异，使社会简单再生产和扩大再生产能在建立在一定的商品资源的基础上，保证社会再生产顺利进行。具体来讲，仓储活动主要从以下几个方面保证社会再生产过程的顺利进行。

1）克服生产与消费地理上的分离

从空间方面来说，商品生产与消费的矛盾主要表现在生产与消费地理上的分离。在自给自足的自然经济里，生产者同时就是其自身产品的消费者，其产品仅供本人和家庭消费。随着商品生产的发展，商品的生产者逐渐与消费者分离。生产的产品不再是为了本人的消费，而是为了满足其他人的消费需要。随着交换范围的扩大，生产与消费空间上的矛盾也逐渐扩大，这是由社会生产的客观规律所决定的。

2）衔接生产与消费时间上的背离

在商品的生产与消费之间，有一定的时间间隔。在绝大多数情况下，今天生产的商品不可能马上就全部卖掉，这就需要商品的仓储活动。有的商品是季节生产、常年消费；有的商品是常年生产、季节消费；也有的商品是季节生产、季节消费或常年生产、常年消费。无论何种情况，在产品从生产过程进入到消费过程之间，都存在一定的时间间隔。在这段时间间隔内，形成了商品流通的暂时停滞。商品在流通领域中的暂时的停滞过程就形成了商品的仓储。同时，商品仓储又是商品流通的必要条件，为保证商品流通过程得以继续进行，就必须有商品的仓储活动。为了使商品更加符合消费者的需求，许多商品在最终销售以前，要进行挑选、整理、分装、组配等工作。这样便有一定量的商品停留在这段时间内，也会形成商品储存。此外，在商品运输过程中，车、船等不同运输工具会需要衔接，由于在时间上不可能完全一致，因此也会产生在途商品对车站、码头流转性仓库的储存要求。

3）调节生产与消费方式上的差别

生产与消费的矛盾还表现在品种与数量方面。专业化生产将生产的产品品种限制在比较窄的范围之内，专业化程度越高，一个工厂生产的产品品种就越少，而消费者却要求更广泛的品种和更多样化的商品。另一方面，生产越集中，生产的规模越大，生产出来的产品品种越少。这样，在生产方面，每个工厂生产出来的产品品种比较单一，但数量却很大；而在消费方面，每个消费者需要广泛的品种和较少的数量。因此，整个流通过程就要求不断在众多企业所提供的品种上加以组合，在数量上不断加以分散。

商品的仓储活动不是简单地把生产和消费直接联系起来，而是需要一个复杂的组织过程，在品种和数量上不断地进行调整。只有经过一系列调整之后，才能使遍及全国各地的零售商店向消费者提供品种、规格、花色齐全的商品。

总之，商品生产和消费在空间、时间、品种、数量等方面都存在着矛盾。这些矛盾既不能够在生产领域里得到解决，也不可能在消费领域里得到解决，只能在流通领域，通过连接生产和消费的商品仓储活动加以解决。商品仓储活动在推动生产发展，满足市场供应中具有重要意义。

2. 搞好仓储活动是保持物资原有使用价值和合理使用物资的重要手段

任何一种物资，在它生产出来以后至消费之前，由于其本身的性质、所处的条件，以及自然的、社会的、经济的、技术的因素，都可能使物资使用价值在数量上减少、质量上降低，如果不提供必要的条件，就会不可避免地使物资受到损害。因此，必须进行科学的管理，加强对物资的养护，搞好仓储活动，以保护好处于暂时停滞状态的物资的使用价值。同时，在物资仓储过程中，努力做到流向合理，加快物资流转速度，注意物资的合理分配、合理供料，不断提高工作效率，使有限的物资能够及时发挥最大的效用。

3. 搞好仓储活动，是节约流通费用、降低物流成本、提高经济效益的有效途径

仓储活动是物质产品在社会再生产过程中必然出现的一种状态。这对整个社会再生产，对国民经济各部门、各行业的生产经营活动的顺利进行，都有着巨大的作用。然而，在仓储活动中，为了保证物资的使用价值在时空上顺利转移，必然要消耗一定的物化劳动和活劳动。尽管这些合理费用的支出是必要的，但是由于它不能创造使用价值，因而，在保证物资使用价值得到有效的保护，有利于社会再生产顺利进行的前提下，这种费用支出越少越好。那么，搞好物资的仓储活动，就可以减少物资在仓储过程中的物资损耗和劳动消耗，就可以加速物资的流通和资金的周转，从而节省费用，降低物流成本，开拓"第三利润源泉"，提高物流社会效益和企业的经济效益。

案例链接

联合慈善公司的全国办公室为许多著名的慈善机构、政治组织的筹款活动准备资料。公司将资料印好，并分发到各地的活动站，在合同签订以后，通常是将整个公司的劳动力和印刷设备完全投入进来，为某一项活动准备资料，常常加班加点。在印刷完毕后，由UPS直接将资料从印刷厂送到各地的分拨点。

公司的总裁具有良好的物流管理意识，他在考虑如果在全美各地租用仓库可能会降低总成本。他认为虽然那样储存费用会增加，但是可以先将资料以整车运到各个仓库，然后由UPS从大约35个仓库做短距离运输，送到当地分拨点。因为当地分拨点可以从仓库提货，而不必直接向印刷厂订货，因而不会常常改变生产计划，所以生成成本也可能会因此下降。

该总裁随后做出了粗略的成本估算见表5-1(针对需要印刷500万册资料的典型活动)。

表5-1 粗略的成本估计 单位：美元

成本项目	从工厂直接运输	通过35个仓库运输	成本变化
生成成本	500 000	425 000	−75 000
运输成本：			
至仓库	0	50 000	+50 000

续表

成本项目	从工厂直接运输	通过35个仓库运输	成本变化
至当地	250 000	100 000	−150 000
存储成本	0	75 000	+75 000
总计	750 000	650 000	−100 000

运输费用的降低在抵消增加的存储费用后还有结余。看起来，利用仓库节约成本是一种非常有吸引力的方法。

4. 物资仓储活动是物资供销管理工作的重要组成部分

物资仓储活动在物资供销管理工作中有特殊的地位和重要的作用。从物资供销管理工作的全过程来看，它包括供需预测、计划分配、市场采购、订购衔接、货运组织、储存保管、维护保养、配送发料、用料管理、销售发运、货款结算、用户服务等主要环节。各主要环节之间相互依存、相互影响，关系极为密切。与其中许多环节相比，仓储活动所消耗和占用的人力、物力、财力多，受自然的、社会的各种因素影响很大，组织管理工作有很强的经济性，既涉及经济学、管理学、物理、化学、机械、建筑、气象等方面的知识，又涉及物资流通的专业知识和专业技能，它与物资管理经济管理专业的其他课程都有密切的联系。因此，仓储活动直接影响到物资管理工作的质量，也直接关系到物资从实物形态上确定分配供销的经济关系的实现。

5.1.3 仓储活动的作用

1. 仓储在物流系统中的作用

物流系统是指在一定的时间和空间里，由所需转移的物资、包装设备、装卸搬运机械、运输工具、仓储设施、人员和通信联系等若干相互制约的动态要素所构成的具有特定功能的有机整体。具体来讲，物流系统包括包装、运输、储存、装卸搬运、流通加工、配送、信息处理等活动。而仓储是物流系统中的一部分，其作用可表现在以下几方面。

1) 运输整合和配载

基于运输的费率随着运量的增大而减少的规模经济现象，尽可能大批量的运输是节省运费的有效手段。将连续不断产出的产品集中成大批量提交运输，或者将众多供应商所提供的产品整合成一票运输等运输整合需要通过仓储来进行。在运输整合中还可以对商品进行成组、托盘化等作业，使运输作业效率提高。

2) 分拣和产品整合

仓储可以用来配合组织生产，进行产品整合，企业可以根据客户要求，在仓库中根据商品流向、时间的不同进行分拣、配套、组合、打包，分别配载到不同的运输工具，然后运往各地客户。

3) 流通加工

流通加工是将产品加工工序从生产环节转移到流通环节。由于仓储中物品处于停滞状态，适合于在仓储中进行流通加工，又不影响商品的流通速度，同时又能满足用户的需要。

4)调节供应和需求

由于生产和消费之间或多或少存在时间或空间上的差异,仓储可以提高产品的时间效用,调整均衡生产和集中消费或均衡消费和集中生产在时间上的矛盾。

图 5.1～图 5.4 可以充分说明仓储在物流系统中的作用。

(1) 制造支持。

图 5.1　制造支持

(2) 产品混合。

图 5.2　产品混合

(3) 合并。

图 5.3　合并

(4) 分拆。

图 5.4　分拆

为了支持生产运营管理，仓库经常充当来自供应商的原材料的入厂统一接受点，如图 5.1 所示，企业从不同的供应商处订购原材料、零部件，供应商以整卡车(TL)或者整货车(CL)运到离工厂较近的仓库，这些物品再由仓库运到制造工厂。

从出货的方面来说，仓库可用于产品混合、出库联合和/或分拆。产品混合(图 5.2)常涉及从不同地点的工厂(如工厂 A、工厂 B、工厂 C)运输产品(如产品 A、B、C)到一个仓库中心，各工厂生产公司产品的一部分产品通常是大批量地运往仓库中心，而客户对不同产品的订单可以集中一起运输。

当仓库用于出库联合(图 5.3)时，它就是从几个制造地以整卡车运输(TL)或整货车运输(CL)运往一个仓库中心。仓库然后合并或集中来自不同工厂的产品，运给客户。

拆装仓库(图 5.4)是从制造工厂中接受大量产品运输的设施。几个客户订单结合起来，一次性从工厂运输到拆装仓库。当仓库接到货物后，将它分解成小的零担运输，并将它们送到由该仓库服务的客户手中。

因此，仓储在物流系统中起着举足轻重的作用，与企业其他经营活动相结合，实现尽可能最低成本下的客户满意的服务水平。

  案例链接

假设客户在正常情况下，从 4 家制造商那里接收多种产品，批量分别为 10 000 磅、15 000 磅和 7 000 磅。如果所有的货物都可以以零担方式运到客户那里，总的分拨成本将为每批 966 美元，见表 5-2。在分拨仓库将货物集中起来进行运输，则总分拨成本降至每批 778 美元，见表 5-3。在该例中，及时将仓库成本包括进来，也有 188 美元的成本节约。

表 5-2 不集中运输的总分拨成本

制造商	货运量/磅	以零担费率运送至客户/(美元/担)	成本/美元
A	10 000	2.00	200
B	8 000	1.80	133
C	15 000	3.40	510
D	7 000	1.60	112
总计			966

表 5-3 集中运输的分拨成本

制造商	货运量/磅	以零担费用运送至分拨中心/(美元/担)	零担总运费/美元	分拨仓库费用/美元	从分拨仓库至客户的整车费用/(美元/担)	整车总费用/美元	成本/美元
A	10 000	0.75	75	10	1.00	100	185
B	8 000	0.60	48	8	1.00	80	136
C	15 000	1.20	180	15	1.00	150	345
D	7 000	0.50	35	7	1.00	70	112
总计	40 000						778

这里使用分拨仓库一词主要是要与储存仓库相区别。二者的差异在于仓库对储存货物的重视程度和货物储存时间的长短。储存仓库指仓库内的大部分空间用于半永久性或长期存储，相反，分拨仓库的绝大部分空间则只是暂时存储货物，更重视使产品更快速、更通畅。

2. 仓储在物流成本管理中的作用

物流成本是指商品在实物运动过程中所耗费的人力、财力和物力的总和，具体可分为仓储成本、运输成本、配送成本等。物流成本管理是以成本为手段的物流管理。

仓储是物流系统中的重要环节，在仓储活动中，储存商品会增加仓库建设、仓库管理、仓库工作人员工资与福利等项费用的开支，同时，储存的商品占用一定资金，又使企业产生一定的机会损失。近年来，为分摊风险，对储存商品投保而缴纳保险费的比例逐渐增加，此外，商品在储存过程中，由于受各种因素的影响，会使其质量发生变化，甚至失去使用价值。这样，无疑会使商品产生跌价损失。上述种种仓储费用的支出，使得仓储成本增加。

人们常常把仓储称作"第三利润源"的重要源泉之一，仓储费用的增加，必然会冲减利润，从而导致企业经济效益的降低。因此，采取各种有效的方法，合理地安排仓储，减少装卸搬运环节，提高作业效率，最大限度地发挥仓储设施的效用，确保商品质量完好和数量准确，是加强仓储费用的管理、有效地降低仓储成本有效途径，也是物流成本管理的重要方面。

3. 仓储是实现物流增值服务功能的重要环节

增值服务是在基本服务(如货运组织调度、配送中心管理、仓储运输管理、配送中心设计、信息流管理以及物流系统规划设计等)的基础上，增加的便利性服务或支持性服务。

大多的物流增值服务是在仓储这一环节中进行的。流通加工业务是通过进行商品的个性化服务，更好地满足用户的要求。通过仓储的增值服务，进行产品的整合，实现时间价值。

5.1.4 仓储管理信息系统

随着社会经济的发展和工业生产的加速，仓库的进出更为频繁，仓库信息更为重要。传统仓库管理完全由人来完成，以手工记录为主。当企业的物流业务成长到一定规模之后，随着订单数量的增加，客户需求不断个性化，执行效率就成为物流发展的瓶颈。单纯依靠人力资源的增加已不能提升出入库执行的速度，反而带来成本的大幅度上升与差错频频。一个高效的仓储中心将是取得竞争优势和获得更高利润的关键，客户对这些大型仓储与配送中心的作业效率、准确率、响应速度、作业量等提出了更高的要求。

1. 仓储信息管理系统概述

仓储管理信息系统是用来管理仓库内部的人员、库存、工作时间、订单和设备的信息系统。仓储管理信息系统属于一种专门追踪和管理仓储中一切活动的信息系统，其负责从货物抵达到运送全过程的信息收集与处理，并辅助作业人员的业务操控。

一般来说，一个仓储管理信息系统应具备以下基本功能：入库管理、出库管理、存货管理、盘点管理。仓储管理信息系统按照常规和用户自行确定的优先原则，来优化仓库的空间利用率和全部仓储作业。它可以通过电子数据交换系统或其他的信息网络，与企业的信息系统相连，接收订单或其他指令的原始数据。它还可以通过无线网络、手提终端、条码系统和射频数据通信等信息技术与仓库的员工联系，上下相互作用，传达指令，反馈信息，更新数据库，并生成所需的条码标签和单据文件等。

2. 信息流程

1）入库处理的信息流程

入库处理从接收入库开始，包括验收、确认货物、统筹货位状况、确认存储位置、填制入库单据、更新库存数据的处理等内容。入库处理的信息流程如图5.5所示。

图 5.5　入库处理的信息流程

2）出库处理的信息流程

出库处理主要从接收出库单证开始，包括验单、确认库存数量以及存储位置、分拣处理、理货、单据确认、库存数据更新与处理等内容。其信息流程如图5.6所示。

图 5.6　出库处理的信息流程

3）存货管理的信息流程

存货处理主要包括事先设定库存指标、监控库存动态、根据货位状况进行存货整理、根据相关规则进行盘点处理等内容。库存动态监控主要包括以下内容：从入库、出库各个业务的结果，监视有关更新的库存是否合理；在不合理库存的情况下，判断如何进行处理；根据掌握的库存及货物分布，提出仓储作业的建议等。此外，管理人员还应在存在数量差异时进行必要的处理。图5.7即为存货管理的信息流程。

图 5.7　存货管理的信息流程

3. 功能分析

1）入库管理

入库管理模块是在辅助货物入库时使用的事务处理模块，通过该模块能快速、准确地组织货物入库。其主要的功能有接收入库单据、货位提示、入库单生成与编辑、入库确认、单据打印、数据更新等。

（1）接收入库单据。在货物到达之后，为了顺利完成入库作业，应有计划地进行事前处理。因此需要事先掌握入库的单据，对待入库的数据进行事先的处理，便于后续工作顺利、高效地进行。

接收入库单据主要掌握的数据有入库商品（编码、品名、规格、计量单位、包装等）、入库数量、入库日期、供货商。

（2）货位提示。为了保证出入库方便，有效利用库内容积，保证物品的安全性，在有效期内保证有效存储等，需要在物品入库时，区分不同的物品进行存放位置的提示，以满足物品存放应遵循的原则：面向通道，考虑出入库频率，同一品种存于同一地方，先进先出等。

（3）入库单生成与编辑。入库单是物品入库的重要凭证，根据接收到的入库数据以及相应的货位提示，生成入库单，再由人工根据具体情况进行编辑、确认后，就可以进行相关单据的打印和库存数据的更新。

（4）更新库存。在入库单确认之后，需要对原有的库存数据进行更新，以保证库存信息的准确性。由于库存作业是一个连续的过程，所以每一个步骤都会影响到下一步的操作，因此对于库存信息的更新就显得尤为重要。

（5）信息传送。在入库作业完成之后，生成相关的财务信息、存货信息以及相关的管理信息，这些信息需要传送给相关的部门或信息系统，以便完成后续的工作。

2）出库管理

出库管理模块是在辅助货物出库时使用的事务处理模块，通过该模块能快速、准确地组织货物的出库。其基本功能主要有出库单数据处理、拣货处理、出库单确认、库存更新、出库单据打印等。

（1）出库数据的汇总。在出库单据接收、审验等出库准备结束后，为了便于以后的作业处理，将出库数据按照顺序进行排列并编辑有关内容，再根据货物存储的位置分布为出库的货物生成拣货单据。

（2）拣货处理。拣货处理是指根据由出库数据生成的拣货单据，在仓库内将所需要的货物拣选出来。拣货单是根据出库数据汇总得到的，因此所拣取的货物一般是多个出库单综合起来的，因此在拣选货物完成之后，还需要将货物根据各出库单整理码放。

（3）出库单确认。在对货物进行分拣处理后，将实际的出库情况与出库单据核对，以保证两者相对应。作为二次检验，出库单确认的过程除了要保证出库数据的准确外，还要保证每一出库单数据的完整性。

（4）库存数据更新。根据确认的出库单，及时更新库存数据，以反映真实、可靠的库存信息。

（5）数据传送。将确认的出库信息向财务系统、销售系统等信息系统或部门进行传送，便于进行账务处理等后续的操作。

3）存货管理

存货管理模块是对仓库内的存货管理提供信息支持的模块。其主要的功能有设定库存控制指标、库存数量监控、调仓处理、盘点等。

（1）设定库存控制指标。库存控制指标是为了保证库存存货可以满足需求又不至于库存过高而设置的指标。例如，安全库存量、最高储备量、补货点、补货批量等，都是为了更好地管理好存货而设置的指标。

（2）库存数量监控。库存数量监控就是实时对比实际库存数量与库存控制指标，并根据比较的结果实时反映给相关的部门或业务人员，即高储报警、低储报警、补货提示等。

（3）调仓处理。随着出库与入库业务的不断进行，仓库内的货物存储情况不断发生变化。为了保证存货管理的高效、有序，物流企业需要定期对仓库内的存货进行整理与调整，即调仓。调仓包括同一仓库内的不同货位上货物的调整，也包括不同仓库间货物的调整。

（4）盘点。盘点是为了正确地掌握存货和资产的实际数据，根据相关的指示进行盘点处理。盘点是将库存数据与实际的存货相比较，分析存货物品的种类、数量、位置以及其他信息是否与记录的信息相一致。如果不一致，需要及时做出更正，并分析产生问题的原因，保证信息的准确性。

5.2 仓库作业流程

5.2.1 入库作业

货物的入库业务是仓储业务的开始，包括货物的接运、卸货、搬运、清点数量、货物验收、整理、堆码、办理入库手续等一系列的操作过程。它是根据货主提供的货物储存计划和入库凭证安排的，按照规定的程序，仓库进行收货的业务。在收货过程中，仓库要做到手续简便、操作便捷、点数准确、保证质量。按其业务程序可以分为接运、验收和入库交接3个环节。

1. 接运

接运工作是在仓库进行货物入库时发生交接的一项工作。它的主要任务是根据到货通知，及时、准确地向有关部门提取入库货物，并为入库保管做好一切准备。接运工作手续要清楚、责任要分明，要避免把一些在入库前发生的货损或错误带入仓库，从而造成责任难分和保管工作中的困难。接运可在车站、码头、仓库或专用线进行，因而可以简单分为到货和提货两种方式。在到货形式下，仓库不需组织库外运输。在提货形式下，仓库要组织库外运输，除要选择运输路线、确定派车方案外，更要注意物品在回库途中的安全。

2. 验收

货物入库验收要求做到及时、准确、负责，也就是要求在尽可能短的时间内，准确地验收货物的质量、数量和包装，以认真负责的态度去对待验收。

货物验收包括以下程序。

第一步，接收并核对单据。

货物验收必须是在各种业务证件和资料齐全的条件下进行，保管员在接收到库的货物时，应先接收的主要单据、凭证包括以下几种：存货人提供的入库通知单、仓储合同；存货人或供货单位提供的质量证明书或合格证、装箱单、发货明细表等；如果在接运时已有质量残损或差错，应具有承运人填写的商务记录或普通记录，以及提货员、接货员的交接记录。只有当上述单据、凭证齐全，并经核对无误后方能验收。

第二步，检验实物。

（1）数量检验。在商品运到后，收货人员要按商品入库单清点商品数量。商品数量的计量分计数和计重两种。计数可采取大数点收、逐件计总或集中堆码点数等方法。计重的商品若需要验收净重，可根据商品包装的具体情况，采用扣除平均皮重或除皮核实两种方法。

（2）质量检验。质量检验是鉴定商品的质量指标是否符合规定，质量检验分感官和理化检验两种方法。理化检验一般由技术检验部门进行取样测定，感官检验一般由仓库保管员在验收商品时凭感官检查商品的包装、外观等。

（3）包装检验。包装对安全运输和储存关系甚大，是仓库验收中必须重点检查的一项内容，尤其是包装有具体规定的，如木箱板的厚度、打包铁皮的箍数，纸箱、麻袋等的质量要求等，仓库必须按规定进行验收。商品的检验方法有全验和抽验两种。全验主要是数量的全验，在批量小、规格尺寸和包装不整齐以及严格验收时采用。抽验往往在大批量、规格尺寸和包装尺寸整齐、商品质量信誉较高以及验收条件有限的情况下采用。现在的商品检验方式一般由双方通过签订协议或合同加以规定。

第三步，货物入库。

在货物验收完毕后，就需要办理登账、立卡、建档等一系列入库手续。

（1）交接手续。交接手续是指仓库对收到的物品向送货人进行的确认，表示已接收物品。办理完毕手续，意味着划清运输、送货部门和仓库的责任。完整的交接手续包括接收物品、接收文件和签署单证如到接货交接单。

（2）登账。货物入库，仓库应建立详细反映货物仓储的明细账，登记物品入库、出库、结存的详细情况，用以记录库存物品动态和入出库过程。

（3）立卡。在人工管理的仓库中，物品入库或上架后，应将物品名称、规格、数量或出入状态等内容填在料卡上，称为立卡。

（4）建档。仓库应为入库的物品建立存货档案，以便物品管理和保持客户联系，也为将来可能发生的争议保留凭据。同时有助于总结和积累仓库保管经验，研究仓库管理规律。

5.2.2 保管作业

1. 维护保养

物流部门要研究影响货物质量变化的因素，制定科学的货物维护保养制度和方法，防止库存货物质量下降，并要随时掌握货物质量变化情况，及时采取适当措施。

1）仓库商品质量变化的类型

（1）物理变化。物理变化主要包括三态变化、串味、渗漏、玷污和干裂。此外商品在外力作用下，还会发生机械变化，使商品破碎、变形、结块、脱散和划伤等。

（2）化学变化。化学变化主要包括氧化、分解、锈蚀、风化、燃烧与爆炸和老化等。

（3）生物学变化。生物学变化主要包括霉变、虫蛀与鼠咬、呼吸作用和后熟作用等。

2）仓库商品质量变化原因

商品在储存期间，体内不断发生各种各样的运动变化，这些变化都会影响到商品的质量。商品养护就是根据商品储存期间的质量变化规律，采取各种措施防止或减弱商品的质量变化，达到保证商品质量，降低商品损耗，防止商品损失，以利于商品使用的价值实现。

在商品储存期间，发生质量变化的因素有两个方面：一是商品本身的自然属性，包括商品的成分、结构及性质，它是影响商品质量变化的内因；二是储存环境，即指大气的温度、湿度、日光、氧气、微生物、虫鼠等，它是影响商品质量变化的外因。

3）商品养护的基本措施

针对导致商品质量变化的原因，为了更好地做好商品养护工作，在实际储存过程中，应采取以下切实有效的措施。

（1）掌握商品的性能，适当安排储存场所。

（2）严格入库验收。

（3）合理堆垛苫垫。

(4) 加强仓库温湿度管理。
(5) 坚持在库检查。
(6) 开展科学实验研究。

 知识链接　茶叶保管的气象条件及其影响

茶叶是一种有益于人体健康的饮料,而如何保管好茶叶,保持其原有的风味,并不是每个喝茶者都知晓的。要使茶叶保持其原有的风味,在保管过程中,主要是控制湿度、温度和光照等气象因素对茶叶质量产生的不良影响,以及防止茶叶串上异味、怪味。尤其在高温高湿的夏季,更应倍加注意。

首先,最重要的是控制湿度。茶叶最适宜在其本身含水量5%以下的条件下密封储存。当其含水量在8%左右时,储存6个月就会有陈茶气味;当其含水量在10%时,就很容易出现霉变气味;当其含水量超过12%时,因茶叶中含有蛋白质、维生素等多种营养成分,霉菌很容易大量滋生,霉变气味会加强、加浓,倘饮用,对身体有害,有时甚至发霉结块,根本无法饮用。若茶叶中含水量过高,可用干净的器具温火炒干或烘干后,再储存。

其次,要控制温度。茶叶适宜在低温情况下存放。因为温度较高,能促使茶叶吸湿变质。在温度0~5℃的条件下,能长时间保持其原有的色泽与香味不变。在10℃左右时,其色泽变化缓慢,且无质变气味;在15℃以上时,其色泽变化加快,开始出现老化现象,并伴有陈茶气味。

再次,应遮阴避光。茶叶在无光线照射的环境中存放效果最好。在有光的环境中,特别是光线直接照射时,不但茶叶的色泽变化加快,而且还能加速陈化变质,使其出现一种令人作呕的"日晒气"、"尘土味";尤其是高级绿茶,对光线的照射作用特别敏感,其中所含的叶绿素、维生素等很容易见光分解损失,若经10天光照就会完全变成棕红色。

最后,要单独存放,避免串味。因为茶叶中含有烯萜类物质,具有很强的吸附异味的能力。所以,在储存茶叶时应避免放在用樟木、杉木等具有较大异味的木材制作的箱、柜内;不能与香皂、花露水等异味较大的化妆品以及卫生球、油漆、海产品等一起存放,否则,很容易串味。倘若与具有腥臭气味的海产品在一起存放,饮用时,会使人感到恶心。另外,红、绿、花茶分类密封存储,可达到令人满意的效果。

2. 盘点和检查

货物的盘点与检查是及时掌握库存货物的变化情况,避免发生短缺和长期积压,维护货物质量,保证卡、账、物相符的重要手段。盘点检查的内容包括查规格、点数量、查质量、查有无超过保管期或长期积压情况、查保管条件、查安全等。

1) 盘点目的

盘点作业基本目的有以下3点。

(1) 查清实际的库存数量,并通过盈亏分析使账面数与实际库存数量保持一致,从而知道企业日常经营业务。

(2) 掌握损益。一般来讲,库存金额与库存量及单价成正比,搞清库存的盈亏原因,以便真实地把握经营绩效,并及时采取防漏措施。

(3) 发现库存管理中存在的问题。

2) 盘点作业流程

(1) 盘点准备。主要包括人员准备、环境整理、准备好盘点工具、告知顾客、盘点前培训和盘点工作分派等内容。

(2) 确定盘点时间。一般情况下,盘点的时间选择在财务决算前或业务不太频繁、存货较少的销售淡季，由于每一次盘点都要消耗大量的人力、物力、财力，因此对一般的企业而言，由于货物周转频率不大，可以半年或一年进行一次货物盘点。

（3）确定盘点方法。一种是账面盘点，就是将每种商品分别设立"存货账卡"，将每天出入库商品的数量及单价记录在电脑或账簿上，一定期间末计算汇总出账面的库存数量及库存金额。另一种是现货盘点就是实地去仓库清点商品的数量，再依据单价计算出库存金额。

（4）清理储存场所。主要清理工作包括以下内容：尚未办理入库手续的商品，不在盘点之列，应予以标明；已办理出库手续的商品，应运到相应的配送区域，不在盘点之列；账卡、单据、资料均应在整理后统一结清；整理商品堆垛、货架等，使其整齐有序，以便于清点记数。

（5）盘点作业。分为初点作业、复点作业和抽点作业。初点作业主要是第一次的盘点工作。复点作业在初点作业基础上进行，按照初点盘点表依次检查，把差异填入差异栏。

抽点作业可参照复点办法，抽点商品可选择卖场内死角或不易清点的商品，或单价高、金额大的商品，对初点与复点差异较大的商品要加以实地确认。

（6）盘点后处理。处理工作包括核对盘点单据、追查发生盈亏原因、编表与分析和盘点盈亏处理等内容。

3. 出库作业

1）商品出库的基本要求

商品出库必须符合有关规定和要求，其基本包括以下要求。

（1）出库凭证、手续必须符合要求。

（2）严格遵守仓库有关出库的各项规章制度。

（3）贯彻先进先出，推陈出新的原则。

（4）组织好商品发放工作。

（5）提高服务质量，满足用户要求，保证商品安全出库。

2）货物出库的基本方法

（1）出库前准备。为了使货物出库迅速、加快物流速度，仓库在出库前应安排好出库的时间和批次。同时做好出库场地、机械设备、装卸工具及人员的安排。

（2）核对出库凭证。仓库发放货物必须有正式的出库凭证。物流保管人员在接到发货通知后，经仔细核对，检查无误后方可备货。

（3）备货。物流保管人员按照出库凭证上的要求进行备货。规定发货批次者，按规定批次备货；未定批次的，按先进先出的原则备货。

（4）复核。为防止差错，在备好货后必须再度与出库凭证核对出库货物的名称、规格、数量等，以保证出库的准确性。

（5）点交。在货物复核无误后即可出库。发货时应把货物直接点交给提货人，办清交接手续。若是代运，则需向负责包装和运输的部门点交清楚。

3）商品出库程序

出库作业程序是保证出库工作顺利进行的基本保证，为防止出库工作失误，在进行出库作业时必须严格履行规定的出库业务工作程序，使出库有序进行。商品出库的程序包括出库前准备、审核出库凭证、出库信息处理、拣货、分货、出货检查、包装、刷唛和点交和登账工作。

(1) 出库前准备。通常情况下，仓库调度在商品出库的前一天，接到送来的提货单后，应按去向、船名、关单等分理和复核提货单，及时正确地编制好有关班组的出库任务单，配车吨位、机械设备等，并分别送给机械班和保管员或收、发、理货员，以便做好出库准备工作。

(2) 审核出库凭证。审核出库凭证的合法性、真实性；手续是否齐全，内容是否完整；核对出库商品的品名、型号、规格、单价、数量；核对收货单位、到站、开户行和账号是否齐全和准确。

(3) 出库信息处理。出库凭证经审核确实无误后，将出库凭证信息进行处理。

(4) 拣货。拣货是依据客户的订货要求或仓储配送中心的送货计划，尽可能迅速地将商品从其储存位置或其他区域拣取出来的作业过程。拣取过程可以分为人工拣货、机械拣货和半自动与全自动拣货。

(5) 分货，也称为配货作业。根据订单或配送路线等的不同组合方式进行货物分类工作，即分货。分货方式主要有人工分货和自动分类机分货两种。

(6) 出货检查。为了保证出库商品不出差错，在配好货后企业应立即进行出货检查。将货品一个个点数并逐一核对出货单，进而查验出货物的数量、品质及状态情况。

(7) 包装。出库商品包装主要分为个装、内装和外装3种类型。包装根据商品外形特点、重量和尺寸，选用适宜的包装材料，应便于装卸搬运。

(8) 刷唛。在包装完毕后，要在外包装上写清收货单位、收货人、到站、本批商品的总包装件数、发货单位等。字迹要清晰，书写要准确。

(9) 点交。出库商品无论是要货单位自提，还是交付运输部门发送，发货人员必须向收货人或运输人员按车逐渐交代清楚，划清责任。

(10) 登账。在点交后，保管员应在出库单上填写实发数、发货日期等内容并签名。然后将出库单同有关证件及时交货主，以便货主办理结算手续。保管员根据留存的一联出库凭证登记实物储存的细账，做好随发随记，日清月结，账面金额与实际库存和卡片相符。

5.3 仓储管理模式与仓储合理化

5.3.1 仓储管理模式

仓储管理模式是库存保管的方法和措施的总和。企业、部门或地区拥有一定数量的库存是客观事实，库存控制和保管是企业生产经营过程和部门管理的重要环节，仓储成本是企业物流总成本的重要组成部分，因此选择适当的仓储管理模式，既可以保证企业的资源供应，又可有效地控制仓储成本。

仓储管理模式可以按仓储活动的运作方分类，也可以按库存所有权划分类。

1. 按仓储活动的运作方分类

仓储管理模式可以按仓储活动的运作方分为自建仓库仓储、租赁仓库仓储和第三方仓储。

1) 自建仓库仓储

自建仓库仓储就是企业自己修建仓库进行仓储。这种模式具有以下优缺点。

(1) 可以更大程度地控制仓储。由于企业对仓库拥有所有权,所以企业作为货主能够对仓储实施更大程度的控制,而且有助于与其他系统进行协调。

(2) 管理更具灵活性。这里的灵活性并不是指能迅速增加或减少仓储空间,而是指由于企业是仓库的所有者,所以可以按照企业要求和产品的特点对仓库进行设计与布局。

(3) 长期仓储时成本低。如果仓库得到长期的充分利用,可以降低单位货物的仓储成本,在某种程度上说这也是一种规模经济。

(4) 可以为企业树立良好形象。当企业将产品储存在自有自建的仓库中时,会给客户一种企业长期持续经营的良好印象,客户会认为企业经营十分稳定、可靠,是产品的持续供应者,有助于提高企业的竞争优势。

(5) 仓库固定的容量和成本使得企业的一部分资金被长期占用。不管企业对仓储空间的需求如何,仓库的容量是固定的,不能随着需求的增加或减少而扩大或减小。当企业对仓储空间的需求减少时,仍须承担仓库中未利用部分的成本;而当企业对仓储空间有额外需求时,仓库却又无法满足。另外,自有仓库还存在位置和结构上的局限性。如果企业只能使用自有仓库,则会由于数量限制而失去战略性优化选址的灵活性;市场的大小、市场的位置和客户的偏好经常变化,如果企业在仓库结构和服务上不能适应这种变化,就会失去许多商业机会。

2) 租赁仓库仓储

租赁仓库仓储就是委托营业型仓库进行仓储管理。这种模式具有以下优缺点。

(1) 从财务角度看,租赁仓库仓储最突出的优点是企业不需要资本投资。任何一项资本投资都要在详细的可行性研究基础上才能实施,但租赁仓库仓储可以使企业避免资本投资和财务风险。企业可以不对仓储设施和设备作任何投资,只需支付相对较少的租金即可得到仓储服务。

(2) 可以满足企业在库存高峰时大量额外的库存需求。如果企业的经营具有季节性,那么采用租赁仓库仓储的方式将满足企业在销售淡季所需要的仓储空间;而自建仓库仓储则会受到仓库容量的限制,并且在某些时期仓库可能闲置。大多数企业由于产品的季节性、促销活动或其他原因而导致存货水平变化,利用租赁仓库仓储,则没有仓库容量的限制,从而能够满足企业在不同时期对仓储空间的需求,尤其是在库存高峰时大量额外库存的需求。同时,仓储的成本将直接随着储存货物数量的变化而变动,从而便于管理者掌握成本。

(3) 减少管理的难度。工人的培训和管理是任何一类仓库都面临的一个重要问题,尤其是对于产品需要特殊搬运或具有季节性的企业来说,很难维持一个有经验的仓库员工队伍,而使用公共仓储则可以避免这一困难。

(4) 营业型仓库的规模经济可以降低货主的仓储成本。由于营业型仓库为众多企业保管大量库存,因此与企业自建的仓库相比,通常可以大大提高仓库的利用率,从而降低库存物品的单位储存成本;另外,规模经济还使营业型仓库能够采用更加有效的物料搬运设备,从而提供更好的服务;最后,营业型仓库的规模经济还有利于拼箱作业和大批量运输,降低货主的运输成本。

(5) 在使用租赁仓库仓储时，企业的经营活动可以更加灵活。如果企业自己拥有仓库，那么当市场、运输方式、产品销售或企业财务状况发生变化，或者企业搬迁时需要改变仓库的位置，那么原来的仓库就有可能变成了企业的负担。如果企业租赁营业型仓库进行仓储，租赁合同通常都是有期限的，企业能在已知的期限内灵活地改变仓库的位置；另外，企业还不必因仓库业务量的变化而增减员工，还可以根据仓库对整个分销系统的贡献以及成本和服务质量等因素，临时签订或终止租赁合同。

(6) 便于企业掌握保管和搬运成本。由于每月可以得到仓储费用单据，所以可清楚地掌握保管和搬运的成本，有助于预测和控制不同仓储水平的成本。而在企业自己拥有仓库时，很难确定其可变成本和固定成本的变化情况。

(7) 增加了企业的包装成本。由于营业型仓库中存储了不同企业的各种不同种类的货物，而各种不同性质的货物有可能互相影响，因此企业在租赁仓库进行仓储时必须增强货物的保护性包装，从而增加了包装成本。

(8) 增加了企业控制库存的难度和风险。企业与仓库经营者都有履行合同的义务，但盗窃等对货物的损坏、给货主造成的损失将远大于得到的赔偿，因此在控制库存方面，租赁仓库进行仓储将比使用自建仓库承担更大的风险。另外，在租赁仓库中泄露有关商业机密的风险也比在自建仓库中大。

 案例链接　哈雷·戴维森摩托车公司走进了公共仓库

计划、建造并运营一个新的配送中心对任何企业和组织来讲，都意味着一项巨额投资。许多公司都把经营公共仓库当做取得专业化管理技能、提高运行效率的一个可行的选择，这是因为公共仓库可以通过以下几个方面为企业提供竞争优势：①降低企业的管理费用，这样企业节约的资金就可以投资到其他领域；②允许企业把精力集中在它们真正的核心优势方面；③利用美国的公共仓库，可使刚刚起步运行的国外公司和生产商轻松地进入美国市场；④进一步巩固企业的运作底线，达到最优的物流运作效率。

例如，早在19世纪80年代，哈雷·戴维森摩托车公司就认为公共仓库是一个很好的物流选择，并开始利用它提高其设施的生产率。

运作环节的进一步理顺、生产时间的降低、即时制的库存控制大大提高了哈雷·戴维森公司的竞争地位。今天，这个公司已经控制了重型摩托车（850cm³或更大排量）市场60%的份额——这对于1982年的市场份额仅仅为20%的哈雷·戴维森公司来说，确实是一个巨大的飞跃。销售量的大幅提升使得公司开始考虑把存放在宾夕法尼亚州约克市工厂中的预售的库存产品转移到其他地区，以此来提高公司的整体生产能力。以哈雷·戴维森公司为例，预售的库存产品（即已经卖给客户或经销商的产品，但是还没送出或客户还没提取）存储时间可以长达几个月，这种库存的数量通常有500～1 000辆摩托车。

每辆摩托车都是根据客户的特殊需要进行设计的，并且要有标有详细的客户要求和递送要求的识别标签。公共仓库有责任确保把优质的摩托车产品准确地送到客户手里，这就意味着对于每辆摩托车的储存都要有系统地管理，使得这辆摩托车和它的识别标签很容易就可以获得。

哈雷·戴维森公司的总经理汤姆说："我们把预售的库存转移到了公共仓库，进一步拥有了我们所需要的额外的能力，最重要的是，拥有了我们所需要的对专业化的库存进行管理的能力。"把库存转移到公共仓库也有利于哈雷·戴维森公司对劳动成本保持更为严格的控制。汤姆说："即使在销售减缓的时期，自有仓库仍然需要保留作业人员，以应付销售高峰再次来临时突发的大量工作。公共仓库的优点是其本身固有的，你完全可以在你的公司需要的时候，只支付你所需要的、实际使用的空间的费用。"

3）第三方仓储

在物流发达的国家，越来越多的企业转向利用第三方仓储（Third Party Warehousing）

或称合同仓储(Contract Warehousing)进行仓储管理。

第三方仓储是指企业将仓储管理等物流活动转包给外部公司,由外部公司为企业提供综合物流服务。

第三方仓储不同于一般的租赁仓库仓储,它能够提供专业化的高效、经济和准确的分销服务。企业若想得到高水平的质量与服务,则可利用第三方仓储,因为这些仓库的设计水平更高,并且符合特殊商品的高标准、专业化的搬运要求。如果企业只需要一般水平的搬运服务,则应选择租赁仓库仓储。从本质上看,第三方仓储是生产企业和专业仓储企业之间建立的伙伴关系。正是由于这种伙伴关系,第三方仓储公司与传统仓储公司相比,能为货主提供特殊要求的空间、人力、设备和特殊服务。

合同仓储公司可以为货主提供储存、卸货、拼箱、订货分类、现货库存、在途混合、存货控制、运输安排、信息和货主要求的其他专门物流服务。由此可见,合同仓储不仅仅只是提供储存服务,而且还可为货主提供一整套物流服务。

与自建仓库仓储和租赁仓库仓储相比较,第三方仓储具有以下特点。

(1) 有利于企业有效利用资源。利用第三方仓储比企业自建仓库仓储更能有效处理季节性产业普遍存在的产品的淡、旺季存储问题,能够有效地利用设备与空间。另外,由于第三方仓储公司的管理具有专业性,管理专家拥有更具创新性的分销理念和降低成本的方法,因此有利于物流系统发挥功能、提高效率。

(2) 有利于企业扩大市场。由于第三方仓储企业具有战略性选址的设施与服务,因此货主在不同位置的仓库得到的仓储管理和一系列物流服务都是相同的。许多企业将其自有仓库数量减少到有限几个,而将各地区的物流转包给合同仓储公司。通过这种自有仓储和合同仓储相结合的网络,企业在保持对集中仓储设施直接控制的同时,能利用合同仓储来降低直接人力成本、扩大市场的地理范围。

(3) 有利于企业进行新市场的测试。货主企业在促销现有产品或推出新产品时,可以利用短期第三方仓储来考察产品的市场需求。当企业试图进入一个新的市场区域时,要花很长时间建立一套分销设施;然而,通过合同仓储网络,企业可利用这一地区的现有设施为客户服务。

(4) 有利于企业降低运输成本。由于第三方仓储公司处理不同货主的大量产品,因此经过拼箱作业后可大规模运输,这样大大降低了运输成本。

尽管合同仓储具有以上优势,但也存在一些不利因素,其中对物流活动失去直接控制是企业最担心的问题。由于企业对合同仓库的运作过程和雇佣员工等控制较少,因此这一因素成为产品价值较高的企业利用合同仓储的最大障碍。

2. 按库存所有权分类

仓储管理模式按库存所有权可以划分为寄售和供应商管理库存等。

企业生产和销售系统中的库存通常是为避免出现某种差错而设立的,因而库存也常常会掩盖许多不应该发生的差错,使成本居高不下。好的库存策略不应该是为准备应付某种情况,而应是为了准时供货,所以企业库存管理的目标是"零库存"。

零库存技术[《物流术语》(GB/T 18354—2006)中 4.16,Zero-inventory Technology]是指在生产与流通领域按照准时制组织物资供应,使整个过程库存最小化的技术总称。

当然,要做到完全意义上的"零库存"非常困难,而且在许多情况下也是不必要的,企业只要建立一个准时制的库存系统就可以了。

准时制库存(Just-in-time Inventory)是维持系统完整运行所需的最小库存。有了准时制库存，所需商品就能按时、按量到位。

企业实现准时制库存的方式多种多样，但都是基于与供应商或客户的可靠联盟。

1) 寄售

寄售(Consignment)是企业实现"零库存资金占用"的一种有效方式，即供应商将产品直接存放在用户的仓库中，并拥有库存商品的所有权，用户只在领用这些产品后才与供应商进行货款结算。这种仓储管理模式的实质如下：供应商实现的是产成品库存实物零库存，而产成品库存资金占用不为"零"，用户实现的是库存原材料或存货商品资金占用为"零"，而实物不为"零"。

从供应商方面看，寄售的优点体现在有利于节省供应商在产品库存方面的仓库建设投资和日常仓储管理方面的投入，大大降低产品的仓储成本；从用户方面来看，寄售的优点有利于保证原材料或存货商品的及时供应而又不占用资金，可以大大节约采购成本。

2) 供应商管理库存

供应商管理库存[《物流术语》(GB/T 18354—2006)中 6.6，Vendor Managed Inventory，VMI]是指按照双方达成的协议，由供应链的上游企业根据下游企业的物料需求计划、销售信息和库存量，主要对下游企业的库存进行管理和控制的库存管理方式。

供应商管理库存是一种在供应链环境下的库存运作模式，本质上，它是将多级供应链问题变成单级库存管理问题，相对于按照传统用户发出订单进行补货的传统做法，VMI是以实际或预测的消费需求和库存量，作为市场需求预测和库存补货的解决方法，即由销售资料得到消费需求信息，供货商可以更有效地计划、更快速地反映市场变化和消费需求。供应商管理库存通常可以理解为企业的原材料库存由供应商进行管理，当企业需要时再运送过来，这种模式与 JIT 系统和 ECR(有效客户响应)有着诸多共同之处。

供应商管理库存是以供应商为中心，以双方最低成本为目标，在一个共同的框架协议下把下游企业的库存决策权代理给上游供应商，由供应商行使库存决策的权利，并通过对该框架协议经常性地监督和修改以实现持续改进。供应商收集分销中心、仓库和 POS 数据，实现需求和供应相结合，下游企业只需要帮助供应商制订计划，从而下游企业实现零库存，供应商的库存也大幅度减少。VMI 是一种很好的供应链库存管理策略，它能够突破传统的条块分割的管理模式，以系统的、集成的管理思想进行库存管理，使供应链系统能够获得同步化的运作。

VMI 能够在一定程度上消除"牛鞭效应"。VMI 要求整个供应链上的各个企业共享生产、销售、需求等信息，可以加强供应链上下游企业之间的合作，减少由于信息不对称或不完全带来的风险，优化供应链。需求信息能够真实、快速地传递，信息的透明度增加，可以缓解下游企业的库存压力，避免"牛鞭效应"。

VMI 的实施要求企业有较完善的管理信息系统，可以使用电子数据交换(EDI)技术来实现。它是指将贸易伙伴之间的单证、票据等商业文件，用国际公认的标准格式，通过计算机通信网络实现数据交换与处理的电子化手段。在 VMI 运作过程中，供应商、零售商、制造商和客户通过网络，在各自的信息系统之间自动交换和处理商业单证，这样就可以统一整个供应链上所交换的需求数据，并将处理后的信息最终全部集成到供应商处，以便供应商能更准确、及时地掌握消费者的需求以及需求变化情况，以做出快速的库存和补货决策，从而大大弱化了"牛鞭效应"。

知识链接　牛鞭效应

宝洁公司(P&G)在研究"尿不湿"的市场需求时发现，该产品的零售数量是相当稳定的，波动性并不大。但在考察分销中心向它的订货情况时，却吃惊地发现波动性明显增大了，其分销中心说，他们是根据汇总的销售商的订货需求量向他订货的。在他们进一步研究后发现，零售商往往根据对历史销量及现实销售情况的预测，确定一个较客观的订货量，但为了保证这个订货量是及时可得的，并且能够适应顾客需求增量的变化，他们通常会将预测订货量作一定放大后向批发商订货，批发商出于同样的考虑，也会在汇总零售商订货量的基础上再作一定的放大后向销售中心订货。这样，虽然顾客需求量并没有大的波动，但经过零售商和批发商的订货放大后，订货量就一级一级地放大了。在考察向其供应商，如3M公司的订货情况时，他也惊奇地发现订货的变化更大，而且越往供应链上游其订货偏差越大。这就是营销活动中的需求变异放大现象，人们通俗地称之为"牛鞭效应"。

"牛鞭效应"是营销活动中普遍存在的现象，因为当供应链上的各级供应商只根据来自其相邻的下级销售商的需求信息进行供应决策时，需求信息的不真实性会沿着供应链逆流而上，产生逐级放大的现象，到达最源头的供应商（如总销售商，或者该产品的生产商）时，其获得的需求信息和实际消费市场中的顾客需求信息发生了很大的偏差，需求变异系数比分销商和零售商的需求变异系数大得多。由于这种需求放大变异效应的影响，上游供应商往往维持比其下游需求更高的库存水平，以应付销售商订货的不确定性，从而人为地增大了供应链中的上游供应商的生产、供应、库存管理和市场营销风险，甚至导致生产、供应、营销的混乱。

5.3.2　管理模式的决策依据

自建仓库仓储、租赁仓库仓储和第三方仓储各有优势，企业决策的依据是物流的总成本最低。

1. 自建仓库仓储与租赁仓库仓储的成本比较（图 5.8）

租赁仓库仓储和第三方仓储的成本只包含可变成本，随着存储总量的增加，租赁的空间就会增加，由于营业型仓库一般按企业库存所占用的空间来收费，这样成本就与总周转量成正比，其成本函数是线性的。而自建仓库仓储的成本结构中存在固定成本。同时，由于营业型仓库的经营具有盈利性质，因此自建仓库仓储的可变成本的增长速率通常低于租赁仓库仓储和利用第三方仓储的仓储成本的增长速率。当总周转量达到一定规模时，两条成本线相交，即成本相等。这表明在周转量较低时，选择租赁仓库仓储或第三方仓储较好，随着周转量的增加，由于可以把固定成本均摊到大量存货中，因此自建仓库更经济。

图 5.8　自建仓库仓储与租赁仓库仓储的成本比较

2. 仓储管理模式的适用条件

一个企业是自建仓库仓储、租赁仓库仓储还是采用第三方仓储的仓储管理模式，主要由货物周转总量、需求稳定性、市场密度三大因素决定，见表5-4。

表5-4 仓储模式的适用条件

仓储模式	周转总量		需求稳定性		市场密度	
	大	小	是	否	集中	分散
自建仓库仓储	√	×	√	×	√	×
租赁仓库仓储	√	√	√	√	√	√
第三方仓储	√	√	√	√	√	√

由于自建仓库的固定成本相对较高，而且与使用程度无关，因此必须有大量存货来分摊这些成本，使自建仓储的平均成本低于公共仓储的平均成本。因此，如果存货周转量较高，自建仓库仓储更经济。相反，当周转量相对较低时，选择租赁仓库仓储或利用第三方仓储更为明智。

需求稳定性是自建仓库的一个关键因素。许多厂商具有多种产品线，使仓库具有稳定的周转量，因此自有仓储的运作更为经济。反之，采用租赁仓库仓储和利用第三方仓储会使生产和经营更具灵活性。

当市场密度较大或许多供应商相对集中时，自建仓库将提高企业对供应链稳定性和成本的控制能力；相反，当供应商和用户较为分散而使市场密度较低时，则在不同地方使用几个公共仓库要比一个自有仓库服务一个很大的地区更经济。

从上表可以看到，自建仓库仓储的前提非常苛刻，租赁仓库仓储和第三方仓储具有更大的灵活性，而且符合物流社会化的发展趋势。在许多时候，仓库可以根据各个区域市场的具体情况，分别采用不同的仓储管理模式。

3. 仓储管理合理化

1) 仓储合理化的概念

仓储合理化是指用最经济的办法实现仓储的功能。仓储的功能是对需要的满足，实现被储物的"时间价值"，这就"必须有一定储量"。合理仓储的实质是在保证仓储功能实现的前提下尽量少投入，是一个投入产出的关系问题。

仓储过多就会造成物品的积压，增加资金占用，使仓储保管费用增加，造成物品在库损失，造成巨大的浪费。如果仓储过少，又会造成市场脱销，影响社会消费，最终也会影响国民经济的发展。

2) 仓储合理化的主要内容

(1) 仓库选址。物品仓储，离不开仓库，仓库建设要求布局合理。仓库设置的位置，对于物品流通速度和流通费用有着直接的影响。仓库的布局要与工农业生产的布局相适应，应尽可能地与供货单位相靠近，这就是所谓"近场近储"的原则。否则，就会造成工厂远距离送货的矛盾。物品供应外地的，仓库选址要考虑临近的交通运输条件，力求接近车站码头，以便物品发运，这就是所谓"近运近储"的原则。如果仓储的物品主要供应本地区，则宜建于中心地，与各销售单位呈辐射状。总之，在布局时应以物流距离最短为原则，尽可能避免物品运输的迂回倒流，选择建设大型仓库的地址，最好具备铺设铁路专用线或兴建水运码头的条件。考虑到集装箱运输的发展，还应具有大型集装箱运输车进出的条件，且附近的道路和桥梁要有相应的通过能力。

（2）仓储数量。物品仓储要有合理的数量。在保证功能实现前提下有一个合理的数量范围，即在新的物品运到之前有一个正常的能保证供应的库存量。影响合理量的因素很多，首先是社会需求量，社会需求量越大，库存储备量就越多；其次是运输条件，运输条件好，运输时间短，则仓储数量可以相应减少；再次是物流管理水平和技术装备条件，如进货渠道、中间环节、仓库技术作业等，都将直接或间接地影响物品库存量的水平。

目前科学的管理方法已能在各种约束条件下，对合理数量范围做出决策，但是较为实用的还是在消耗稳定、资源及运输可控的约束条件下所形成的仓储数量控制方法。

（3）仓储结构。仓储结构就是指对不同品种、规格、型号的物品，根据消费的要求，在库存数量上，确定彼此之间合理的比例关系，它反映了库存物品的齐备性、配套性、全面性和供应的保证性。尤其是相关性很强的各种物资之间的比例关系更能反映仓储合理与否。由于这些物资之间相关性很强，只要有一种物资耗尽，即使其他种物资仍有一定数量，也会无法投入使用。

所以，不合理的结构的影响面并不仅局限在某一种物资上，而是具有扩展性的。结构标志重要性也可由此确定。仓储结构主要是根据消费的需要和市场需求变化等因素确定。

（4）仓储时间。仓储时间就是每类物品要有恰当的储备保管天数。合理的仓储时间要求储备天数不能太长也不能太短，储备天数过长就会延长资金占用，储备天数过短就不能保证供应。

仓储时间主要根据流通销售速度来确定，其他如运输时间、验收时间等也是应考虑的影响因素。此外，某些物品的仓储时间，还受该物品的性质和特点的影响，如仓储时间过长，物品就会发生物理、化学、生理生物变化，从而变质或损坏。

（5）仓储网络分布。仓储网络分布指不同地区仓储的数量比例关系。仓储网络分布可用于判断仓储数量与当地需求比，对需求的保障程度，也可以由此判断对整个物流的影响。仓储网点布局直接影响到仓库供货范围，对生产领域和流通领域都有较大的影响。生产系统中仓库网点少，储存量相对集中，库存占用资金较少，但要求送货服务质量水平很高，否则，可能延误生产过程的需求。流通系统中的批发企业仓储网点相对集中，要考虑相对加大储存量，利用仓储网点合理布局、储存调节市场，以起到"蓄水池"的作用。零售企业一般附设小型仓库，储存量较小，应当加快商品周转。采用集中配送货物的连锁店，可将库存降至最低水平，甚至是"零库存"。

（6）费用。仓租费、维护费、保管费、损失费、资金占用利息支出等，都能作为判断仓储合理与否的标准。

（7）质量标志。保证被储存物的质量，是完成储存功能的根本要求，只有这样，商品的使用价值才能通过物流之后得以最终实现。在储存中增加了多少时间价值或是得到了多少利润，都是以保证质量为前提的。所以，储存合理化的主要标志中，为首的应当是反映使用价值的质量。现代物流系统已经拥有很有效的维护物资质量、保证物资价值的技术手段和管理手段，也正在探索物流系统的全面质量管理问题，即通过物流过程的控制，通过工作质量来保证储存物的质量。

3) 仓储合理化的实施要点

(1) 对储存物品和设施进行 ABC 管理。通过 ABC 分析，分别找出各种物资的合理库存量和保存方法，实施重点管理，合理优化成本。

(2) 适当集中库存。利用储存规模优势，以适度集中储存取代分散的小规模库存，追求规模效益。

(3) 提高单位产出。通过采用单元集装存储，建立快速分拣系统等方法，增加仓库的吞吐能力，加速资金的周转速度。

(4) 采用有效的"先进先出"方式。对同种类物品采用"先进先出"管理方式，保证储存期限不至于过长。

(5) 提高仓储密度，提高仓容利用率。通过采取高垛、采用密集货架、采用窄巷道式通道等方法，合理布局，减少土地占用，提高单位存储面积利用率，以降低成本。

(6) 采用有效的储存定位系统。通过采用"4号定位"（序号、架号、层号、位号）方法和先进的物品存储定位技术，节约物品的寻找、存放、取出时间，同时减少差错。

(7) 采用有效的监测清点方法。通过先进的识别、监控系统，及时掌握储存情况，实现管理的现代化。

(8) 采用现代储存保养技术，改善保管条件。提高服务质量。

(9) 采用集装箱、集装袋、托盘等储运一体化方式。实行供应链管理，节省多余的出、入库等储存作业。

5.4 库存管理与库存控制

5.4.1 库存与库存管理

1. 库存的含义及类型

库存是指在社会物质流动过程中，为了保证整个过程的连续性和均衡性，而在不同领域储备的物资。或者说，库存是指企业在生产经营中为现在和将来的生产或者销售而储备的资源。广义的库存还包括处于制造加工状态和运输状态的物品。需要注意以下问题：物品所停滞的位置不仅是在仓库中，同时也在生产线上、在车间里、在车站、在运输途中等非仓库的任何位置；物流停滞状态可能由任何原因引起，而不一定是某种特殊的停滞。这些原因主要是能动的各种形态的储备、被动的各种形态的仓储、完全积压等。

库存从属性上看，具有二重性：一方面，库存是生产和生活的前提条件；另一方面，库存又是生产和生活的负担，是一种资金的占用，要支付多种费用，不仅要负担常规的货物保管费用，还要承担库存损失和库存风险。因此，库存不能消灭。

一般地说，库存主要分为以下几种类型。

1) 安全库存

安全库存是一种额外持有的库存，它作为一种缓冲器，用来预测由于自然界和环境干扰而造成的缺货，用来补偿在订货提前期内实际需求量超过期望需求量或实际提前期所产生的需求。通常,安全库存就是为了防止其他情况(如产品为消费者接受后,购买次数与数量的增加;产品受价格、质量、服务、竞争、产品更替等因素)而制定的应对策略。安全库存是一个变数,主要作用是指导预测,并随市场状况和企业战略调整而变。

2) 在途库存

在途库存是指从一个地方到另一个地方处于运输路线中的库存,因此缩短运输的距离就能有效地降低在途库存量。从供应商到企业的这段距离应该尽可能地缩短,首先需要根据产品的特性(价格、体积、质量等)选择合适的运输方式,对这段时间的管理会大大影响企业的在途库存量。一般来说,价格高而且体积、质量较小的产品优先考虑空运,反之,海运为常用的运输方式。但是合适的运输方式是要通过仔细比较运输时间的长短对库存乃至库存成本的影响以及运输费用的影响而做出的选择,否则不能达到整体优化的目的。例如,通用汽车公司的供应商会随着公司在上海设厂而纷纷将工厂移至上海,其目的是为了加快供应时间,降低库存成本。

案例链接

联合加工公司从美国南部和西部的农场收获并加工各种蔬菜和水果。美国东部和中西部地区对某些产品,如草莓和西瓜的需求在当地生长期到来之前就很旺盛。因此联合加工公司必须在北部地区收获季节来临之前收获作物,并在销售旺季到来之前形成供应能力。通常,蔬果在用卡车运往销售地之前,在产地进行储存。而改用运送时间较长的铁路运输方式,公司多数情况下可在作物收获以后立即装运,这样在产品抵达市场时需求旺季刚好开始。铁路起到了仓库的作用,其结果是储存成本和运输成本都大大降低了。

3) 周转库存

周转库存是指为生产和销售而暂时存放的库存。这种库存是为了缓冲需求之间在时间上的矛盾,保障供需各方面都能顺利进行,它可用订货批量的一半(如仅考虑订货批量)来描述。

2. 库存的必要性分析

很多原因可以解释为什么供应渠道必须要有库存,但近年来,也有很多人对库存的必要性提出了质疑,认为库存是一种资源的浪费。下面将从库存的功用和弊端两方面论述库存的必要性。

1) 库存的作用

(1) 库存产生于生产管理的过程,其主要的功能就是维持企业生产和销售的正常进行。对于生产企业来说,企业生产常常以市场预测为基础,并根据销售订单制订生产计划,安排采购。然而由于市场变化存在许多不确定性因素,致使采购计划存在一定的风险,供应商有可能拖后或者延迟交货,最终影响企业的正常生产,造成生产不稳定。为了保证生产的高速有效运转,企业必然会增加材料的库存量。而对于销售型企业来说,企业并不知道市场真正的需求是什么,只能对市场需求进行预测,从而保有一定量的库存,以应付市场的销售和变化。但是随着供应链管理的形成,这种库存在逐渐地减少和消失。

现代市场变化莫测,物品涨价、政策变更的情况时有发生,另外,由于季节、人为等原因也容易造成物品短缺或者积压,合理的库存战略能够保障供需来源,避免由于紧急情况而出现的停产,从而使得企业的生产和销售保持连续性和高效性。现代企业,特别是能源工业、化工工业以及半导体集成电路工业，为了保证高生产效率，往往要求24小时不间断生产，而客户的需求却是间断的，因此保持一定量的库存是十分必要的。

（2）库存能够平衡企业物流和降低企业成本。在现代的企业生产中，从原材料的采集，到产品生产、在制品、制成品及产品销售的一系列物流环节中，为了满足供应链高效率的要求，在平衡库存材料、在制品及成品所占用的企业流通资金方面，库存起到了重要的平衡作用。例如，减少订货量会增加企业的订货费用；保持一定量的在制品库存与材料，会减少生产交换次数，提高工作效率。但这两方面都需要寻找库存平衡和资金平衡的最佳控制点。

2）库存的弊端

库存的弊端主要表现在以下几个方面。

（1）库存占用企业大量的资金，通常情况下会达到企业总资产的20%～40%。因此，当库存管理稍有不当时，很容易造成大量资金的沉淀，并且库存本身并不能对企业产品的直接价值作贡献。

（2）库存增加了企业的产品成本与管理成本。库存材料的成本增加直接导致了产品的成本增加，相关库存设备、管理人员的增加也加大了企业的管理成本，而这些增加的成本费用可以有更好的用途，例如，可以用于提高企业生产率和竞争力。

（3）库存掩盖了企业众多管理问题，如计划不周、采购不力、生产不均衡、产品质量不稳定及市场销售不力等。例如，当质量出现问题时，人们倾向于清理保有的库存，以保护所投入的资本，而纠正质量问题的努力可能会延缓下来。

总之，应该尽量克服库存的不良影响，使之更有利于企业的生产和经营。目前，零库存已经成为一种潮流。所谓的零库存，是指以仓库存储形式的某种或某些物品的储存数量很低的一个概念，甚至可以为"零"，即不保有库存。但是，值得注意的是，零库存只能针对某个具体企业而言，是在有充分社会储备保障前提下的一种特殊形式，它是一个微观概念而不是宏观概念。在整个社会再生产的全过程中，零库存只能是一种理想，而不可能成为现实。

5.4.2 库存成本的构成

库存成本是指与取得拥有存货有关的一切成本的总和。它是物流作业成本中的一个主要组成部分。对于一般的制造企业来说，库存成本占物流总成本的比例接近37%。对于批发商、配送商和零售商来说，既然存货占有相对较大的资产比例，那么，他们所承担的库存成本与制造商相比，在物流总成本中将占有更高的百分比。库存成本的构成主要包括3个方面，即库存持有成本、订货或生产准备成本和缺货成本。库存成本中还有一个不显眼的因素是在途存货成本。

1. 库存持有成本

库存持有成本是指为保持库存而发生的成本。它可以分为固定成本和变动成本。固定成本与库存数量的多少无关，例如仓库折旧、仓库职工的固定月工资等；变动成本与库存数量的多少有关，例如库存占用资金的应计利息、破损和变质损失、安全费用等。变动成本主要包括以下4项成本：资金占用成本、仓储空间成本、库存服务成本和库存风险成本，如图5.9所示。

(1) 资金占用成本：也称为利息成本或机会成本，是库存资本的隐含价值。资金占用成本反映失去的盈利能力，如果资金投入其他方面，就会要求取得投资回报，因此资金占用成本就是这种尚未获得回报的费用。资金占用成本是库存持有成本的一个最大组成部分，通常用持有库存的货币价值的百分比来表示，也有用确定企业新投资最低回报率来计算资金占用成本的。

(2) 仓储空间成本：这项成本包括与产品运入、运出仓库有关的搬运成本以及储存成本，例如租赁、取暖、照明等费用，即搬运成本与实物存储成本。这项成本将随情况的不同而有很大变化，例如原材料经常是直接从火车卸货并露天存储，而产成品则要求更安全的搬运设备及更复杂的存储设备。存储空间成本仅随库存水平的提高或降低而增加或减少。如果利用公共仓库，有关搬运及存储的所有成本将直接随库存的数量而变化，在做库存决策时，这些成本都要考虑。如果利用自有仓库，大部分存储空间成本是固定的（如仓库、货场等建筑物的折旧）。

(3) 库存服务成本：这项成本主要指保险及税金。根据产品的价值和类型的不同，产品丢失或损坏的风险高，就需要较高的风险金。另外，许多国家将库存列入应税的财产，高水平库存导致高税费。保险及税金将随产品的不同而有很大变化，但在计算存货储存成本时，必须要考虑它们。

(4) 库存风险成本：这项成本是库存持有成本的另一个主要组成部分，反映了一种非常现实的可能性，即由于企业无法控制的原因造成的库存贬值。

图 5.9 库存持有成本标准模型

2. 订货或生产准备成本

订货成本或生产准备成本是指企业向外部的供应商发出采购订单的成本或指企业内部的生产准备成本。

(1) 订货成本：企业为了实现一次订货而进行的各种活动的费用，包括处理订货的办公费、差旅费、邮资、电报电话费、文书等各项支出。订货成本中有一部分是与订货次数无关的,例如常设采购机构的基本开支等,这种成本称为订货的固定成本;另一部分与订货的次数有关,例如差旅费、邮资等,称为订货的变动成本。

(2) 生产准备成本:当库存的某些产品不由外部供应而是企业自己生产时,企业为生产一批货物而进行改线准备的成本。其中更换模具、夹具需要的工时或添置某些专用设备等属于固定成本,与生产产品的数量有关的费用,例如材料费、加工费等属于变动成本。

(3) 库存持有成本与订货成本的关系:订货成本和持有成本随着订货次数或订货规模的变化而呈反方向变化,起初随着订货批量的增加,订货成本的下降比持有成本的增加要快,即订货成本的边际节约额比持有成本的边际增加额要多,使得总成本下降。当订货批量增加到某一点时,订货成本的边际节约额与持有成本的边际增加额相等,这时总成本最小。此后,随着订货批量的不断增加,订货成本的边际节约额比持有成本的边际增加额要小,导致总成本不断增加。

总之,随着订货规模(或生产数量)的增加,持有成本增加,而订货(或生产准备)成本降低,总成本线呈 U 形,其关系如图 5.10 所示。

图 5.10 存货成本与订货规模的关系

3. 缺货成本

企业为了平缓需求方面的不确定性和延缓提前期,必须保留一定的保险库存。保险库存太大意味着多余的库存,而保险库存不足则意味着缺货或失销。缺货对企业的影响较大,由于存货供应中断,可能造成停工损失、丧失销售机会等。

缺货成本是因供货中断而产生的各种损失,分析缺货成本的目的,主要是为了确定在既定服务水平下,进行安全库存数量的决策。缺货成本由以下三部分构成。

(1) 延期交货成本。延期交货有两种形式:第一,缺货商品在下次规则订货中补充;第二,利用快速延期交货。如果采用第一种方式,企业实际上没有经济损失,但是频繁的延期交货可能导致商誉的损失,从而失去客户。如果采用第二种方式,就会发生特殊订单处理和运输费用。延期交货的特殊订单处理费用相对于一般的订单费用要高,由于延期交货的商品经常是小规模运输,运输成本较高。而且,延期交货的商品可能需要长距离运输,如从国内另一地区的仓库供货。此外,延期交货还可能需要利用快速、昂贵的运输方式。因此,延期交货成本可以根据额外订单成本和额外运输费用来计算。

(2) 失销成本。如果顾客不允许延期交货,则会产生失销成本。许多公司都有生产替代商品的竞争者,当一个供应商没有客户所需要的产品时,客户就会从其他供应商处购买,从而形成失销。其直接损失是这种产品的利润损失,可以通过计算产品的利润,再乘以客户的订货数量来计算直接损失。除了直接损失外,还存在由于负责这笔业务的销售人员的人力、精力的浪费,称为机会损失。失销损失很难确定,因为机会损失难以计量,订货数量也难以确定,如许多客户习惯电话订货,在这种情况下,客户只是询问是否有货,而未指出要订购多少,也就不知道直接损失,一次缺货对未来销售的影响也是很难估计的。

(3) 失去客户的成本。由于缺货,客户可能永远转向另一供应商,造成失去客户。失去了客户,企业也就失去了未来的一系列收入,这种缺货造成的损失很难估计,需要用管理科学的技术以及市场营销研究方法来分析和计算。除了利润的损失,缺货还能造成信誉损失。

缺货成本可以计算具体某次的,也可以计算各次平均的。某次缺货成本的计算,需要先确定该次缺货的类型是延期交货成本、失效成本还是失去客户的成本,然后将该次缺货造成的各种损失成本相加即可。计算平均一次的缺货成本,应在市场调查的基础上,先计算3种类型的各类缺货成本,然后确定3种缺货成本类型的比例,再利用加权平均法计算平均一次的缺货成本。

4. 在途存货成本

库存成本中还有一个长期以来被忽视的地方,那就是已订购而未到货物的成本,即在途存货成本。这项成本不像前面讨论的3项成本那么明显,然而在某些情况下,企业必须考虑这项目的地交货价出售产品,这意味着企业负责将产品运达客户,因此当客户收到订货产品时,产品的所有权转移。从财务观点来看,产品仍是卖方的库存。因为这种在途库存直到交给客户之前仍属企业所有,运货所需的时间属于库存成本的一部分,然而快速交货意味着更高的运输成本。因此,企业要对运输成本与在途存货成本进行权衡抉择。

案例链接

斯塔基特食品公司(StaiKist Foods)针对金枪鱼产品实行的库存总量控制方法非常独特。因为企业承诺要尽其所能购买、加工所有的金枪鱼,所以分拨系统可能会充斥着过剩的金枪鱼产品。要控制过量库存,企业就要刺激销售。而因为该产品深受市场欢迎,所以客户总是乐于购买数量更多的金枪鱼,从而减少企业库存。

美国红十字会:血液服务中心提前一年为血液采集进行计划。献血者受到高度赞扬,而且使用采集量超过预期或超过当时的血液需求量,红十字会也不会拒绝献血行为。如果某种血型的血液库存很高,很可能会过期,红十字会或者将其制成其他血液制品,或者调低对医院的销售价格。由于医院从除红十字会以外的多个渠道采购血液,所以价格折扣的方法很有效。

5.4.3 影响库存控制决策的因素

在众多的影响库存控制决策的因素中,以下几个因素是不可忽视的。

1. 需求特性因素

1) 确定性需求和非确定性需求

需求可分为确定性需求和非确定性需求,确定性需求指生产系统对物资的需求是可以预先确定的,反之则称为非确定性需求。确定性需求的生产系统的库存控制工作比较容易，管理者只需采用确定性的模型订货，保证进货的速度与需求消耗速度同步，便能维持合理的库存水平；而非确定性需求的生产系统的库存控制工作则比较复杂，由于需求情况频繁变动以及众多的不确定性因素的影响，无法准确地预计，因此管理者要采用随机性模型控制库存，并且在考虑正常的需求的同时，还要考虑保持一定的安全存量作为额外的库存储备。

2）规律性变化需求和随机性变化需求

需求也可分为规律性变化与随机性变化的需求两大类，如果生产系统的物资需求变化是有规律可循的，管理者在进行库存控制时，可以根据需求的变化规律进行库存，需求旺季增大库存，淡季则减低库存，使得系统的整体库存处于合理水平。如果生产系统对物资的需求是随机的，难以准确地预测，则需在设定正常性库存的基础上，进一步建立额外的安全库存，以防范突然出现的需求变化。

3）独立性需求和相关性需求

需求还可分为独立需求与相关需求两大类。如果某种物资的需求独立于对其他物资的需求，则称之为独立性需求，例如对汽车的需求独立于对计算机的需求是独立性需求，而汽车的需求却与汽车轮胎的生产是有关的，是相关性需求。相关性需求是某种物资的需求依赖于对其他物资的需求，即各种产品的生产所耗用的各种物资间存在着关联关系，因此在进行企业的生产计划编制时，应该考虑采用相关性需求技术。

2. 订货提前期

订货提前期是影响库存控制决策的另一重要因素，订货提前期是指从发出订货指令到订购物资进入仓库所需要的时间。显然订货提前期的时间值越大，库房的储存量就越大。因此，在考虑订货的决策时，物资的订货提前期是必须考虑的因素。

3. 物资单价

物资的价格越高，库存资金数额也就越多，对这样的物资是不应该掉以轻心的，一些企业会增加采购次数缩减库存量，这也是库存控制的手段之一。

4. 保管费用与订货费用

在进行库存前需订购货物，且每次订货都会发生一定交易费用，例如检验费用、手续费用、谈判费用、差旅费等，这些费用与订货次数呈正比，因此若订货费用大，应考虑减少订货次数。有了库存就必须进行保管，也就需要保管费用，显然保管费用数额与库存量呈正相关关系，所以对于保管费用高的产品物资应该把库存控制在适当的水平上。

5. 服务水平

库存是为了满足用户需求而储存资源的，满足的程度用服务水平来衡量，服务水平是指满足用户需求的百分比，当整个生产系统能够满足全部用户的订货需求时，称服务水平为100%；当能满足95%的需求时，称服务水平为95%，也称此时的生产系统的缺货概率为5%。

生产系统如果要提高系统的服务水平，由于用户需求通常无法准确预测，因此常采用增大库存储备的方法来提高系统的服务水平。在库存增加后，当用户的需求变化时，企业生产一时无法满足用户需求，则可以通过动用企业库存使用户需求得到满足。库存量的增加,意味着企业要占用更多的资金,产生更大的成本,因此对企业而言,盲目地提高服务水平并不一定会给企业带来期望的经济效益,应将服务水平定在一个合理的水平上,若订的太高,企业必须为此付出的代价是投入更多的资金,产生更大的成本。

5.4.4 库存控制的方法

库存管理也称库存控制,是指对制造业或服务业生产、经营全过程的各种物品、产成品以及其他资源进行管理和控制,使其储备保持经济合理的水平,是企业根据外界对库存的要求与订购的特点,对库存进行预测、机会和执行的一种行为,并对这种行为进行控制。它的重点在于确定如何订货、订购多少、何时订货等问题。传统的观念认为仓库里的商品多,标明企业兴隆,现在则认为零库存是最好的库存管理。库存多,占用资金多,利息负担加重。但是,如果过分降低库存,则会加大短缺成本,造成货源短缺。

当库存管理控制不当时会导致库存的不足或过剩,前者将会错过销售的机会,甚至失去客户,商誉下降,后者则会增加库存的持有成本。

目前,在库存管理中常用的方法有两种类型,一种是传统的库存管理方法,另一种是现代的库存管理方法。对于传统的库存管理方法,主要有定量订购与定期订购方法、ABC库存控制方法和经济订货批量等。对于现代库存控制方法,主要有MRP与MRPⅡ库存控制方法、企业资源计划(ERP)和及时生产(JIT)库存控制方法等。

1. 定量与定期订货方法

1)定量订购方法

定量订购控制法要求对库存物资进行动态盘点,即对发生收发变化的物资随时盘点,当物资储备量降到规定的订购点时,就提出订购,如果发现储备量高于订购点,则暂时置之不理。这种方法的特征如下:设置一个固定的再订购点,并且每次订购的数量是固定不变的,但是订购时间或者进货时间不定,如图5.11所示。

图 5.11 定量订货示意图

订购点即在提出订购时的物料储备量,它等于从提出订购到物资进库并能够投入使用这段时间的物资需要量再加上安全库存量,从提出订购到物资验收入库并可以投入使用的这段时间称为提前时间。但在实际中,每次的提前时间由于订购、运输等一些不可控制的原因,往往会发生变化,取其平均数,称为平均提前时间。它包括办理订购手续需要的时间、供货单位发运物资需要的时间、在途运输的时间、到货验收的时间、使用前的准备时间等。

订货点可以用以下公式计算：

$$订购点 = 提前时间需要量 + 安全库存量$$
$$= 平均提前时间 \times 平均日需用量 + 安全库存量$$

其中，安全库存量的确定可以参考下面的公式进行计算：

$$安全库存量 = (预计日最大消耗量 - 平均日需用量) \times 平均提前时间$$

定量订购控制法具有以下优点。

(1) 能够经常地掌握库存储备状态，及时提出订购，不易出现缺货现象。

(2) 保险储备量少。

(3) 订购量固定，所以能够采用经济订货批量模型，以便于包装运输和保管作业的开展。

定量订购控制法具有以下缺点。

(1) 必须不断检查仓库的库存量。

(2) 订购时间不定，难于编制作业计划。

定量订购控制法还有一种简化的方法，即分存控制法，又可称为双堆法。它不用随时盘点，而是将储备物资分为两堆，一堆为订购点量，另一堆为其余量，当余量发放完后，就提出订购，以补充库存。

2) 定期订购控制法

定期订购控制法是采用定期盘点，按照固定时间间隔来检查储备量并提出订购，订购量根据盘点时的实际储备量和下一个进货周期的预计需求量而定。这种库存控制系统的储备量变化情况如图 5.12 所示。

图 5.12 定期订货示意图

这种方法的特征是盘点时间和订购时间固定。其订购量按下面公式进行计算：

$$订购量 = 订购周期需求量 + 安全库存量 - 现有库存量 - 已订未到量$$

式中："现有库存量"为提出订购时盘点的实际储存量；"已订未到量"为已经订购，预计在本订购周期内会到达的期货数量。

有的企业在利用定期订购控制法的时候，为了方便，设置最高储备量，且每次的订购量都以达到最高储备量为限。

定期订购控制法具有以下优点。

(1) 由于定期订购，可以将多种物品合并订购，这样可以降低订购和运输等费用。

(2) 由于多种物品一起订购，可以编制较为实用的采购计划。

定期订购控制法具有以下缺点。

(1) 不利于实用经济订购批量模型，因此有时的储备定额不是最佳的。

(2) 要花费一定的时间来进行盘点。

定期订购控制法一般适用于发料频繁、难于进行连续储备登记核算的物资，以及需要量可以进行预测的物资和有保管期限的物资。

3) 定量订货法与定期订货法的区别

(1) 提出订购请求时点的标准不同。定量订货法提出订购请求的时点标准是当库存量下降到预定的订货点时，即提出订购请求；而定期订货法提出订购请求的时点标准是按预先规定的订货间隔周期，到了该订货的时点即提出请求订购。

(2) 请求订购的商品批量不同。定量订货法每次请购商品的批量相同，都是事先确定的经济批量；而定期订货法每到规定的请求订购期，订购的商品批量都不相同，可根据库存的实际情况计算后确定。

(3) 库存商品管理控制的程度不同。定期订货法要求仓库作业人员对库存商品进行严格的控制、精心的管理，经常检查详细记录、认真盘点；而用定量订货法时，对库存商品只要求进行一般的管理，简单的记录，不需要经常检查和盘点。

(4) 适用的商品范围不同。定量订购法适用于品种数量少、平均占用资金大、需重点管理的 A 类商品；而定期订货法适用于品种数量大、平均占用资金少、只需一般管理的 B 类、C 类商品。

2．ABC 库存控制方法的应用

一般来说，企业的库存物资种类繁多，而各个品种的价格又有所不同，且库存数量也不等。有的物资品种不多但价值很高，很多物资品种数量多但价值却不高。由于企业的资源有限，因此对所有库存品种均给予相同程度的重视和管理不太可能，也有些脱离实际。为了使有限的时间、资金、人力、物力等企业资源能得到更有效的利用，要对库存物资进行分类，根据关键的少数和次要的多说的原理，按物资重要程度的不同，分别进行不同的管理，这就是 ABC 库存管理法的基本思想。

ABC 分类管理的基本原理如下：将库存物品按品种和占用资金的多少分为特别重要的库存 A 类、一般重要的库存 B 类和不重要的库存 C 类，其核心是"抓住重点，分清主次"。一般来说，A 类物资种类占全部库存物资种类总数的 10％ 左右，而其需求量却占全部物资总需求量的 70％ 左右；B 类物资种类占 20％ 左右，其需求量为总需求量的 20％ 左右；C 类物资种类占 70％ 左右，而需求量只占总需求量的 10％ 左右。

(1) 对 A 类存货的控制，要计算每个项目的经济订货量和订货点，尽可能适当增加订购次数，以减少存货积压，也就是减少其昂贵的储存费用和大量的资金占用；同时，还可以为该类存货分别设置永续盘存卡片，以加强日常控制。

(2) 对 B 类存货的控制，也要事先为每个项目计算经济订货量和订货点，同时也可以分享设置永续盘存卡片来反映库存动态，但要求不必像 A 类那样严格，只要定期进行概括性的检查就可以了，以节省存储和管理成本。

(3) 对于 C 类存货的控制，由于它们为数众多，而且单价又很低，存货成本也较低，因此可以适当增加每次订货数量，减少全年的订货次数，对这类物资日常的控制方法，一般可以采用一些较为简化的方法进行管理。

知识链接 二八定律

1897年,意大利经济学者帕累托偶然注意到19世纪英国人的财富和收益模式。在调查取样中,他发现大部分的财富流向了少数人手里,同时,他还发现了一件非常重要的事情,即某一个族群占总人口数的百分比和他们所享有的总收入之间有一种微妙的关系。他在不同时期、不同国度都见过这种现象。不论是早期的英国,还是其他国家,甚至从早期的资料中,他都发现这种微妙关系一再出现,而且在数学上呈现出一种稳定的关系。

于是,帕累托从大量具体的事实中发现:社会上20%的人占有80%的社会财富,即财富在人口中的分配是不平衡的。同时,人们还发现生活中存在许多不平衡的现象。因此,二八定律成了这种不平等关系的简称,不管结果是不是恰好为80%和20%(从统计学上来说,精确的80%和20%不太可能出现)。习惯上,二八定律讨论的是顶端的20%,而非底部的80%。

80/20法则不仅在经济学、管理学领域应用广泛,它对我们的自身发展也有重要启示,让我们学会避免将时间和精力花在琐事上,要学会抓主要矛盾。一个人的时间和精力都是非常有限的,要想真正"做好每一件事情"几乎是不可能的,要学会合理分配我们的时间和精力。要想面面俱到还不如重点突破,把80%的资源花在能出关键效益的20%的方面,而这20%的方面又能带动其余80%的发展。

3. 经济订货批量模型

物流领域存在很多"效应背反"现象,例如相对简单的包装虽然能够减少包装成本,但是可能会增加搬运和搬运成本。存储业务也存在类似问题,例如企业每次订货数量的大小直接关系到库存量的水平,同时也就关系到库存总成本的大小,然而订货数量的减少却会使订购次数增加,用于订货的成本相应增加。因此,企业希望有一些科学的方法对库存做出正确的决策。在此介绍一种数学模型,利用这个模型可以求解出一个科学的订货数量,使保管仓储成本与订货成本的和最小。

1) 经济订货批量的含义

经济订货模型(Economic Order Quality,EOQ),就是通过平衡订货成本和保管仓储成本,即通过费用分析求得最低库存总费用,以确定一个最佳的订货批量。它可以根据需求和订货、到货间隔时间等条件是否处于确定状态分为确定条件下的模型和概率统计条件下的模型。由于概率统计条件下的经济订货批量模型较为复杂,因此只介绍确定条件下的经济订货批量模型,在实际应用中可以比较方便地找到有关概率统计条件下的经济订货批量的计算方法。

2) 模型的假设条件

经济订货批量模型最早由F. W. Harris于1915年提出,该模型有以下假设。

(1) 需求率已知,为常量;年需求量以D表示,单位时间需求率以d表示。

(2) 一次订货量无最大最小限制。

(3) 采购,运输均无价格折扣。

(4) 订货提前期已知,为常量。

(5) 订货费与订货批量无关。

(6) 维持库存费时库存量的线性函数。

(7) 补充率为无限大,全部订货一次交付。

(8) 不允许缺货。

(9) 采用固定量系统。

3) EOQ 模型

最优的库存控制应该既能满足生存需要，保证生产正常进行，又最经济。经济订货批量即总库存成本最小时的每次订货数量，如图 5.13 所示。

通常，年总库存成本的计算公式为

年总库存成本＝年采购成本＋年订货成本＋年保管成本＋缺货成本

假设在不允许缺货的条件下，年总库存成本＝年采购成本＋年订货成本＋年保管成本，即

图 5.13 经济订货批量

$$TC = DP + \frac{DC}{Q} + \frac{QH}{2}$$

式中：TC——年总库存成本；

D——年需求总量；

P——单位商品的购置成本；

C——每次订货成本，单位为元/次；

H——单位商品年保管成本，单位为元/年，$H=PF$，F 为年仓储保管费用率；

Q——批量或订货量。

经济订货批量就是使库存总成本达到最低时的订货数量，它是通过平衡订货成本和保管成本两方面得到的。其计算公式为

$$\text{经济订货批量 EOQ} = \sqrt{\frac{2CD}{H}} = \sqrt{\frac{2CD}{PF}}$$

此时：

$$\text{最低年总库存成本 } TC = DP + H(\text{EOQ})$$

$$\text{年订货次数 } N = \sqrt{\frac{DH}{2C}}$$

$$\text{平均订货间隔周期 } T = 360/N$$

【例 5-1】甲仓库 A 商品的年需求量为 30 000 个，单位商品的购买价格为 20 元，每次订货成本为 240 元，单位商品的年保管费为 10 元，求：从该商品的经济订购批量看，最低年总库存成本，每年的订货次数及平均订货间隔周期。

解：

$$\text{经济批量 EOQ} = \sqrt{\frac{2 \times 240 \times 30\,000}{10}} = 1\,200\,(\text{个})$$

每年总库存成本 $TC = 30\,000 \times 20 + 10 \times 1\,200 = 612\,000$(元)

每年的订货次数 $N = 30\,000/1\,200 = 25$(次)

平均订货间隔周期 $T = 365/25 = 14.6$(天)

5.4.5　MRP 与 MRP II 库存控制方法的应用

物流需求计划（Material Requirements Planning，MRP）是根据市场需求预测和顾客订单制订的产品生产计划，并制作出构成产品的物料结构表，结合库存信息，通过计算机计算出来的各种物料的需求量和需求时间，从而确定物料的生产进度和订货日程的一种作业管理方法。

MRP 最初是由生产库存物料控制发展而来的，最终扩展到营销、财务和人事管理等方面，形成了制造资源计划（Manufacturing Resources Planning，MRP II）。MRP 是一种以计算机为基础的生产计划和库存管理控制系统。它利用计算机数据处理的优势，大大提高了物料管理的能力，实现了对企业各种资源的准确计算，提高了库存管理的科学性。

1. MRP 库存控制方法

1) MRP 的发展过程

MRP 是一个基于计算机的信息系统，是为相关需求存货的生产和采购数量及时间安排而设计的。从预定日期开始，把产成品特定数量的生产计划分解成零部件与原材料需求，用生产提前期、安全库存及其他信息决定订货或生产的数量和事件。因此，因最终产品的需求而产生了计划期产品的底层组件的需求，使订货、制作与装配过程都以确定的时间安排，以及时完成最终产品，并使存货保持在合理的水平上。

2) MRP 的输入与输出

物流需求计划的基本内容是编制零件的生产计划和采购计划。要正确编制生产计划和采购计划，必须要有主生产计划和产品零件结构及库存信息。因此，MRP 的主要输入内容包括 3 个方面：一是物料清单，它表明了某产成品的主要组成部分；二是一份总进度计划，表明产成品的需要数量和时间；三是一份存货记录文件，表明持有多少存货，还需要订货多少等。计划者对这些信息进行加工，以确定计划期间各个时点的净需求。该过程的输出包括订货计划时间安排、订货免除、变更、业绩控制报告、计划报告等。MRP 的输入和输出流程如图 5.14 所示。

图 5.14　MRP 输入与输出流程

MRP 系统的 3 项主要输入是主生产进度计划、库存信息、产品结构和物料清单。如果没有这些基本输入，MRP 便不能发挥作用。主生产进度计划概括了全部最终物资生产计划的要点。产品结构记录包含每种最终物资需要用的所有材料、零部件和部件的资料。库存信息包含各种库存物资的现存量以及已订未到的情况。

MRP 输入的流程图如图 5.15 所示。

图 5.15　MRP 的输入流程

(1) 主生产进度计划(MPS)。主生产进度计划表明每种物资需要的数量和时间。它是 MRP 的主要输入信息。主生产进度计划是根据最终物资预测和用户的订单编制的。它必须是一项现实的生产计划。

MPS 不同于预测，它们不同的原因如下：预测可能超过工厂的产能；预测可能希望提高或者降低库存水平；预测的数量将是波动的。企业可能希望均衡生产组织，而用库存来加以调节。

(2) 产品结构和物料清单。产品结构记录也叫物料清单(BOM)，它包含生产最终物资所需的每种物资和装配件的物料。要实现主生产计划的产品需求量，必须弄清主产品的结构和所要用到的物料品种及数量和非独立需求的所有零配件的组成、装配以及数量要求。每种物料的资料，如零件的代号、品名规格，每种装配件及更高层次装配件的数量，每一最终物资的数量等必须准备好。产品结构记录包含每种最终物资在其实际制造过程各个阶段所需要物料的清单。

(3) 库存信息。库存信息是指企业所有产品、零部件、在制品、原材料等的存货记录。它主要包括以下几个方面。

① 现有库存量：指企业仓库中实际存放的可用库存材料数量。

② 预计入库量：指根据正在执行的采购订单或生产订单，在未来某个时间段物料将要入库或者将要完成的数量。

③ 已分配量：指已被出库分配但仍然留在仓库中的物料库存量。

这 3 项原始资料是 MRP 系统的主要输入资料。企业根据以上 3 项原始资料，求出各项物料、各个时间段内的净需求量和计划交付量。

2. MRPⅡ 与库存管理

20 世纪 80 年代初，物料需求计划扩展成了一个范围更为广阔的对制造企业资源进行计划与安排的方法。这种扩展方案被称为 MRPⅡ，指的是制造资源计划，它虽然也是 MRP，但是物料需求计划的 MRP 是 Material Requirements Planning 的简称，MRPⅡ 不是 MRP 的升级版。MRPⅡ 是在 MRP 的基础上发展起来的一种生存组织方式。在闭环 MRP 阶段，企业的生产由主生产进度计划、物料清单和产品结构文件构成。在外界发生变化时，MRP 系统会将其作为信息反馈到系统的输入端，对企业的计划进行修改，并对企业生产进行控制。虽然闭环 MRP 系统可以准确地计算出物料需求量和事件，可是它无法计算出各种物料的价值而进行成本核算,无法进行财务信息处理。闭环 MRP 只实现了物流信息处理,为实现物流和资金流的结合,在闭环 MRP 的基础上,形成了 MRP Ⅱ,这种集信息流和资金流于一体的企业生产经营信息系统就是制造资源计划。

在多数时候,生产、销售与财务的运作都是基于相互之间不充分拥有信息或对企业其他部门工作的表面关注。为使效率提高,企业所有职能部门都有必要关乎其共同目标。制造资源计划的一个主要目标就是把基本职能与诸如人事、工程、采购等其他职能在计划过程中聚集在一起。它的思想是把企业作为一个有机的整体,从整体最优的角度出发,运用科学方法,借助计算机实现各种制造资源和产供销各环节的有效计划、成本确定以及控制。MRP Ⅱ 的流程图如图 5.17 所示。

图 5.17 MRP Ⅱ 的流程

在 MRP Ⅱ 流程图中,包含了决策层、计划层、执行控制层等基础数据和相关信息。其中,经营计划成本是起点,它根据市场需求和企业现有条件确定企业在生产中的产量、品种、利润等指标，再结合企业资源，决定销售计划、综合生产计划、物料、人工等资源需求计划，得出具体的主生产计划，并与粗能力计划平衡，得出物料需求计划和能力需求计划。如果可行，则制定出生产各物料的数量和时间安排以及物料采购的安排工作。最后一个环节是业绩评价，以及反馈到决策层中进行经营规划的修改。

5.4.6 企业制造资源计划ERP中的仓储管理应用

随着全球经济一体化市场的逐步形成，社会消费水平、消费结构和消费市场呈现出多样化、个性化、系统化和国际化的特征。以面向企业内部信息集成为主，强调单纯的离散制造环境和单纯的流程环境的MRP和MRPⅡ系统已不能满足企业多元化、跨地区、多供应和销售渠道全球化的经营要求。随着网络通信技术的迅速发展和广泛应用，为了实现柔性制造、敏捷生产，快速占领市场，取得高回报率，制造企业必须转换经营管理模式，从"面向生产经营"的管理方式，转向"面向顾客化生产"，注重产品的研究开发、质量控制、市场营销和售后服务等环节，把经营过程的所有参与者如供应商、客户、制造工厂、分销商网络纳入到一个紧密的供应链中，这就促成了企业资源计划在企业经营各方面的形成、发展与运用。

1. ERP概述

1) ERP的定义

ERP系统是指建立在信息技术基础上，以系统化的管理思想，为企业决策层及员工提供决策运行手段的管理平台。它是从MRP（物料需求计划）发展而来的新一代集成化管理信息系统，它扩展了MRP的功能。ERP就是在MRPⅡ的基础上通过前馈的信息流、资金流，把客户需求和企业内部的生产活动，以及供应商的制造商的制造资源结合在一起，体现完全按照用户需求制造的一种供应链管理思想的功能网链结构模式。

它跳出了传统企业边界，从供应链范围去优化企业的资源。ERP系统集信息技术与先进的管理思想于一身，成为了现代企业的运行模式，反映了时代对企业合理调配资源、最大化地创造社会财富的要求，成为企业在信息时代生存、发展的基石。它对于改善企业业务流程、提高企业核心竞争力的作用是显而易见的。

2) ERP系统的管理思想

ERP的核心目的就是实现对整个供应链的有效管理，主要体现在以下3个方面。

(1) 体现对整个供应链资源进行管理的思想。在知识经济时代仅靠自己企业的资源不可能有效地参与市场竞争，还必须把经营过程中的有关各方如供应商、制造工厂、分销网络、客户等纳入一个紧密的供应链中，才能有效地安排企业的产、供、销活动，满足企业利用全社会一切市场资源快速、高效地进行生产经营的需求，以期进一步提高效率和在市场上获得竞争优势。换句话说，现代企业竞争不是单一企业与单一企业间的竞争，而是一个企业供应链与另一个企业供应链之间的竞争。ERP系统实现了对整个企业供应链的管理，适应了企业在知识经济时代市场竞争的需要。

(2) 体现精益生产、同步工程和敏捷制造（Agile Manufacturing）的思想。ERP系统支持对混合型生产方式的管理，其管理思想表现在两个方面：其一是"精益生产LP（Lean Production）"的思想，它是由美国麻省理工学院（MIT）提出的一种企业经营战略体系，即企业在按大批量生产方式组织生产时，把客户、销售代理商、供应商、协作单位纳入生产体系，此时，企业同其销售代理商、客户和供应商的关系，已不再是简单的业务往来关系，而是利益共享的合作伙伴关系，这种合作伙伴关系组成了一个企业的供应链，这即是精益生产的核心思想。其二是"敏捷制造"的思想。当市场发生变化，企业遇有特定的市场和产品需求时，企业的基本合作伙伴不一定能满足新产品开发、生产的要求，这时，企业会组织一个由特定的供应商和销售渠道组成的短期或一次性供应链，形成"虚拟工程"，把供应和协作单位看成是企业的一个组成部分，运用"同步工程（SE）"，组织生产，用最短的时间将新产品打入市场，时刻保持产品的高质量、多样化和灵活性，这即是"敏捷制造"的核心思想。

（3）体现事先计划与事中控制的思想。ERP 的计划体系主要包括主生产计划、物料需求计划、能力计划、采购计划、销售执行计划、利润计划、财务预算和人力资源计划等，而且这些计划功能与价值控制功能已完全集成到整个供应链系统中。

此外，计划、事务处理、控制与决策功能都在整个供应链的业务处理流程中实现，要求在每个流程业务处理过程中最大限度地发挥每个人的工作潜能与责任心；流程与流程之间则强调人与人之间的合作精神，以便在有机组织中充分发挥每个人的主观能动性与潜能，实现企业管理从"高耸式"组织结构向"扁平式"组织机构的转变，提高企业对市场动态变化的响应速度。

总之，借助 IT 技术的飞速发展与应用，ERP 系统得以将很多先进的管理思想变成现实中可实施应用的，即计算机软件系统。

5.4.7 JIT 概述

1. JIT 定义

20 世纪下半叶，整个汽车市场进入了一个市场需求多样化的新阶段，而且对质量的要求也越来越高，随之给制造业提出的新课题即是如何有效地组织多品种、小批量生产，否则的话，生产过剩所引起的不只是设备、人员、库存费用等一系列的浪费，而会影响到企业的竞争能力以至于生存。

在这种历史背景下，1953 年，日本丰田汽车公司的原副总裁大野耐一综合了单件生产和批量生产的特点和优点，创造了一种在多品种、小批量混合生产条件下的高质量、低消耗的生产方式，即准时生产（JIT）。

JIT 生产方式在推广应用过程中，经过不断发展完善，为日本汽车工业的腾飞做出了贡献，提高了生产效率。这一生产方式亦为世界工业界所注目，被视为当今制造业中最理想且最具有生命力的新型生产系统之一。

2. JIT 生产方式的基本思想

JIT 生产方式的基本思想是"只在需要的时候，按需要的量，生产所需要的产品"，也就是追求一种无库存，或库存达到最小的生产系统。JIT 的基本思想是生产的计划、控制及库存的管理。

JIT 生产方式以准时生产为出发点，首先暴露出生产过量和其他方面的浪费，然后对设备、人员等进行淘汰、调整，达到降低成本、简化计划和提高控制的目的。在生产现场控制技术方面，JIT 的基本原则是在正确的时间，生产正确数量的零件或产品，即准时生产。它将传统生产过程中前道工序向后道工序送货，改为后道工序根据看板向前道工序取货，看板系统是 JIT 生产现场控制技术的核心，但 JIT 不仅是看板管理。

JIT 以订单驱动，通过看板，采用拉动方式把供、产、销紧密地衔接起来，使物资储备、成本库存和在制品大为减少，提高了生产效率。

3. JIT 方式的特征

JIT 作为一种现代管理技术，能够为企业降低成本，改进企业的经营水平，主要特征体现在以下两点。

1) 以消除非增值环节来降低成本

JIT 生产方式力图通过另一种方法来增加企业利润，就是彻底消除浪费，即排除不能给企业带来附加价值的各种因素，如生产过剩、在制品积压、废品率高、人员利用率低、生产周期长等。

2) 强调持续地强化与深化

JIT 强调在现有基础上持续地强化与深化，不断地进行质量改进工作，逐步实现不良品为零、库存为零、浪费为零的目标。

案例链接　海尔物流中的 3 个 JIT

在海尔的国际物流中心有 3 个 JIT，实现了同步流程。

由于物流技术和计算机信息管理的支持，海尔物流通过 3 个 JIT，即 JIT 采购、JIT 配送和 JIT 分拨物流来实现同步流程。目前通过海尔的 BBP 采购平台，所有的供应商均在网上接收订单，并通过网上查询计划和库存，及时补货，实现 JIT 采购；在货物入库后，物流部门可根据次日的生产计划并利用 EPR 信息系统进行配料，同样根据看板管理 4 小时送料到位，实现 JIT 配送；在生产部门按照 B2B、B2C 订单的需求完成订单后，满足用户个性化需求的定制产品会通过海尔全球配送网络达到用户手中。

2002 年海尔在国内建立了 42 个配送中心，每天可将 500 000 多台定制产品配送到 1 550 个海尔专卖店和 9 000 多个营销点，实现分拨物流的 JIT。目前海尔在中心城市实现 8 小时配送到位，区域内 24 小时配送到位，全国 4 天内到位。

在企业外部，海尔 CRM 和 BBP 电子商务平台的应用架起了与全球用户资源网、全球供应链资源网沟通的桥梁，实现了与用户的零距离。在企业内部，计算机的自动控制的各种先进物流设备不但降低了人工成本、提高了劳动效率，还直接提升了物流过程的精细化水平，达到了质量零缺陷的目的。

本章小结

本章主要介绍了仓储管理的含义、意义、作用和仓储管理信息系统，并从入库作业、保管作业和出库作业 3 个阶段介绍了仓库的作业流程。不同的企业，在仓储管理模式的选择上有所不同，本章介绍了仓储管理的模式，分析了企业仓储管理模式的决策依据，并提出了仓储合理化的方法。库存对于企业的仓储管理至关重要，本章介绍了库存和库存管理的含义，分析了库存成本的结构和影响企业库存控制决策的因素，并详细地介绍了库存控制的各种方法如 ABC、EOQ、JIT、MRP、MRP II、ERP 等。

习 题

一、单项选择题

1. 在仓储过程中对产品进行保护、管理，以防止损坏而丧失价值，体现了仓储的（　　）功能。
   A. 保管　　　　B. 整合　　　　C. 加工　　　　D. 储存

2. （　　）是指仓库在物品正式入库前，按照一定的程序和手续，对到库物品进行数量和外观质量的检查，以验证它是否符合订货合同规定的一项工作。
   A. 核查　　　　B. 接管　　　　C. 校对　　　　D. 验收

二、多项选择题

1. 仓储管理模式按仓储活动的运作方可以分为（　　）。
   A. 自建仓库仓储　　　　　　　B. 租赁仓库仓储
   C. 第三方仓储　　　　　　　　D. 供应商管理库存

2. 仓库作业过程是仓库以入库、（　　）为中心的一系列作业阶段和作业环节的总称。
   A. 分拣　　　　B. 保管　　　　C. 出库　　　　D. 运输

3. 入库作业阶段由（　　）3个环节构成。
   A. 接运　　　　B. 准备　　　　C. 验收　　　　D. 入库交接

4. 仓库常用的检验方法主要有（　　）。
   A. 视觉检验　　B. 听觉检验　　C. 拆分检验　　D. 测试仪器检验

5. 仓库管理信息系统由（　　）子系统构成。
   A. 入库作业管理系统　　　　　B. 出库作业管理系统
   C. 库存控制系统　　　　　　　D. 数据系统

三、简答题

1. 仓储管理的作用体现在哪几个方面？
2. 库存的消极作用是如何表现的？
3. 仓库管理系统应具备哪些基本功能？
4. 库存管理都有哪些方法？

案 例 分 析

美国机械公司是一家以机械制造为主的企业，该企业长期以来一直以满足顾客需求为宗旨。为了保证供货，该公司在美国本土建立了500多个仓库。但是仓库管理成本一直居高不下，每年大约有2 000万美元。所以该公司聘请一调查公司做了一项细致调查，结果如下：以目前情况，如果减少202个仓库，则会使总仓库管理成本下降200~300万美元，但是由于可能会造成供货跟不上，销售收入会下降18%。

讨论题：

1. 如果你是企业总裁，你是否会依据调查公司的结果减少仓库吗？为什么？
2. 如果不这样做，你又会如何决策？

第6章 包 装 学

【本章教学要点】

知识要点	掌握程度	相关知识
包装概述	掌握	包装的概念
	掌握	包装的分类
	了解	包装标志
	理解	包装标准化
包装材料与制品	掌握	纸包装材料与制品
	掌握	塑料包装材料与制品
	掌握	金属包装材料与制品
	掌握	木质包装材料与制品
物流包装技术	掌握	防霉腐包装技术
	掌握	缓冲防震包装技术
	了解	防伪包装技术

导入案例

利乐的启示

早在20世纪50年代，利乐是最先为液态牛奶提供包装的公司之一。自此以后，它就成为世界上牛奶、果汁、饮料和许多其他产品包装系统的大型供货商之一。利乐包在保护功能和满足情感需求之间找到了很好的平衡点。与塑料瓶、玻璃瓶相比，砖型和枕型的利乐包，容积率相对较大，而且这种包装形状更易于装箱、运输和存储。如果从技术角度来看，利乐包是由纸、铝、塑料组成的六层复合纸包装，能够有效阻隔空气和光线，而这些正是容易让牛奶和饮料变质的杀手。因此，小小利乐包，让牛奶和饮料的消费更加方便而安全、而且保质期更长，实现了较高的包装效率。2004年9月在纽约现代艺术馆的"朴素经典之作"展览上，利乐包被誉为"充满设计灵感的、让生活变得更简单、更方便、更安全"的适度包装的杰作。小小利乐包，凝聚着不少科技和智慧，简约而不奢华，给我们的生活带来了不小的变化。我国北方大草原的优质牛奶，就是依靠利乐无菌包，才得以方便地送到千里之外的千家万户，目前利乐的客户包括伊利、光明、蒙牛、娃哈哈、汇源等国内几大乳业及果汁饮料行业巨头，并在全国建立了800多条生产线。

点评

包装使生活更加便利，增加产品的市场价值。

6.1 包装概述

6.1.1 包装的概念

包装的萌芽应该追溯到人类最原始的时代。一些包存食物的容器就可看做是一种包装，例如原始人类所使用的贝壳、竹筒、葫芦瓢、芭蕉叶、野兽皮等。但是，在人们的心目中，物品的容器和包装这个概念既有联系，又有区别。通常并不把物品的容器看做是包装。人们认为，包装通常与商品相联系在一起，一是商品的附属品，是为实现商品价值和使用价值所采取的一种必不可少的手段。所以，包装的产生应从人类社会开始商品交换时算起。事实也是如此，包装的发展也是紧紧与商品流通的发展联系在一起的。

商品包装是根据商品特性，使用适宜的包装材料或包装容器，将商品包装或盛装，保持商品完好状态，以达到保护商品，方便运输，促进销售的目的。在我国《包装通用术语》的国家标准中，对包装下了明确的定义："为在流通过程中保护产品，方便储运，促进销售，按一定的技术方法而采用的容器、材料及辅助物等的总名称。"也指"为了达到上述目的而采用的容器材料及辅助物的过程中施加一定技术方法等的操作活动"。

商品包装包括两层含义：一是指为了使商品方便运输，储存，促进销售，便于使用，对商品实行的包裹、存放的容器和辅助材料，通常叫包装材料或包装用品，如箱、纸、桶、盒、绳、钉等。二是指对商品进行包裹、存装、打包、装潢的整体操作过程，是包装商品的具体业务。如装箱、扎件、灌瓶等。产品经过包装所形成的总体称为包装体。包装体则是一般意义上包装的延伸。它包括从包装产出到产品组合，分发包装产品，处理废物及回收利用，体现了与包装有关的许多部门之间的系统联系。

知识链接

我国早在汉代便开始用纸包裹物品,到了唐代已十分普及,用于包裹食品和中药材,其中包装茶叶的包装纸称为"茶衫子"。后来包装纸发展成多层裱糊的纸盒、纸框、纸缸、纸篮等纸包装容器。制造金属包装容器的主要材料镀锡铁皮是捷克人在1200年发明的,但直到1620年才被德国人用来制造金属桶,作为盛装干燥食品的运输容器。在20世纪,金属桶已经成为石油化工产品和危险品的主要包装容器。塑料是20世纪初发明的人工合成材料,开辟了材料科学的一个新时代,很快塑料被应用于包装领域,20世纪30年代美国研制成功塑料瓶吹制设备,20世纪50年代随聚乙烯发展而普及。

6.1.2 包装的分类

商品包装的分类是把商品包装作为一定范围的集合整体,按照一定的分类标志或特征,逐次归纳为若干概念更小、特征更趋一致的局部集合体,直至划分为最小的单元。商品包装分类是根据一定目的,满足某种需要而进行的。商品包装在生产、流通和消费领域中的作用不同,不同部门和行业对包装分类的要求也不同,分类的目的也不一样。包装工业部门、包装使用部门、商业部门、包装研究部门根据自己行业特点和要求,采用不同的分类标志和分类方法,对包装进行分类。一般来讲,包装工业部门多按包装技法、包装适用范围、包装材料等进行分类;包装使用部门多按包装的防护性能和适用性进行分类;商业部门多按商品经营范围和包装机理分类;运输部门则按不同的运输方式、方法进行分类。由于包装种类繁多,选用分类标志不同,分类方法也多种多样。根据选用的分类标志,常见商品包装分类方法有以下几种。

1. 按包装在流通中的作用分类

以包装在商品流通中的作用作为分类标志,可分为运输包装和销售包装。

1)运输包装

它是用于安全运输、保护商品的较大单元的包装形式,又称为外包装或大包装。例如,纸箱、木箱、桶、集合包装、托盘包装等。运输包装一般体积较大,外形尺寸标准化程度高,坚固耐用,广泛采用集合包装,表面印有明显的识别标志,主要功能是保护商品,方便运输、装卸和储存。

2)销售包装

销售包装是指一个商品为一个销售单元的包装形式,或若干个单体商品组成一个小的整体的包装,亦称为个包装或小包装。销售包装的特点一般是包装件小,对包装的技术要求美观、安全、卫生、新颖、易于携带,印刷装潢要求较高。销售包装一般随商品销售给顾客,起着直接保护商品、宣传和促进商品销售的作用。同时,也起着保护优质名牌商品以防假冒的作用。

2. 按包装材料分类

以包装材料作为分类标志,一般可分为纸板、木材、金属、塑料、玻璃和陶瓷、纤维织品、复合材料等包装。

1)纸制包装

它是以纸与纸板为原料制成的包装。它包括纸箱、瓦楞纸箱、纸盒、纸袋、纸管、纸桶等。在现代商品包装中，纸制包装仍占有很重要的地位。从环境保护和资源回收利用的观点来看，纸制包装有广阔的发展前景。

2）木制包装

它是以木材、木材制品和人造板材（如胶合板、纤维板等）制成的包装。主要有木箱、木桶、胶合板箱、纤维板箱和桶、木制托盘等。

3）金属包装

金属包装是指以黑铁皮、白铁皮、马口铁、铝箔、铝合金等制成的各种包装。主要有金属桶、金属盒、马口铁及铝罐头盒、油罐、钢瓶等。

4）塑料包装

塑料包装是指以人工合成树脂为主要原料的高分子材料制成的包装。主要的塑料包装材料有聚乙烯（PE）、聚氯乙烯（PVC）、聚丙烯（PP）、聚苯乙烯（PS）、聚酯（PET）等。塑料包装主要有全塑箱、钙塑箱、塑料桶、塑料盒、塑料瓶、塑料袋、塑料编织袋等。从环境保护的观点来看，应注意塑料薄膜袋、泡沫塑料盒造成的白色污染问题。

5）玻璃与陶瓷包装

玻璃与陶瓷包装是指以硅酸盐材料玻璃与陶瓷制成的包装。这类包装主要有玻璃瓶、玻璃罐、陶瓷罐、陶瓷瓶、陶瓷坛、陶瓷缸等。

6）纤维制品包装

纤维制品包装是指以棉、麻、丝、毛等天然纤维和以人造纤维、合成纤维的织品制成的包装。主要有麻袋、布袋、编织袋等。

7）复合材料包装

复合材料包装是指以两种或两种以上材料粘合制成的包装，亦称为复合包装。主要有纸与塑料、塑料与铝箔和纸、塑料与铝箔、塑料与木材、塑料与玻璃等材料制成的包装。

 知识链接

复合包装材料可广泛应用于食品包装领域，如铝箔/蜡/薄纸（用于口香糖包装）、铝箔/薄纸/蜡（用于巧克力包装）、铝箔/防油胶黏剂/羊皮纸（用于牛油、奶酪包装）等。一般而言，复合包装材料皆具有防水、抗油、耐热等特征，其用处甚广。大体上可用于：①固体食物，如方便面、各类奶糖、麦片、巧克力、紫菜、茶叶、各类干果（如葡萄干）、膨化食物的包装；②液体食物，如牛奶、甜酒、果汁、酱油、醋等包装；③保鲜食物，用于生鱼、鲜肉、禽蛋等的包装。

3. 商品包装按销售市场分类

商品包装可按销售市场不同而区分为内销商品包装和出口商品包装。内销商品包装和出口商品包装所起的作用基本是相同的，但因国内外物流环境和销售市场不相同，它们之间会存在差别。内销商品包装必须与国内物流环境和国内销售市场相适应，要符合我国的国情。出口商品包装则必须与国外物流环境和国外销售市场相适应，满足出口所在国的不同要求。

4. 商品包装按商品种类分类

商品包装可按商品种类不同而区分成建材商品包装、农牧水产品商品包装、食品和饮料商品包装、轻工日用品商品包装、纺织品和服装商品包装、化工商品包装、医药商品包装、机电商品包装、电子商品包装、兵器包装等。

各类商品的价值高低、用途特点、保护要求都不相同,它们所需要的运输包装和销售包装都会有明显的差异。

6.1.3 包装标志

为了便于商品的流通、销售、选购和使用,在商品包装上通常都印有某种特定的文字或图形,用以表示商品的性能、储运注意事项、质量水平等含义,这些具有特定含义的图形和文字称为商品包装标志。它的主要作用是便于识别商品,便于准确迅速地运输货物,避免差错,加速流转等。

1. 运输包装标志

运输包装标志主要是便于商品在运输和保管中的辨认识别,防止错发错运,及时、准确地将商品运到指定的地点或收货单位;便于商品装卸、堆码,保证商品质量安全,加速商品周转。

运输包装标志分为运输包装收发货标志、包装储运图示标志、危险货物包装标志三大类。

(1) 运输包装收发货标志。运输包装收发货标志又称识别标志,旧称唛头。它是在外包装上的商品分类图示标志及其他标志和文字说明的总称。通常是由简单的图形和一些字母、数字及简单的文字组成。收发货标志一般包括下列内容。

① 商品的分类图示标志。
② 自行合理选用的标志。
③ 供货号。只供应该批货物的供货清单号码。
④ 货号。指商品顺序编号。以便出入库、收发货登记、核定商品价格。
⑤ 品名规格。指商品名称或代号,还指单一商品的规格、型号、尺寸、花色等。
⑥ 数量。指包装容器内含商品的数量。
⑦ 重量。毛重、净重(千克)。
⑧ 生产日期。
⑨ 生产厂名、厂址。
⑩ 体积。指长 * 宽 * 高(米或厘米),或货物容积(米^3)。
⑪ 收货人(单位)及发货人(单位)。
⑫ 件号。在本批货物中的编号。

(2) 包装储运图示标志。包装储运图示标志又称指示标志或注意标志。它是根据商品的不同性能和特殊要求,采用图案或简易文字来表示的用以提示人们在装卸、运输和储存过程中应注意的事项的标志。如对一些易碎、易潮、易残损或变质的商品,在装卸、运输和保管中提出的要求和注意事项。如小心轻放、由此吊起、切勿倒置、禁用手钩、怕热、重心点、堆码限度等。

包装储运图示标志可采用印刷、粘贴、拴挂、钉附或喷涂等方法,标打在包装端面或侧面的明显处。桶形包装标志应标打在桶身或桶盖处,集装箱包装标志应标打在四个侧面。标志的文字书写应与底边平行。出口货物的标志应按外贸的有关规定办理。粘贴标志应保证在货物储运期间内不脱落。运输包装件需要标打何种标志,应根据货物的性质正确使用。标志由生产单位在货物出厂前标打,出厂后如改换包装,标志由改变包装单位标打。

(3) 危险货物包装标志(表6-1)。危险货物包装标志又称危险品标志。是用来标明对人体和财产安全有严重威胁的货物的专用标志。由图形、文字、和数字组成。我国国家标准《危险货物分类和品名编号》(GB 6944—2012)把危险货物分为九类：爆炸品、压缩气体和液化气体、易燃液体、易燃固体、氧化剂和有机过氧化物、毒害品和感染性物品、腐蚀品、杂品。不同类别的危险品，应使用不同的危险品标志。

危险品标志是警告性标志，必须严格遵照国内和国际的规定办理，稍有疏忽，就会造成意外事故。因此，要保证标志清晰，并在货物储运保存期内不脱落。

表6-1 危险货物包装标志

标志号	标志名称	标志图形	对应的危险货物类项号
标志1	爆炸品	1.5 爆炸品（符号：黑色，底色：橙红色）	1.1 1.2 1.3
标志2	爆炸品	1.4 爆炸品（符号：黑色，底色：橙红色）	1.4
标志3	爆炸品	1.5 爆炸品（符号：黑色，底色：橙红色）	1.5
标志4	易燃气体	易燃气体（符号：黑色或白色，底色：正红色）	2.1

续表

标志号	标志名称	标志图形	对应的危险货物类项号
标志 5	不燃气体	（符号：黑色或白色，底色：绿色）	2.2
标志 6	有毒气体	（符号：黑色，底色：白色）	2.3
标志 7	易燃液体	（符号：黑色或白色，底色：正红色）	3
标志 8	易燃固体	（符号：黑色，底色：白色红条）	4.1
标志 9	自燃物品	（符号：黑色，底色：上白下红）	4.2
标志 10	遇湿易燃物品	（符号：黑色或白色，底色：蓝色）	4.3

2. 销售包装标志

商品的销售包装标志一般指附属于商品销售包装的一切文字、符号、图形,以及其他说明。主要包括下列内容。

(1) 销售包装的一般标志。

(2) 基本内容。

一般商品销售包装标志的基本内容包括:商品名称、生产厂名和厂址、产地、商标、规格、数量或净含量、商品标准或代号、商品条形码等。对已获质量认证或在质量评比中获奖的商品,应分别标明相应的标志。

6.1.4 包装标准化

1. 商品包装标准化的概念

在生产技术活动中,对所有制作的运输包装和销售包装的品种、规格、尺寸、参数、工艺、成分、性能等所做的统一规定,称为产品包装标准。产品包装标准是包装设计、生产、制造和检验包装产品质量的技术依据。目前,我国的产品包装标准主要包括建材、机械、电工、轻工、医疗器械、仪器仪表、中西药、食品、农畜水产、同电、军工等14大类。

商品包装标准化主要内容是使商品包装适用、牢固、美观,达到定型化、规格化和系列化。对同类或同种商品包装,需执行"七个统一",即统一材料、统一规格、统一容量、统一标记、统一结构、统一封装方法和统一捆扎方法等。

2. 商品包装标准化的作用

包装标准化工作是提高产品包装质量,减少消耗和降低成本的重要手段,主要作用表现在以下几个方面。

(1) 包装标准化有利于包装工业的发展。

包装标准化是有计划发展包装工业的重要手段,是保证国民经济各部门生产活动高度统一、协调发展的有利措施。商品质量与包装设计、包装材料或容量、包装工艺、包装机械等有着密切关系。由于商品种类繁多,形状各异,为了保证商品质量,减少事故的发生,根据各方面的需要,制定出行业标准及互相衔接标准,逐步形成包装标准化体系,有利于商品运输、装卸和储存;有利于各部门、各生产单位有机地联系起来,协调相互关系,促进包装工业的发展。

(2) 包装标准化有利于提高生产效率,保证商品安全可靠。

根据不同商品的特点,制定出相应的标准,使商品包装在尺寸、重量、结构、用材等方面都有统一的标准。使商品在运转过程中免受损失。同时也为商品储存养护提供了良好条件,使商品质量得到保证。特别是运输危险品和有危险的商品时,由于包装比较适宜、妥当,减少了发热、撞击、因此运输安全也得到了保证。

(3) 包装标准化有利于合理利用资源、减少材料损耗、降低商品包装成本。

包装标准化可使包装设计科学合理,包装型号规格统一。过去纸箱规格参差不齐,质量不好,实行包装标准化以来,纸箱统一简化为27种规格,降低半成品损耗千分之五。沪、津两市,仅针织内衣包装实行标准化,一年就可降低包装费上百万元。

知识链接

西欧名酒 Fat Tire 啤酒的生产者——新比利时酿酒公司即将去除 12 瓶装运输包装里的卡纸隔断。在现有水平上，12 瓶装包装去除卡纸隔断后，新比利时公司每年可以降低大约 150t 的卡纸用量，减少大约 174 公吨的二氧化碳排放量。另外，这一转变在新的一年里将为该公司节省至少 280 000 美元的生产成本。

（4）包装标准化有利于包装的回收复用，减少包装、运输、储存费用。

商品包装标准的统一，使各厂各地的包装容器，可以互通互用，便于就地组织包装回收复用，节省了回收空包装容器在地区间的往返运费，降低了包装储存费用。

（5）包装标准化便于识别和计量。

标准化包装，简化了包装容器的规格，统一包装的容量。明确规定了标志与标志书写的部位，便于从事商品流通的工作人员识别和分类。同时，整齐划一的包装，每箱中或者每个容器中的重量一样，数量相同，对于商品使用计量非常方便。

（6）包装标准化，对提高我国商品在国际市场上的竞争力，发展对外贸易有重要意义。

当前，包装标准化已成为发展国际贸易的重要组成部分，包装标准化已成为国际交往中互相遵循的技术准则。国际间贸易往来都要求加速实行商品包装标准化、通用化、系列化。

3．商品包装标准化的内容

1）包装材料标准化

商品包装材料应尽量选择标准材料，少用或不用非标准材料，以保证材料质量和材料来源的稳定。要经常了解新材料的发展情况，结合企业生产的需要，有选择地采用。

包装材料主要有纸张、塑料、金属、木材、玻璃、纤维织物等。对这几大类包装材料的强度、伸长每平方米重量、耐破程度、水分等技术指标应作标准规定，以保证包装材料制成包装容器后能够承受流通过程中各损害商品的外力和其他条件。

2）包装容器的标准化

包装容器的外形尺寸与运输车辆的内部尺寸和包装商品所占的有效仓库容积有关。因此应对包装外形尺寸作严格规定。运输包装的内尺寸和商品中包装的外尺寸也有类似的关系，因此对运输包装的内尺寸和商品中包装的外尺寸，也应作严格规定。为了节约包装材料和便于搬运、堆码，一般情况下，包装容器的长与宽之比为 3∶2，高与长相等。

3）包装工艺标准化

凡是包装箱、桶等，必须规定内装商品数量、排列顺序、合适的衬垫材料，并防止包装箱、桶内空隙太大、商品游动。如木箱包装箱，必须规定箱板的木质、箱板的厚度、装箱钉子的规格、相邻钉子距离、包角的技术要求及钉子不得钉在夹缝里等。纸箱必须规定如何封口，腰箍的材料，腰箍的松紧及牢固度等。布包则要规定针距及捆绳的松紧度等。回收复用的木箱、纸箱及其他包装箱也都必须制定标准。

4）装卸作业标准化

在车站、港口、码头、仓库等处装卸物时，都要制定装卸作业标准。要搞好文明操作。机械化装卸要根据商品包装特点选用合适的机具,如集装袋、托盘等。工业、商业、交通运输部门交接货物时,要实行验收责任制,以做到责任分明。

5) 集合包装标准化

集合包装即适合机械化装卸,又能保护商品安全。我国集合包装近几年有较快的发展,并制订了部分国家标准,其中,20t 以上的集装箱采用国际标准。托盘的标准应和集装箱的标准规定的尺寸相配套。

6.2 包装材料与制品

6.2.1 纸包装材料与制品

1. 纸包装的优势

(1) 可回收利用。世界许多国家都立法要求包装容器回收处理再循环使用,而回收使用最方便的包装物即是纸包装。

(2) 纸资源丰富。造纸是我国四大发明之一,中国是造纸之乡,我国盛产麦秆、稻草、芦苇等,有着丰富的造纸原料。我国现有造纸企业 5 000 多家,1978 年以后,我国造纸产量平均每年以 10.3% 的速度递增。这为纸包装的发展提供了坚实的物质基础。

(3) 价格比较低廉。纸包装相对木材、陶瓷、玻璃及塑料包装制品的成本要低,因而纸包装制品的价格也相对较低,它比较符合我国国情,也符合广大用户和消费者的需求。

(4) 有利于保护商品。纸包装制品相对于传统的竹篓、柳条筐等包装其密封性能较好,我国一些水果产区用纸箱代替竹篓、柳筐包装后破损下降,损耗减少。

(5) 有利于宣传和美化商品,外包装可印上吸引消费者购买的宣传图。

(6) 纸包装相对其他包装物重量轻,便于携带。

2. 常用的纸包装材料的分类

(1) 功能性防护包装纸。

① 牛皮纸。牛皮纸包装质量似牛皮那样坚韧结实而得名。牛皮纸是高级的包装纸,用途十分广泛,但是,牛皮纸大多数应用以包装工业品,同时,还应用于其他的行业。牛皮纸在外观上分单面光,双面光,有条纹和无条纹等。

 知识链接

牛皮纸的定量有 $40g/m^2$、$50g/m^2$、$60g/m^2$、$70g/m^2$、$80g/m^2$、$90g/m^2$、$100g/m^2$、$120g/m^2$,其中又以 $60g/m^2$、$70g/m^2$、$80g/m^2$ 的牛皮纸应用最广,随着牛皮纸的定量增加,其纸张变厚,耐破度增加,撕裂度也在增加,其防护性能也越好。

② 纸袋纸。又称水泥袋纸。它是一种工业包装用纸,供制造水泥袋、化肥袋、农药袋等使用。常用 4~6 层的纸袋缝制水泥包装纸。纸袋纸要求物理强度大、坚韧、具有良好的防水性能,装卸时不易破损等等,由于水泥的储存是要有一定的透气度,因而要求纸袋纸具有一定的透气性,这一点与一般牛皮纸不同。

知识链接

纸袋纸要求有一定的透气度是因为水泥自动装袋时空气容易排出,而不致从袋口反喷从而减少飞尘。且在装卸放下时,袋内空气受到强力的振动,如果空气无法逸出,则纸袋纸就容易破裂。

③ 鸡皮纸。鸡皮纸是一种单面光的平板薄型包装纸,供印刷商标,包装日用百货、食品使用。鸡皮纸一般定量为 $40g/m^2$,一面光泽好,有较高的耐破度和耐折度,有一定的抗水性。其特点是浆细,纸质均匀,拉力强,包扎不易破碎,色泽较牛皮纸浅。

④ 玻璃纸。和一般的纸有所不同,它是透明的,就像玻璃一样,故名玻璃纸。其之所以透明,是因为他同一般的纸张和纸板不同,它不是用纤维交织起来的,而是将纤维原料经过一系列的复杂加工后,制成胶状的液体。形成薄膜,因此它的有些形态和塑料膜相似,有些性质也与塑料膜相同。玻璃纸主要应用于医药、食品、纺织品、化妆品、精密仪器等的美化包装。其主要特点是透明型号、光泽性高、印刷适性好等。

⑤ 羊皮纸。最早的羊皮纸是由动物羊皮制成的。现在的羊皮纸则主要是由植物制成。羊皮纸是一种透明的高级包装纸,又称硫酸纸。它是羊皮原纸经硫酸处理之后所得的一种变性加工纸。它是一种高强度的纸,一般用破布浆或化学木浆制成,制造过程中不加任何填料、胶料,因而羊皮纸的吸水性好,组织均匀。由于羊皮纸经过了硫酸处理,所以羊皮纸的强度很好,被广泛地应用于机械零件、仪表、化学药品等工业产品和食品、医药品、消毒材料等内包装用纸。

知识链接

仿羊皮纸外观类似羊皮纸,具有较高的防油性能,但没经过硫酸。性能特点:纸页结构均匀、紧密,两面平滑;纸页呈半透明状;紧度高,机械强度较高;具有防潮、防油性能,主要用于工业和食品及杂货行业作防油纸。羊皮纸与仿羊皮纸的区别:① 沸水煮:将试样纸置于沸水中停留 3~5min,取出用力拉断。植物羊皮纸试样的长度和伸长率不变,并要很大的力才能拉断,拉断的地方几乎是平滑的线,没有凸出的纤维。仿羊皮纸则像一般湿纸一样,强度严重损失,拉断线不平滑。② 氯化钡:用氯化钡沉淀硫酸痕迹的方法来区分,仿羊皮纸不含硫酸根。

(2) 包装装潢用纸。

① 铜版纸。它是一种涂料纸,主要是在原纸上涂布一层白色涂料而成,它是一种高级包装装潢及印刷用纸。铜版纸的主要原料是铜板原纸与涂料,中高级铜版纸采用特制的原纸进行加工,一般铜版纸采用优质的新闻纸或胶版纸进行加工,由于铜版纸具有较高的平滑度和白度,纸的质地密实,伸缩性小,耐水性好,印刷性好,印刷图案清晰,色彩鲜艳等,所以铜版纸广泛地应用于商品包装中的高级商标纸,例如各种罐头、饮料瓶、酒瓶等贴标,以及多种彩色包装,例如高级糖果、食品、巧克力、香烟、香皂等生活用品的包装,铜版纸还可以做高级纸盒、纸箱的贴面。

② 胶版纸。胶版纸是一种高级彩色印刷品用纸,其主要在胶印机上使用,所以它具有质的平滑,组织细密均匀,伸缩率小,抗水性好,印刷图案清晰等特点,但不如铜版纸的组织紧密,光洁性也较铜版纸差,胶版纸作为包装装潢用纸,其用途类似于铜版纸,但因质量较铜版纸差,所以胶版纸仅用作商品包装中的一般彩色商标、彩色包装,以及纸箱挂面。

③ 不干胶纸。不干胶纸基本上是由基面基材、胶粘剂、底纸三要素组成的，不干胶纸主要用来印刷各种商品商标、标签、条码等。由于他们所选用的表现基材品质都很好，所以其在上印刷的图文都很好，很清晰。

3. 常用的纸板包装材料的分类

(1) 瓦楞原纸。瓦楞原纸的纤维组织应均匀，厚薄一致，无突出纸面的硬块，纸质紧韧，具有一定耐压、抗张、抗戳穿、耐折叠的性能。所含水分应控制在 8%～12%，若水分过高，加工纸箱时，就会出现纸身软、挺力差、压力不起楞、不吃胶、不粘合等现象；水分过低，纸质量发脆，压楞时易出现原纸破裂现象。瓦楞原纸按原料不同，可分为半化学木浆、草浆和废纸浆瓦楞原纸三种。它们是在高温下，经机器滚压，成为波纹形的楞纸，与箱纸板粘合成单楞或双楞的纸板，可制作瓦楞纸箱、盒、衬垫和格架。瓦楞原纸是一种低重量的薄板纸，国产瓦楞原纸分卷筒纸与平板纸两种。

(2) 瓦楞纸板。如图 6.1 所示，瓦楞纸板由瓦楞原纸加工而成。先将瓦楞原纸压成瓦楞状，再用粘合剂将两面粘上箱纸板，使纸板中间呈空心结构。其结构设施是很科学的，瓦楞的波纹宛如一个个连接的小小拱形门，相互并列成一排，相互支撑，形成三角结构体，强而有力，从平面上也能承受一定重量的压力，富有弹性、缓冲力强，能起到防震和保护商品的作用。

图 6.1 瓦楞纸板

根据瓦楞形状的不同可以把瓦楞纸板分为 V 形、U 形、UV 形瓦楞纸板三种，如图 6.2 所示。目前广泛使用的是以 UV 形瓦楞制造瓦楞纸板，因为它的抗压强度较高。根据实验的结果，V 形瓦楞在加压的初期歪斜度较少，但超过最高点后，便迅速地破坏。而 U 形瓦楞吸收的能量较高，当压力消失后，仍能恢复原状，富有弹性，但抗压强度不高。取上述两种波形的优点，就产生 V 形和 U 形相结合的 UV 形瓦楞。

图 6.2 瓦楞形状

根据瓦楞类型，规格的不同可以把瓦楞纸板划分为 A、C、B、E、F 五种类型，生产瓦楞纸箱(盒)用的以 A、B、C 居多，见表 6-2。

表6-2 瓦楞类型及特征

楞 形	瓦楞高度/mm	瓦楞宽度/mm	楞数/(个/300mm)	压楞系数*
A	4.5～5.0	8.0～9.5	34±3	1.58
C	3.5～4.0	6.8～7.9	41±3	1.50
B	2.5～3.0	5.5～6.5	50±4	1.38
E	1.1～2.0	3.0～3.5	93±6	1.30
F	0.6～0.9	1.9～2.6	136±20	—

* 压楞系数为参考值，设备、齿形不同，其值出入很大。

根据瓦楞纸板的层数与结构可以把瓦楞纸板分为二层纸板、三层纸板、五层纸板和七层纸板等，如图6.3所示。

(a) 二层纸板　　(b) 三层纸板　　(c) 五层纸板　　(d) 七层纸板

图6.3　瓦楞层数

单面（二层）瓦楞纸板：一张垫纸板一张瓦楞粘合而成，作为包装衬垫用。

三层瓦楞纸板：用里面两张纸板，中间裱瓦楞纸，三层粘合而成，用于生产中包装或外包装用小型纸箱，国外称双面瓦楞纸板。

五层瓦楞纸板：用面、里及芯三张纸板，中间裱两层瓦楞纸粘合，用于一般纸箱，国外称为复双面瓦楞纸板。

七层瓦楞纸板：用面、里及芯四张纸板，纸板间各裱一层共裱三层瓦楞纸粘合而成，用于大型或负载特重的纸箱，国外称复复双面瓦楞纸板。

（3）箱纸板。我国箱纸板分为一号、二号、三号三种，用于和瓦楞原纸裱合后制成瓦楞纸盒或瓦楞纸箱，供做日用百货等商品外包装和个别配套的小包装用。箱纸板的颜色为原料本色，表面平整，适于印刷上油。

4. 纸包装的市场需求趋势

市场需要低克重、高强度、绿色化的纸包装。"低克重"有利于节约资源、降低成本，"高强度"能有效保护商品，减少破损，"绿色化"能符合环保要求。

市场需要多功能化的纸包装。纸包装的多功能化的是指纸包装在完成包装使命后，仍具有其他利用功能，这是解决包装废弃物的重要途径之一，也是发挥纸包装材料优点，使纸包装得以发展的重要保证。例如，目前许多国家和地区用粘合箱替代装钉箱等。

为适应市场多样化，又保持竞争价格的需要，纸包装行业普遍采用高生产率集中制版、分散制盒（箱）的组织结构，为适应这种模式，包装尺寸的标准化、系列化也愈来愈得到大家的重视。

5. 纸包装制品装备的发展战略

与纸包装制品在我国有着非常大的市场潜力相一致，纸包装制品装备也有很大的发展空间。由于我国各地区经济发展水平有相当大的差异，对纸包装制品装备水平的需求，各地是相异的，因此各机械制造商应根据自己的市场定位发展不同档次的装备，发展自动、高速、多功能化的纸包装制品的设备，要重视计算机控制技术的引入。随着市场经济竞争的激烈开展，各个企业必定对装备的速度提出更高要求，为适应这种要求，必定需要大力采用计算机控制技术，除了在单机上实现机电一体化外，特别要在生产线上采用计算机控制。要在纸包装制品生产线上采用计算机辅助过程控制和数据处理系统。

6.2.2 塑料包装材料与制品

1. 塑料包装材料在国民经济中的地位

塑料是塑料，橡胶，合成纤维三大合成高分子材料中应用量最大，应用面最广的一种材料，其应用面已深入到国民经济的各个领域，现在世界上塑料年产量已逾1.6亿吨，然而，在各个不同领域中，对塑料制品的消费量，还存在着较大的差异，目前塑料制品应用最多的领域是包装塑料行业，其中包装塑料制品雄居首位，占塑料制品总量70%，比塑料建材总量高出近十个百分点，较其他方面的应用更占有明显的优势。就包装材料而论，塑料包装材料已远远超过玻璃，金属，木材等传统的包装材料，仅次于纸制品而居第二位，就发展速度而论，塑料包装材料业已超过其他各种包装材料而居首位。不言而喻，塑料包装材料在整个国民经济中，具有十分重要的地位。然而塑料和其他传统的包装材料相比，毕竟还是一个应用于时间很短的后起之秀，它的许许多多潜在的优点尚待开发利用。作为一种新型材料，它在性能上的许多不足与局限，亦有待人们很好的认识，以便在使用中予以避免。因此，需要我们在从事塑料科研，生产与应用的同时，客观地对塑料包装材料进行介绍与评价，从而推动塑料包装材料的进一步发展。

2. 塑料包装材料的主要品种

各种商品所使用的包装材料，通常多半均为一次性使用，当商品从生产单位流通到消费者手中或者到商品开封使用后，包装材料即完成了它的使命，作为废弃材料回收或者处置。因此，对于包装材料，一是要求其性能要好，要能适应保护，宣传商品的需要，二是要求其成本要尽可能地低，在当今塑料中的所谓通用塑料，如聚乙烯与聚丙烯，它们具有性能优良，生产量大，价格低廉等共同特点，是塑料包装材料的首选物料；其次是生产规模较大，性能更佳，但价格较高的通用型工程塑料，如热塑性聚酯。至于价格昂贵的特种工程塑料，虽然在某些性能上具有独到的优点，但由于经济上的原因，一般不作包装材料用。

1) 通用塑料

通用塑料中的热塑性塑料具有性能均衡，成型加工方便，回料及废弃物料回炉方便，制品价格较低等优点，大量用于塑料包装材料。主要品种如聚乙烯(PE)及乙烯共聚物，这类塑料包括高密度聚乙烯，低密度聚乙烯，线型低密度聚乙烯，乙烯，乙酸乙烯共聚物等。

聚乙烯类塑料是典型的聚烯烃类化合物，无毒，无臭，无味，卫生性能可靠，耐酸，碱，盐及多种化学物质，性能稳定；物理及力学性能均衡，防湿防潮性突出，其成型加工性能特伏，可方便地制成板材，薄膜，容器，扁丝等各种包装用塑料制品，而且价格低廉，因此在包装中的应用极为广泛，作为包装材料，其主要缺点是阻氧性较差。

在几种聚乙烯中，高密度聚乙烯是聚乙烯中力学强度最好的品种，对水蒸气的阻隔能力是各种塑料中最好的一种，但在几种聚乙烯中，它是柔软性和透明性最差的品种，当需要柔软及透明性佳的制品时，则应选用低密度聚乙烯，线型低密度聚乙烯的力学强度介于高密度聚乙烯与低密度聚乙烯之间，其最大优点是抗穿刺强度高，抗撕裂传播强度高，耐应力开裂性能也十分突出；此外，它的热封合性能亦优于高密度度聚乙烯和普通低密度聚乙烯，因此，它是薄膜用的一种良好的基材，其主要缺点之一是成型加工性能稍逊。

乙烯-乙酸乙烯共聚物也是包装中应用较多的一种乙烯类聚合物，其价格略高于聚乙烯，但在塑料中仍属比较便宜的品种，随着乙酸乙烯含量的增加，其耐寒性，柔软性，热封合性改善，透明性提高，但当乙酸乙烯含量超过10%时，则可能呈现酸味，不宜直接接触食品。

聚丙烯(PP)及丙烯共聚物，聚丙烯和聚乙烯一样，是典型的聚烯烃类高聚物，因而有很多相似的性能，如化学稳定性好，无毒，无臭，无味，卫生性能可靠等，和聚乙烯相比，聚丙烯的主要优点是耐热性好，使用温度可达120℃，因而以降丙烯为热封层的复合袋用于蒸煮灭菌。此外，聚丙烯的强度明显高于聚乙烯，聚丙烯性能上的最大缺陷之一是耐低温性能差，聚丙烯均聚物在0℃已表面出较大的脆性，丙烯与少量乙烯的共聚物可以明显地改善聚丙烯的耐寒性，但耐热性亦相应下降。

作为包装材料使用，和聚乙烯十分相似，聚丙烯有良好的防湿、防潮性，但对氧气、二氧化碳、氮气等非极性气体的阻隔性较差，当商品需要隔氧储存时，需采用所谓阻隔性包装材料包装，或者采用聚丙烯(聚乙烯)与阻隔性包装材料的复合制品为包装材料。

聚氯乙烯(PVC)，它也是一种综合性能好，价格低的通用塑料，而且它的助剂多，可以通过对配方的调节，较大幅度也改变制品的性能，例如可以少加或不加增长塑剂，制得硬质聚氯乙烯制品。硬聚氯乙烯制品有良好的刚性并兼有较好的抗水防潮性能和阻隔氧气，二氧化碳以及氮气透过性能。其耐油性，透明性亦明显优于聚烯烃类塑料。但用于包装后的废弃物回收利用及焚烧处理均较为困难，回炉应用加工过程中比较容易分解，焚烧处理时，会产生危害环境的氯化氢之类的物质，且要消耗能量，因此，聚氯乙烯在包装方面的应用受到一定限制，且随着人们环保意识的不断提高，它在包装方面的应用，有逐步为其他塑料代替的趋势。

 知识链接

根据专项监督抽查结果，为确保人民群众身体健康，我国国家质检总局发出公告：聚氯乙烯保鲜膜禁用DEHA(己二酸二异辛酯)，一是禁止含有DEHA等不符合强制性国家标准规定的或氯乙烯单体含量超标的聚氯乙烯食品保鲜膜进口、出口；禁止企业在生产聚氯乙烯保鲜膜时使用DEHA；禁止企业经销含有DEHA或氯乙烯单体含量超标的聚氯乙烯食品保鲜膜，禁止使用聚氯乙烯保鲜膜直接包装肉食、熟食及油脂食品。二是加强对食品保鲜膜产品的进出口及生产、销售和使用环节的监管。三是完善食品保鲜膜产品标准。四是将聚氯乙烯食品保鲜膜列入进出口法检《目录》。

2) 工程塑料

在包装领域中，应用较多的工程塑料是热塑性聚酯与聚酰胺。这两种塑料有许多相似之处，最初它们均是合成纤维的原料而被研究和开发，后来因强度高，易成型而步入塑料领域，成为工程塑料的主要品种之一，然后逐步用于包装基材。热塑性聚酯与聚酰胺性能上的主要特点是耐油,耐高低温,阻隔氧气,二氧化碳及氮气等性能良好,无毒卫生性能也好,因此是阻隔性薄膜的常用基材,用它们制成的复合薄膜可用于蒸煮包装,真空包装,除氧包装等。作为复合薄膜基材,除上面的特性之外,尼龙的主要特点是抗穿刺性能特别突出,用于带骨食品等包装十分有利,但它比较容易受空气中水分的影响,在潮湿环境中,阻氧性下降。

特别值得一提的是近年来随着热塑性酯生产技术的提高,生产规模的扩大,其价格有了明显的下降,同时由于人们环保意识的增强,废弃物容易通过物理或化学方法再循环,的热塑性聚酯制品,身价倍增,在中空容器以及薄膜制品方面,得到了飞速的发展。

在包装中应用的工作塑料除热塑性聚酯与聚酰胺之外,还有聚碳酸酯。聚碳酸酯的主要特点是耐高温,高透明度,高强度,特别适用于可回收利用(重复灌装)的中空容器。目前实用化的产品主要是奶瓶及25L的净化水桶。由于价位较高,其他应用尚不多见。

3) 其他较常见的包装用塑料

值得一提的包装用塑料还有聚偏二氯乙烯(PVDC),乙烯-乙烯醇共聚物(EVOH),高丙烯腈树脂(PAN)以及聚乙烯醇(PVA)等,这些塑料均以对氧,二氧化碳以及氮气等非极性气体的高阻隔性而著称。此外,它们的另一特性是耐油性比较突出。

除上述特点之外,聚偏二氯乙烯还具有高度防湿防潮性,是一种食品类商品的极为理想的包装材料,而且可以采用聚偏二氯乙烯的溶液或者乳液,在薄膜(或中空容器表面)形成极薄的防护层,即能发挥明显的阻氧防潮效果。因此,尽管聚偏二氯乙烯有价格较贵,成型加工比较困难,废弃物焚烧处理会产生氯化氢等有害物质缺点,但目前聚偏二氯乙烯在包装方面的应用仍相当普遍。乙烯-乙烯醇共聚物是阻隔性最佳的塑料之一,而且还是高阻隔性塑料中,成型最好的品种,加之,废弃物焚烧时不会产生危害环境的有毒物质,因此,被普遍认为是颇具发展前景的优良的塑料包装材料。但因价格昂贵,应用受到较大的限制。目前仅用于高档的复合瓶,多层复合薄膜及复合片材的阻隔层。高丙烯腈树脂及聚乙烯醇均因为成型加工困难,推广应用受到限制,使用不多,高丙烯腈树脂可用于制造阻隔性能良好的双向拉伸瓶,而聚乙烯醇则主要用于制造薄膜类塑料包装材料。聚乙烯醇双向拉伸薄膜主要用于高阻隔性复合薄膜的基材;非拉伸聚乙烯醇薄膜则主要用于单膜制袋,作为服装的高级包装袋使用,可提供高透明性,高光泽性以及鲜明而牢固的印刷图案,此外,它还具有优良的抗静电性,没有普通塑料薄膜袋因静电而吸尘的通病,使得所包装的商品具有极佳的展示效果。

3. 塑料包装材料的主要形态

1) 塑料薄膜

塑料薄膜通常指厚度0.25mm以下的平整而柔软的塑料制品,塑料薄膜是塑料包装材料中使用最为广泛的一个品种,其品种繁多,除普通塑料包装袋用的塑料薄膜之外,还有许多专用品种,如液体包装薄膜,收缩薄膜,缠绕膜,冰箱保鲜膜,果蔬保鲜膜,表面保护膜,扭结膜等,塑料薄膜主要用于制备各种包装袋。此外,比较常见的还有缠绕包装,扭结包装,表面保护等一些包装形式。

2) 塑料容器

容器是可以与塑料薄膜相提并论的广泛应用的另一大类塑料包装材料。塑料容器包括中空容器、周转箱、杯和盘等。

（1）中空容器，它主要用于包装液态物质，有时也用于包装一些固态物质，其中，典型的代表性产品是吹塑容器与滚塑容器，最小的塑料中空容器的容积仅几毫升。而特大型滚塑容器可达几十立方米，使用最多的塑料中空容器是容量为几百毫升的塑料瓶。

（2）周转箱，是用于商品或生产过程中的零部件储运，周转的箱式容器，与一般塑料包装材料不同。周转箱一般均多次重复使用，而非一次性使用。

（3）热成型杯盘之类的容器。这类小型容器由片材经热成型而制得，其特点是厚度比较均匀，制造方便，成本低廉，是食品常用的包装材料。

3）纺织袋

塑料纺织袋是塑料包装材料中的重要品种，起初它是作为麻袋的代用品而开发应用的，现在其应用范围已远超出了麻袋的代用品，纺织袋主要用于包装固态商品，如水泥、粮品、盐，以及多种化工原料。塑料纺织袋常带有塑料涂布层或者与内衬袋配合使用，以获得良好的防潮效果。塑料纺织袋最常用的规格是10～25kg容量的中、小型包装袋。此外还有可容纳500～1 000kg物料的集装袋。这种大型集装袋已在化工物资及羊毛等商品的包装中得到广泛应用。塑料纺织袋主要采用聚丙烯制得，此外也有采用高密度聚乙烯或线型低密度聚乙烯为原料的产品。过去塑料纺织袋所固有的易光老化及堆码时易打滑的两大缺点，已可通过配入紫外线吸收剂以及与纸线复合而得到克服，使用效果明显改善。

4）泡沫塑料及其他塑料包装材料

泡沫塑料制品是塑料制品的一个重要分支，其性能上的主要特点是减震，防震与隔热保温的效果十分显著，泡沫塑料制品在包装方面的应用除上述发泡周转达箱之外，还应用于各种家电电器，电工仪表以及化学试剂等商品的防震包装，制品的形态有箱、盒、衬垫块等。

塑料包装材料的品种繁多，真可谓不胜枚举，比较重要的还可以举出塑料打包带结扎绳和塑料网等。

4. 塑料包装材料的发展趋势

塑料包装的材料的发展趋势大体上可归纳为提高使用功能，降低生产成本以及适应环境保护要求等几个方面。

1）提高塑料包装材料的使用功能

在提高塑料包装材料的使用功能方面，人们做了大量工作，其中包括提高通用包装材料的性能和开发功能性包装材料等工作，并取得了可喜的成果，这些成果的推广应用，在提高通用塑料性能方面，采用茂金属化合物类催化剂，可以大幅度提高聚乙烯的强度，从而可以将聚乙烯薄膜做得更薄，并达到原来较厚的聚乙烯薄膜的使用效果，从而节约聚乙烯物料的耗用量，起到降低包装成本，减少废弃塑料包装材料量，减轻环保压力的多重功效，在塑料制品生产技术方面也做了许多工作，其中PET（聚对苯二甲酸乙二醇酯）瓶通过成型工艺的改进，大大提高了耐热性，使最高灌温度由不超过60℃提高到85℃左右，提高了PET瓶的应用领域。在改善通用塑料包装材料使用功能的同时，一批具有新型功能的塑料包装材料也已崭露头角。

 包装故事

英国CMB公司开发了一种除氧容器，当氧进入容器壁中时，容光焕发器与氧发生化学反应而将氧消耗掉，防止氧与容器物接触，而保护它名受氧的作用。无独有偶，PharmaCal 公司也开了一种反应型塑料包装材料，他们将酶加入到塑料中，据称可除去牛奶中的胆固醇，还能除去液态食品中的氧。具有一系列优异特性的含氧化硅涂层的塑料薄膜更是备受人们的关注，这种薄膜的主要特点是具有高透明性和对水蒸气及氧气的高阻隔性，透微波，所包装的物质可直接进微波炉中加热；使用后的废弃物易回收处理，不会对环境造成负担等。因此，尽管该产品尚处于开发应用初始阶段，还存在着价格昂贵以及涂层性脆，运输过程中阻隔性损失较大等问题，但目前众多公司十分看好这一领域，纷纷加盟含氧化硅涂层的塑料包装材料的研究。美国 Flex 产品公司使用电子束积附技术，将氧化硅涂布鞋到 PET, OPP 薄膜上，涂布厚度为 $0.1\mu m$，该公司的氧化硅涂布鞋薄膜称为 Transpak，除具有高度透明性之外，还能透过微波，并且对水蒸气及氧化均有高度的阻隔性。美国的 Eastapac 公司，采用等离子增强化学蒸气积附工艺，将氧化硅涂布到 PET 薄膜及瓶上，商品名为 QLF，瓶上涂膜层厚为 $0.02\sim0.03\mu m$，阻氧性较变通 PET 瓶可提高 4 倍。日本东京凸版印刷公司采用真空积附法，生产涂布鞋氧化硅涂层的 PET 薄膜。日本的东洋油墨公司也采用真空积附法生产含氧化硅涂布层的薄膜类产品。

如果在降低成本方面取得重大突破，估计在塑料薄膜及塑料瓶上涂布氧化硅的产品将在包装中得到广泛的应用。

2）降低塑料包装材料的生产成本

降低塑料包装材料的生产成本，是提高其竞争能力的重要措施，主要途径：①采用优质材料。在确保使用功能的前提下，减少原料单耗；②提高塑料包装材料的生产技术水平，降低生产费用。

在应用优质新型材料方面，采用强度高的 LLDPE 代替 LDPE 生产塑料包装薄膜。曾在塑料界引起一次较大的变革。预期近期内，将掀起一次以茂金属催化剂生产的新型聚乙烯和聚丙烯，代替传统聚乙烯，聚丙烯生产塑料包装材料的热潮，并给塑料制品生产厂及应用单位带来经济上的实惠。在提高塑料包装材料生产技术，降低生产费用方面，开发与应用，为大规模生产装置的投产奠定了坚实的基础，塑料制品生产装置的大型化，无论对于降低产品能耗或劳动力耗用量均创造了十分有利的条件，因此，塑料薄膜，片材等生产装置的大型化已成为一种十分明显的趋。近年来，中国国内已相继建立了一些万吨级 BOPP 生产线，估计生产装置大型化的这种趋势将进一步扩大。

3）适应环境保护要求

塑料包装材料的广泛应用，在促进工农业生产，满足人民生活需要上均起到了积极的作用。然而由于过去人们环境意识不强，废弃塑料包装被乱抛乱扔，大量菜布于自然界中，一直被认为是塑料一大优点的稳定性好的特性却成了欲使塑料迅速分解，回归自然的一大障碍，大量塑料包装材料积存于自然界中，严重影响生态平衡，给人类生存环境造成极大危害之后，引起了各国广泛重视，对此，工业发达国家提出了适应环境保护的所谓"三 R—D"的主张，值得我们在今后发展塑料包装材料中作为借鉴。

6.2.3 金属包装材料与制品

1. 我国金属包装现状概况

金属包装具有资本密集、技术密集，内需型为主、出口为辅，产品替代性高，市场季节性变化大，市场集中度高等产业特点。金属包装产品可细分为印铁制品（听、盒）、易拉罐（包括铝制两片罐、钢制两片罐、马口铁三片罐）、气雾罐（马口铁制成精美的药用罐、杀虫剂罐、化妆品罐等）、食品罐（罐头、液体或固体食品罐等）和各类瓶盖（马口皇冠盖、旋开盖、铝质防盗盖)。另有 1~18 升马口铁制成的化工桶及冷轧板、锌板制成的 20~200 升的钢桶。

金属包装是中国包装工业的重要组成部分,其产值约占中国包装工业总产值的 10%,主要为食品、罐头、饮料、油脂、化工、药品及化妆品等行业提供包装服务。从 80 年代后期到 90 年代中期是金属容器兴旺发展时期。近年来,随着技术发展和行业管理的加强,市场秩序得到进一步改善,并将逐步进入稳定有序的良性发展时期。

1) 生产能力强

目前,中国金属容器制造业的装备已具备强大的实力。两片罐有 26 条生产线,年生产能力达 120 多亿只(目前市场需求约 70 亿只)。马口铁三片罐制造设备已拥有各种型号的进口和国产全自动电阻焊机 500 余台,其产品一年供应饮料行业约 40 亿只,食品罐头业约 38 亿只。气雾罐年产量能达 6 亿只。全国现有皇冠盖生产线 200 多条,90% 以上的设备从国外进口,年市场需求为 350 亿只。钢桶年加工生产量约 4 000~5 000 万只。印铁设备全国拥有 400 多条生产线,进口设备和国产设备各半,年印刷 150 多亿印次。全行业马口铁年需求量约 140 万吨。随着国产马口铁生产能力的提高,马口铁进口将逐步减少,不久便可自给自足,但部分高档产品尚需少量进口。

2) 市场潜力大

从人均消费量来看,中国金属包装市场尚有很大潜力。目前全世界每年约生产各种金属罐为 4 100 亿只。其中饮料罐约 3 200 亿只、食品罐为 750 亿只、喷雾罐为 100 亿只;欧洲每年饮料罐和食品罐销售量分别为 330 亿只和 270 亿只;亚洲饮料罐和食品罐销售量在过去 10 年的增长率分别为,两片饮料罐 250%、三片饮料罐 63%、食品罐 71%;中国饮料罐年消费量 110 亿罐(两片罐 70 亿只、三片罐 40 亿只),人均消费不足 8 罐,而日本的年消费量是 180 亿罐,韩国是 32 亿罐。如果中国年人均消费量提高到 10 罐,每年就要求 130 亿罐的供应能力;此外,中国罐头食品消费水平偏低,人均年消费不足 1.5 公斤,欧洲罐头食品人均年消费水平为 50 公斤,日本人均年消费水平为 23 公斤。目前中国金属包装市场呈现供大于求的趋势,但从人均消费量分析,还存在较大发展空间。

我国金属包装的最大用户是食品工业,其次是化工产品,此外,化妆品和药品也占一定的比例。随着中国国民经济持续发展,人民消费继续增长,上游相关行业的快速发展将推动金属包装行业走出低谷。当前饮料行业发展迅猛,品牌辈出,虽然采用塑料瓶、玻璃瓶、复合纸包等包装占有一定份额,但两片罐、三片罐仍占优势,如金属罐包装的啤酒市场份额不断增长。油脂化工、石油制品、医药、化妆品等行业对金属桶罐的需求将成倍增长。

2. 金属包装容器的特点

(1) 机械性能好。金属容器相对于其他包装容器,如塑料、玻璃、纸类容器等的强度均大,且刚性好,不易破裂。不但可用于小型销售包装,而且是大型运输包装的主要容器。

(2) 阻隔性优异。金属薄板有比其他任何材料均优异的阻隔性、阻气性、防潮性、遮光性、保香性均好,加之密封可靠,能可靠地保护产品。

(3) 易于实现自动化生产。金属容器的生产历史悠久,工艺成熟有与之相配套的一整套生产设备,生产效率高,能满足各种产品的包装需要。

(4) 装潢精美。金属材料印刷性能好;图案商标鲜艳美观,所制得的包装容器引人注目,是一种优良的销售包装。

(5) 形状多样。金属容器可根据不同需要制成各种形状,如圆形、椭圆形、方形、马蹄形、梯形等,既满足了不同产品的包装需要,又使包装容器更具变化,促进了销售。

3. 金属包装主要产品的分类

1) 金属板印刷

据不完全统计,到 2003 年为止全国金属板印刷机 800 条左右,另有涂料机 300 多条。其中印铁机进口及国产各占一半,而涂料机国产机比重较大。印铁机多为单色和双色,近期上海宝钢集团宝印金属彩涂有限公司引进德国第一条全自动、高精度六色印铁生产线,有助于推动国内金属板印刷技术装备水平的提高。

2) 两片饮料罐和三片饮料罐(见图 6.4)

两片罐是采用适当的冲压工艺,使圆形板坯经若干次冲压后成型的。冲压成型后的杯形或其他形状的罐身,其侧壁完整、光洁、无接缝;底部和侧壁为一整体,没有传统三片式组合罐的侧壁与底部的卷封接缝。正是由于上述结构特点,两片冲压罐很容易加工成各种圆形或异形的容器,即使是圆柱形结构的两片罐,也可以很方便地在柱体(罐身)的上缘部分和下缘部分进行适当的加工修饰,既可以使两片罐结构强度得到改善,也可以使圆柱形容器的造型更加美观。

三片罐由罐身、罐底和罐盖三部分组成。罐身的上缘和下缘分别为罐盖与罐身、罐身与罐底的结合部,为使罐身上缘与一定规格的罐盖相封合,可设计成缩口结构。

(a) 两片罐　　　　　　　　　　　　(b) 三片罐

图 6.4　两片罐和三片罐

 知识链接

两片罐相对于三片罐来说,具有下列优点:①密封性好。罐身由冲拔工艺直接成型,不渗漏,可免去检漏工序。②确保产品质量。两片罐不用焊接密封,避免焊锡罐的铅污染,且耐高温杀菌,可保证产品卫生。③美观大方。罐身无接缝,造型美观,且罐身可连续进行装潢印刷,效果好。④生产效率高。两片罐只有两个部件,且罐身制造工艺简单,对简化工艺过程,提高生产能力大有好处。⑤节省原材料。两片罐的罐身成型时受到拉伸变形,壁厚较三片罐的薄;另外,两片罐的罐身是整体成型,无罐身纵缝及与罐底接缝,也节省了材料。但是,两片罐对材料性能、制罐技术、制罐设备等的要求较高,装填物料的种类较少。

3) 气雾罐

我国气雾罐技术在卫生杀虫、化工、化妆品以及广大农村领域应用广泛,又新开发了在食品、空气清新剂、医药领域的应用。气雾罐产量从上世纪80年代中期的3 000万罐发展到2002年的年产5.6亿罐,2003年受非典消费刺激,需求急增至6.1亿罐,是金属包装发展最快的门类。预计2005年需求量将达到8亿罐,该产品仍有发展空间。

4) 各类瓶盖

金属瓶盖包括铝制易拉盖、防盗盖和马口铁旋开盖、皇冠盖。目前中国拥有进口冲压生产线150多条。如皇冠盖,不同型号的设备产能速度分别为每小时11万只、14万只、27万只不等。各类瓶盖年生产能力超过750亿只,实际市场需求约500亿只,供大于求。

在各类瓶盖市场中,无锡华鹏嘉多宝瓶盖有限公司的旋开盖,上海紫泉包装有限公司的皇冠盖,珠海南顺,太仓兴达的铝制易拉盖,山东丽鹏的铝防盗盖,浙江省的义乌及昌鸿和福建漳州恒隆包装马口铁大开口罐头盖都具有代表性,该产品多数应用于食品罐头行业。

5) 杂罐

杂罐主要指盛装固体食品、文具、医药、玩具、礼品等所用的标准罐以外的各种异形罐。出口包装工艺礼盒是中国金属罐出口的主要品种。目前市场需求50亿只左右。预计2005年和2010年杂罐的产量将分别达到60亿只和80亿只,生产杂罐的企业在高精尖规模企业的夹缝中反而能有利润空间。

6) 化工桶

化工桶主要是指1~18升以下的小桶。主要用作原料性食品、化工涂料和油漆、润滑油等的中转包装,近年来其产量增长旺盛,九五期末比八五期末增长了16.2%,预计十五期末产量将增长58.2%,达到68亿只。

7) 罐头空罐

据不完全的统计罐头年用马口铁罐40亿只左右,在出口及内销不断增长情况下大有发展前途。

8) 钢桶

目前全国35~200升钢桶的生产能力已达到8 000万只以上,市场需求为6 000万只。200升塑料桶、罐装车、及船运散装的出现,加剧了钢桶业的竞争。随着化工、石油行业的大发展,预计今后应有大幅度增长势头。

6.2.4 木质包装材料与制品

1. 木制材料特点

木制包装材料包括天然木材(俗称木材)和人造板材两类,如图6.4所示。天然木材主要有各种松木、杉木、杨木、桦木、榆木等;人造板材主要包括胶合板、木丝板、刨花板、纤维板等。木制包装材料主要用于制造各类包装容器,如木箱、木桶、木盒、纤维板箱、胶合板箱等;也可制造托盘及较重设备底座等。

木制包装材料在包装领域内占有很重要的地位,工业越不发达,其所占比例越大。按价值计算,发达国家的木包装约占包装总额的10%;我国约占20%;某些发展中国家竟占50%以上。它之所以如此重要,是因为它有许多突出的优点。

(1) 机械强度好。它的抗拉、抗压、抗弯强度均较好,可以根据包装物品的不同来选择不同的木材,以适应不同的包装要求。

图 6.4 木制包装材料

（2）加工性能好。进行木制包装，不需要有复杂的设备和技术，用简单的工具就能制成，并可以根据需要来改变尺寸和大小。

（3）有良好的冲击韧性和缓冲性能。这对重型或精密物品尤为重要。

（4）耐腐蚀、不生锈，适用范围广，几乎一切物品均可用木制品包装。

（5）原料来源广泛。树木遍布世界各地，数量可观，便于就地取材。

（6）握钉性能好。这使它易于制成容器，在其内也便于安装挂钩、螺栓，以固定物品，而容器外面也便于加固。

（7）可回收重复利用。木制包装可多次重复使用，或将其改作他用，可降低成本，也不污染环境。

（8）用人造板材制作的包装容器，外表较美观，并具有耐久性和一定的防潮、防湿性。

木制包装材料的主要缺点是外观较差，易于吸潮，其包装容器难以实现机械化生产。

2. 木质品包装的应用现状

近几年来，我国经济发展很快，每年几乎都以 9% 的速度递增，同时各种资源也消耗很大，木材便是其中之一。众所周知，我国木材资源极为匮乏。按历年木材消耗状况进行趋势分析的数据表明，目前国内木材年均消耗达 3～3.3 亿 m^3，2005 年已达到 3.7 亿 m^3，2015 年将达 4.6 亿 m^3。按照需求预测数据计算未来（2005—2015 年）每年木材供求之间最小缺口达 1.2～1.7 亿 m^3。

 知识链接

每年我国需要进口大量木材弥补供求之间的巨大缺口。然而在我国每年消耗的 3 亿 m^3 中，几乎用掉近十分之一的木材进行各种产品包装。比如纸质包装，我国每年消耗纸包装制品约为 2 000 万吨，其中以木浆为主要原料的占 40% 左右，将近 800 万吨，消耗纯商品材超过 2 000 万 m^3，如果将这些木材竖起来，那就是浩如烟海的一片森林。

木材包装严重之一，当属一年一度的月饼盒"大战"。据有关部门统计，我国每年用于月饼盒包装费用就达 25 亿元之多，月饼盒包装费用竟占到月饼生产总成本的 1/3 以上，浪费木材资源达 8 万 m^3，这已经严重脱离我国的包装标准，属于严重的过度包装现象。

实木包装一直是我国大中型设备精密仪器以及某些玻璃陶瓷类产品的主要运输包装材料，这些实木在被消费者拆卸下来以后多数是被抛弃的。

我国木质品包装存在的主要问题有：①国家缺乏整体的宏观调控和具体的法律法规来约束企业和消费者；②缺乏具体有效的资源利用和回收措施；③企业目光短浅，追求当前利益现象极其严重；④消费者缺乏绿色意识和正确的消费观念。

3. 解决木质品包装存在问题的方法和措施

1) 国家实施法律调控

从绿色包装在世界范围内的推广来看，对绿色包装进行法律调控是必不可少和卓有成效的，而我国现有法律对绿色包装的法律调控很不完善，有必要借鉴国外的经验。

在国外许多国家，都制定限制过度包装、鼓励发展绿色包装的法律法规，比如最早推崇包装材料回收的德国制定了"循环经济法"，丹麦率先实行了"绿色税"制度等。

我国有关部门要制定措施加强管理，从源头抓起，使商品的本身内容与包装的外在形式成为一个恰如其分的结合体，而不是华而不实的宣传物。建议制定《商品包装条例》，提倡合理包装，严禁过度包装，鼓励发展绿色包装，加强包装废弃物的回收利用等。要有专项制度和具体的有针对性的法律措施，仅就木质品包装而言，应出台相应的法律法规，避免过度包装所造成的极大资源浪费，应极力维护我国仅有的绿色资源，使其能够持续发展造福子孙后代。

2) 建立和健全我国木质品包装废弃物回收体系

在德国、荷兰、意大利和西班牙等欧洲发达国家，他们将木质品包装专门作为一类废物来回收，其中多数国家回收后，重新回炉化为纸浆。荷兰等国家在回收后，经严格消毒加工处理，60%以上的非食品包装又重复使用；美国对于木材包装的生产和使用是有严格规定的，凡是使用木材包装的商品，一律向批发商收取包装处理费；凡是包装体积超过商品体积的，属于欺诈行为。

对我国而言，首先应该建立相应的法律法规，强化国家宏观管理，对生产企业进行必要的干预和调控。现有的《包装废弃物的处理与利用通则》是我国包装标准化工作中一项十分重要的基础性标准。虽然我国现阶段难以给出欧盟法规或德国法令中提出的回收率和量化值，但可以明确提出"谁污染谁治理、谁的包装谁负责废弃物的回收和处理"的原则及责任者为履行责任的后果。对可回收利用的产品包装物和容器做出具体的规定，明确相关方的具体责任，并最大限度地指出包装废弃物回收指标及相关具体回收利用规定以及回收目标。

3) 企业要有正确的经营观念

无论是木质品还是其他材料的包装，都很大程度上存在着过度包装现象。过度包装之所以在一些企业大行其道，根本原因在于利益驱动，如华美的包装可以提高产品的附加值，可以起到一定的促销作用。这种短视行为极其不利于企业的健康发展。企业必须对过度包装的危害有清醒的认识，从而主动转变经营观念，从过度包装的误区中走出来。

4) 要引导消费者树立正确的消费观念

① 引导消费者理性消费。所谓理性消费，是指商品质量、服务的好坏和价格的真实度，才是消费者选购商品的首要条件。现实生活中，许多人的消费行为很大程度上是被商品华美的包装所吸引商品本身的价值反而被忽略了。因此，消费者必须学会理性消费，要学会正确判断商品的价值，不要被假大浮华的包装所迷惑。要健全法制，严格市场准入制度；要打击欺诈宣传和过度包装，维护消费者的权益。

② 要引导消费者树立绿色包装的消费观念增强环保意识和社会责任感。据环卫部门的统计数据表明：在近 300 万 t 垃圾中，各种商品的包装物约占 83 万 t，过度包装物已成为不可忽视的环境污染源，同时也形成了极大的资源浪费。要解决这个问题，迫切需要消费者树立绿色包装的消费观念，增强环保意识和社会责任感。所谓绿色包装的消费观念，其核心内容是消费者在购买商品时，要考虑商品包装是否注重环保，是否节约资源，是否有利于回收和再利用。要彻底解决过度包装问题，消费者自身的问题必须解决。

6.3 物流包装技术

6.3.1 防霉腐包装技术

在商品包装储运过程中，防止商品发生霉腐（即霉变和腐败）是十分重要的问题。商品霉腐是由霉菌作用产生的，同有机物构成的商品，如生物性物品和制品或含有生物成分的物品，它们在日常环境条件下容易受霉菌作用而发生霉腐，使商品质量受到影响和损害。霉菌危害的范围非常广泛，有机物之外的材料在一定条件下也会遭到霉菌的侵蚀，如玻璃、金属、陶瓷等均可能受到霉菌的侵蚀，这主要是霉菌在粘附其上的有机物上生长，其代谢产物对此类物质产生作用的结果。由于商品种类繁多，规格、数量不一，在流通的多个环节中都有被霉腐微生物污染的机会，只要有适宜霉菌生长的环境条件，霉菌就会从商品和外界环境中不断地汲取营养和排出废物，在大量生长繁殖的同时，商品也就逐渐遭到分解破坏，也就是商品发生霉腐。因此，为了保护商品安全地通过储存、流通、销售等各个环节，必须对易霉腐商品采用防霉腐包装技术，以防止商品发生霉变。防霉腐包装技术就是指在物品包装时，采取一定的技术措施使其处在能够抑制霉菌微生物滋长的特定条件下，从而延长商品保质期的包装技术。归纳起来，目前常用的防霉腐包装技术主要有以下几种类型。

1. 化学药剂防霉腐包装

化学药剂防霉腐包装技术主要是使用防霉防腐化学药剂将待包装物品、包装材料进行适当处理的包装技术。这些化学药剂统称为防霉防腐剂，一般有两大类：一类是用于工业品的防霉剂；另一类是用于食品的防霉腐剂。应用防霉腐剂，有的是将药剂添加到原材料中生产出防霉腐包装材料，有的是直接加在某个包装工序中，有的是将药物制成溶液，喷洒或涂抹在商品表面，有的用药液浸泡包装材料、包装容器后再用于包装。但是这些处理都会使有些商品的质量与外观受到不同程度的影响。利用防霉防腐剂的杀菌机理主要是使菌体蛋白质凝固、沉淀、变性。有的是用防霉防腐剂与菌体酶系结合，影响菌体代谢；有的是用防霉防腐剂降低菌体表面张力，增加细胞膜的通透性，而发生细胞破裂或溶解。

使用防霉防腐剂时应选择具有高效、低毒、使用简便、价廉、易购等特点的防霉防腐剂。要特别注意防霉防腐剂的使用范围，尤其是食品、药品等生活用品的防霉腐包装一定要保证药剂符合安全卫生的标准。同时还要求该防霉防腐剂不影响商品的性能和质量，有较好的稳定性、耐热性与持久性，对金属等包装材料无腐蚀作用。通常可作为防霉腐剂的有酚类(如苯酚)、氯酚类(如五氯酚)、有机汞盐(如油酸苯基汞)、有机铜类(如环烷酸铜皂)、有机锡盐(如三乙基氯化锡)以及无机盐(如硫酸铜、氯化汞、氟化钠)等。

 知识链接

防霉防腐剂有两大类，一类是用于工业制品的防霉剂，如多菌灵、百菌清、灭菌丹等；另一类是用于食品的防霉腐剂，如苯甲酸及其钠盐、脱氢醋酸、托布津等。

2. 气相防霉腐包装

气相防霉腐包装是利用气相防霉腐剂的挥发气体直接与霉腐菌接触，杀死这些微生物或抑制其生长，以达到商品防霉腐的效果。气相防霉腐是气相分子直接作用于商品上，对商品外观和质量不会产生不良影响，但要求包装材料和包装容器具有气率小，密封性能好的特点。

常用的气相防霉腐剂有多聚甲醛、环气乙烷等防霉腐剂。多聚甲醛是甲醛的聚合物，在常温下可徐徐升华解聚成有甲醛刺激气味的气体，能使菌体蛋白质凝固，以杀死或抑制霉腐微生物。使用时将其包成小包或压成片剂，与商品一起放入包装容器内加以密封，让其自然升华扩散。但是多聚甲醛升华出来的甲醛气体在高温高湿条件下可能与空气的水蒸气结合形成甲酸，对金属有腐蚀性，因此不能用金属包装的商品。另外甲醛气体对人的眼睛粘膜有刺激作用，对眼睛有损害，所以操作人员应注意做好保护。环氧乙烷作为防霉腐剂，能与菌体蛋白质、酚分子的羧基、氨基、羟基中的游离的氢原子结合，生成羟乙基，使细菌代谢功能出现障碍而死亡。环氧乙烷分子穿透力比甲醛大，因此杀菌力也比甲醛强，环氧乙烷可在低温下使用，比较适宜于怕热、怕潮的商品防霉腐包装。但环氧乙烷能使蛋白质液化，会破坏粮食中的维生素和氨基酸，还会残留下在毒物质氯乙醇，因此不宜用作粮食和食品的防霉腐，只可用于日用工业品的防霉腐。

3. 气调防霉腐包装

气调防霉腐包装是将各类商品用不同的保护气体置换包装内的空气以达到防霉腐的效果。气调防霉腐包装主要用于各类食品的保鲜，以延长食品货架期，提升食品价值。气调防霉腐包装常用的气体有二氧化碳、氮气、氧气等。二氧化碳具有抑制大多数腐败细菌和霉菌生长繁殖的作用。氮气是理想的惰性气体，它一般不与食品发生化学作用，也不被食品所吸收，但能减少包装内的含氧量，极大地抑制细菌、霉菌等微生物的生长繁殖，减缓食品的氧化变质及腐败。氧气具有抑制大多数厌氧腐败细菌的生长繁殖，维持新鲜果蔬生鲜状态的呼吸代谢的作用。气调防霉腐是生态防霉腐的形式之一。霉腐微生物与生物性商品的呼吸代谢都离不开空气、水分、温度这三个因素。只要有效地控制其中一个因素，就能达到防止商品发生霉腐的目的。如只要控制和调解空气中氧的浓度，人为地造成一个低氧环境，霉腐微生物生长繁殖和生物性商品自身呼吸就会受到抑制。气调防霉腐包装就是在密封包装的条件下，通过对包装盒或包装袋的空气进行置换，改变盒(袋)内食品的外部环境，抑制细菌(微生物)的生长繁衍，减缓新鲜果蔬新陈代谢的速度，从而延长食品的保鲜期或货架期。如通过改变包装内空气组成成分，以降低氧的浓度，造成低氧环境来抑制霉腐微生物的生命活动与生物性商品的呼吸强度，从而达到对被包装商品防霉腐的目的。

气调防霉腐包装是充以对人体无毒性，对霉腐微生物有抑制作用的气体。目前主要是充二氧化碳和氮进行降氧。二氧化碳在空气中的正常含量是 0.03%。微量的二氧化碳对微生物有刺激生长作用；当空气中二氧化碳的浓度达到 10%～14%时，对微生物有抑制作用；如果空气中二氧化碳的浓度超过 40%时，对微生物有明显的抑制和杀死作用。进行降氧防霉包装，可先将包装容器内抽真空到一定程度再充入氮气或二氧化碳，也可在包装容器内加入脱氧剂来消耗包装内的氧气，从而降低氧气的浓度。但无论如何，包装材料都必须采用对气体或水蒸气有一定阻透性的气密性材料，才能保持包装内的气体浓度。气调防霉腐包装技术的关键是密封和降氧，包装容器的密封是保证气调防霉腐的关键。降氧是气调防霉腐的重要环节，目前人工降氧的方法主要有机械降氧和化学降氧两种。机械降氧主要有真空充氮法和充二氧化碳法。化学降氧是采用脱氧剂来使包装内的氧的浓度下降。气调包装材料大多是低阻隔材料，具有较大的气体透过性。因此，要对产品进行气调包装，就必须根据产品的特性进行包装材料透气性的合理选择。大部分气调保鲜包装的包装材料都要求采用对气体高阻隔的复合包装材料，以保持包装内保护气体的组分。如货架期不必很长，一般阻隔性的 PA/PE 或 PET/PE 就可满足。货架期要求长的最好采用高阻隔性 PVDC 或 EVOH 复合的包装材料。新鲜果蔬的包装薄膜起着气体交换膜的作用，通过薄膜与大气进行气体交换来维持包装内的气体成分。常用透气性的 PE、PP、PVC 薄膜，但这种薄膜还不能满足高呼吸速度的热带水果、菇类等的包装要求，需要高透气性的薄膜。因此要注意研究开发新的气调防霉腐包装材料。

 知识链接

美国研制开发的用二氧化碳制塑料包装材料，即使用特殊的催化剂，将二氧化碳和环氧乙烷（或环氧丙烷）等量混合，制成新的塑料包装材料，其特点具有玻璃般的透明度和不通气性；类似聚碳酸酯和聚酰胺树脂；在 240℃下不会完全分解成气体；有生物分解性能，不会污染环境与土壤等特点。我国也已研究成功利用纳米技术，高效催化二氧化碳合成可降解塑料。即利用二氧化碳制取塑料的催化剂粉碎到纳米级，实现催化分子与二氧化碳聚合，使每克催化剂催化 130g 左右的二氧化碳，合成含 42%二氧化碳的新包装材料。

4. 低温防霉腐包装

低温防霉腐包装技术是通过一定的技术控制商品本身的温度，使其低于霉腐微生物生长繁殖的最低界限，从而抑制商品的呼吸和代谢分解，同时也抑制微生物繁殖的代谢和生长繁殖，从而达到防霉腐的目的。低温冷藏防霉腐所需的温度与时间应按具体商品而定，在低温环境下，霉菌的活动不仅会受到极大的抑制，甚至死亡。所以一般来说，环境温度越低，持续时间越长，霉腐微生物的死亡率越高，防霉腐的效果越好。

按冷藏温度的高低和时间的长短，低温防霉腐可分为冷藏和冷冻两种。冷藏防霉腐包装的温度为 3～5℃。在此温度下，霉腐微生物的酶几乎都失去了活性，新陈代谢的各种生理生化反应缓慢，甚至停止，因此霉菌的生长繁殖受到极大地抑制，但并未死亡。冷藏一般适于含水量大又不耐冰冻的易腐商品，如水果、蔬菜、鲜蛋等。冷冻是适于耐冰冻含水量大的易腐商品，温度通常控制在 －12℃以下的冻结储藏，在此温度下，霉菌多数死亡。在冷冻期间，商品的品质基本上不受损害，商品上霉腐微生物同细胞内水变成冰晶脱水，冰晶水损坏细胞质膜而引起死伤。冷冻一般适合于肉类、鱼类等防霉腐包装，但低温冷冻防霉腐包装时应注意选用耐低温包装材料。

5. 干燥(低湿)防霉腐包装

水分是霉菌生长的必要条件。微生物生活环境缺乏水分即造成干燥,在没有合适水分的干燥条件下,霉菌就无法生长繁殖,商品也不会腐烂。干燥防霉腐包装技术是通过降低密封包装内的水分与商品本身的含水量,使霉腐微生物得不到生长繁殖所需水分来达到防霉腐的效果。因此,控制商品和包装内水分可有效地抑制霉菌生长繁殖,因为干燥可使微生物细胞蛋白质变性并使盐类浓度增高,从而使微生物生长受到抑制或促使其死亡。一般控制包装内的相对湿度在60%以下,即可有效地防止霉腐。霉菌菌丝抗干燥能力很弱,特别是幼龄菌种抗干燥能力较弱。可通过在密封的包装内置放一定量的干燥剂来吸收包装内的水分,使内装商品的含水量降到允许含水量以下。一般高速失水不易使微生物死亡,缓慢干燥霉菌菌体死亡最多,且在干燥初期死亡最快。菌体在低温干燥下不易死亡,而干燥后置于室温环境下最易死亡。因此,进行干燥防霉腐包装时,需要选用气密性好和透湿度低的包装材料进行密封包装,并在其内放置适量的干燥剂(如硅胶)等和湿度指示纸,以吸收水分和指示相对湿度。

6. 电离辐射防霉腐包装技术

电离辐射是指能量通过空间传递,照射到物质上,射线使被照射的物质产生电离作用。电离辐射的直接作用是当辐射线通过微生物时能使微生物内部成分分解而引起诱变或死亡。其间接作用是使水分子离解成为游离基,游离基与液体中溶解的氧作用产生强氧化基团。此基团使微生物酶蛋白的-SH基氧化,酶失去活性,因而使其诱变或死亡。辐射可导致害虫、虫卵、微生物体内的蛋白质、核酸及促进生化反应的酶受到破坏、失去活力,进而终止食品等被侵蚀和生长老化的过程,维持品质稳定。电离辐射一般是放射性同位素放出的α、β、γ射线,它们都能使微生物细胞结构与代谢的某些环节受损。α射线在照射时被空气吸收,几乎不能到达目的物上。β射线穿透力弱,只限于物体表面杀菌。γ射线穿透作用强,可用于食品内部杀菌。射线可杀菌杀虫,不会引起物体升温,故可称其为冷杀菌。但有的食品经照射后品质可能变劣或得以改善。电离辐射防霉腐包装目前主要应用β射线与γ射线。用于辐射包装的射线具有穿透力强、杀伤力大的特点,通过这种射线的辐射,寄生在食品中的病原菌、微生物及昆虫等都被杀死。同时,食品经辐照处理后还能抑制食品自身的新陈代谢过程,因而可以防止食品的变质与霉烂。包装的商品经过电离辐射后即完成了消毒灭菌的作用,经照射后,如果不再污染,配合冷藏的条件,则小剂量辐射能延长保存期数周到数月,而大剂量辐射可彻底灭菌,长期保存。但要注意,辐射射线的剂量过大也可能会加速包装材料的老化和分解,因此也要注意控制剂量。

7. 微波辐射防霉腐包装

微波指波长在0.001~1m(频率300~300 000MHz)的电磁波。而用于灭菌的微波频率一般为2 450MHz。微波能以光速向前直进,遇到物体阻挡,能引起反射、穿透、吸收等现象。微波能使物质中的水分子振动、摩擦而发热,使微生物受热致死以起到灭菌作用。微波杀菌主要有热效应和非热效应两个方面的因素,即微生物在高频电磁场的作用下吸收微波能量后,一方面转变为热量升高温度而杀菌,另一方面菌体的水分和脂肪等物质受到微波的作用,生物体内的极性分子在微波场内产生强烈的旋转效应。这种强烈的旋转使微生物的营养细胞失去活性或破坏微生物细胞内的酶系统,造成微生物的死亡。微波产生的热能在内部,所以微波热能利用率高,加热时间短,加热均匀。微波灭菌具有穿透力强、节约能源、灭菌快、效率高、操作简单、适用范围广,且微波灭菌便于控制,加热均匀,食品的营养成分及色、香、味在灭菌后仍接近食物的天然品质等特点,可用于液态、固态物品的灭菌,包装好的物品置于微波场中,在极短时间内即可完成灭菌过程。但在使用中应注意防止微波泄漏。目前微波灭菌主要用于肉、鱼、豆制品、牛乳、水果及啤酒等的灭菌。

8. 远红外线辐射防霉腐包装

远红外线是频率高于 300 万 MHz 的电磁波,其杀菌的机理与微波相似,主要是利用远红外线的光辐射和产生的高温使菌体迅速脱水干燥而死亡。利用远红外线可以直接照射食品,也可在食品装入塑料袋后以远红外线照射灭菌。红外线的利用始于 20 世纪,1935 年美国福特汽车公司的格罗维尼(Groveny)首先取得将红外线用于加热和干燥的专利。食品中的很多成分及微生物在 $3\sim10\mu m$ 的远红外区有强烈的吸收。

 知识链接

远红外加热灭菌不需要传媒,热直接由物体表面渗透到内部。因此不仅可用于一般的粉状和块状食品的灭菌,而且还可用于坚果类食品如咖啡豆、花生和谷物的灭菌与灭霉以及袋装食品的直接灭菌。

9. 紫外线辐射防霉腐包装

紫外线也是一种具有杀菌作用的射线,为日光杀菌的主要因素。其杀菌机理是紫外线辐射能使微生物细胞内核蛋白分子构造发生变化而引起死亡。紫外线的波长为 $100\sim400nm$,其中波长为 $200\sim300nm$ 的紫外线具有杀菌作用,而杀菌力最强的波长为 $250\sim260nm$,因此多以 253.7nm 作为紫外线灭菌的波长。紫外线灭菌是一种使用简便的灭菌方法,且无药剂残留,效率高、速度快,并可被不同的表面反射,但由于紫外线穿透力很弱,所以只能杀死商品表面的霉腐微生物。此外,对于含有脂肪或蛋白质的食品经紫外线照射后会产生臭味或变色,因此这些商品不宜使用紫外线杀菌。紫外线一般是用来处理包装材料和容器、工作环境以及非食品业的包装商品的杀菌,还有比较适于紫外线杀菌且效果比较理想的是液体料(如饮料、牛奶等)的灭菌。使用时,可使液体料以薄层状通过紫外线照射区即可杀灭物品表面和容器表面的霉腐微生物。

 知识链接

要注意,紫外线必须照射到商品才能灭菌,照射不到则不能灭菌。且紫外线进行直线传播,其强度与距离平方成比例地减弱,灭菌效果与照射强度、时间、距离和空气温度有关,因此需要根据紫外线灯管的功率确定照射距离和时间。此外,紫外线灭菌还与材料表面状态有关,对于表面光滑无灰尘的包装材料,采用紫外线可杀灭表面上的细菌;对于压凸的铝箔表面,灭菌时间比光滑表面长 3 倍;对不规则形状的包装容器表面,则灭菌照射时间要比平面长 5 倍。同时,采用紫外线灭菌时还需考虑材料的特性,特别是复合材料的内层,如 PVC、PVDC、LDPE 等材料受紫外线照射后会使其热封强度降低约 50%。

10. 高压电场脉冲防霉腐包装

高压电场脉冲灭菌是将食品置于两个电极间产生的瞬间高压电场中,由于高压电脉冲

（HEEP）能破坏细菌的细胞膜，改变其通透性，从而杀死细胞。

高压脉冲电场的获得有两种方法。一种是利用 LC 振荡电路原理，先用高压电源对一组电容器进行充电，将电容器与一个电感线圈及处理室的电极相连，电容器放电时产生的高频指数脉冲衰减波即加在两个电极上形成高压脉冲电场。由于 LC 电路放电极快，在几十至几百个微秒内即可以将电场能量释放完毕，利用自动控制装置，对 LC 振荡器电路进行连续的充电与放电，可以在几十毫秒内完成灭菌过程。另一种是利用特定的高频高压变压器来得到持续的高压脉冲电场。灭菌用的高压脉冲电场强度一般为 15～100kV/cm，脉冲频率为 1～100kHz，放电频率为 1～20kHz。高压电场脉冲灭菌一般在常温下进行，处理时间为几十毫秒，这种方法有两个特点：一是由于灭菌时间短，处理过程中的能量消耗远小于热处理法。二是由于在常温、常压下进行，处理后的食品与新鲜食品相比在物理性质、化学性质、营养成分上改变很小，风味、滋味无感觉出来的差异。而且灭菌效果明显，可达到商业无菌的要求，尤其适用于热敏性食品。

6.3.2 缓冲防震包装技术

防震包装的主要方法有四种：全面防震包装、部分防震包装、悬浮式防震包装、联合方式的防震包装。

1. 全面防震方法

所谓全面防震包装法，系指内装物与外包装之间全部用防震材料填满来进行防震的包装方法，根据所用防震材料不同又可分为以下几种。

1) 压缩包装法

用弹性材料把易碎物品填塞起来或进行加固，这样可以吸收振动或冲击的能量，并将其引导到内装物强度最高的部分。所谓弹性材料一般为丝状、薄片和粒状，以便于对形状复杂的产品也能很好地填塞，防震时能有效地吸收能量，分散外力，有效保护内装物。

2) 浮动包装法

和压缩包装法基本相同，所不同之处在于所用弹性材料为小块衬垫，这些材料可以位移和流动，这样可以有效地充满直接受力的部分的间隙，分散内装物所受的冲击力。

3) 裹包包装法

系采用各种类型的片材把单件内装物裹包起来放入外包装箱盒内。这种方法多用于小件物品的防震包装上。

4) 模盒包装法

系利用模型将聚苯乙烯树脂等材料做成和制品形状一样的模盒，用其来包装制品达到的防震作用。这种方法多用于小型、轻质制品的包装上。

5) 就地发泡包装法

是以内装物和外包装箱为准，在其间充填发泡材料的一种防震包装技术。这种方法很简单，主要设备包括盛有异氰酸酯和盛有多元醇树脂的容器及喷枪，使用时首先需把盛有两种材料的容器内的温度和压力按规定调好，然后将两种材料混合，用单管道通向喷枪，由喷头喷出。喷出的化合物在 10s 后即开始发泡膨胀，不到 40s 的时间即可发泡膨胀到本身原体积的 100～140 倍，形成的泡沫体为聚氨酯，经过一分钟，变成硬性和半硬性的泡沫体。这些泡沫体将在任何形状的物品都能包住。发泡具体包括以下程序。

(1) 用喷枪将化合物喷入外包装箱底部,待其发泡膨胀成面包状。
(2) 在继续发泡的泡沫体上迅速覆盖一层 $2\mu m$ 聚乙烯薄膜。
(3) 将待包装物品放进泡沫体上成巢形。
(4) 在物品上再迅速覆盖一层 $2\mu m$ 聚乙烯薄膜。
(5) 再继续喷入聚氨酯化合物进行发泡。
(6) 外包装装盖封口。

2. 部分防震包装技法

对于整体性好的产品和有内包装容器的产品,仅在产品或内包装的拐角或局部地方使用防震材料进行衬垫即可,这种方法叫部分防震包装法。所用防震材料主要有泡沫塑料的防震垫、充气塑料薄膜防震垫和橡胶弹簧等。

这种方法主要是根据内装物特点,使用较少的防震材料,在最适合的部位进行衬垫,力求取得好的防震效果,并降低包装成本。本法适用于大批量物品的包装,目前广泛用于电视机、收录机、洗衣机、仪器仪表等的包装上。

3. 悬浮式防震包装法

对于某些贵重易损的物品,为了有效地保证在流通过程中不受损害,往往采用坚固的外包装容器,把物品用带子、绳子、吊环、弹簧等物吊在外包装中,不与四壁接触。这些支撑件起着弹性阻尼器的作用。

4. 联合方法

在实际缓冲包装中常将两种或两种以上的防震方法配合作用。例如既加铺垫,又填充无定形缓冲材料,使产品得到更充分地保护。

有时可把异种材质的缓冲材料组合起来使用,例如可将厚度相等的异种材料并联使用,也可将面积相等的异种材料串联结合使用。

6.3.3 防伪包装技术

假冒伪劣产品,可以说对市场危害很大,它不仅大幅度降低了被假冒企业的直接经济效益,更危害了消费者的切身利益。随着科学技术的发展,伪造技术的高明与广泛性已给防伪技术提出了更高的要求。

所谓"防伪包装技术"就是,主要以商品为对象,既是防伪部分的组成部分,又是包装技术的组成部分。因此防伪包装既有防伪技术的一般功能特点,同时又具有适合于商品包装的自身特点。

目前,防伪包装手段可谓名目众多,仅防伪标志类已有一百多种,但从总体分析,防伪包装技术集中于以下几个方面:防伪标识;特种材料工艺;印刷工艺;包装结构和其他方法。以下的几种技术手段居主流地位。

1. 激光全息图像

利用全息印刷技术做出防伪标识,附于包装物表面是当前最为流行的防伪手段。全息图像由于综合了激光、精密机械和物理化学等学科的最新成果,技术含量高。对多数小批量伪造者而言,全套制造技术的掌握和制造设备的购置是难以做到的。因此此种技术的效果是显著的。但是,模压全息防伪标识并没有完全达到其应有的功能,甚至出现了伪造标志。

接踵而至的是经激光全息技术处理的具有防伪功能的新型包装材料和更高技术层次的全息图像标识技术。具有更好防伪功能的全息图像技术有高质量全色真三维全息技术、复杂动态全息图技术、加密全息技术、数字全息技术、特殊全息图载体技术(如全息图特殊压印材料)。

2. 激光防伪包装材料

经过激光处理的材料具有防伪和装潢两方面的功能,改变了以一块激光全息图像标识的局部防伪方式,达到整体防伪效果。整个包装都经激光处理,加上厂家名称、商标等,呈大面积主体化防伪,制假者无从着手。再加上激光包装材料在光线照射下呈现七彩颜色及印刷图纹,外观亮丽,奇异的光学效果增添了包装新、奇、美的感觉。

经过激光处理包装材料共有四大类。

(1) 软包装袋:用高新技术制出激光薄膜,然后再和普通塑料薄膜复合,加上印刷形成激光材料软包装袋(有称镭射软包装袋)。

(2) 硬包装盒:一种是先用高新技术制出激光薄膜,然后再和硬纸板复合,加上印刷形成硬盒。另一种是先在一般硬纸盒上印刷,然后再和经激光处理的上光膜复合,形成上光式硬盒。

(3) 镭射纸:镭射纸是直接作在纸上的。镭射纸生产工艺难度较大,成本也较高。但其优点是,易印刷、易处理,无环保问题;某些产品必须用纸包装(如烟盒),特别合适如烟盒、瓶贴、标签、税条、挂历、礼品包等。为了增加防伪效果,厂商可用专用的全息图案标识作纸基底纹,再加上产品图形,做出独特的专用包装纸。

(4) 目前还有一种经激光处理的烫印箔——高档电化铝产品。用它专门制成的标志可呈多维立体显示。可借电脑设计出动态画面,也可预留出"光点"加密,并使主体图案在不同视角下显示不同图案。这种烫印箔结合到包装物表面后,与包装浑然一体,达到防伪和美观的双重效果。

3. 隐形标识系统

美国生物码公司(BioCode)成功地开发了一种全新的隐形标识系统——将抗体作为制造防伪标识的新材料。

此系统包括两个物体:加入到产品中的标志化合物和用于识别标志存在与否,必要时作定量分析的抗体。标志化合物可选日用化学品,但必须是持久的、惰性的和易与产品混合的,并符合卫生、法规要求的。这些标志通常以百分之几的微量混入产品中。抗体是特定的生物识别分子,每一种抗体只认识或结合一种特定化合物。标志物识别操作分为两种:现场测定和实验室测试。既可测试标志物存在与否及精确含量,又可测出被替代或被稀释的产品。

表面隐形技术有以下好处:特定的图形和位置适用于特定的用户;真正隐形;既可采用加了标志物的印刷标签,又可安装一套定制的喷墨系统,高度安全(因为无特定抗体时标志物看不见,而特定抗体受严格管制;标识图像可擦掉并可重新显示。相比于全息图标识,隐形防伪商标更具生命力。

4. 激光编码

激光编码主要用于包装的生产日期、产品批号的打印，防伪并非是其首要功能。由于激光编码机造价昂贵，只在大批量生产或其他印刷方法不能实现的场合使用，使它能在防伪包装方面发挥作用。

激光编码封口技术是一种较好的容器防伪技术。产品封口加盖后，在盖与容器接缝处进行激光印字，使字形的上半部分印在盖上，下半部分印在容器上。

此技术的防伪作用在于：包装容器不能复用。新盖与旧容器相配，字迹很难对齐；激光器价格昂贵，且在生产线上编码打字。一般制假者难以投巨资购买此设备；厂家可任意更换印字模板，不同日期用不同模板，更换细节仅有少数人知晓，外人较难破解。

从防伪效果看，激光编码技术不比激光全息图像技术差。激光全息标识是由印刷厂印刷，使用标识的厂家不能确保该母版不从印刷环节外流或非法复制。激光编码机价格贵，且必须在线使用，加上字形模板更换变型的隐秘性，使那些分散的中小型工厂难以制假。

5. 凹版印刷防伪

凹版印刷以按原稿图文刻制的凹坑载墨，线条的粗细及油墨的浓淡层次在刻版时可加以控制，不易被模仿和伪造，尤其是墨坑的深浅。仿照印好的图文进行逼真雕刻的可能非常小。由于具有防伪效果，凹版印刷已越来越多地推广到企业商标和包装装潢印刷等方面。

凹版印刷的防伪优点在于：手工雕刻凹版可实施秘诀防伪方式。对于印量少，允许制版费用高的承印物采用手工雕刻制版特别有效。追求短期利益的制假者，未必愿意冒此投资风险；制版和印刷异地进行。尽可能分离制版和印刷两个工作环节，使知晓整个商标（或有价证券）的印刷工作的核心内容的人越少越好。当然还需要注意防止印版和印刷物被盗；可与防伪油墨技术相结合，采用独特的专用油墨，其成分、颗粒细度、添加物皆向外界保密。即使印刷品有独特效果，又达到秘诀防伪的功能。

本 章 小 结

本章主要介绍了包装物流系统、包装材料与制品、包装技术的相关知识。包装物流系统主要介绍了包装的概念、包装的分类、包装的标志以及包装的标准化。包装材料与制品主要介绍了纸质包装材料与制品的特点和发展现状，塑料包装材料与制品的特点和发展现状，木质包装材料和金属包装材料的特点、应用范围和发展现状。包装技术主要介绍了主要的几种包装技术：防霉腐包装技术、防锈包装技术、防震包装技术以及防伪包装技术。

习 题

一、选择题

1. PVC 的中文名称是（　　）。
A. 聚苯乙烯　　　B. 聚氯乙烯　　　C. 聚乙烯醇　　　D. 聚酰胺

2. 植物羊皮纸又称（　　）。
   A. 鸡皮纸　　　　B. 纸袋纸　　　　C. 硫酸纸　　　　D. 玻璃纸
3. 瓦楞纸板可以有不同的瓦楞层截形，通常有四种类型，其中拥有大的高度和大的瓦楞间距的是（　　）。
   A. A型　　　　　B. B型　　　　　C. C型　　　　　D. E型
4. 铝板是一种新型的制罐材料，加工性能优良，但焊接较困难，因此铝板均制作成一次冲拔成型的（　　）。
   A. 一片罐　　　　B. 两片罐　　　　C. 三片罐　　　　D. 四片罐

二、填空题

1. 包装是为在流通过程中保护产品、方便_____、促进_____，按一定技术而采用的容器、材料及辅助物等以及为达到上述目的而采取的一些_____的总称。
2. 复合材料包装是指以两种或两种以上材料粘合制成的包装，亦称为复合包装，主要有纸与_____、塑料与铝箔和纸、塑料与_____、塑料与木材、塑料与玻璃等材料制成的包装。
3. 防震包装的主要方法有四种：全面防震包装、部分防震包装、_____、联合方式的防震包装。

三、名词解释

1. 包装标志　　2. 包装标准化　　3. 气相防霉腐包装技术
4. U形瓦楞纸板　　5. 三片罐

四、简答题

1. 按包装在流通中的作用分类，可以分为哪几种？
2. 试描述聚氯乙烯薄膜的特点。
3. 简述木制包装材料的优缺点。
4. 简述防霉腐包装技术的主要方法。
5. 简述就地发泡包装法的操作过程。

案 例 分 析

罗林洛克啤酒的独特包装策略

随着竞争的加剧和消费的下降，美国啤酒的竞争变得越来越残酷。像安毫斯·布希公司和米勒公司这样的啤酒业巨人正在占据越来越大的市场份额，从而把一些小的地区性啤酒商排挤出了市场。出产于宾夕尼亚州西部小镇的罗林洛克啤酒在20世纪80年代后期勇敢地进行了反击。营销专家约翰·夏佩尔通过他神奇的经营活动使罗林洛克啤酒摆脱了困境，走向了飞速发展之路。而在夏佩尔的营销策略中，包装策略发挥了关键作用。包装在重新树立罗林洛克啤酒的形象时，扮演了重要角色。夏佩尔为了克服广告预算的不足，决定让包装发挥更大的作用。他解释道："我们不得不把包装变成牌子的广告。"该公司为罗林洛克啤酒设计了一种绿色长颈瓶，并漆上显眼的艺术装饰，使包装在众多的啤酒中很引人注目。夏佩尔说："有些人以为瓶子是手绘的，它跟别的瓶子都不一样，独特而有趣。人们愿意把它摆在桌子上。"事实上,许多消费者坚持装在这种瓶子里的啤酒更好喝。公司也重新设计了啤酒的包装箱。"我们想突出它的绿色长颈瓶,与罗林洛克啤酒是用山区泉水酿制的这个事实。"夏佩尔解释道:"包装上印有放在山泉里的这些瓶子。照片的质量很高,色彩鲜艳、图像清晰。消费者很容易从30英尺外认出罗林洛克啤酒。"

罗林洛克啤酒的包装策略符合"美观大方,突出特色"这一设计原则。"突出特色"容易识别产品,引起消费者注意,罗林洛克啤酒的包装采用绿色长颈瓶,与众不同,"消费者很容易从30英尺外认出罗林洛克啤酒。""美观大方"能吸引消费者,引起消费者的购买欲望,罗林洛克啤酒包装的"色彩鲜艳,图像清晰""看上去它不像大众化产品,而是一种高贵的品质感。""它跟别的瓶子都不一样,独特而有趣。人们愿意把它摆在桌子上。"正因为罗林洛克啤酒的包装"美观大方,突出特色",才使"许多消费者坚持装在这种瓶子里的啤酒更好喝。"从而促进了产品的销售,确立了竞争优势。

讨论题:

罗林洛克啤酒是如何利用包装促进销售的?

第 7 章　装卸搬运

【本章教学要点】

知识要点	掌握程度	相关知识
装卸搬运概述	掌握	装卸搬运的概念
	了解	装卸搬运的地位
	理解	装卸搬运的组成
装卸搬运机械	了解	装卸搬运机械的含义
	了解	装卸搬运机械的作用及采取的措施
	了解	装卸搬运机械的分类
装卸搬运合理化原则及途径	掌握	装卸搬运的合理化原则
	掌握	装卸搬运的合理化途径

导入案例

六不改善法

日本物流界从工业工程的观点出发，总结出改善物流作业效率的"六不改善法"，具体内容如下。

（1）不让等——闲置时间为零，即通过正确安排装卸搬运作业流程和作业量使作业人员和机械连续工作，不发生闲置现象。

（2）不让碰——与物资接触为零，即通过利用机械化、自动化装卸搬运设备进行装卸、搬运、分拣等作业，使作业人员在从事这些作业时尽量不直接接触物资，以减轻劳动强度。

（3）不让动——缩短移动距离和次数，即通过优化仓库内的物资放置位置和采用自动化装卸搬运工具，减少物资和人员的移动距离和次数。

（4）不让想——操作简便，即按照专业化、简单化和标准化原则进行分解作业活动和作业流程，并应用计算机等现代化手段，使装卸搬运作业操作简便化。

（5）不让找——整理整顿，即通过作业现场管理，使作业现场的工具和物资放置在一目了然的地方。

（6）不让写——无纸化，即通过应用条形码技术、信息技术等，使作业记录自动化。

点评

装卸搬运在物流系统中起着桥梁和纽带的作用，其效率的高低直接影响着物流系统的运行效率。

7.1 装卸搬运概述

7.1.1 装卸搬运的概念

按照我国的国家标准《物流术语》，装卸是指"物品在指定地点以人力或机械载入或卸出运输工具的作业过程。"搬运是指"在同一场所内，对物品进行空间移动的作业过程。"

装卸是改变"物"的存放，支撑状态的活动，主要指物体上下方向的移动。而搬运是改变"物"的空间位置的活动，主要指物体横向或斜向的移动。通常装卸搬运是合在一起用的，其主要具有以下特点。

1. 装卸搬运是附属性、伴生性的活动

装卸搬运是物流每一项活动开始及结束时必然发生的活动，因而常被人重视，总是被看做在其他操作时不可缺少的组成部分。例如，一般而言的"汽车运输"，就实际包含了相随的装卸搬运，仓库中泛指的保管活动，也含有装卸搬运活动。

2. 装卸搬运是支持、保障性的活动

装卸搬运也是保障生产过程和流通过程各环节得以顺利进行的条件。装卸搬运质量的优劣、效率的高低都会对生产和流通其他各环节产生很大的影响，装卸搬运的支持作用下降必将导致生产过程不能正常进行，流通过程不畅通。例如，有关学者统计，在中等批量的生产车间里，零件在机床上的时间仅占生产时间的5%左右，而其余大部分时间是消耗在原材料、工具、零件的搬运或等待上。又如，车、船等的装卸不当，会导致运输途中货损增加，甚至造成翻车、翻船等重大事故；卸货不当，会造成下一步物流活动的困难，迫使劳动强度、作业工作量大幅度增加。物流活动需要在有效的装卸搬运支持下实现水平的提高。

3. 装卸搬运是衔接性的活动

在任何其他物流活动互相过渡时，都是以装卸搬运来衔接，因而装卸搬运往往成为整个物流的"瓶颈"，是物流各功能之间能否形成有机联系和紧密衔接的关键，而这又是一个系统的关键。建立一个有效的物流系统，关键看这一衔接是否有效。比较先进的系统物流方式——联合运输方式就是着力于解决这种衔接而出现的。

4. 装卸搬运对象复杂

在物流过程中，货物是多种多样的，它们在性质上（物理、化学性质）、形态上、重量上、体积上以及包装方法上都有很大区别，即使是同一种货物在装卸搬运前的不同处理方法，可能也会产生完全不同的装卸搬运作业。单件装卸和集装化装卸，水泥的袋装装卸搬运和散装的装卸搬运都存在着很大差别。从装卸搬运的结果来考察，有些货物经装卸搬运要进入储存，有些物资经装卸搬运后将进行运输。不同的储存方法，不同的运输方式在装卸搬运设备运用、装卸搬运方式的选择上都提出了不同的要求。

5. 装卸搬运作业不均衡

在生产领域，由于生产活动要有连续性和比例性、力求均衡，所以企业内装卸搬运相对也比较均衡。然而，物资一旦进入流通领域，由于受到物资产需衔接、市场机制的制约，物流量便会出现较大的波动性。商流是物流的前提，某种货物的畅销和滞销、远销和近销，销售批量的大与小，围绕货物实物流量便会发生巨大变化。从物流领域内部观察，运输路线上的"限制扣"，"跑在中间、窝在两头"的现象广泛存在，装卸搬运量也会出现忽高忽低的现象。从另一方面看，各种运输方式由于运量上的差别，运速的不同，使得港口、码头、车站等不同物流结点也会出现集中到货或停滞等待的不均衡装卸搬运。

7.1.2 装卸搬运的地位

装卸活动的基本动作包括装车（船）、卸车（船）、堆垛、入库、出库以及连接上述各项动作的短程输送，是随运输和保管等活动而产生的必要活动。

在物流过程中，装卸活动是不断出现和反复进行的，它的出现频率高于其他各项物流活动。每次装卸活动都要花费很长时间，所以它往往成为决定物流速度的关键因素。装卸活动所消耗的人力也很多，所以装卸费用在物流成本中所占的比重也较高。以我国为例，铁路运输的始发和到达的装卸作业费大致占运费的20%，而且在进行装卸操作时往往需要接触货物，因此装卸作业是在物流过程中造成货物破损、散失、损耗、混合等损失的主要环节。例如，袋装水泥纸袋破损和水泥散失主要发生在装卸过程中，玻璃、机械、器皿、煤炭等产品在装卸时最容易造成损失。

由此可见，装卸活动是影响物流效率、决定物流技术经济效果的重要环节。装卸搬运是物流各个作业环节连接成一体的接口，是运输、保管、包装等物流作业得以顺利实现的根本保证。装卸经常是与搬运伴随发生的，装卸和搬运的质量好坏、效率高低是整个物流过程的关键所在。

例如，产品或制品、半成品在生产线上的移动本身就是一个搬运装卸的过程；包装后有装卸车、出入库等搬运作业；物品的整个运输、保管和包装各个环节中，不知要装卸搬运多少次。如果装卸搬运工具、设施、设备不先进，搬运装卸效率低，商品流转时间就会延长，商品就会破损，自然就会增加物流成本，影响整个物流过程的质量。

尽管装卸和搬运本身不创造价值，但它们会影响商品的使用价值，而且这个环节必不可少，这个过程无法省略。目前我国装卸搬运作业水平比较低：机械化、自动化程度与发达国家相比还有很大差距；野蛮装卸造成包装破损、丢失现象时有发生；货物破损率一直很高，这部分费用居高不下。因此，重视搬运装卸环节显得非常必要。同时我们要知道，装卸和搬运是运输、保管和包装各子系统的连接点，该连接点的质量直接关系到整个物流系统的质量和效率；而且它们又是缩短物品移动时间、节约物流费用的重要组成部分。如果装卸搬运环节出了问题，物流的其他环节就会停顿。

知识链接

几组相关数据：

（1）据我国相关资料统计，火车货运以500千米为分歧点，运距超过500千米，运输在途时间多于起止的装卸时间；运距低于500千米，装卸时间则超过实际运输时间。

（2）美国与日本之间的远洋船运，一次往返需25天，其中运输时间13天，装卸时间12天。

（3）我国对生产物流的统计，机械工厂每生产1吨成品，需进行252次/吨的装卸搬运，其成本为加工成本的15.5%。

7.1.3 装卸搬运的组成

装卸搬运活动是随运输和保管而产生的必要物流活动，通常是由堆垛拆垛作业、分拣配货作业、搬运移送作业及其他作业组成。

1. 堆垛拆垛作业

堆垛（装上、装入）作业是指把货物移动或举升到装运设备或固定设备的指定位置，再按所要求的状态放置的作业。而拆垛（卸下、卸出）作业则是其逆向作业，如用叉车"叉上叉下"作业，将货物托起并放置在指定位置场所，如卡车车厢、集装箱内、货架或地面上等。或利用各种形式的吊车进行"吊上吊下"作业，如将货物从轮船货仓、火车车厢、卡车车厢吊出或吊进等。

2. 分拣配货作业

分拣是在堆垛作业前后或配送作业之前把货物按品种、出入先后、货流进行分类，再放到指定地点的作业。而配货则是指把货物从所在的位置按品种、下一步作业种类、发货对象进行分类的作业。

3. 搬运移送作业

搬运移送作业是为了进行装卸、分拣、配送活动而发生的移动物资的作业，包括水平、垂直、斜行搬送，以及几种组合的搬送。

4. 其他作业

如贴标签、拴卡片、分类、理货等作业。

7.1.4 装卸搬运的作业方式

装卸搬运是附属于货物的运输和保管的物流作业活动，在货物运输过程中，要伴随着向货车等运输设备的装货、卸货等作业活动，在货物保管过程中要伴随着向仓库和货场等储存设施的入库、出库等作业活动。一般来说，从不同角度，装卸搬运可以按如下标准进行分类。

1. 按物流设施属性分类

1) 自用物流设施装卸

自用物流设施装卸指出版物生产或发行企业在自用仓库、配送中心运用自备装卸搬运设备进行作业。

2) 公用物流设施装卸

公用物流设施装卸指在社会公用的仓库、车站、港口、机场，利用公用物流设施进行装卸搬运作业。可分别称为仓库装卸、车站装卸、铁路装卸、港口装卸和航空港装卸。

2. 按装卸搬运的物流设施、设备、对象分类

1) 仓库装卸

仓库装卸指在仓库、配送中心所进行的装卸搬运，多为配合出版物入库、出库、盘点等作业进行，以码放、上架、下架、拣货、移送等操作为主。

2) 汽车装卸

汽车装卸指对汽车进行装卸搬运作业。特点是每车装卸批量不大，而且可以利用汽车的灵活性，让汽车尽可能靠近作业场地，减少搬运活动，直接进行物流设施与汽车之间的货物过渡。

3) 铁路装卸

铁路装卸指在铁路车站将货物装入或卸出火车车皮的作业。特点是如果采取集装箱作业，就可以一次性完成一个车皮的装卸，减少整装零卸或零装整卸的情况。当然，如果出版物批量较小，也应尽可能整合成 1/2 集装箱或 1/4 集装箱，这样有利于提高铁路装卸搬运的效率。铁路装卸往往包括汽车在铁路仓库和理货场的作业以及汽车在列车边、铁路站台边的装卸作业。

4) 港口装卸

港口装卸指在港口进行的各种装卸作业，包括码头前沿的装卸船作业，也包括采用小船在码头和大船之间的"过驳"作业，还包括港口仓库、理货场的搬运作业以及列车、汽车在港口的装卸作业。

5) 飞机装卸

飞机装卸指在机场对飞机进行的装卸作业。

3. 按装卸搬运的作业内容分类

1) 码放作业

码放作业指将货物从运输工具上堆码到保管场所，或由保管场所堆码到运输工具或仓库等保管设施的指定场所，再按要求码放整齐、规则有序。

2) 分拣作业

分拣作业指在码放或配货作业之前，将出版物按品种进行分类整理，然后送到指定位置的作业。

3) 配货作业

配货作业指向运输工具装货之前或出库装货之前，按照客户的要求，把出版物按品种、数量、作业先后顺序、发货对象等进行分类、组配、集中，并分别送到指定位置的作业。

4) 搬送作业

搬送作业指为了进行装卸、分拣、配送活动而发生的出版物移动的作业，包括水平、垂直、斜向搬送和组合搬送。

4. 按装卸作业的对象划分

1) 单件作业法

单件作业法指将出版物包成单件，逐件进行装卸搬运的方法。这是人工装卸搬运的主导方法。在装卸搬运机械广泛使用的今天，单件作业依然需要，一是单件作业安全性高，不易损坏出版物，一些精装的、特制的出版物仍然需要人工装卸搬运；二是有些搬运场合不适宜机械作业，也需要人工单件作业。

2) 集装作业法

集装作业法指先将出版物集零为整（集装化）后，再对集装件（箱、袋、托盘等）进行装卸搬运的方法。这种方法有以下几种。

（1）集装箱作业法。集装箱作业在港口是以跨车、轮胎龙门起重机、轨道龙门起重机为主进行垂直装卸，以拖挂车、叉车为主进行水平装卸的。在铁路则是以轨道龙门起重机为主进行垂直装卸，以叉车、平移装卸机为主进行水平装卸的。

（2）托盘作业法。托盘作业法是以叉车作为主要机械作业，即物流业提倡的叉车托盘化。水平装卸托盘除了用叉车以外，还可以采用各种搬运车辆和滚子式输送机；垂直装卸托盘还可采用升降机、载货电梯等；在自动化仓库中，还可采用桥式堆垛机和巷道堆垛机完成库内货架的存取装卸。

（3）周转箱作业法。出版物周转箱一般是根据出版物常见开本（32开、16开等）的长宽比例，按两个或四个印刷包件的体积大小设计的，用于搬运出版物的容器。出版物的周转箱目前多为塑料制品，其长、宽、高基本符合常用托盘、集装箱的比例，便于更大批量的集装运输。由于周转基本符合常用托盘、集装箱的比例，便于更大批量的集装运输，且周转箱可以多次利用，可以节约包装费用，因此受到许多出版物物流企业的欢迎。

5. 按装卸作业手段分类的方法

1) 人工作业法

人工作业法是指完全依靠人力，使用无动力器械来完成装卸搬运的方法。

2) 机械化作业法

机械化作业法是指以各种装卸搬运机械来完成出版物装卸搬运的方法。机械化作业法是目前装卸搬运作业的主流。

3）综合机械化作业法

综合机械化作业法要求作业机械设备和作业设施、作业环境的理想配合，要求对装卸搬运系统进行全面的组织、管理、协调，并采用自动化控制手段（如计算机控制、信息化管理等），以完成高效率、高水平的装卸搬运作业。这是装卸搬运作业的发展方向。

按不同的分类方法，还可以将装卸搬运分为间歇作业法、连续作业法、垂直作业法、水平作业法等，在这里就不一一介绍了。

7.2 装卸搬运机械

对于组织物流作业的各个部门的管理技术人员来说，熟悉装卸搬运机械基本知识，掌握合理选择、配备、运用装卸搬运机械的基本方法，充分发挥装卸搬运机械的效能，不断提高装卸搬运机械化程度，是一项不可缺少的重要工作。

7.2.1 装卸搬运机械的含义

装卸搬运机械是指用来搬移、升降、装卸和短距离输送物料或货物的机械，它是物流机械设备中重要的机械设备。装卸搬运机械不仅用于完成船舶与车辆货物的装卸，而且又完成库场货物的堆码、拆垛、运输，以及舱内、车内、库内货物的起重输送和搬运。

装卸搬运机械是实现装卸搬运作业机械化的基础。装卸搬运是在货物运输、储存等过程中随同发生的作业，贯穿于物流作业的始末，装卸搬运工作的好坏，直接影响到物流的效率和效益。在装卸搬运作业中，力图不进行重复装、搬、卸操作，这些都靠装卸搬运机械有效地衔接。可见，合理配置和应用装卸搬运机械，安全、迅速、优质地完成货物装卸、搬运、码垛等作业任务，是实现装卸搬运机械化、提高物流现代化的一项重要内容。

7.2.2 装卸搬运机械的作用及采取的措施

1. 装卸搬运机械的作用

装卸搬运机械是装卸搬运作业的重要技术设备。大力推广和应用装卸搬运机械，不断更新装卸搬运设备和实现现代化管理，对于加快现代化物流进程，促进国民经济发展，均有着十分重要的作用。

（1）提高装卸效率，节约劳动力，减轻装卸工人的劳动强度，改善劳动条件。

（2）缩短作业时间，加速车辆周转，加快货物的送达和发出。

（3）提高装卸质量，保证货物的完整和运输安全。特别是长大笨重货物的装卸，依靠人力，一方面难以完成，另一方面保证不了装卸质量，容易发生货物损坏或偏载，危及行车安全。采用机械作业，则可避免这种情况发生。

（4）降低装卸搬运作业成本。装卸搬运机械的应用，势必会提高装卸搬运作业效率。而效率的提高会使每吨货物分摊到的作业费用相应减少，从而使作业成本降低。

（5）充分利用货位，加速货位周转，减少货物堆码的场地面积。采用机械作业，堆码高度大，装卸搬运速度快，可以及时腾空货位。因此，可以减少占用场地面积。

2. 实现装卸搬运机械化可采取的措施

随着物流现代化的不断发展,装卸搬运机械将会得到更为广泛的应用。从装卸搬运机械发展趋势来看,发展多类型的装卸搬运机械和专用装卸搬运机械是今后装卸搬运机械的发展方向。为了科学地使用好、管理好装卸搬运机械,实现装卸搬运机械作业,可采取如下措施。

(1) 全面规划,合理布局,按需配置装卸搬运机械设备。

(2) 建立一套行之有效的装卸搬运机械运用、维修和管理制度,并通过采用新技术、新材料、新设备,逐步实现装卸搬运机械的系列化、标准化、通用化。

(3) 建立装卸搬运技术人员队伍,配备维修力量。

(4) 积极发展集装化、增大装卸搬运机械作业范围,提高物流作业过程中机械化作业比重。

(5) 做好各种装卸搬运机械的配套工作,实现一机多能。

7.2.3 装卸搬运机械的分类

装卸搬运机械所装卸搬运的货物,来源广、种类多,外形和特点各不相同,如箱装货物、袋装货物、桶装货物、散货、易燃易爆及剧毒品等。为了适应各类货物的装卸搬运和满足装卸搬运过程中各个不同流通作业环节的不同要求,各种装卸搬运机械应运而生。目前,装卸搬运机械的机型和种类已达数千种,而且各国仍在不断研制新机种、新机型。装卸搬运机械种类很多,分类方法也很多,为了运用和管理方便,常将装卸搬运机械分为起重设备、装卸搬运车辆、连续输送机械等。

1. 起重设备

起重设备(图 7.1)是靠人力或动力使物资做前后、上下、左右等间歇、周期性运动的转载机械,主要用于起重、运输、装卸、机器安装等作业。

1) 轻小型起重机

轻小型起重机指仅有一个升降运动的起重机,如滑车、手动或电动葫芦等。其中,电动葫芦配有小车,也可以沿轨道运行。

2) 桥式类型起重机

这是可在矩形场地及空间进行作业的起重机。它有一个横跨空间的横梁或桥架支撑起重机构、运行机构、完成起重作业,主要类型有悬梁式起重机、桥式起重机等。

3) 门式起重机和装卸桥

这也是可在矩形场地和空间进行作业的起重机,与桥式起重机不同的是有两个高支腿的门架。起重小车既可在跨度内,也可在悬臂端完成起重作业。

4) 臂架类型(旋转式)起重机

这是可在环形场地及其空间作业的起重机,主要由可以旋转和变幅的臂架支撑完成起重作业。常用的类型有门座式起重机、塔式起重机、汽车式起重机、轮胎式起重机等。

5) 堆垛起重机

这是可以在自动化仓库高层货架之间或高层码垛货场完成取送、堆垛、分拣等作业的起重机。其突出的特点是在可以升降的载货台上装有可以伸缩的货叉机构,能方便地在指定货格或位置上放、取单元化货物。

图 7.1　起重设备

2. 装卸搬运车辆

装卸搬运车辆是依靠机械本身的运行和装卸机构的功能，实现物资的水平搬运和装卸、码垛（小部分车辆无装卸功能）的车辆。

1）叉车

叉车（图 7.2）又名叉车装卸机，它以货叉作为主要的取物装置，依靠液压起升结构实现货物的托取、码垛等作业，由轮胎运行机构实现货物的水平运输。按功能分类的叉车类型如下。

图 7.2　叉车

（1）平衡重式叉车。这种叉车依靠车体及车载平衡，其特点是自重大、轮距大、行走稳定、转弯半径大。

（2）前移式叉车。前移式叉车前部设有跨脚插腿，跨脚前端装有车轮，和车体的两轮形成四轮支承，在作业时，重心在 4 个轮的支撑面中，比较稳定。架或货叉可以前后移动，以便于取货及装卸。

（3）侧向叉车。叉车门架及货叉在车体一侧，主要特点如下：在入出库作业时，车体顺通道进入后，货叉面向货架或货垛，在装卸作业时不必再转弯，这样，可在窄通道中作业，节约通道的占地面积，提高仓容率；有利于装搬条形长物，叉上长物，长物与车体平行，作业方便，在运行时可放于侧面台板上运行。

（4）手动式叉车。这种叉车无动力源，由工人推动叉车，通过手动油压柄起降货叉，灵活机动，操作方便简单，价格便宜。在某些不需要大型机械的地方，可以有效地应用。

（5）电动式人力叉车。这种叉车类似于手动叉车，也是一种轻便型叉车，这种类型叉车也有不同的结构，如既可以是电动行驶、操纵货叉，人步行随机操作，也可是人力移动机器，电力操纵货叉。

（6）多方向堆垛叉车。这种叉车在行进方向两侧或一侧作业，或货叉能旋转 180°，向前、左、右 3 个方向做叉货作业。

2）搬运车

这是一种用于载货，主要在物流据点内进行水平搬运的车辆。小车上的载荷平台有固定式和升降式。升降式搬运车的载荷平台很低，可以伸入货架或托盘底部，在托起货架或托盘后进行搬运。

3）牵引车和挂车

牵引车是具有机动运行和牵引装置，但本身不能载货的车辆；而挂车是无动力的车辆，必须由牵引车拖车运行。当牵引车和挂车配合使用时，构成牵引列车，在较长的距离内搬运货物，具有较好的经济性和较高的效率。

3．连续输送机械

连续输送机械是一种可以将物资在一定的输送线路上，从装载起点到卸载重点以恒定的或变化的速度进行输送，形成连续或脉动物流的机械。

1）带式输送机

这是一种既把输送带作为牵引构件，同时又把其作为承载构件的连续运输机，一般进行水平或较小倾角的物资输送。其整个输送带都支承在托辊上，并且绕过驱动滚筒和张紧滚筒。在连续装载条件下可以连续装载散装物资或包装好的成件物品。

2）辊式输送机

辊式输送机是由许多定向排列的辊柱组成，辊柱可在动力驱动下在原处不停地转动，以带动上置货物移动，也可在无动力情况下，以人力或货物的重力在辊柱上移动。辊式输送机主要特点是承载能力很强，由于辊子滚转，使货物移动的摩擦力很小，因而搬运大、重物件较为容易，常用于搬移包装货物、托盘集装货物。由于辊子之间有空隙，所以小散件及粒状、块状物料的搬运不能采用这种输送机。

3）滚轮式输送机

和辊式输送机类似，不同之处在于，安装的不是辊子而是一个个小轮子，其分布如同算盘一样，所以也称算盘式输送机。滚轮式输送机无动力驱动，适合于人力和重力搬运，主要用于仓库、配送中心等设施内。

4）斗式提升机

这是用于在竖直方向和有很大倾角时，运送散粒或碎块物资，也能运送成件的物品。

它的主要构造是固接着一系列料斗的牵引构件（胶带、链条）环绕在提升起的头轮与底轮之间闭合运转，利用料斗的装载和倾卸实现竖直方向上的物资输送。

5）悬挂输送机械

悬挂输送机械是将装载物资的吊具通过滑架，悬挂在架空轨道上，滑架受牵引构件（链条等）牵引，沿着架空轨道悬空输送。它可以输送装入容器的成件物品，也用于企业成品和半成品的运输。

4. 自动导引小车

AGV是自动导引小车（Automated Guided Vehicle）的英文缩写。根据美国物流协会定义，AGV是指装备有电磁或光学自动导引装置，能够沿规定的导引路径行驶，具有小车编程与停车选择装置、安全保护以及各种移载功能的运输小车。AGV是现代物流系统的关键设备，它是以电池为动力，装有非接触导向装置，独立寻址系统的无人驾驶自动运输车。AGVS是自动导引车系统（AGV System），它由若干辆沿导引路径行驶，独立运行的AGV组成。AGVS在计算机的交通管制下有条不紊地进行，并通过物流系统软件而集成于整个工厂的生产监控与管理系统中。

7.3 装卸搬运合理化原则及途径

7.3.1 装卸搬运的合理化原则

实践表明，合理的装卸搬运工艺应该符合一些基本的原则。分析这些原则有助于人们理解为什么这样的工艺比那样的工艺更趋于合理。合理化原则的分析无疑将激励人们对现行生产方法进行不间断的深入研究、思考，其结果将促使人力和设备的更好结合和利用。装卸搬运的合理化原则一般分为5个方面。

1. 有效装卸搬运原则

它是指尽可能减少或避免不必要的装卸和搬运，在一定供应任务的情况下，使装卸搬运作业量最小，所消耗的活劳动和物化劳动最少。

2. 连续作业原则

物资仓库的各项作业内容，应尽可互相衔接，互相协调，保持作业的连续性，如卸车——检斤——入库——堆垛，连续进行，一次完成。因为间歇式作业会增加装卸次数，延长作业时间，提高作业费用。

3. 最短距离的原则

它是指任何两点之间物资的搬运应取最短距离。同时在搬运作业量一定的情况下，使发生的搬运总距离最短，尽量避免搬运作业中的对流、迂回、重复和不必要的远距离搬运。

4. 均衡作业量原则

物资仓库装卸搬运作业量不均衡会给人员、设备的配备和作业的调度指挥带来很大困难。因此，应通过加强科学管理和有效地组织调度工作，使作业趋于均衡。

5. 系统优化的原则

物资装卸搬运应同时考虑到作业质量、效率、安全、经济等各个方面，应综合考虑人员配备、设备购置、劳动组织、生产调度、作业方案等多种因素，使整个装卸搬运系统达到最优。

7.3.2 装卸搬运的合理化途径

装卸作业合理化是装卸搬运管理的一个难点，也是最富创造性的、重要的管理活动。要实现装卸搬运的合理化，必须先进行物料流转的分析。通过物料流转分析，可以确知装卸物资的种类和数量，装卸作业所服务的职能对装卸作业的频率、连续性、机动性等方面的要求，装卸作业的起讫点及空间限制，不同作业的次序，等等。然后可以根据分析结果运用物资流转图等表格，以及线性规划、统筹性、排队论等数学方法，综合比较可以选用的不同方法和设施，求出最佳的决策方法。

1. 装卸搬运作业合理化的一般标准

（1）装卸搬运次数最少，尽可能不搬运物资。

（2）尽量减少人工搬运，尽可能以物料的移动来代替人的移动，装载单位的尺寸及重量尽可能大，尽可能利用物料的重力作用。

（3）装卸搬运距离最短，尤其是对于体积、重量较大、搬运频繁的物品。

（4）各作业环节衔接顺畅。通过减少交接时间，尽可能使人员、设备的等待、闲置时间最短。尽可能利用流水线作业。

（5）库存物资的装卸搬运活性指数较高、可移动性强。

（6）尽可能利用租赁设备、搬运公司的服务来代替自购设备。

2. 实现装卸搬运合理化的一般途径

1）防止和消除无效作业

所谓无效作业，是指在装卸作业活动中超出必要的装卸、搬运量的作业。显然，防止和消除无效作业对装卸作业的经济效益有重要作用。为了有效地防止和消除无效作业，可从以下几个方面入手。

（1）尽量减少装卸次数。要使装卸次数降低到最小，要避免没有物流效果的装卸作业。

（2）提高被装卸物料的纯度。物料的纯度，指物料中含有水分、杂质与物料本身使用无关的物质的多少。物料的纯度越高则装卸作业的有效程度越高。反之，则无效作业就会增多。

（3）包装要适宜。包装是物流中不可缺少的辅助作业手段。包装的轻型化、简单化、实用化会不同程度地减少作用于包装上的无效劳动。

（4）缩短搬运作业的距离。物料在装卸、搬运当中，要实现水平和垂直两个方向的位移，选择最短的路线完成这一活动，就可避免超越这一最短路线以上的无效劳动。

2）提高装卸搬运灵活性

所谓装卸搬运的灵活性，是指在装卸作业中的物料进行装卸作业的难易程度。所以，在堆放货物时，事先要考虑到物料装卸作业的方便性。

装卸搬运的灵活性，根据物料所处的状态，即物料装卸搬运的难易程度，可分为不同的级别。

0级——物料杂乱地堆在地面上的状态。

1级——物料装箱或经捆扎后的状态。

2级——箱子或被捆扎后的物料，下面放有枕木或其他衬垫后，便于叉车或其他机械作业的状态。

3级——物料被放于台车上或用起重机吊钩钩住，即刻移动的状态。

4级——被装卸、搬运的物料，已经被起动、直接作业的状态。

从理论上讲，活性指数越高越好，但也必须考虑到实施的可能性。例如，物料在储存阶段中，活性指数为4的输送带和活性指数为3的车辆，在一般的仓库中很少被采用，这是因为大批量的物料不可能存放在输送带和车辆上的缘故。

 知识链接

为了说明和分析物料搬运的灵活程度，通常采用平均活性指数的方法。这个方法是对某一物流过程物料所具备的活性情况，累加后计算其平均值，用"δ"表示。δ值的大小是确定改变搬运方式的信号。

当$\delta<0.5$时，指所分析的搬运系统半数以上处于活性指数为0的状态，即大部分处于散装情况，其改进方式可采用料箱、推车等存放物料。

当$0.5<\delta<1.3$时，则是大部分物料处于集装状态，其改进方式可采用叉车和动力搬动车。

当$1.3<\delta<2.3$时，装卸搬运系统大多处于活性指数为2的状态，可采用单元化物料的连续装卸和运输。

当$\delta>2.7$时，则说明大部分物料处于活性指数为3的状态，其改进方法可选用拖车、机车车头拖挂的装卸搬运方式。

3）合理规划装卸搬运线路，缩短装卸搬运距离

缩短装卸搬运距离是装卸搬运合理化的主要目标。其效果是节省劳动消耗、缩短搬运时间、减少搬运中的损耗。影响搬运距离的主要因素是工厂和物流据点的平面布局与作业组织工作水平。

（1）工厂、物流据点的平面布局对搬运距离的影响。如果车间、库房、堆场、铁路专用线、主要通路的位置和相互关系处理得好，物流顺畅、便捷，就会缩短总的搬运距离，否则就会加大搬运距离。

（2）作业组织工作水平对搬运距离的影响。在平面布局一定的情况下，组织工作水平的高低是决定搬运距离的主要因素。如果对库房、堆场的分配合理，对货物在库房内、堆场内布局合理，对收货、发货时专用线通道及货位的确定合理，都能缩短搬运距离。否则，就会增加搬运距离。

4）集装单元化原则

所谓集装单元化原则，是指将货物集中扩大成一个作业单元进行装卸搬运的原则。集装单元化是实现装卸搬运合理降低物流费用的重要手段。为了提高装卸搬运和堆存效率，提高机械化、自动化程度和管理水平，应根据装卸搬运设备能力，尽可能扩大货物的物流单元（如采用集装箱、托盘等），这对装卸搬运作业的改善是至关重要的原则。通过集装单元化，不仅有利于实现装卸搬运机械化、标准化，提供装卸搬运效率，而且可以提高货物质量，防止货物在物流过程中的损坏和丢失，数量的确认也变得更加容易。例如，目前在装卸搬运中广泛使用托盘，通过叉车与托盘的结合，可以大大提高装卸搬运的效率，而发

展较快的集装箱单元更是一种标准化的大单元转载货物的容器集装箱装卸运输,是实现散杂货物装卸运输合理化、效率化的重要手段,已经成为国际上普遍使用的一种重要的革命性的装卸运输方式。

5) 合理选择装卸机械、方式和方法

(1) 装卸搬运机械化是提高装卸搬运效率的重要环节。

首先,装卸搬运机械的选择必须根据装卸搬运货物的性质来决定,对以箱、袋或集装包装的货物可以采用叉车、吊车、货车装卸;对散装粉粒体货物可以利用传送带装卸;对散装液体货物可以直接向装运设备或储存设备装取。

其次,要通过各种集装技术,形成机械设备最合理的搬运量,使所选择的装卸机械能充分发挥自己的效能,达到最优效率,实现规模装卸搬运。追求规模效益的方法,主要是通过各种集装,实现在间歇装卸时一次操作的最合理装卸量,从而使单位装卸成本降低;同时,通过散装,实现连续装卸的规模效益。

(2) 在装卸搬运过程中,必须根据货物的种类、性质、形状、重量来确定装卸搬运方式。在装卸时,对货物的处理大体有"分块处理"、"散装处理"和"单元组合处理"3种方式。

例如,在货物的装卸搬运过程中,可按普通包装对货物进行逐个装卸,即"分块处理";对粉粒状货物不加小包装而进行原样装卸,即"散装处理";对包装的货物以托盘、集装箱、集装袋等为单位组合后再进行装卸,即"单元组合处理"。实现单元组合,可以充分利用机械进行操作,提高装卸作业的有效程度。

(3) 合理分解装卸搬运活动,对于改进装卸搬运各项作业,提高装卸搬运效率有着重要的意义。所以,应尽量采用现代化管理方法和手段,如排队论、网络技术、人-机系统的应用等,以改善作业方法,从而实现装卸作业的连贯、顺畅、均衡和装卸搬运的合理化以及高效化。

6) 实现装卸作业省力化

我国在实现装卸省力化方面积累了很多经验,主要包括以下几方面。

(1) 利用物体本身的重力。任何被移动的物体都会产生一定的重力,重力对物料的移动是一个不利因素,但可将不利因素转化为有利因素,可将重力转变为促使物料移动的动力。例如,在对火车、汽车进行卸车时,利用力学原理,使用滑板、滑槽等,靠货物在斜面上产生的水平分力从高处降到低处,并产生一定的水平位移,完成货物的卸车作业。为了减少业面的摩擦阻力,应选用摩擦系数小的光滑斜面,或变滑动摩擦为滚动摩擦,并采用安装了滚轮、辊柱或滚动轴承的斜面,通过调节斜面的倾角,控制货物的下滑速度。这种方法不需要复杂的设备,不消耗能源,可大大减轻作业人员的劳动强度,达到省力的目的。

(2) 缩小垂直位移。货物装卸车辆主要是产生以垂直为主的位移。为了达到省力的目的,应设法尽量缩小货物在垂直方向上所产生的位移。例如,可使存放货物的地面与运输车辆的车底,保持在同一水平面上,这样就可以减少相对于车辆高度的一段垂直位移,装卸人员可直接进入车内进行作业。为达到上述目的,可设库边站台或开挖地沟,使车底与库边站台地面和库内地面平齐。

(3) 减轻搬运阻力。在物料搬运过程中,必须克服由于物体的重力所产生的阻力。为了达到省力的目的,就要设法将这种阻力减至最小。例如,用人力手工搬运、肩扛搬运货物,完全由人的体力去克服货物的全部重力。如果使用人力拖动车辆搬运,则只需要人力去克服车辆行走时的滚动摩擦阻力就可以了。若在车轴上安装轴承,还会更加省力。所以小型人力搬运车在一定范围内的使用,是省力的一个重要途径。

(4) 进行劳动动作分析。劳动动作分析的基本思想是,对从事某一项作业的若干作业人员,在作业时所发生的手、脚及其他身体部位的各种动作,把必要的和有效的动作很好地组合起来,编排成标准动作系列,并与之相配合设计制造相应的工具,提供必要的作业场所和作业环境。在制定动作标准时,应遵循使人体的基本动作最经济的原则,主要包括以下原则:尽可能减少不必要的动作;动作距离要尽可能短;动作轨迹应尽可能圆滑;动作引起的疲劳尽可能轻;作业尽可能有节奏和旋律等。上述原则也适用于对装卸搬运动作的分析和动作标准的制定。

案例链接 联华便利物流中心装卸搬运系统

联华公司创建于1991年5月,是上海首家发展连锁经营的商业公司。经过11年的发展,已成为中国最大的连锁商业企业。2001年销售额突破140亿元,连续3年位居全国零售业第一。联华公司的快速发展,离不开高效便捷的物流配送中心的大力支持。目前,联华共有4个配送中心,分别是2个常温配送中心、1个便利物流中心、1个生鲜加工配送中心,总面积7万余平方米。

联华便利物流中心总面积8 000m²,由4层楼的复式结构组成。为了实现货物的装卸搬运,配置的主要装卸搬运机械设备主要如下:电动叉车8辆、手动托盘搬运车20辆、垂直升降机2台、笼车1 000辆、辊道输送机5条、数字拣选设备2 400套。在装卸搬运时,操作过程如下:将来货卸下后,把其装在托盘上,由手动叉车将货物搬运至入库运载处,入库运载装置上升,将货物送上入库输送带。当接到向第一层搬送指示的托盘在经过升降机平台时,不再需要上下搬运,将直接从当前位置经过一层的入库输送带自动分配到一层入库区等待入库;接到向二至四层搬送指示的托盘,将由托盘垂直升降机自动传输到所需楼层。当升降机到达指定楼层时,由各层的入库输送带自动搬送货物至入库区。在货物下平台时,由叉车从输送带上取下托盘入库。在出库时,根据订单进行拣选配货,拣选后的出库货物用笼车装载,由各层平台通过笼车垂直输送机送至一层的出货区,装入相应的运输车上。

先进实用的装卸搬运系统,为联华便利店的发展提供了强大的支持,使联华便利物流的运作能力和效率大大提高。

本章小结

本章主要介绍了装卸搬运的含义、地位、组成,以及装卸搬运机械的含义、作用及分类,重点介绍了装卸搬运合理化的原则及途径,使学生能够深入理解装卸搬运在物流中的地位及作用,并熟悉装卸搬运合理化的具体方法。

习　题

一、单项选择题

1. 搬运活性指数是用来表示各种状态下的物品的搬运难度,它可以分为(　　)个等级。

A. 2　　　　　　　B. 3　　　　　　　C. 4　　　　　　　D. 5

2. 放于搬运车、台车或其他可以移动挂车上的货物，它的搬运活性指数是（　　）。
   A. 0级　　　　　B. 1级　　　　　C. 2级　　　　　D. 3级
3. 物流过程中，运输、仓储、包装和装卸搬运各环境的改善，不能仅从单方面考虑，应将各环节作为一个系统来看待，考虑综合效益。在物料搬运中体现了（　　）。
   A. 集装化原则　　B. 系统化原则　　C. 提高搬运活性原则　　D. 无效搬运原则
4. 根据运输和储存的具体条件和作业需要，在正确估计和评价（　　）的基础上，合理选择装卸搬运机械。
   A. 物料的特点　　　　　　　　B. 装卸搬运的使用效益
   C. 装卸搬运机械类型　　　　　D. 装卸搬运机械生产厂家
5. 装卸搬运设备的运用组织是以（　　）为中心的管理。
   A. 保证货物完好率　　　　　　B. 完善作业路线
   C. 充分利用作业空间　　　　　D. 提高设备效率

二、多项选择题
1. 装卸搬运合理化的主要目标是（　　）。
   A. 节约时间　　B. 节约劳动力　　C. 作业自动化　　D. 降低装卸成本
2. 不合理的装卸搬运具体表现在（　　）。
   A. 过多的装卸搬运次数　　　　B. 过大包装的装卸搬运
   C. 过长的装卸搬运时间　　　　D. 无效物质的装卸搬运
3. 装卸搬运作业的构成主要有（　　）。
   A. 堆放拆垛作业　　　　　　　B. 分拣、配货作业
   C. 搬运、移送作业　　　　　　D. 贴标签、栓卡片、分装等其他作业

三、简答题
1. 简述装卸搬运的概念和特点。
2. 简要说明实现装卸搬运合理化的途径。
3. 简要介绍装卸搬运活性指数的5个等级。

案例分析

云南双鹤医药有限公司是北京双鹤这艘医药航母部署在西南战区的一艘战舰，是一个以市场为核心、现代医药科技为先导、金融支持为框架的新型公司，是西南地区经营药品品种较多、较全的医药专业公司。虽然云南双鹤已形成规模化的产品生产和网络化的市场销售，但其流通过程中物流管理严重滞后，造成物流成本居高不下，不能形成价格优势。这严重阻碍了物流服务的开拓与发展，成为公司业务发展的"瓶颈"。装卸搬运活动是衔接物流各环节活动正常进行的关键，而云南双鹤恰好忽视了这一点，由于搬运设备的现代化程度低，只有几个小型货架和手推车，大多数作业仍处于人工作业为主的原始状态，工作效率低，且易损坏物品。另外仓库设计的不合理，造成长距离的搬运。并且库内作业流程混乱，形成重复搬运，大约有70%的无效搬运，这种过多的搬运次数，损坏了商品，也浪费了时间。

讨论题：
1. 分析装卸搬运环节对企业发展的作用。
2. 针对医药企业的特点，对云南双鹤的搬运系统的改造提出建议和方法。

第8章 流通加工

【本章教学要点】

知识要点	掌握程度	相关知识
流通加工概述	掌握	流通加工的概念
	了解	流通加工产生的原因
	理解	流通加工与生产加工的区别
流通加工的类型与方式	理解	流通加工的类型
	理解	流通加工的方式
流通加工合理化	掌握	实现流通加工合理化的途径
	掌握	不合理流通加工的几种主要形式

导入案例

阿迪达斯设立流通加工的超级市场，顾客络绎不绝

阿迪达斯公司在美国有一家超级市场，设立了组合式鞋店，摆放着不是做好了的鞋，而是做鞋用的半成品，款式花色多样，有6种鞋跟、8种鞋底，均为塑料制造的，鞋面的颜色以黑、白为主，搭带的颜色有80种，款式有百余种，顾客进来可任意挑选自己所喜欢的各个部位，交给职员当场进行组合。只要10分钟，一双崭新的鞋便唾手可得。这家鞋店昼夜营业，职员技术熟练，鞋子的售价与成批制造的价格差不多，有的还稍便宜些。所以顾客络绎不绝，销售金额比邻近的鞋店多10倍。

点评

流通加工也能够给企业带来最直接的经济效益。

8.1 流通加工概述

8.1.1 流通加工的概念

根据我国的国家标准《物流术语》，流通加工（Distribution Processing）是根据顾客的需要，在流通过程中对产品实施的简单加工作业活动（如包装、分割、计量、分拣、刷标志、拴标签、组装等）的总称。

流通加工是在物品进入流通领域后，按客户的要求进行的加工活动，即在物品从生产者向消费者流动的过程中，为了促进销售、维护商品质量和提高物流效率，对物品进行一定程度的加工。流通加工通过改变或完善流通对象的形态来实现"桥梁和纽带"的作用，因此流通加工是流通中的一种特殊形式。随着经济增长，国民收入增多，消费者的需求出现多样化，促使在流通领域开展流通加工。

目前，在世界许多国家和地区的物流中心或仓库经营中都大量存在流通加工业务，在日本、美国等物流发达国家则更为普遍。

8.1.2 流通加工产生的原因

1. 流通加工的出现与现代生产方式有关

现代生产发展趋势之一就是生产规模大型化、专业化，依靠单品种、大批量的生产方法降低生产成本获取规模经济效益，这样就出现了生产相对集中的趋势。生产的集中化进一步引起产需之间的分离，产需分离的表现首先为人们认识的是空间、时间及人的分离，即生产及消费不在同一个地点，而是有一定的空间距离；生产及消费在时间上不能同步，而是存在着一定的"时间差"；生产者及消费者不是处于一个封闭的圈内，某些人生产的产品供给成千上万人消费，而某些人消费的产品又来自其他许多生产者。弥补上述分离的手段则是运输、储存及交换。

近年来，人们进一步认识到，现代生产引起的产需分离并不局限于上述三个方面，这种分离是深刻而广泛的。第四种重大的分离就是生产及需求在产品功能上分离。尽管"用

户第一"等口号成了许多生产者的主导思想,但是,生产毕竟有生产的规律,尤其在强调大生产的工业化社会,大生产的特点之一就是"少品种、大批量、专业化",产品的功能(规格、品种、性能)往往不能和消费需要密切衔接。弥补这一分离的方法,就是流通加工。所以,流通加工的诞生实际是现代生产发展的一种必然结果。

2. 流通加工不仅是大工业的产物,也是网络经济时代服务社会的产物

流通加工的出现与现代社会消费的个性化有关。消费的个性化和产品的标准化之间存在着一定的矛盾,使产需的分离变得更加严重,原本可以通过采取增加一道生产工序或消费单位加工改制的方法来进行弥补,但在个性化问题十分突出之后,采取上述弥补措施将会使生产及生产管理的复杂性及难度增加,按个性化生产的产品难以组织高效率、大批量的流通。所以,在出现了消费个性化的新形势及新观念之后,就为流通加工开辟了道路。

3. 流通加工的出现还与人们对流通作用的观念转变有关

在社会再生产全过程中,生产过程是典型的加工制造过程,是形成产品价值及使用价值的主要过程,再生产型的消费究其本质来看也是和生产过程一样,通过加工制造消费了某些初级产品而生产出深加工产品。历史上在生产不太复杂、生产规模不大时,所有的加工制造几乎全部集中于生产及再生产过程中,而流通过程只是实现商品价值及使用价值的转移而已。

在社会生产向大规模生产、专业化生产转变之后,社会生产越来越复杂,生产的标准化和消费的个性化出现,生产过程中的加工制造常常满足不了消费的要求。而由于流通的复杂化,生产过程中的加工制造也常常不能满足流通的要求。于是,加工活动开始部分地由生产及再生产过程向流通过程转移,在流通过程中形成了某些加工活动,这就是流通加工。

流通加工的出现使流通过程明显地具有了某种"生产性",改变了长期以来形成的"价值及使用价值转移"的旧观念,这就从理论上明确了:流通过程从价值观念来看是可以主动创造价值及使用价值的,而不单是被动地"保持"和"转移"的过程。因此,人们必须研究流通过程中孕育着多少创造价值的潜在能力,这就有可能通过努力在流通过程中进一步提高商品的价值和使用价值,同时,却以很少的代价实现这一目标。这样,就引起了流通过程从观念到方法的巨大变化,流通加工则适应这种变化而诞生。

4. 效益观念的树立也是促使流通加工形式得以发展的重要原因

20世纪60年代后,效益问题逐渐引起人们的重视,过去人们盲目追求高技术,引起了燃料、材料投入的大幅度上升,结果新技术、新设备虽然采用了,但往往是得不偿失。20世纪70年代初,第一次石油危机证实了效益的重要性,使人们牢牢树立了效益观念,流通加工可以以少量的投入获得很大的效果,是一种高效益的加工方式,自然得以获得了很大的发展。所以,流通加工从技术上来讲,可能不需要采用什么先进技术,但这种方式是现代观念的反映,在现代的社会再生产过程中起着重要作用。

8.1.3 流通加工与生产加工的区别

流通加工与生产加工在加工方法、加工组织、加工生产管理方面不存在本质的差别。但是在加工对象、加工深度上的区别较大。

1. 流通加工与生产加工在加工对象上的区别

流通加工的对象是进入流通领域的商品，具有商品的性质。而生产过程的加工对象一般是某种最终产品形成过程中的原材料、零部件和半成品等。

2. 流通加工与生产加工在加工深度的区别

流通加工一般属于简单加工，加工内容是浅层次的，如板材的裁剪、玻璃的开片等。而生产加工的复杂程度和其加工的深度要远远高于流通加工。但应当说明，随着流通加工产业的高度化进程，处在流通中的商品需要进行深度加工时，流通加工具有不断向深加工发展的趋势。

3. 流通加工与生产加工的负责人的区别

流通加工的组织者是从事流通工作的人，他以流通销售和流通需要、消费者的要求为目的进行加工活动组织。而生产加工是由生产企业为负责人和组织者，他以产品设计和加工技术要求为目标。

4. 流通加工与生产加工在附加价值上的区别

从价值观点看，生产加工在于创造商品价值和使用价值；而流通加工则在于完善物资的使用价值，一般在并不对加工对象做大改变的情况下提供商品价值。

8.2 流通加工的类型与方式

8.2.1 流通加工的类型

1. 增值性流通加工

1) 为弥补生产领域加工不足的深加工

生产环节的各种加工活动往往不能完全满足消费者的需要，如生产资料产品的品种成千上万，规格型号极其复杂，要完全做到产品统一标准化极其困难。而流通企业往往对生产领域的物品供应情况和消费领域的商品需求量最为了解，这为他们从事流通加工创造了条件。因此，要弥补生产环节加工活动的不足，流通加工是一种理想的形式。

2) 为满足需求多样化进行的服务性加工

从需求角度看，需求存在着多样化和多变化两个特点，为满足这种要求，经常是用户自己设置的加工环节。例如，生产型用户的再生产活动往往从原材料初级处理开始。就这种用户来讲，现代生产的要求，尽量减少流程，尽量集中力量从事较复杂的、技术性较强的劳动，而不愿意将大量初级加工包揽下来。这种初级加工带有服务性，由流通加工来完成，生产型用户便可以缩短自己的生产流程，使生产技术密集程度提高。

对一般消费者而言，则可省去烦琐的预处置工作，而集中精力从事较高的、能直接满足需求的劳动。

3) 为提高原材料利用率的流通加工

流通加工利用其综合性强、用户多的特点，可以实行合理规划、合理套裁、集中下料的办法，这就能有效提高原材料的利用率，减少损失浪费。

4）为提高加工效率的流通加工

许多生产企业的初级加工由于数量有限，加工效率不高，也难以投入先进科学技术。流通加工以集中加工的形式，解决了单个企业加工效率不高的弊病，以一家流通加工企业代替了若干生产企业的初级加工工序，促使生产水平有了进一步发展。

5）以提高经济效益、追求企业利润为目的的流通加工

流通加工的一系列优点，可以形成一种"利润中心"的经营形态，这种类型的流通加工是经营的一环，在满足生产和消费要求的基础上取得利润，同时在市场和利润引导下使流通加工的作用在各个领域中能有效发挥。

2．增效性流通加工

1）为保护产品所进行的流通加工

在物流过程中，直到用户投入使用前都存在对产品的保护问题，以防止产品在运输、储存、装卸、搬运和包装等过程中遭到损失，使使用价值不能顺利实现。和前两种加工不同，为保护产品所进行的加工并不改变进入流通领域的"物"的外形及性质，这种加工主要采取稳固、改装、冷冻、保鲜和涂油等方式。

2）提高物流效率，方便物流的加工

有一些产品由于本身的形态难以进行物流操作，例如：鲜鱼的装卸、储存操作困难；体积过大的设备搬运、装卸困难；气体运输、装卸困难等。对这类产品进行加工，可以使物流的各环节易于操作，如鲜鱼冷冻、过大设备解体、气体液化等。这种流通加工往往改变"物"的物流状态，但并不改变其化学特性，最终仍能恢复产品原来的物流状态。

3）为促进销售的流通加工

流通加工可以从若干方面起到促进销售的作用，例如：将过大包装或散装物分装成适合一次销售的小包装的分装加工；将原以保护产品为主的运输包装改换成以促进销售为主的装潢性包装，以起到吸引消费者、指导消费的作用；将零配件组装成用具、车辆以便于直接销售；将蔬菜、肉类洗净切块以满足消费者要求等。这种流通加工可能不改变"物"的本体，只进行简单改装的加工，也有许多是组装、分块等深加工。

4）衔接不同运输方式，使物流合理化的流通加工

在干线运输及支线运输的节点，设置流通加工环节，可以有效解决大批量、低成本、长距离干线运输与多品种、少批量、多批次末端运输和集货运输之间的衔接问题。在流通加工点与大生产企业间形成大批量、定点运输的渠道，又以流通加工中心为核心，组织对多用户的配送，也可在流通加工点将运输包装转换为销售包装，从而有效衔接不同目的的运输方式。

5）生产—流通一体化的流通加工形式

依靠生产企业与流通企业的联合，或者生产企业涉足流通，或者流通企业涉足生产，形成对生产和流通加工进行合理分工、合理规划、合理组织，统筹进行生产与流通加工的安排，这就是生产—流通一体化的流通加工形式。这种形式可以促进产品结构及产业结构的调整，充分发挥企业集团的经济技术优势，是目前流通加工领域的新形式。

8.2.2 流通加工的方式

流通加工可以包括物流的所有产品,下面分别介绍几种主要的加工方法。

1. 生鲜食品流通加工

1) 冷冻加工

为解决鲜肉和鲜鱼、虾等水产品保鲜及搬运装卸问题,采取低温冻结方式的加工。这种方式也用于某些流体商品、药品等。

2) 分选加工

农副产品规格、质量离散情况较大,为获得一定规格的产品,采取人工或机械分选的方式加工称为分选加工。广泛用于果类、瓜类、谷物、棉毛原料等。

3) 精制加工

农、牧、副、渔等产品精制加工是在产地或销售地设置加工点,去除无用部分,甚至可以切分、洗净、分装等加工。这种加工不但大大方便了购买者,而且,还可以对加工的淘汰物进行综合利用。比如,鱼类的精制加工所剔除的内脏可以制成某些药物或饲料,鱼鳞可以制成高级黏合剂,头尾可以制鱼粉等;蔬菜的加工剩余物可做饲料、肥料等。

4) 分装加工

许多生鲜食品零售起点较小,而为保证高效输送,出厂包装较大,也有一些是采用集装运输方式运达销售地区。为便于销售,在销售地区按所要求的零售起点进行新的包装,即包装改小、散装改小包装、运输包装改销售包装,这种方式称分装加工,糖、盐、茶的销售小包装均属此类。

 知识链接

鱼从捕获到卖给消费者的过程中,控制鲜鱼产品的加工流通温度至关重要。这是因为,在鱼被捕获或宰杀后的鲜度下降过程中,无论是自身生化反应引起的鲜度下降,还是微生物引起的腐败和致病危险,都随着温度的降低而减慢或消除。当温度降低到2℃左右,致病菌一般就不能生长繁殖了,可以保证不发生致病菌引起的食物中毒,并且腐败菌繁殖速度大大降低,保鲜期得以延长。温度进一步降低,对生鲜鱼品的保鲜和安全就更为有利。但是温度降低到鱼肉的结冰点-2℃以下,鱼肉开始冰结,对养殖鱼等非耐冻性白身鱼来说,经过冷冻和冻藏,鱼肉蛋白质容易发生冷冻变性,导致鱼肉组织保水性明显降低,鱼肉的质感、风味变差。所以随着生活水平的提高,冻鱼不如冷藏鲜鱼受欢迎。-2℃~2℃是鲜鱼最好的冷却链流通温度范围,但是这个温度范围过于狭窄,用于实保藏流通是很难操作的。尤其鲜鱼流通量逐渐变得很大,-2℃~2℃流通已经很难有可操作性。考虑各种类型的冷藏鱼腐败菌和病原菌在低温下的生长情况,冷却链流通温度放宽到0~8℃,这是一个有效而又经济的温度范围。

2. 木材流通加工

1) 磨制木屑、压缩输送

这是一种为了方便流通加工的输送。木材是容重轻的货物,在运输时占有相当大的容积,往往使车、船满装但不能满载,同时,装车、捆扎也比较困难。从林区外送的原木中有相当一部分是造纸材,美国采取在林木生产地就地将原木磨成木屑,然后采取压缩方法,使之成为容重较大、容易装运的形状,然后运至靠近消费地的造纸厂。根据美国经验,采用这种方法比直接运送原木节约一半的费用。

2) 集中开木下料

在流通加工点将原木裁成各种规格锯材，同时将碎木、碎屑集中加工成各种规格的材料，甚至还可进行打眼，凿孔等初级加工。过去用户直接使用原木，不但加工复杂、加工场地大、加工设备多，更严重的是资源浪费大，木材平均利用率不到50%，实施集中下料，按用户要求供应规格材料，可以使原木利用率提高到95%，出材率提高到72%左右，有相当大的经济效果。

木材加工从原来锯成板、方材为主的加工，如今已发展为加工生产宝丽板、密度板深加工形式。

3. 平板玻璃流通加工

平板玻璃的"集中套裁、开片供应"是重要的流通加工方式。这种方式是在城镇中设立若干个玻璃套裁中心，负责按用户提供的规格，统一套裁开片，为用户供应成品，用户可以直接安装使用。在此基础上，可以逐步形成从工厂到套裁中心的稳定的、高效率的大规模的平板玻璃"干线输送"，以及从套裁中心到用户小批量、多客源的"二次输送"物流模式。

采用专用设备进行集中裁制，可以使平板玻璃的利用率由不套裁时的62%~65%提高到90%以上，并且使废玻璃易于集中处理；同时还可以促进平板玻璃包装方式的改革，节约包装材料，防止流通中大量破损。

4. 煤炭等的流通加工

1) 除矸加工

除矸加工是一种以提高煤炭纯度为目的的加工形式。一般煤炭中混入的矸石有一定的发热量，混入一些矸石是允许的，也是较经济的。但是，有时则不允许煤炭中混入矸石，在运力十分紧张的地区，要求充分利用动力，多运"纯物质"，少运矸石，在这种情况下，可以采用除矸的流通加工排除矸石。

2) 管道输送的流通加工

煤炭的运输方式主要采用容器载运方法，运输中损失浪费较大，又容易发生火灾。采用管道运输，是近代兴起的一种先进方式，目前，一些发达国家已经开始投入运行，有些企业内部也采用这一方法进行燃料输送。

3) 动力配煤加工

为使用地区设置集中加工点，将各种煤及一些其他发热物质，按不同配方进行掺配加工，生产出各种不同发热量的燃料，称做动力配煤加工。这种加工方式可以按需要发热量生产和供应燃料，防止热能浪费，"大材小用"的情况，也防止发热量过小，不能满足使用要求的情况出现。工业用煤经过配煤加工，还可以起到计量控制、稳定生产过程的作用，在经济及技术上都有价值。目前，借助于计算机的高科技手段，运用数学模型技术，对煤炭进行合理、科学配方，提高了配煤加工水平。

4) 天然气的液化加工

由于气体输送、保存都比较困难，天然气大多采用管道运输，在实际的输送中，也要受管道、输送距离等的制约。所以，在产出地将天然气或石油气等压缩到临界压力之上，使之由气体变成液体，就可以用容器装运，使用时机动性也较强，这是目前采用较多的加工方式。

5. 水泥熟料输送的流通加工

在需要长途运入水泥的地区，变运入成品水泥为运进熟料这种半成品，在该地区的流通加工据点（粉碎工厂）粉碎，并根据当地资源和需要的情况掺入混合材料，制成不同品种及标号的水泥供应给当地用户，这是水泥流通加工的一种重要形式。在国外，采用这种物流形式已有一定的比重。

在需要经过长距离输送供应的情况下，以熟料形态代替传统的粉状水泥有很多优点。

1）可以大大降低运费、节省运力

运输普通水泥和矿渣水泥平均约有30％上的运力消耗在矿渣及其他各种加入物上。在我国水泥需用量较大的地区，工业基础大都较好，当地又有大量的工业废渣。如果在使用地区对熟料进行粉碎，可以根据当地的资源条件选择混合材料的种类，这样就节约了消耗在混合材料上的运力，节省了运费。同时，水泥输送的吨位也大大减少，有利于缓和铁路运输的紧张状态。

2）可按照当地的实际需要大量掺和混合材料

生产廉价的低标号水泥，发展低标号水泥的品种，就能在现有生产能力的基础上更大限度地满足需要。我国大、中型水泥厂生产的水泥，平均标号逐年提高，但是目前我国使用水泥的部门需要大量较低标号的水泥，然而，大部分施工部门没有在现场加工混合材料来降低水泥标号的技术力量和设备，因此，不得已使用标号较高的水泥，这是很大的浪费。如果以熟料为长距离输送的形态，在使用地区加工粉碎，就可以按实际需要生产各种标号的水泥，尤其可以大量生产低标号水泥，减少水泥长距离输送的数量。

3）容易以较低的成本实现大批量、高效率的输送

从国家的整体利益来看，在铁路运输中运力利用率比较低的输送方式显然不是发展方向。如果采用输送熟料的流通加工形式，可以充分利用站、场、仓库现有的装卸设备，又可以利用普通车装运，比之散装水泥方式具有更好的技术经济效果，更适合于我国的国情。

4）可以大大降低水泥的输送损失

水泥的水硬性是在充分磨细之后才表现出来的，而未磨细的熟料抗潮湿的稳定性很强。所以，输送熟料也可以基本防止由于受潮而造成的损失。此外，颗粒状的熟料也不像粉状水泥那样易于散失。

5）能更好地衔接产需，方便用户

从物资管理的角度看，如果长距离输送是定点直达的渠道，这对于加强计划性、简化手续、保证供应等方面都有利。采用长途送熟料的方式，水泥厂就可以和有限的熟料粉碎工厂之间形成固定的直达渠道，能实现经济效益较优的物流。水泥的用户也可以不出本地区而直接向当地熟料粉碎厂订货，因而更容易沟通产需关系，具有明显的优越性。

6. 机械产品及零配件的流通加工

1）组装加工

多年以来，车辆及机电设备储运困难较大，主要原因是不易进行包装，如进行防护包装，包装成本过大，并且运输装载困难，装载效率低，流通损失较大。但是这些货物有一个共同特点，即装配较简单，装配技术要求不高，主要功能已在生产中形成，装配后不需

要进行负载检测及调试。所以，为解决运输问题，降低储运成本，采用半成品（部件）高容量包装出厂，在消费地拆箱组装的方式，组装一般由流通部门进行，组装之后随即进行销售。这种流通加工方式近年来已在我国广泛采用。

2）石棉橡胶板的开张成型加工

石棉橡胶板是机械装备、热力装备、化工装备中经常使用的一种密封材料，单张厚度8毫米左右，单张尺寸有的达4米，不但难以运输，而且在储运过程中极易发生折角等损失，尤其是用户单张购买时，更容易发生货损。此外，许多用户所需的垫塞圈，规格比较单一，不可能安排不同尺寸垫圈的套裁，利用率也很低。石棉橡胶板开张成型加工，是按照用户所需垫塞物体尺寸裁制成型后，进行供应，不但方便用户使用储运，而且可以安排套裁，提高利用率，减少边角余料损失，降低成本。这种流通加工套裁的地点，一般设在使用地区，由供应部门组织。

7. 钢板剪板及下料加工

热连轧钢板和钢带，热轧厚钢板等板材最大交货长度常可达7~12米，有的是成卷交货，对于钢板的用户来说，大中型企业由于消耗量大，可设专门的剪板及下料加工设备，但是，对于使用量不大的企业和多数中小企业来讲，单独设置剪板下料设备，有设备闲置时间长，人员浪费大，不容易采用先进的方法等缺点，在流动中用剪板机进行剪板及下料加工，可以有效地解决上述弊病。剪板加工是在固定地点设置剪板机，下料加工是设置各种切割设备，将大规格钢板裁小或切裁成毛坯，降低销售起点，便利用户。

钢板剪板及下料的流通加工有以下几项优点。

（1）由于可以选择加工方式，加工后钢板的品相组织较少发生变化，可保证原来的交货状态，因而有利于进行高质量加工。

（2）加工精度高，可减少废料、边角料，也可减少再进行精加工的切削量，既可提高再加工效率，又有利于减少消耗。

（3）由于集中加工可保证批量及生产的连续性，可以专门研究此项技术并采用先进设备，从而大幅度提高效率和降低成本。

（4）用户能简化生产环节，提高生产水平。

8. 混凝土的搅拌加工

改变以粉状水泥供给用户，由用户在建筑工地现场搅拌混凝土的习惯方法。而现在将粉状水泥输送到使用地区的流通加工据点（集中搅拌混凝土工厂或称生混凝土工厂，在那里搅拌成生混凝土，然后供给各个工地或小型构件厂使用。这是水泥流通加工的另一种重要方式。它具有很好的技术经济效果，因此，受到许多工业发达国家的重视。这种流通加工的形式有以下优点。

（1）把水泥的使用从小规模的分散形态，改变为大规模的集中加工形态，可充分应用现代化的科学技术，组织现代化的大生产；可以发挥现代设备和现代管理方法的优势，大幅度地提高生产效率和混凝土质量。

集中搅拌可以采取准确的计量手段和最佳的工艺；可以综合考虑添加剂、混合材料的影响，根据不同需要，大量使用混合材料，拌制不同性能的混凝土；又能有效控制骨料质量和混凝土的离散程度，可以在提高混凝土质量、节约水泥、提高生产率等方面获益，具有大生产的一切优点。

(2) 在相等的生产能力下，集中搅拌的设备在吨位、设备投资、管理费用、人力及电力消耗等方面较分散搅拌，都能大幅度降低。由于生产量大，可以采取措施回收使用废水，防止各分散搅拌点排放洗机废水的污染，有利于环境保护。由于设备固定不动，还可以避免因经常拆建所造成的设备损坏，延长设备的寿命。

(3) 采用集中搅拌的流通加工方式，可以使水泥的物流更加合理。在集中搅拌站（厂）与水泥厂（或水泥库）之间，可以形成固定的供应渠道，这些渠道的数目大大少于分散使用水泥的渠道数目，在这些有限的供应渠道之间，就容易采用高效率、大批量的输送形态，有利于提高水泥的散装率。在集中搅拌场所内，还可以附设熟料粉碎设备，直接使用熟料，实现熟料粉碎及拌制生混凝土两种流通加工形式的结合。

另外，采用集中搅拌混凝土的方式，也有利于新技术的推广应用；大大简化了工地材料的管理，节约施工用地等。

案例链接

某钢材仓库占地220亩，拥有四条铁路专用线，10~30吨起重龙门吊车十台，年吞吐钢材近100万吨。过去钢卷进出仓库运输都要用一种专用钢架固定，以防钢卷滚动。因此，客户在购买钢卷时，必须租用钢架，这样既要支付钢架租金，又要支付返还钢架的运费。

尽管后来一些钢厂开始使用不需返还的草支垫加固运输，但过大的钢卷使有些客户无法一次购买使用，如果建议这些客户购买钢厂成品平板，其成本又增加很多。因为钢厂成品平板一般以2米倍尺交货，即长度分别为2米、4米、6米等规格，而一些客户使用的板面长度要求为非标准尺寸，如3.15米、4.65米，甚至9.8米，而且有的工艺要求不能焊接，这样的平板不是长度不够就是边角余料大。

你能为这家刚才仓库及其客户想个两全其美的办法吗？

8.3 流通加工合理化

流通加工合理化（Rationalization of distribution processing）的含义是实现流通加工的最优配置，在满足社会需求这一前提的同时，合理组织流通加工生产，并综合考虑运输与加工、加工与配送、加工与商流的有机结合，以达到最佳的加工效益。

8.3.1 实现流通加工合理化的途径

为了避免各种不合理现象，对是否设置流通加工环节，在什么地点设置，选择什么类型的加工，采用哪些技术装备等都需要作出正确抉择。目前，国内一些企业在进行流通加工合理化的管理过程中已积累了一些经验。实现流通加工合理化主要应考虑以下几个方面。

1. 加工和配送结合

加工与配送结合是将流通加工设置在配送点中，一方面按配送的需求进行加工，另一方面加工又是配送业务流程中分货、拣货、配货中的一环，加工后的产品直接投入配货作业，而无需单独在配送点之外设置一个加工的中间环节，使流通加工有别于独立的生产，将流通加工与中转流通巧妙结合在一起。同时，由于配送之前有加工，可使配送服务水平大大提高，这是当前对流通加工作合理选择的重要形式，其在生活资料领域已经广泛地采用，在煤炭、水泥等产品的流通中也已显现出较大的优势。

2. 加工和配套结合

对在配套要求较高的流通中，配套的主体来自各个生产单位，但是，完全配套有时无法全部依靠现有的生产单位，进行适当流通加工可以有效促成更广泛领域内社会资源的配套，更有效发挥流通的桥梁与纽带作用。

3. 加工和合理运输结合

流通加工能有效衔接干线运输与支线运输，促进两种运输形式的合理化。支线运输转干线运输或者干线运输转支线运输是本来就必须停顿的环节，在停顿过程中，按下一步干线或支线运输的合理要求进行适当加工，可大大提高运输及转载水平。

4. 加工和商流相结合

通过加工有效促进销售，使商流合理化，也是流通加工合理化的努力方向之一。加工和配送的结合，通过加工，提高了配送水平，强化了销售，是加工与合理商流相结合的一个成功的例证。此外，通过简单地改变包装加工，形成方便的购买量，通过组装加工解除用户使用前进行组装、调试的难处，都可有效促进商流。

5. 加工和节约相结合

节约能源、节约设备、节约人力和节约耗费是流通加工合理化的重要方面，也是目前我国设置流通加工的重要目标。对于流通加工合理化的最终判断，首先在于其是否能实现物流为用户服务的本质要求，同时还要看其是否能实现社会的和企业本身的两个效益，而且是否取得了最优效益。

对流通加工企业而言，与一般生产企业一个重要的不同之处是流通加工企业更应树立社会效益第一的观念。如果只是追求企业的自身效益，不适当地进行加工，甚至与生产企业争利，就有违于流通加工的初衷，或者其本身已不属于流通加工的范畴了。

8.3.2 不合理流通加工的几种主要形式

流通加工是在流通领域中对生产的辅助性加工，从某种意义上讲，它有效地补充和完善了生产产品的使用价值，但是，设计不当，会对生产加工和流通加工产生负效应，所以应尽量避免不合理的流通加工。不合理的流通加工主要表现在以下方面。

1. 流通加工地点设置的不合理

流通加工地点设置即布局状况是使整个流通加工是否能有效的重要因素。一般而言。为衔接单品种大批量生产与多样化需求的流通加工，加工地设置在需求地区，才能实现大批量的干线运输与多品种末端配送的物流优势。如果将流通加工地设置在生产地区，其不合理之处在于以下几点。

第一，多样化需求的产品多品种、小批量由产地向需求地的长距离运输会出现不合理。

第二，在生产地增加了一个加工环节，同时增加了近距离运输、装卸、储存等一系列物流活动。

所以,在这种情况下,不如由原生产单位完成这种加工而无须设置专门的流通加工环节。一般而言,为方便物流的流通加工环节,应设置在进入社会物流之前,如果将其设置在物流之后,即设置在消费地,则不但不能解决物流问题,又在流通中增加了一个中转环节,因而也是不合理的。即使是产地或需求地设置流通加工的选择是正确的,还有流通加工在小地域范围的正确选址问题,如果处理不善,仍然会出现不合理。这种不合理主要表现在交通不便,流通加工与生产企业或用户之间距离较远,流通加工点的投资过高(如受选址的地价影响),加工点周围社会、环境条件不良等。

2. 流通加工作用不大,形成多余环节

有的流通加工过于简单,或对生产及消费者作用都不大,甚至有时流通加工盲目,同样未能解决品种、规格、质量、包装等问题,相反却实际增加了环节与成本,这也是流通加工设置(无论设置在何地)不合理而容易被忽视的一种形式。

3. 流通加工方式选择不当

流通加工方式选择不当。流通加工方式包括流通加工对象、流通加工工艺、流通加工技术、流通加工程度等。流通加工方式的正确选择实际上是指与生产加工的合理分工。本来应由生产加工完成的,却错误地由流通加工完成,本来应由流通加工完成的,却错误地由生产加工过程去完成,这都会造成不合理性。

流通加工不是对生产加工的代替,而是一种补充和完善。一般而言,如果工艺复杂,技术装备要求较高,或加工可以由生产过程延续或较易解决者都不宜再设置流通加工,尤其不宜与生产过程争夺技术要求较高、效益较高的最终生产环节。如果流通加工方式选择不当,就会出现与生产过程夺利的恶果。

4. 流通加工成本过高,效益不好

流通加工之所以能够有生命力,重要优势之一是有较大的产出投入比,因而有效起着补充完善的作用。如果流通加工成本过高,则不能实现以较低投入实现更高使用价值的目的。除了一些必需的、从政策要求出发及时亏损也应进行的加工外,如果流通加工成本过高,效益不好,都应看成是不合理的。

本 章 小 结

本章主要介绍了流通加工的概念、产生的原因及其与生产加工的区别,以及流通加工的类型和方式,重点介绍了流通加工合理化的途径,使学生能够深入理解流通加工在物流中的地位及作用,并熟悉流通加工合理化的具体方法。

习 题

一、单项选择题

1. 有关流通加工,表述不正确的是( )。
A. 流通加工有利于满足顾客多样化的需求

B. 流通加工有利于提高产品的附加值
C. 流通加工有利于提高物流的效率
D. 流通加工是对生产加工的补充
E. 流通加工大多属于简单加工

2. 流通加工主要是为促进与便利（　　）而进行的加工。
 A. 流通　　　　　B. 增值　　　　　C. 流通与销售　　　　D. 通高物流效率

3. 流通加工满足用户的需求，提高服务功能，成为（　　）的活动。
 A. 高附加值　　　B. 附加加工　　　C. 必要附加加工　　　D. 一般加工

二、多项选择题

1. 流通加工与生产加工的区别主要体现在（　　）。
 A. 加工对象不同　　　　　　　　B. 加工内容不同
 C. 加工目的不同　　　　　　　　D. 所处领域不同

2. 为使流通加工合理化，在作业时应尽量做到（　　）相结合。
 A. 加工与配送　　　　　　　　　B. 加工与装卸
 C. 加工与合理运输　　　　　　　D. 加工与节约

三、问答题

1. 结合你对流通加工的理解，说明流通加工在物流中的作用。
2. 不合理的流通加工有哪些形式？应如何实现流通加工的合理化？
3. 分析流通加工与生产加工的区别。

案例分析

为了提高鲜活农产品的附加值，日本建立了一批加工厂、冷藏库、运输中心、地方批发市场、超级市场等，利用农协、渔协的组织系统及拥有的保鲜、加工、冷藏、运输、信息网络等现代化优势，将农民生产的农产品集中起来统一销售。如在容易变质腐烂的水产品上，大量运用冷冻设施和低温运输系统，实现了水产品长期保鲜。同时采用鲜活农产品采后从预冷、整理、储藏、冷冻、运输等规范配套的供应链一体化的流通方式，产后的商品化处理几乎达到100%，加工转化后产值至少可增加2~3倍。

讨论题：

从此案例中，你对流通加工的作用有什么启示？

第 9 章　配送与配送中心

【本章教学要点】

知识要点	掌握程度	相关知识
配送与配送中心概述	熟悉	配送的概念、特征与类型
	熟悉	配送中心的概念、功能与分类
配送中心规划与设计	了解	配送中心规划与设计的内容与原则
	了解	配送中心的选址
	了解	配送中心的系统规划
配送中心作业管理	了解	进货作业
	掌握	储存作业
	掌握	订单处理作业
	掌握	补货作业
	掌握	拣货作业
	了解	送货作业
	了解	退货处理作业
配送合理化	理解	不合理配送的表现形式
	理解	合理配送的评价标准
	掌握	配送合理化的措施

【名人名言】

通过提高物流配送打竞争战的时代已经悄悄来临。

——物流配送专家詹姆斯·阿尔里德

导入案例

易初莲花配送之路

2008年6月20日起汽、柴油销售价格每吨提高7 000元；从7月1日开始，北京限制黄标车的行驶；从7月20日北京开始实施两个月的单双号限行。一系列的政策让零售企业不得不面对物流难的现实，同时，这也是对零售业物流配送的一场大考验。

面对目前配送企业存在的配送流程混乱、配送能力受限、配送成本低效率等问题，易初莲花采取了一系列新的举措来缓解新的一系列政策和配送问题，如采用甩挂运输，解决白天货车禁行、夜间卸货扰民的问题。具体来看，易初莲花的配送策略主要包括以下几个方面。

（1）搭建供应商与卖场的中转平台。卖场配送中心是在供应商和卖场之间搭建的一个中转平台，目的是减少整个供应链的运作成本及保证商品能快速、及时地运送到卖场进行销售。目前，易初莲花先后在上海、广州、北京建立了三个大型干货配送中心及一个生鲜配送中心负责对全国的卖场进行商品配送。

（2）低成本与高效率。易初莲花的物流以配送为主，仓储为辅，呈现出商品周转快的特征。就配送中心而言，有专门的订单管理部门向供应商发出订单，供应商接到订单后，将商品直接送达配送中心而非门店，这样既节省了供应商的配送费用又加强了对商品的掌控力度，减少商品缺货的概率。

（3）无缝的补货系统。自动补货系统可以实现自动补货，通过扫描产品代码，可以知道目前库存是多少，有多少订货，有多少正在运输过程中，何时到等信息。同时，供应商也可以进入到相应链接中，了解商品的销售情况，对未来进行预测从而决定生产的数量，这是一个无缝的过程。

（4）"标准"是硬道理。易初莲花在整个物流配送过程中，确保每一步都是精准的，没有任何错误。做好这一步，为易初莲花节省了很多时间和成本。如由配送中心向卖场的配送，卖场把整车货品卸下来就行了，不需要再逐一去检查每个产品，因为他们相信配送过来的产品是没有任何问题的。

易初莲花的配送策略产生了很好的效果，提高了配送效率，缩短了配送时间，同时也降低了配送成本。

点评

配送，作为一项特殊的、综合性的物流活动，在社会经济生活中发挥着重要的作用。制定配送目标，制定科学合理的配送流程，通过改革不合理的配送策略，达到满足用户多样化需求。同时，提高配送效率并降低配送成本。

配送是一种现代的物流方式和新型的流通体制，它顺应了社会化大生产发展的客观要求，已成为各行业提高生产效率的重要手段。配送中心作为一种新型的物流据点，是企业对仓储的静态管理向动态管理的根本转变。通过有效的组织配货和送货，可以提高服务的质量和水平，使物流更加合理化。

9.1 配送与配送中心概述

9.1.1 配送概述

1. 配送的概念

"配送"一词是日本引进美国物流科学时，根据美国配送的原词"delivery"的直译。

"delivery"的中文意思是"交付"、"交货"、"递交"的意思,在整个配送流程中,"delivery"仅仅是配送中的最后一个环节,因此,把"配送"翻译成"delivery"是不准确的。而英文"distribution"有"流通"、"分销"、"分配"等多层含义,因此,采用"distribution"来表示配送的含义。到目前为止,国内外许多机构和学者都从不同角度阐述了配送的概念,如日本工业标准 JIS 将配送定义为:"把货物从物流据点送交到收货人处。" JIS 的定义体现出配送是物流的最终效应,但是并没有反映出配送中"配"的现代特征,存在容易与传统的送货方式相混淆的问题。

我国从 20 世纪 80 年代开始使用"配送"的概念,按照物流学界的"配送"一词的理解,体现在两个方面:一是配,二是送,是配和送的有机结合。配送作为一项特殊的物流活动,是现代物流的重要职能之一。

按照中华人民共和国国家标准《物流术语》(GB/T 18354—2006),对配送的定义是:"在经济合理区域范围内,根据客户要求,对物品进行拣选、加工、包装、分割、组配等作业,并按时送达指定地点的物流活动。"

从定义中可以看出,配送几乎包括了物流的所有功能要素(拣选、加工、包装、分割、组配),是在一个经济合理区域范围内全部物流活动的体现。通过上述活动,完成将物品送达客户的目的。

2. 配送的特征

根据上述分析,我们可以看出配送的特征包括以下几方面。

1) 配送是特殊的送货形式

一般性的送货只是作为一种营销手段而展开的,是指从起始地到终点地的一般性运送货物的过程,着重于送的过程,是一种简单的经济活动。而配送除了送的职能之外,更加注重配的过程,它是一种更加高级、完善的输送活动。可以说,配送是一种专业化的物流分工方式,涉及对各类商品的价值、时间、地点的分类管理以及配送成本等的核算。所以,配送是特殊的送货,是高水平的送货。

2) 配送是末端运输

配送是一种现代的物流方式,是伴随着社会需求特征的改变而产生的。从需求角度分析,客户的需求呈现出小批量、多品种和多批次等特征,这与运输的规模效益相悖。因此,通过采用干线部分的运输和支线部分的配送(这里所说的配送是指面向客户的一种短距离的送达服务)相结合的方式,达到既满足成本最佳又满足客户需要的目标。"二次运输"、"末端运输"、"支线运输"也被称为配送的代名词。

配送与运输的主要区别见表 9-1。

表 9-1 配送与运输的区别

项　目	运　输	配　送
线路	工厂仓库到物流中心	物流中心到末端客户
运输距离	长距离干线运输	短距离支线运输
运输批量	大批量	小批量
追求目标	提高运输效率	提供优质服务

3）配送是以满足用户需求为出发点

配送工作的出发点是根据客户要求，因此，配送是从用户利益出发、按用户要求进行的一种活动，是秉持"用户第一"观点进行配送作业的。相应地，配送承运人的地位也应是服务地位而不是主导地位，必须从客户的利益出发，在满足用户利益基础上取得本企业的利益。

4）配送活动以现代化的技术装备做保证

配送强调特定时间、特定地点完成交付活动，体现了配送的时效性。而在配送过程中，存在大量的分货、配货、配装等工作，要快速有效地完成配送作业，需要采用大量先进的信息技术和各种传输设备及拣选设备。现代化技术设备的应用，给了配送活动一个强有力的支撑，多数企业在配送时效方面，全国范围内的配送只需3~5天，地区性的配送活动只需2~3天，而同城配送只需要几个小时就可以了。

5）配送追求综合效益最大

在第三点特征中提到，配送是根据客户要求，在规定的时间、地点完成配送作业。但有时候，客户的要求也存在不合理性，如过于频繁的配送，苛刻的配送时间等，这些都会影响配送成本，在这种情况下，要与客户进行充分的沟通，实现双赢。因此，对配送而言，配送企业应根据客户要求，并结合自身状态，综合多方面因素得到一个最佳方案，使配送时间、速度、服务水平、成本等多方面达到最优。

3. 配送的类型

1）按配送商品的种类和数量多少分类

（1）少品种、大批量配送：这种配送方式的特点在于品种单一或者较少，且每种物品的配送量较大。可采用大吨位车辆进行整车运输，无须和其他物品进行配置。因此，操作简单、成本一般较低。这种形式多由生产企业直送用户。

（2）多品种、少批量配送：这种配送方式的特点在于品种较多，且每种物品的配送量不大。显然，配送中心要实现多品种、少批量、多频次的配送，对配送的作业水平要求高，作业难度也大。除了要求配送中心设备、作业水平要求相当规模和高技术外，还需要严谨的配送计划和较高的管理水平，因此，是一种高水平的配送方式。

（3）成套配套配送：成套配套配送是指配送中心按照用户的需要，将其所需的成套物品直接送达企业生产线进行组装的配送方式。这种配送方式，配送中心承担了生产企业大部分的供应工作，有利于生产企业更加专注生产。

2）按配送的时间及数量分类

（1）定时配送：定时配送是按照规定时间和时间间隔进行配送，比如以日、小时为单位配送一次等，且每次配送的品种和数量可预先在协议中确定，实行计划配送。这种配送方式易于安排工作计划，有利于对多个用户实行共同配送以减少成本的投入，易于计划使用车辆和线路规划。

（2）定量配送：定量配送是按照事先协议规定的数量进行配送。这种配送方式数量固定，备货工作有较强的计划性，易于管理。可按托盘、集装箱及车辆的装载能力来有效选择配送数量，能有效利用托盘、集装箱等集装方式，也可做到整车运输，配送效率较高。

（3）定时定量配送：定时定量配送是按照规定的配送时间和配送数量进行配送的方式。这种配送方式要同时兼顾时间和数量两个指标，计划难度较大，成本较高。

(4) 定时定量定点配送：定时定量定点配送是在规定的运行线路上，按照事先制定的运行时间表，并按照规定的货物品种和数量进行配送的方式。这种配送形式一般事先由配送中心与用户签订配送协议，双方严格按协议执行。这种配送方式适合重点企业和重点项目使用。

(5) 即时配送：即时配送是指完全按照用户即时提出的时间、数量方面的配送要求，随即进行配送的方式。这是一种特殊的配送方式，是对各种配送服务的补充和完善，主要针对客户由于生产计划的变更或者突发因素造成的突发性需要，其配送成本较高。

3) 按配送对象不同分类

(1) 企业对企业的配送：这种配送方式发生在两个完全独立的企业之间，基本上是属于供应链系统的企业之间的配送需求。如供应链上游企业对下游企业进行的原材料、零部件的配送就是属于这种方式。

(2) 企业内部配送：这种配送方式发生在大型企业内部。如果是生产型企业，由企业内部统一采购、集中库存，按分公司或者车间的生产计划组织配送的方式就属于企业内部配送；如果是连锁商业企业，由配送中心完成集货、存储，以门店为单位进行分货、配装、送货的方式也属于企业内部配送。

(3) 企业对消费者配送：这种配送方式发生在企业和消费者之间，最典型的是和B2C型电子商务相配套的配送服务。当消费者在电商企业网站上完成订单下达后，电商企业会利用自己的配送渠道或者借助第三方配送渠道完成对消费者的配送。

 知识链接　共同配送

共同配送是指在资源共享的观念下建立企业联盟，以配送共同化的合作方式达到最低成本，提高获利能力，提升配送效率。

9.1.2 配送中心概述

1. 配送中心的概念

我国于2006年发布的中华人民共和国国家标准《物流术语》（GB/T 18354—2006）中，对配送中心的表述是：配送中心指从事配送业务且具有完善信息网络的场所或组织。配送中心应基本符合下列要求。

(1) 主要为特定客户或末端客户提供服务。
(2) 配送功能健全。
(3) 辐射范围小。
(4) 提供高频率、小批量、多批次配送服务。

可见，配送中心的基本功能是为局部范围内的客户提供配送服务，同时还兼有储存、运输、包装、装卸、流通加工以及信息处理等全套物流功能。配送中心除了配送以外，还设有集货、分拣、配装等功能。

2. 配送中心的功能

配送中心不同于传统的仓库，仓库只重视商品的储存保管，而配送中心重视商品流通的全方位功能。一个较为完善的配送中心，它的功能主要有：采购、集散、储存、分拣配送、流通加工、信息处理等功能，如图9.1所示。

图9.1　配送中心的功能

1）采购功能

配送中心只有采购到所要供应配送的商品，才能及时、准确地为客户供应物资。为此，针对市场的供求变化情况，制订和及时调整统一而周全的采购计划，有专人负责实施的采购活动是配送中心的首要功能。

2）集散功能

配送中心凭借在物流网络中的枢纽地位和拥有的各种先进设施设备，将分散在各地的生产厂商的产品集中到一起，经过分拣、配货、装配等环节，形成经济、合理的货载批量向众多用户发送。货物集散流程图如图9.2所示。

图9.2　配送中心的集散功能

3）储存功能

配送中心的主要职能是按照用户的要求及时将各种配好的货物送交到用户手中。为了顺利而有序地完成向用户配送货物的任务，配送中心需要建有现代化的仓库，配备一定数量的仓储设备，用来存储一定数量的货物。通过仓储来保证生产或者消费活动的顺利进行，同时尽可能降低库存水平，减少仓储成本。

4）分拣配送功能

配送中心服务的对象是为数众多的企业或零售商，其配送物品呈现多品种、小批量、多批次、短周期的特征。为了满足不同客户的需求，配送中心必须采取适当的方式对货物进行分拣、配装，并以最快的速度送达客户手中。分拣配送能力的高低直接影响配送中心的效率。

5）流通加工功能

配送中心配备流通加工设备的目的是提高配送效率或满足客户的需要，加工作业通常包括分类、称重、大包装拆箱换小包装、产品组合包装、标签粘贴作业等。

6）信息处理功能

配送中心利用计算机将各个物流环节中各种物流作业的信息进行采集、分析、传递，并向货主提供各种作业的信息和咨询服务。

3. 配送中心的分类

1）按配送中心的经营主体分类

（1）制造商型配送中心：是以制造商为主体的配送中心。这种配送中心里的物品全由自己生产制造，用以降低流通费用、提高售后服务质量和及时地将配齐的成组元器件运送到规定的加工和装配工位。从商品制造到商品条码和包装的配合等多方面都较易控制，所以按照现代化、自动化的配送中心标准设计比较容易，但不具备社会化的要求。

（2）批发商型配送中心：是以批发商或代理商为主体的配送中心。这种配送中心一般是按照部门或物品类别的不同，把每个制造商的物品集中起来，然后以单一品种或搭配向消费地的零售商进行配送。这种配送中心的物品来自各个制造商，它所进行的一项重要的活动是对物品进行汇总和再销售，而它的全部进货和出货都是社会配送的，社会化程度高。

（3）零售商型配送中心：是以零售商为主体的配送中心。当零售商发展到一定规模以后，就可以考虑成立自己的配送中心，为零售店、超级市场、百货商店、建材商场等提供配送服务，其社会化程度介于前两者之间。

（4）第三方物流配送中心：是以第三方物流企业为主体的配送中心。这种配送中心有很强的运输配送能力，地理位置优越，可迅速将到达的货物配送给用户，其社会化程度和现代化程度往往很高。

2）按物流设施的归类分类

（1）自有型配送中心：这类配送中心指包括原材料、仓库在内的各种物流设施和设备归一家企业或企业集团所有，它只服务于集团内部各个企业，通常，不对外提供配送服务。例如，美国沃尔玛公司所属的配送中心，就是公司独资建立、专门为本公司所属的连锁店提供商品配送服务的自有型配送中心。目前，随着经济的发展，大多数自有型配送中心均已转化为公共型配送中心。

（2）公共型配送中心：这种配送中心可以是一家企业独资建立，也可以是若干家企业共同投资、共同持股和共同管理的经营实体。只要支付服务费，任何用户都可以使用这种配送中心。公共型配送中心的数量很多，在配送中心总量中占有的比例较大。

（3）合作型配送中心：这种配送中心是由几家企业合作兴建、共同管理的物流设施，多为区域型配送中心。合作型配送中心可以使企业之间的联合，也可以是系统或地区规划建设，或是多个企业、系统、地区联合共建。如北京粮食局系统的800家物流中心就是系统内联合的例子。

3）按配送中心的服务范围分类

（1）城市配送中心：城市配送中心以城市为配送范围。在城市范围内，货物的运距较短，符合汽车运输的经济里程，故常采用汽车运输。这种配送中心往往和零售经营相结合，由于运距短、反应力强，因而从事多品种、少批量、多用户的配送较有优势。

（2）区域配送中心：区域配送中心是一种辐射能力较强、活动范围较大，从事跨市、跨省、全国乃至国际范围的用户配送的配送中心。一般而言，这类配送中心的用户较大，配送批量也大，而且往往是配送给下一级的城市配送中心也配送给营业所、商店、批发商和企业用户，虽然也从事零星的配送，但不是主体形式。

4）按配送中心的功能分类

（1）储存型配送中心：储存型配送中心具有很强的储存功能。例如，美国赫马克配送中心的储存区具有 16.3 万个储存货位。我国目前建设的配送中心，多为储存型配送中心，库存量较大。

（2）流通型配送中心：流通型配送中心包括通过型或转运型配送中心，这种配送中心基本上没有长期储存的功能，仅以暂存或随进随出的方式进行配货和送货。典型方式为：大量货物整批进入，按一定批量零出。一般采用大型分货机，进货直接进入分货机传送带，分送到各用户货位或直接分送到配送汽车上。阪神配送中心就属此类。

（3）加工型配送中心：加工型配送中心是以流通加工为主要业务的配送中心。

9.2 配送中心规划与设计

9.2.1 配送中心规划与设计概述

1. 配送中心规划与设计的内容

配送中心规划与设计是一项系统工程，通过系统规划，可以实现配送中心的高效化、信息化和制度化。它包括选址规划、作业功能规划、物流设施规划和信息系统规划。配送中心规划设计内容如图 9.3 所示。

图 9.3 配送中心规划设计的内容

2. 配送中心规划与设计的原则

规划与设计是配送中心建设的基础性工作，应遵循以下各项原则。

1）完整性原则

完整性原则是根据企业配送管理的实际需要，使设计的系统尽可能全面、完整地符合配送管理的要求。同时还需要保证系统开发及相应管理规范的完整性，保证系统开发和操作的完整性与可持续性。

2）动态性原则

在配送中心规划时，应在详细分析现状与预测未来变化的基础上进行，并且要有相当大的柔性，当用户、商品数量、成本等多方面发生变化时，能及时调整。

3) 经济性原则

追逐经济利益是企业的目标,每一次投入都要考虑到产出,因此在系统投入时要进行投入产出分析,尽可能做到最小投入、最大效益。值得注意的是,在进行投入产出分析时,不仅要考虑项目期初投资,还要考虑投入运行后,后期的运行维护费用,使总成本最低。

4) 可靠性原则

系统在正常情况下是可靠的,可靠性实际上就是要求系统的准确性和稳定性。一个可靠的配送系统要在正常情况下达到系统设计的预期精度要求,同时,在系统软、硬件环境发生故障的情况下仍能部分使用和运行。

9.2.2 配送中心的选址

配送中心的选址是一项物流基础设施建设,一旦建成就无法改变。配送中心位置的选择将显著影响实际营运的效率与成本以及日后中心规模的补充与发展。因此,企业在决定配送中心设置的位置方案时,必须认真分析与研究内外部环境条件,并按适当的步骤,采用科学的选址方法对配送中心的位置进行科学、合理地选择。

1. 配送中心选址的原则

1) 适应性原则

配送中心的选址须与国家及地区的经济发展方针、政策相适应,与我国物流资源分布和需求相适应,与国民经济和社会发展相适应。

2) 协调性原则

配送中心的选址应与国家物流网络一起作为一个大系统来考虑,要确立自身在大网络中的位置,与整个系统相协调。同时,配送中心的规模、设施设备的选择、作业能力及配送商品的特性等方面要保持一致。

3) 经济性原则

配送中心选址的费用包括建设费和营运费两部分。前者是指规划、设计费用、人工费用、设施与设备的选择与安装费用等。后者主要指配送中心投入营运之后发生的费用。在选址时,应以总费用最低作为配送中心选址的经济性原则。

4) 战略性原则

配送中心的选址应具有战略性,注重全局性和长远性。

2. 配送中心选址需要考虑的因素

配送中心选址时应该考虑的主要因素有:自然环境、政策环境、基础设施、货物流向等。

1) 自然环境因素

在配送中心选址过程中,要考虑气象条件、地质条件、水文条件等自然环境因素对配送中心的影响。气象条件主要包括温度、降水量、风力、年平均蒸发量等指标。例如,选址时要避开风口,因为风口会加速露天堆放商品的老化。地质条件主要考核土地承载能力指标,它反映了物资的堆码高度。如果配送中心地面以下存在淤泥层、流沙层、松土层等不良地质条件,在受压后可能造成沉陷、翻浆等不良后果。水文条件主要考虑河川、台风对配送中心的影响,一般配送中心应选在地势较高、地形平坦之处,且应具有适当的面积和外形。

2) 政策环境

政策环境也是配送中心选址考虑的重要因素之一,尤其是现在取得物流用地困难,如果有政府政策的支持,就更有助于物流业的发展。政策环境条件包括企业优惠政策(土地提供、税收减免)、城市规划(土地开发、道路建设)、地区产业政策等。良好的政策环境有助于降低配送中心的运营成本。

3) 基础设施

便利的交通及齐备的公共设施,有助于提高配送中心的运作效率。配送中心通常选择靠近交通枢纽的地点布局,如紧邻交通主干道的地方。另外,配送中心的所在地,要求城市的道路、通信等公共设施齐备,有充足的水、电、气、热的能力,且周围有污水、固体废弃物处理能力。

4) 货物流向

货物流向主要考虑客户分布和供应商分布。

(1) 客户分布。

为了提高服务水平及满足配送的经济合理区域,配送中心的选址通常在靠近客户的区域。例如,零售商型配送中心,其主要客户是超市和零售店,这些客户大部分分布在大中型城市或人口密集的地方,故配送中心常选择在城市边缘且靠近客户分布的地区。

(2) 供应商分布。

配送中心的选址应考虑的另一个重要因素就是供应商分布。因为配送中心的商品全部由供应商供应,配送中心越接近供应商,供应商至配送中心区间的运输成本越低,其商品的安全库存越可能控制在较低的水平。

3. 配送中心选址的方法

配送中心选址方法一般有两类:定性选址方法和定量选址方法。

(1) 定性选址方法是针对各种影响因素提出选址应遵循的一些基本原则,如交通便利、政策环境、靠近超市或零售店等。从这些基本原则出发,对现有条件进行分析、评价、比较,从备选的地址中做出选择。定性选址方法有加权因素比较法和德尔菲法等。

(2) 定量选址方法是根据配送中心位置的各种因素建立数学模型,通过反复迭代,从多个方案从选择最优方案的过程。定量选址方法包括重心法、线性规划方法和仿真方法等。

 知识链接 重心法介绍

重心法(The centre-of-gravity method)是一种模拟方法,它将物流系统中的需求点和资源点看成是分布在某一平面范围内的物流系统,各点的需求量和资源量分别看成是物体的重量,物流系统的重心作为物流网点的最佳设置点,利用求物体系统重心的方法来确定物流网点的位置。

9.2.3 配送中心的系统规划

1. 配送中心规划要素

配送中心规划要素就是影响配送中心系统规划的基础数据和背景资料,主要包括以下七大要素。

E——Entry：指配送对象或客户。

I——Item：指配送货品的种类。

Q——Quantity：指配送货品的数量或库存量。

R——Route：指配送的通路。

S——Service：指物流服务水平。

T——Time：指物流的交货时间。

C——Cost：指配送货品的价值或建造配送中心的预算。

1) 配送的对象或客户(E)

配送对象或客户不同，订单形态和出货数量会有很大的不同。例如，零售商型的配送中心，其配送对象可能是批发店、超市或便利店，批发店的订货单位通常为托盘或箱；超市的订货单位通常为箱及少量单品；而便利店的订货单位多数则为单品。因此，我们在规划之前，首先应该分析配送客户的情况，从而决定配送中心的出货形态和特征。

2) 配送的货品种类(I)

配送中心所处理的货品品项数差异性非常大，少则数百种，如制造商型配送中心，多则上万种，如书籍、医药、汽车零部件配送中心。由于品项数不同，其复杂性与困难性也有所不同。例如，处理货品品项数为一万种的配送中心与处理货品品项数为一千种的配送中心是完全不同的。

另外，配送中心处理的货物种类不同，其特性也完全不同。如食品、日用品、药品、家电品、服饰、书籍等，由于其货品的特性，配送中心的布局与设施设备的选择也完全不同。例如，食品及日用品进出货的数量大、频率高，家电货物的尺寸较大等。

3) 配送货品的数量或库存量(Q)

这里的数量包含两个方面的含义：一是配送中心货品的出货数量，二是配送中心的库存量。

配送中心的出货数量多少和随时间的变化趋势会直接影响到配送中心的作业能力和设备的配置。例如季节性的波动、年节的高峰等问题，都会引起出货量的变动。

配送中心的库存量和库存周期将影响到配送中心的面积和空间的需求，因此应对库存量和库存周期进行详细的分析。一般由于进口商品的配送中心因进口周期较长，必须拥有较多的库存量；而流通型的配送中心，则完全不需要考虑库存量，但必须注意分货的空间及效率。

4) 配送的通路(R)

物流通路与配送中心的规划有很多的关系。常见的几种通路模式有以下几种。

(1) 工厂→配送中心→经销商→零售商→消费者。

(2) 工厂→经销商→配送中心→零售商→消费者。

(3) 工厂→配送中心→零售商→消费者。

(4) 工厂→配送中心→消费者。

规划配送中心之前必须首先了解物流通路的类型，然后根据配送中心在物流通路中的位置和上下游客户的特点进行规划。

5) 物流服务水平(S)

企业建设配送中心的一个重要目的就是提高企业的物流服务水平，但物流服务水平的高低恰恰与物流成本成正比，也就是说物流服务水平越高则其物流成本越高。客户总是希望以最经济的成本获得最佳服务，因此，原则上物流的服务水平应该是合理物流成本下的服务品质，而不能一味追求最高的物流服务水平。

6) 物流的交货时间(T)

在物流服务品质中，物流的交货时间非常重要，因为交货时间太长或不准时都会严重影响零售商的业务，因此交货时间的长短与准时性成为物流业者的重要评估项目。

所谓物流的交货时间是指从客户下达订单开始，订单处理、库存检查、理货、流通加工、装车及卡车配送到达客户手上的这一段时间。物流的交货时间与物流成本之间也具有效益背反关系，物流交货时间越短则其成本越高，因此选择一个合适的交货时间尤为重要。通常，最好的交货时间为 12~24 小时。

7) 配送货品的价值或建造配送中心的预算(C)

在规划配送中心时，还应注意研究配送货品的价值和配送中心的建造预算。

首先，配送货品的价值与物流成本又很密切的关系。在计算物流成本时，往往会计算配送成本占商品价值的百分比，如果货品的单价高则其百分比相对会比较低，则客户能够负担得起；如果货品的单价低则其百分比相对会比较高，则客户会感觉负担比较高。

其次，配送中心的建造费用预算也会直接影响配送中心的规模和自动化水平，没有足够的建设投资，所有理想的规划都是无法实现的。

2. 配送中心的平面布置

配送中心的平面布置就是根据物流作业量和物流路线确定各功能区域的面积和各功能区域的相对位置，最后得到配送中心的平面布置。

配送中心系统平面布置的一般流程如图 9.4 所示。

图 9.4　配送中心系统布置流程图

1) 规划资料分析

规划资料分析主要包括物品特性分析、储运单位分析和 EIQ 分析。

(1) 物品特性分析。物品特性是货物分类的参考因素，如按储存保管特性可分为干货区、冷冻区及冷藏；按货物重量可分为重货区和轻货区；按货物价值可分为贵重物品区及一般物品区等。因此配送中心规划时首先需要对货物进行物品特性分析，以划分不同的储存和作业区域。

(2) 储运单位分析。储运单位分析是考察配送中心各个主要作业（进货、拣货、出货）环节的基本储运单位。一般配送中心的储运单位包括 P（托盘）、C（箱子）、B（单品），而不同的储运单位，其配置的储存和搬运设备也不同。因此掌握物流过程中的单位转换相当重要，需要将这些包装单位（P、C、B）进行分析，即所谓的 PCB 分析。

例如企业的订单资料中同时含有各种出货形态，包括订单中整箱与零散两种类型同时出货，以及订单中仅有整箱出货或仅有零星出货。为使仓储与拣货区得到合理的规划，必须将订单资料按出货单位类型加以分析，以正确计算各区实际的需求。配送中心物流系统的储运单位组合形式见表 9-2。

表 9-2 配送中心包装单位分析表

入库单位	储存单位	拣货单位
P	P	P
P	P、C	P、C
P	P、C、B	P、C、B
P、C	P、C	C
P、C	P、C、B	C、B
C、B	P、C、B	B

注：P—托盘；C—箱子；B—单品。

(3) EIQ 分析。EIQ 分析就是利用"E"、"I"、"Q"这三个物流关键要素，来研究配送中心的需求特性，为配送中心提供规划依据。以订单品项数量分析方法进行配送中心的系统规划，即是从客户订单的品项、数量与订购次数等出发，进行出货特性的分析。分析的内容包括以下几点。

① 订单量（EQ）分析。订单量分析，即每张订单出货数量的分析。EQ 分析主要可了解单张订单订购量的分布情况，可用于决定订单处理的原则，拣货系统的规划，并将影响出货方式及出货区的规则。

② 订单品项数（EN）分析。订单品项数分析，主要了解订单品项数的分布，对于订单处理的原则及拣货系统的规划有很大的影响，并将影响出货方式及出货区的规划。通常需配合总出货品项数、订单出货品项累计数及总品项数三项指标综合考虑。

③ 品项数量（IQ）分析。品项数量分析，主要了解各类货品出货量的分布状况，分析货品的重要程度与运量规模。可用于仓储系统的规划选用、储位空间的估算，并将影响拣货方式及拣货区的规划。

④ 品项受订次数（IK）分析。品项受订次数分析，主要分析各类货品出货次数的分布，对于了解货品别的出货频率有很大的帮助，主要功能可配合 IQ 分析决定仓储与拣货系统的选择。

2）流程分析

配送中心的主要作业活动包括入库、仓储、拣取、配货、出货和配送等，一些配送中心还包括流通加工、贴标签、包装及退货等作业。在布置规划时，首先应将具有相同流程的货物作为一类（如 A、B、C…），分析每类物料的作业流程，见表 9-3。

表 9-3 配送中心作业流程表

作业类别	A	B	C	D	…
进货区	1	1	1	1	
理货区	2	2	2	2	
分类区	3	4	4		
流通加工区			3		
保管区		3			
特殊作业区				3	
配送	4	5	5	4	

注：1、2、3、4、5 表示流程的先后顺序。

3）作业区域设置

配送中心的作业区域包括物流作业区及外围辅助活动区。物流作业区如装卸货、入库、订单拣取、出库、出货等，通常具有物流相关性；而外围辅助活动区如办公室、计算机室、维修间等，则具有业务上的相关性。经作业流程规划后即可针对配送中心的营运特性规划所需作业区域。配送中心的主要作业区域包括进货区、理货区、仓储区、拣选区、流通加工区、集配货区、出货区、办公区、计算机管理监控区、维修区等。

具体的区域设置可根据能力需求分析和区域面积规划确定各区域的基本能力，以及各区域的面积与空间。

4）物流相关性分析

物流分析即对配送中心各区域间的物流量进行分析，用物流强度和物流相关表来表示各功能区域之间的物流关系强弱，确定各区域的物流相关程度。

物流量分析即汇总各项物流作业活动从某一区域至另一区域的物流量，填写表 9-4 作为分析各区域间物流流量大小的依据，若不同物流作业在各区域之间的物料搬运单位不同，则必须先转换为相同单位后，再合并计算其物流流量的总和。

根据各区域间物流量的大小，将其分为五个级别，分别用 A（超大）、E（较高）、I（一般）、O（较小）、U（可忽略）表示，从而得到各区域物流相关表。

表 9-4 配送中心物流量分析

从＼至	进货	验收	分类	流通加工	仓储	分拣	配货	发货	合计
进货									
验收									
分类									
流通加工									
仓储									
分拣									
配货									
发货									
合计									

5）活动相关性分析

配送中心内除了与物流有关的区域外，还有许多与物流无关的管理或辅助性的功能区域。尽管这些区域本身没有物流活动，但与其他区域有着业务联系，因此需要对所有区域进行业务活动相关性分析，以确定各区域之间的密切程度。

各作业区域的活动相关关系可以从以下几个方面考虑。

（1）程序性的关系：因物料流、信息流而建立的关系，如人员往返接触的程度、文件往返频度等。

（2）组织与管理上的关系：同一部门的功能区域应紧密布置。

（3）功能上的关系：区域间因功能需要形成的关系，如相同功能的区域尽量紧密布置。

（4）环境上的关系：在操作环境、安全考虑上需保持的关系。

根据以上相关要素，对任何两个区域的相关性进行评价，一般将区域间的相关程度分为六个等级，如 A、E、I、O、U、X 六级，包括绝对重要、重要到不可接近等。确定各要素接近程度的等级后，再以加权平均的方法计算两两区域间的相关程度，见表 9-5。

表 9-5 配送中心区域相关程度

	进货区	理货区	分类区	加工区	保管区	特保区	发货区	办公区
进货区		a	e	i	i	o	u	u
理货区	A		a	e	i	i	u	u
分类区	I	I		e	e	e	o	u
加工区	U	O	U		i	o	u	u
保管区	U	A	E	E		a	e	u
特保区	U	O	I	O	U		o	u
发货区	U	U	A	I	E	O		u
办公区	U	U	U	U	U	U	U	

注：A、E、I、O、U 为物流相关性；a、e、i、o、u 为活动相关性。

6) 区域布置

配送中心的区域布置方法有两种，即流程性布置法和活动相关性布置法。流程性布置法是根据物流移动路线和物流相关表作为布置的主要依据，适用于物流作业区域的布置；活动相关性布置法则是根据区域的综合相关表进行区域布置，一般用于整个厂区或辅助区域的布置。

配送中心的区域布置可以用绘图法直接绘成平面布置图；也可以将各功能区域按面积制成相应的卡片，在配送中心总面积图上进行摆放，以找出合理方案；还可以采用计算机辅助平面区域布置技术进行平面布置。平面布置可以做出集中方案，最后通过综合比较和评价选择一个最佳方案。配送中心区域布置的方法和步骤如下所述。

（1）物流作业区域的布置。

① 决定配送中心对外的联外道路形式：确定配送中心联外道路、进出口方位及厂区配置形式。

② 决定配送中心厂房空间范围、大小及长宽比例。

③ 决定配送中心内由进货到出货的主要物流路线形式：如 U 形、L 形等。

④ 按物流相关表和物流路线配置各区域位置，首先将面积较大且长宽比例不易变动的区域先置于建筑平面内，如自动仓库、分类输送机等作业区；再按物流相关表中物流相关强度的大小安排其他区域的布置。

（2）行政活动区域的配置。首先选择与各部门活动相关性最高的部门先行置入规划范围内，再依照活动相关表，按与已置入区域关系的重要程度依次将各部门区域置入布置范围内。

（3）确定各种布置组合。根据以上方法，可以逐步完成各区域的概略配置。然后再将各区域的面积置入各区域相对位置，并做适当调整，减少区域重叠或空隙，即可得到面积相关配置图。最后调整部分作业区域的面积或长宽比例即可得到作业区域配置图，如图 9.5 所示。

图 9.5 某配送中心平面布置的初步方案

（4）修正。经过上述的规划分析，得到配送中心区域布置的草图，最后还应根据一些实际限制条件进行必要的修正与调整。修正因素主要包括以下几点。

① 厂房与土地面积比例：厂房建筑比率、容积率、绿地与环境保护空间的比例及限制等因素。

② 厂房建筑的特性：建筑造型、长宽比例、柱位跨距、梁高等限制或需求。

③ 法规限制：土地建筑法规、环保卫生安全相关法规、劳动法等因素。
④ 交通出入限制：交通出入口及所在区域的特殊限制等因素。
⑤ 其他：经费预算限制、政策配合等因素。

7）方案评价

在物流中心系统规划阶段，通常需针对不同的物流设备选择，分别制定区域配置方案，最后通过对各个方案进行比较评估，从中选择一个最优方案。

9.3 配送中心作业管理

配送中心一般包括以下作业：进货作业、储存、订单处理、拣货补货、出货、送货、退货。基本作业流程见图9.6所示。

图9.6 配送中心的作业流程

9.3.1 进货作业

进货作业是配送作业中物流活动开始的第一个环节，是后续作业的前提和基础，进货作业工作质量的好坏直接影响到后续作业的质量。所谓进货作业，是指根据采购单信息，进行卸货、验收、物品编码与登记入库上架等一系列作业的过程。

1. 预收货作业

预收货作业是进货作业的开始。当供应商车辆按照预约到货时间到达仓库后，供应商代表应到信息中心递交到货单，由信息员核对信息系统中的采购订单信息与供应商代表提供的到货单信息是否一致。预收货作业的目的是通过对采购订单与到货单的核对，在第一时间了解供应商送货是否存在差异，避免多次装卸、验收等不必要的环节。但这只是对双方单证的比对，不能准确知道到货的实际情况。

2. 卸货作业

卸货作业是将货品由车辆卸下并搬运至验货区的工作。卸货一般是在进货站台上进行。供应商将车辆停靠在指定车位，物流配送中心即组织卸货。在卸货前应检查外包装是否完整，如封条是否破损、脱落等，对外包装有问题的货品要及时记录，确定责任归属。卸货时应按照包装上的指示方向轻取、轻放，防止货品破损，正确使用装卸工具，保证货品和人身安全。卸货方式主要有人工卸货、叉车卸货和输送机卸货。

3. 验收作业

验收在进货作业中是一项重要的工作，是包装商品以后能及时、准确、安全地发运到目的地的关键一环。验收作业是根据采购订单，按照验收作业流程，利用验收设备对货品的数量和质量进行审核和检验的活动。只有经过验收合格的物品方能入库。验收作业流程如图9.7所示。

图9.7 验收作业流程

知识链接　数量检验的方法

根据货品性质和包装情况，数量检验分为三种形式。

（1）计件法：是对以件作为计量单位的商品使用的检验方法。在做数量验收时，点清所有货品数量并记录。计件商品应全部清查件数，带有附件和成套的机电设备须清查主件、部件、零件和工具等。

（2）检斤法：是对以重量作为计量单位的商品使用的检验方法。商品的重量一般有毛重、净重之分。

（3）检尺求积法：是对以体积作为计量单位的商品使用的检验方法。例如，木材、砂石、竹材等，采用先检尺后求体积的验收方法。

4. 物品编号作业

为保证配送中心的物流作业准确而迅速的进行，在进货环节中必须对货物进行有效的编号。编号就是按货物的品种、规格等进行有次序的编排，通常采用简明的文字、符号或数字代替货物的名称、类别及其他信息。对货物编号后，可通过计算机进行高效而标准的管理。

货物编号的原则有简易性、单一性、扩充性、层次性、易记性和安全性等。

货物编号的方法有以下几种。

1）顺序法

这是最简单的编号法，即用阿拉伯数字或者英文字母按顺序一直编下去，多用于账号或发票编号等。

2）数字分段法

把数字分段，每一段代表一类共同特性的货物。

3）分组编号法

这种编号方法是按货物特性分为多个数字组，每个数字组代表该货物的一种特性。例如，第一组数字代表货物的品种，第二组数字代表货物的规格，第三组数字代表货物的供应商，至于每组数字的位数要视实际情况而定。该方法分段清晰，标示明确，容易记忆，应用范围较广。

4）实际意义编号法

该方法是以货物的名称、重量、尺寸、分区、储位、保持期限或其他特征的实际情况进行编号。采用该方法的优点在于通过货物编号可知货物的内容及相关信息。

5）后数位编号法

利用编号末位数字对同类货物进行进一步细分，也可从数字的层次关系看出货物的归属类别。

5. 入库上架作业

入库上架是进货作业的最后一个环节，该环节的操作步骤主要有入库前的准备工作、搬运到存储区域，及按照合适的方法将货物存放到指定储位。入库上架作业涉及的设备主要有搬运工具（如叉车）、存储设备（如货架、托盘）等。

9.3.2 储存作业

储存作业是进货作业的延续，主要任务在于保护、储藏和对货物进行控制管理。储存作业的意义在于最大限度地利用空间，最有效地利用劳动力和设备，最安全经济地搬运货物和最好地保护和管理货物。

1. 储位方法

当货物进到储存区后，应按照货物特性采用一定的储位方法选择合理的储区位置。良好的储位安排可以减少出入库的移动距离，缩短作业时间，充分利用储存空间。常见的储存方法有以下几种。

（1）定位储存。即每一项货物都有固定的储位。定位储存方法易于管理，搬运时间较少，但需要较多的储存空间。此方法适用于库房空间大和储放的商品量少而品种多的情况。

（2）随机储存。即每一项货物的储位不是固定的，而是随机产生。随机储存方法的优点在于共同储位，最大限度地提高了储区空间的利用率。该方法适用于空间有限以及货物品种少而体积小的情况。

（3）分类储存。按照货物的尺寸、重量、相关性、流动性等特性分类储存。

（4）分类随机储存。分类随机储存是每一类货物有固定的存放储区，但各储区内每个储位的指定是随机的。这种方法既吸收了分类储存的部分优点,又能有效提高储区利用率。

(5) 共同储存。指在确定各货物的进出库时间,不同货物可共同利用相同储位的方式。这种方法虽然提高了储位利用率,但给管理上带来了一定困难。

2. 储存原则

在指定储位时需要遵循以下原则,见表9-6。

表9-6 储位分配原则

编号	储存原则	含义
1	周转率原则	周转率高的货物存放在接近出口处或靠近过道,反之,周转率低的货物则远离出入口
2	相关性原则	相关性大的货物在订货时常常被同时订购,因此应将相关性大的货物尽量存放在相邻的位置
3	同一性原则	将同一种货物储存在同一保管位置
4	先进先出原则	先入库的货物应先出库,这一原则对于保质期短的商品尤其重要,如食品、药品等
5	面向通道原则	货物应面向通道,便于识记条码、标识和名称
6	重量特性原则	按货物重量大小来制订储位高低,重者放在地面或货架底层,轻者放在货架上层
7	兼容性原则	兼容性差的物品决不能储存在一起,避免影响货物品质
8	搬运灵活性原则	为减少作业时间和次数,提高仓库周转速度,根据物品作业要求,合理选择货物搬运活性,如堆放地面、装箱、放置在托盘上等

3. 储存形式

在配送中心,货物储存的形式主要有以下两种。

1) 地面堆存

地面堆存是指将货物直接或者放在托盘上着地进行堆放的方式。堆存方法有行列堆存法和整区堆存法。行列堆存法是在堆积的托盘之间留有足够的空间,以便提取托盘货物时畅通。整区堆积法是指每一行与每一列之间的托盘堆积没有空间,节省库房。常见的地面堆存方式如图9.8所示。

图9.8 货物地面堆存

2) 货架储存

货架储存是配送中心的主要储存方式。根据配送中心的类型不同,有普通仓库和自动化立体仓库。普通仓库采用普通货架进行储存,自动化立体仓库采用自动化的立体货架系统。普通货架储存与自动化仓库立体货架系统如图 9.9 所示。

(a) 普通货架　　　　　　　　　　　　(b) 立体货架

图 9.9　货架储存方式

4. 货物盘点

配送中心的物品品种多、周转速度较快,由于货物不断地进出库,在长期积累下库存数量容易与实际数量产生不符的现象,或者某些产品因为存放时间过久或存放方式不恰当导致质量受到影响。为了避免账物不符的情况,对库存物品进行定期、不定期的清查作业称为盘点作业。

知识链接　库存盘存方法

常见的盘存方法有定期盘存制和永续盘存制。

定期盘存制又称实地盘存制,是指会计期末通过实地盘点,以确定期末库存的结存数量,再分别乘以各项库存的盘存平价,计算期末库存成本;计算出期末库存成本的购进,不计减少,然后采用倒算的方法确定本期销售或耗用的库存成本。优点是平时可以不登记存货明细账,核算工作比较简单。缺点是核算手续不够严密,不利于对存货的管理。

永续盘存制是指对库存项目设置经常性的库存记录,也就是分品名规格设置存货明细账,对存货的增减变动进行连续记录,并随时结出存货的结存数量。优点是核算手续严密,平时可以通过账簿完整记录各种存货的收发及结存状态。缺点是存货核算的工作量比较大。

9.3.3　订单处理作业

从接到客户订货开始到准备拣货为止的作业,称为订单处理作业。订单处理作业包括客户、订单资料的确认,选择交易方式,存货查询,确定拣选方式,生成拣选单等。从本质上讲,整个配送过程都是为了完成订单而发生的,其作业绩效影响到配送中心的每项作业。因此,订单处理水平的高低,直接决定了配送中心的服务水平,同时也体现了配送中心的营运效率。订单处理流程如图 9.10 所示。

图9.10 订单处理流程

1. 接收订单

订单处理的第一步是接收订单，订货方式主要有两种：传统订货方式和电子订货方式。传统订货方式主要有厂商铺货、厂商巡货、电话订货、传真订货、邮寄订货、跑单业务等。电子订货方式是一种借助计算机信息处理，将订货信息转为电子信息经由通信网络转送的订货方式。电子订货方式不仅可以大大提高客户服务水平，还能够有效缩减存货及相关成本。

2. 确认客户及订单资料

在接收订单后，需要对其进行确认，确认的内容包括：客户信息、货物数量及日期、客户信用、订货价格、加工包装方式等。

3. 确定订单形态

配送中心每天要面对有着不同需求的众多客户，针对不同的客户，其订单形态也有所不同。一般来说，配送中心订单形态有以下几种。

（1）一般交易订单。一般订单按照常规处理程序进行处理，即接单后，将订单信息输入处理系统，按正常的订单处理程序处理，之后进行拣货、出货、配送及收款等作业。

（2）现销式交易订单。与客户当场交易、直接给货的交易，这类订单不需要参与拣货、出货、配送等作业，只需要记录交易资料，以便收款，或现场将货款结清。

（3）间接交易订单。接单后，配送中心将客户订货资料传给供应商，由供应商直接向客户供货的交易。

（4）合约式交易订单。与客户签订配送合约，到约定送货日系统自动产生需要送货的订单资料。

（5）寄库式交易订单。客户因促销或价格因素先行订购商品，当客户产生配送需求时，配送中心进行货物配送的交易方式。

（6）兑换式交易订单。客户用兑换券来兑换商品的交易。

4. 存货查询

根据订单的需求，配送中心对所订购物品进行查询，当存货足够时，按照正常程序组织拣货作业。当存货不足时，如果客户允许延期交货，则立即组织采购；如果客户不允许延期交货，则应调整订单。

5. 确定拣选方式

拣选作业主要有两种方式：按订单拣货和批量拣货。按订单拣货是针对每一份订单进行拣货；批量拣货是多张订单累计为一批，汇总数量后形成拣货单，根据拣货单一次拣取，再进行分配的拣货方式。确定拣货方式是根据订单的品种、数量及出库频率，为订单选择合适的拣选方式，以缩短拣选时间，提高拣选效率。

6. 生成拣货单

拣货单是配送中心将客户订单资料进行计算机处理，生成并打印拣货单。在拣货单上标明了储位，并按储位顺序排列货物编号，作业人员按照拣货单拣货，可以缩短拣货路径，节省拣货时间，提高拣货效率。拣货单的格式参照表9-7。

表9-7 拣货单格式

拣货单编号：				拣货员：			拣货时间：	
顾客名称：				出货时间：				
核查员：				核查时间：				
序号	储位编号	货物名称	货物编号	包装单位			拣取数量	备注
				整托盘	箱	单件		

9.3.4 补货作业

补货作业是将货物从保管区转移到为订单拣取而设立的动管拣货区域的作业，目的是向拣货区补充适当的商品，保证拣货作业的需求。配送中心的补货作业通常有三种方式，整托盘补货、整箱补货和拆零补货。

(1) 整托盘补货是以托盘为单位进行补货。此补货方式保管区和动管拣货区均为以托盘为单位的存放区域，不同之处在于保管区的面积较大，存放物品较多，而动管拣货区面积较小，存放物品量较小。具体操作方式为：补货员以叉车为补货工具，将托盘从保管区搬运至拣货区。该方法适合体积大，出货量大的物品。

(2) 整箱补货是以箱为单位进行补货。此补货方式保管区为储存式货架或地面存放，动管拣货区为流动式货架。具体操作方式为：补货员至货架保管区取货箱，以手推车运至拣货区。该方法适合体积小且多以箱为单位出货的物品。

(3) 拆零补货是以箱为单位进行补货。此补货方式保管区为储存式货架存放，动管拣货区为流动式货架。具体操作方式为：补货员至货架保管区取货箱，以手推车运至拣货区，再拆开包装并对应储位进行单品补货。该方法适合体积小、品项多且以件为单位出货的物品。

9.3.5 拣货作业

拣货作业是指拣货员根据拣货单上的信息，从指定的储位将物品拣出，并搬运至指定地点的活动。拣货作业是配送中心作业范围中极为重要的一环，拣选作业的好坏直接影响配送作业的效率。

1. 拣货单位

配送作业的拣货包装单位通常有以下4种。

(1) 单件：以单件为拣取单位，是拣货的最小单位。

(2) 箱：以箱为拣取单位，由单件装箱而成。

(3) 托盘：由箱堆码在托盘上集合而成，经托盘装载后加固。每托盘堆码数量固定，拣货时以托盘为拣取单位。

(4) 特殊物品：体积过大、形状特殊或必须在特殊情况下作业的货物，如桶装油料、长竿形货物、散装物品、冷冻食品等在拣货时以特定包装形式和包装单位为准。

2. 拣货作业设备

由于多品种、少批量需求的影响，使得配送中心经营的商品品种年年增加，零星要货占商品订单的70%，而这部分的销售额不超过30%，且拆零的工作量增幅很大。为了提高配送效率，配送中心对拣选作业的机械化，投入了很大的人力、物力和财力。拣货作业用到的设备主要包括拣选设备、输送设备和容器等。

1) 以电子标签拣选系统为代表的拣选设备

在现代化配送中心中，拣选货架已与计算机配套使用。电子标签系统通过货架上显示器显示的客户编号、物流箱编号以及拣货量等信息，向拣货员及时、明确的下达拣货指令，具有拣货速度快、拣货错误率低的优点，实现"无单拣选"。电子标签拣选系统如图9.11所示。

图 9.11 电子标签拣选系统

2) 以滚筒式输送机为代表的输送设备

滚筒式输送机主要由滚筒、机架、支架和驱动部分等组成，借助转动的滚子和货品间的摩擦力使货品向前移动。由于滚筒输送之间易于衔接过渡，可用多条滚筒线及其他输送设备组成复杂的物流输送系统。滚筒式输送机具有输送量大，速度快，能够实现多品种共线分流输送的特点。滚筒式输送机如图9.12所示。

图9.12 滚筒式输送机

3）以周转箱为代表的容器

周转箱是一种便捷的储物容器，它的材质一般是塑料，具有制造成本低、坚固耐用、方便清洁等特点。常见的周转箱如图9.13所示。

图9.13 常见的周转箱

3. 拣货方式

拣货方式可以划分为按订单拣货、批量拣货和其他拣货方式，以下分别进行介绍。

1）按订单拣货

按订单拣货又称摘果法，是指针对每一张订单，拣货员巡回于仓库内，按照拣货单所列商品及数量，将客户订购的商品取出，然后集中在一起的拣货方式。作业流程图如图9.14和图9.15所示。

图9.14 按订单拣货作业流程

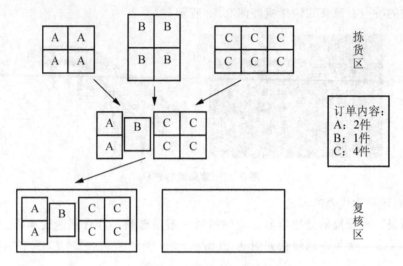

图 9.15 摘果法示意图

按订单拣货的优点是：作业方法单纯，作业前置时间短；作业人员责任明确，便于安排人力；拣货后不需要再进行分拣作业，适用于大量、少品种订单的处理。

按订单拣货的缺点是：商品品种多时，拣货行走路径较长，拣货效率较低；拣取区域大时，搬运系统设计困难。

按订单拣货适应于订单大小差异较大、订单数量变化频繁、季节性强的商品配送。

2）批量拣货

批量拣货又称为播种法，是将多张订单集合成一批，按照商品种类加总后再进行拣货，然后依据不同客户或不同订单分类集中的拣货方式。作业流程图如图 9.16 和图 9.17 所示。

批量拣货的优点是可以缩短拣货时行走搬运的距离，增加单位时间的拣取量。

批量拣货的缺点是对订单的到来无法做出及时响应，必须等订单达到一定数量时才能做一次处理，因此，会产生停滞时间。

批量拣货适用于配送批量大的订单作业，适合订单变化较小，订单数量稳定的配送中心和外形较规则、固定的商品出货。

图 9.16 批量拣货作业流程

图 9.17 播种法示意图

 知识链接　订单分批方法

批量拣货的订单分批方法有以下四种。

(1) 总量分批法。在拣货作业前,合计累计订单中每一商品类别的总量,再按这一总量进行拣取。该方法适合周期性配送。

(2) 固定订单量分批。订单分配按照先到先处理的基本原则,当订单累积到设定的数量时,开始进行拣货作业。这种方式偏重于较稳定的作业效率,但订单的商品总量不宜过大,否则会增加分类作业成本。

(3) 定时分批。该方法是开启短暂的时间窗(如 5 分钟或 10 分钟),再将这一时间中所有的订单作为一批,进行批量拣取。比较适合密集频繁的订单和满足紧急订单的要求。

(4) 计算机分批法。采用计算机分批法配送中心通常将前一天的订单汇总后,经过计算机处理,在当日下班前产生明日的拣货单。其优点是分批时已经考虑到将路径相近的分为一批,速度较快。

3) 其他拣货方式

(1) 分区拣货:所谓分区拣货指的是将拣货作业场地进行区域划分,每一个拣货员只负责指定区域内的商品。按分区原则的不同,可分为按拣货单位分区、按拣货方式分区和工作分区。

(2) 订单分割拣货:当订单所订购的商品种类较多时,为了提高拣货效率,可将订单分割为若干个子订单,交由不同的拣货人员同时进行拣货作业,以加速拣货的完成。

(3) 复合拣货:复合拣货是按照订单的品种、数量及出库频率,确定哪些订单适合按订单拣货,哪些订单适合批量拣货。

9.3.6 出货作业

拣选作业完成后,拣货员要将拣好的货品搬运到复核区,交由复核员进行再次核对。经复核确认无误后,在货品上贴上客户标签,并依据客户将所有商品进行汇总,然后搬运至待出货区。最后,点货员根据出库单和装车单进行点货并指导装车。这一系列的作业称为出货作业。

1. 复核作业

拣选作业完成后,拣货员将拣选好的物品搬运至复核区。复核员根据复核单据,对客户的货品进行复核，确认名称、数量、包装等信息是否与复核单据上的信息一致。良好的复核作业能及时发现拣选作业中的问题，如发现数量或质量出现问题，可以及时处理，避免因为失误造成成本上升，甚至影响客户服务水平。

复核作业流程如图 9.18 所示。

图 9.18　复核作业流程

复核作业可以分为人工复核和系统复核。人工复核是复核员利用检测工具，如卷尺、磅秤等进行货品数量和质量检验的过程。系统复核是复核员借助无线射频终端设备，将系统内信息与实际拣选货品信息进行比对的检验过程。

2．分货作业

复核作业完成后，再将物品按照不同的客户或不同的配送路线做分类的工作，称为分货作业。分货的操作方式可分为人工分货和自动分货两种。

1）人工分货

人工分货是以手推车为辅助工具，将被分拣商品分别送至指定的场所堆放待运，批量较大的商品则采用叉车托盘作业。目前，我国的配送中心基本上都采用人工分货方式。其优点是机动灵活，不需要复杂、昂贵的设备，不受商品包装等条件的制约；缺点是速度慢、工作效率低、易出错，适用于分拣量小、分拣单位少的场合。

2）自动分货

自动分货是利用自动分类机来完成分货工作的方式，具有高速化、高准确率和低分货成本等特点。目前，国外许多大型配送中心都已广泛使用自动分拣机进行分拣。其优点是提高单位时间商品处理量；降低分货的货损率和货差率；减轻配送中心工人的劳动强度，提高分货效率。

3．点货上车作业

点货上车作业是根据出库凭证和配送员提供的装车单进行点货并指导装车等一系列作业活动。该项作业分为点货作业和上车作业两个过程。点货作业是货品配送上车前按照客户订单进行清点、核对数量的过程，确保配送到各客户的货品名称和数量等正确。上车作业的质量高低决定着货品的运输质量，良好的装车作业能极大地降低货品运输中的破损率，提高物流服务质量和客户满意度。点货作业与上车作业的作业流程图如图 9.19

和图 9.20 所示。

图 9.19　点货作业流程

图 9.20　上车作业流程

9.3.7　送货作业

送货作业是利用运输车辆，将客户订购的物品，从配送中心送达用户手中的活动。送货通常是一种短距离、小批量、高频率的运输形式。它以服务为目标，以尽可能满足客户的需求为宗旨。送货作业的好坏，直接影响配送质量和配送服务水平。

1. 送货服务要求

1）时效性

所谓时效性是要确保能在指定时间内交货。由于送货作业是从客户订货至交货全过程的最后一个阶段，因而也是最容易导致无法弥补的延误产生。若能规划一个良好的配送计划则仍可补救延误的时间，因此配送作业是掌控时效的关键点。

2) 可靠性

可靠性是指交货质量，即配送人员将物品完好无缺地送达目的地。就配送作业而言，要达到可靠性目标，关键在于以下几个方面。

（1）装卸货时的细心程度。

（2）运送过程中对物品的保护。

（3）对客户地点及作业环节的了解。

（4）配送人员的素质。

如果配送人员能随时注意这几项原则，物品就能以最好的品质送到客户手中。

3) 服务态度

配送人员是客户直接接触的人员，其态度、反应会给客户留下直接的印象，无形中便成为公司形象的体现。配送人员应具备良好的服务态度，这将维护公司的形象，并巩固客户的忠诚度。

4) 便利性

配送最主要的目标是方便客户，因而对客户的送货计划应采取较灵活的系统，才能够随时响应客户需求的变化，提供便利的服务。如紧急送货、信息传送、顺道退货、辅助资源回收等。

5) 经济性

满足客户的服务需求，不仅要货品品质好，价格也要合理。一个好的配送中心能够通过精心的运作，降低成本，从而让利给客户。

2. 送货作业流程

1) 划分基本送货区域

首先统计客户所在地具体位置的区域，再对区域进行划分，将每一客户分配在不同的基本送货区域中，作为配送决策的参考。如按行政区域或按交通条件划分不同区域。

2) 车辆配载

接到订单后，首先将货物按特性进行分类，以分别采取不同的配送方式和选用不同的运输工具；其次，根据配送货物的轻重缓急，初步确定哪些货物可配同一辆车，哪些货物不能配于同一辆车，以做好车辆的初步配装工作。

3) 暂定配送先后顺序

根据客户订单要求的送货时间将配送的先后作业次序大致预定，为后面车辆记载做好准备工作。

4) 车辆安排

一般企业拥有的车辆数量有限，在本公司车辆无法满足要求时，可使用外雇车辆。在保证配送运输质量的前提下，是组建自营车队，还是以外雇车为主，须视经营成本而定。但无论自有车辆还是外雇车辆，都必须事先掌握有哪些车辆可供调派并符合要求。安排车辆之前，还必须分析订单上的货物信息，如体积、重量、数量及对装卸的特别要求等，综合考虑各方面因素的影响，做出最合适的车辆安排。

5) 选择送货线路

根据客户的具体位置、送货时间限制和沿途的交通情况等做出选择和判断，选择出一条配送距离近、配送时间短、配送成本低的路线。

6）确定每辆车的送货顺序

做好车辆安排并选择最佳的配送路线后，就可以确定每辆车的送货顺序，从而估计出货物送达每位客户的大约时间，并通知客户。

7）完成车辆积载

明确了客户的送货顺序后就是如何将货物装车、按什么次序装车的问题。

8）客户签收

配送车辆将货品送达客户后，客户相关人员根据订单核对货品的数量，检查包装和质量，经检查核对无误，在送货单上签名确认。

9.3.8 退货处理作业

退货，是指配送中心按配送合同将货物发出后，由于某种原因，客户将商品退回公司。商品退货会大幅度增加成本、减少利润，因此在销售业务中，应尽可能地避免退货与换货。

1. 退货的原因

1）有质量问题的退货

对于不符合质量要求的商品，如新鲜度不佳、数量不足等，配送中心应给予退货。

2）次品回收

由生产商在设计、制造过程中存在的问题，在商品销售后由消费者或生产商发现，必须立即部分或全部收回。这种情况不常发生，但却是不可避免的。

3）协议退货

对有特别协议的季节性商品、试销商品、代销商品等，协议期满后，剩余商品配送中心将予以退回。

4）搬运中损坏

由于包装不良或搬运中剧烈震动，会造成货物破损或包装污损，配送中心将予以退回。这时必须重新研究包装材料的材质、包装方式和搬运过程中各项上、下货动作，找出真正原因加以改善。

5）商品送错退回

由于配送中心本身处理不当，造成商品条码、品项、规格、重量、数量与订单不符，都必须退货或者换货。

6）商品过期退回

一般的食品或药品都有相应的保质期，如面包、饼干、速冻食品、加工肉类等。过期商品的处理，要花费大量的时间、费用和人力，无形中增加了营运成本。为此，要事先分析货物的需求，或多次少量配送，以减少过期货物的产生。

2. 退货作业流程

为规范商品的退换货工作，配送中心要制定一套符合企业标准流程作业的退货作业流程，以保证退货业务的顺利进行。

1）接受退货

配送中心首先要明确退货的标准和程序，如什么样的货物可以退、由哪个部门来决定，信息如何传递等。配送中心的业务部门接到客户传来的退货信息后，要尽快将退货信息传递给相关部门，运输部门安排取回货物的时间和线路，仓库人员做好接收准备，质量管理部门人员确认退货的原因。一般情况下，退货由送货车带回，直接入库。

2）重新入库

对于客户退回的商品，配送中心的业务部门要进行初步审核。仓库接收退货后，要将退货堆放在返品处理区。退货商品要进行严格的重新入库登记，及时输入企业的信息系统，核销客户应收账款。需要说明的是，配送中心的退货处理是一件非常麻烦的工作。退货人员需要对退回来的商品进行整理、分类、登记、处理等一系列的工作。

3）品质检验

退回商品重新入库后，质量管理部门要按照新品入库验收标准对退回的商品进行新一轮的检查，以确认退货品的品质状态。对符合标准的商品进行储存或分拣配送；对于客户退货有问题的商品，将其以"拒收标签"标识后隔离存放。

4）财务结算

实施退货虽然能满足客户的各种需要，但对配送中心的日常配送工作却带来了不便。由于销货和退货的时间不同，同一货物价格可能出现差异，同质不同价、同款不同价的问题时有发生，故配送中心的财务部门在退货发生时要进行退回商品货款的估价，将退货商品的数量、销货时的商品单价以及退货时的商品单价信息输入企业的信息系统，并依据销货退回单办理扣款业务。

5）跟踪处理

退货发生时，要跟踪处理客户提出的意见，统计退货发生的各种费用，通知供应商退货的原因并退回生产地或履行销毁程序。与此同时，退货处理部门要冷静地接受客户抱怨，并抓住抱怨的重点，分析事情发生的原因，找出解决方案。

9.4 配送合理化

9.4.1 不合理配送的表现形式

配送的决策是全面、综合的决策，在配送运作过程中要尽量避免由于不合理配送造成的损失，但某些不合理现象是伴生的，要追求大的合理，就可能派生小的不合理。所以，要从物流总成本进行综合考虑，防止绝对化。

不合理配送主要包括以下几方面。

1. 资源筹措的不合理

配送是利用较大批量筹措资源，通过筹措资源的规模效益来降低筹措成本，使配送资源筹措成本低于用户自己筹措资源成本，从而取得优势。如果不能集中多个用户的需要进行批量筹措资源，而仅仅是为某一两个用户代购代筹，就很难降低筹措费用，甚至增加交易费用。另外，配送量计划不准确、资源筹措过多或过少、在资源筹措时不考虑建立与资源供应者之间长期稳定的供应关系都属于资源筹措不合理的形式。

2. 库存决策不合理

配送应使集中库存总量低于各用户分散库存总量，从而可以节约社会财富，同时降低用户实际的平均库存水平。因此，配送中心必须依靠科学管理来实现一个总量适宜的库存，否则就会出现仅仅是库存转移，而未解决库存的不合理。库存决策不合理还表现在库存结构不合理，由于储存量不足导致失去应有市场等。

3. 价格不合理

合理的配送应使配送价格低于不实行配送的价格，即低于用户自己进货时产品购买价格加上自己提货、运输及时间等成本总和，这时用户才能选择配送中心。如果配送中心可以提供较高的服务水平，即时价格稍高，用户也是可以接受的。但如果配送价格普遍高于用户自己进货的价格，损害了用户利益，这就是不合理的配送。

4. 配送与直达决策不合理

一般配送会增加部分成本，但是这些环节的增加可以降低用户的平均库存水平，因此可以抵消增加环节的支出，可以取得一定的均衡效益。但如果用户使用批量大，可以直接通过大批量均衡进货，则无需配送。因此，大批量用户不直送、小批量用户不配送是不合理的形式。

5. 送货中不合理运输

与用户自提相比，联合送货是配送的优势，它能够集多个用户（特别是小用户）的货物为一车送几家，大大地节省了运力和运费。如果不利用好联合送货的优势，仍然一户一送，车辆不容易满载，导致运力的浪费和运费的增加，这属于不合理。

9.4.2 合理配送的评价标准

对于配送合理与否的判断，是配送决策的重要内容。可以从以下标志考察配送合理化程度。

1. 库存标志

①库存总量；②库存周转率。

2. 资金标志

①库存资金总量；②资金周转率。

3. 成本和效益标志

①税收；②配送企业利润；③客户利润。

4. 供应保证标志

①缺货次数；②配送中心集中库存量；③准时配送的能力与速度。

5. 物流合理化标志

①物流费用降低；②物流损失减少；③物流速度加快；④物流中转次数减少；⑤有效衔接了干线运输和末端运输；⑥采用先进的技术手段。物流合理化是衡量配送能力的重要标志。

9.4.3 配送合理化的措施

1. 推行一定综合程度的专业化配送

通过采用专业设备、设施及操作程序，取得较好的配送效果并降低配送过分综合化的复杂程度及难度，从而追求配送合理化。

2. 推行加工配送

通过加工和配送结合，充分利用本来应有的这次中转，而不增加新的中转求得配送合理化。同时，加工借助于配送，加工目的更明确和用户联系更紧密，更避免了盲目性。这两者有机结合，投入不增加太多却可追求两个优势、两个效益，是配送合理化的重要经验。

3. 推行共同配送

通过共同配送可以以最近的路程、最低的配送成本完成配送，从而追求合理化。

4. 实行送取结合

配送企业与用户建立稳定、密切的协作关系，配送企业不仅成了用户的供应代理人，而且承担用户储存据点的作用，甚至成为产品代销人。在配送时，将用户所需物资送到，再将用户生产的产品用同一车运回，这种产品也成了配送中心的配送产品之一，或者作为代存代销，免去了生产企业库存包袱。这种送取结合，使运力充分利用，也使配送企业功能有更大的发挥，从而追求合理化。

5. 推行准时配送系统

准时配送是配送合理化的重要内容。配送做到了准时，用户才有资源把握，可以放心的实施低库存或零库存，可以有效地安排接货的人力、物力，以追求高效率的工作。另外，保证供应能力也取决于准时供应。准时供应配送系统是许多配送企业追求配送合理化的重要手段。

6. 推行即时配送

作为计划配送的应急手段，即时配送是最终解决用户企业担心断供之忧、大幅度提高供应保证能力的重要手段。即时配送是配送企业快速反应能力的具体化，是配送企业能力的体现。即时配送成本较高，但它是整个配送合理化的重要保证手段。此外，用户实行零库存，即时配送也是重要手段保证。

本 章 小 结

本章首先对配送及配送中心的相关概念进行了阐述，并介绍了配送及配送中心的特征与类型。其次介绍了配送中心规划与设计的内容，包括选址规划、作业功能规划、物流设施规划及信息系统规划。特别阐述了配送中心的选址、规划要素和平面布置。第三，从配送中心的流程重点介绍了配送中心的作业管理，配送中心的流程包括进货、储存、订单处理、补货、拣货、出货、送货和退货等作业环节。最后，分析了造成不合理配送的原因，并对配送合理化的措施做了分析。

习 题

一、填空题

1. 按配送商品的种类和数量进行分类，配送可分为：_____、_____和_____。
2. 按配送的时间及数量分类，配送可分为：_____、_____、_____、_____和_____。
3. 按配送中心的经营主体分类，配送中心可分为：_____、_____、_____和_____。
4. 配送中心规划与设计的内容应包含_____、_____、_____和_____。
5. 配送中心货物的数量检验方法主要有_____、_____和_____。

二、名词解释

1. 配送　2. 配送中心　3. 定位储存　4. 随机储存　5. 分类储存

三、简答题

1. 简述配送的特征。
2. 简述配送中心的功能。
3. 简述配送中心规划与设计的原则。
4. 简述配送中心规划要素。
5. 简述配送中心的总体业务流程。
6. 简述配送中心的拣货方式。

四、论述题

谈谈配送合理化的措施。

案例分析

2002年年初，浙江省烟草公司杭州分公司（以下简称"杭烟"）积极探索先进信息技术重组传统的营销体系，通过一年的实践，初步建成了配置合理、系统集成、信息管理、规范运作的专业化现代物流系统，规划建设了现代物流中心。表9-8为"杭烟"物流配送中心2003年卷烟销售及配送的相关信息。

表9-8　"杭烟"物流配送中心2003年卷烟销售及配送信息

	总销量/箱	零售户数/家	平均日销量/箱	每天平均送货客户数/家	零售量每次平均订货量/条	平均库存量/箱
杭州市区	97 759	6 414	325.86	2 138	21.98	3 021

注：卷烟计量单位，1箱＝5件，1件＝50条，1条＝10包，1包＝20支香烟。

1. 合理配置，专业分工

建立现代物流的基本条件是优化整合网络资源，实现商流、物流、资金流在信息流的传输控制下的专业分工、分轨运行。2002年4月，杭州烟草分公司在杭州市范围内推行了"一库制集中配送"，对原有的10个批发部、3个卷烟仓库先后实施机构精简、仓库合并，同时设立了全市集中的电话呼叫中心和电子结算中心，至2002年7月，初步形成了商流-电话呼叫中心、访销部；物流-物流配送中心；资金流-电子结算中心；信息流-信息中心的现代网络框架，整合了网络资源，重组了销售业务流程，为现代物流中心的开发和完善提供了有利的条件。

在物流配送中心的选址上，杭州烟草考虑到服务的对象——6400多家遍布市区卷烟零售客户的地理位置和杭州市区的交通情况，同时对物流配送中心的建设成本进行测算。2002年，"杭烟"决定在杭州市区北郊的高亭坝暂时租用某外贸进出口仓库作为"杭烟"物流配送中心，同时，在离老物流配送中心不远的沈家村建设"杭烟"新的物流配送中心。

2. 系统集成，高效运行

在初步选定物流配送中心的建设方案后，引进先进科学技术，结合烟草网络自身特点，自行研发、完善了数据化仓储管理、半自动化分拣配货作业、智能化车辆调度、电子化智能补配货等实用高效的物流核心技术，通过信息网络平台的系统集成，形成一个有机的整体，发挥了现代物流的综合效益。

3. 信息管理，全程控制

信息平台是"杭烟"物流的中枢神经，"杭烟"物流的信息平台将信息技术导入仓库管理、库存控制、订单处理、分拣配送、送货管理和结算交接的工作全过程。商流、物流、资金流在业务流程上分离，又在信息流上汇集，可以说，"杭烟"物流的运作流程是在计算机及通信网络基础上进行信息处理和操作管理的人机结合的交响曲。

4. 规范运作，操作有序

"杭烟"物流以"信息网络化、服务优质化、配送快捷化、管理工厂化"为工作向导，以"高效、低成本"为发展目标，在仓储管理中实行中心控制、分级管理制度，使用叉车、托盘、皮带输送机作为运输、存储连接设备，以减少人力操作，降低损耗。统一送货车形象，统一喷印"杭烟物流"字样和图案。规划送货员服务的程序、语言和停留时间。内部实行严格的工厂化制度，使全员管理有章可循。

"杭烟"物流建立一年多来，随着各项功能的强化和不断完善，正日益显示出现代物流的强大优势，主要表现在以下几个方面。

(1) 提升了卷烟销售网络的运行质量。2002年1至10月，杭州烟草本级完成卷烟销量8.16万箱、销售额11.68亿元，实现毛利2亿元，分别同比增长5.9%、14.74%、23.69%。

(2) 降低了企业的经营成本。2002年，杭州烟草分公司日均库存量控制在3 000箱，较原来下降30%左右，卷烟周转期控制在13天，库存资金占用明显降低。

(3) 确保了经营行为的进一步规范。客观保证了杭州烟草更加规范、有序的销售卷烟，为杭州卷烟市场提供了公开、公平、公正的发展环境。

讨论题：

1. 在"杭烟"物流配送中心的规划与设计中，如何选址？
2. "杭烟"物流为规范操作采用了哪些方法？
3. 物流为"杭烟"带来了哪些好处？

第10章　物流信息管理

【本章教学要点】

知识要点	掌握程度	相关知识
物流信息概述	掌握	物流信息的定义
	了解	物流信息的特征
	理解	物流信息的分类
物流信息技术	掌握	自动识别技术
	掌握	电子数据交换技术
	掌握	全球定位系统
	掌握	地理信息系统
物流信息系统	掌握	物流信息系统的概念
	理解	物流信息系统的总体结构
	了解	物流信息系统的类型
	掌握	典型的物流信息系统

【名人名言】

"物流信息是物流的灵魂，在物流领域，顶尖高手和平庸之辈的差距往往就在于企业物流信息技术的能力。"

——戴勒·S. 罗杰斯(Dale S. Rogers)、理查德·L. 戴维(Richard·L. Dawe)、帕德里克·埃拉(Patrick Guerra)

导入案例

沃尔玛于20世纪60年代创建于美国，在20世纪90年代一跃成为美国第一大零售商。在短短几十年的时间里，沃尔玛的连锁店几乎遍布全世界，并以其优质快捷的服务、惊人的销售利润、先进的管理系统而闻名全球。如今，在"每天平价"的氛围中，每天都有数以十万计的人进出那栋装满各种商品的蓝色大房子选择自己需要的物品，他们大多难以相信这么一家供应日常生活用品的大卖场，就是传说中的世界500强之翘楚。

沃尔玛的巨大成功，与其卓越的物流管理思想及实践密切相关。然而，是什么支撑了沃尔玛的物流模式，使其配送中心的实践和其物流的卓越理念转化为无与伦比的竞争力？

20世纪70年代，沃尔玛建立了物流管理信息系统，负责处理系统报表，加快了运作速度；1983年，沃尔玛采用了POS机，销售始点数据系统的建立实现了各部门物流信息的同步共享；1985年，建立了EDI，即电子数据交换系统，进行无纸化作业，所有信息全部在计算机上运作；1986年，它又建立了QR快速反应机制，快速拉动市场需求。凭借包括物流条形码、射频技术和便携式数据终端设备在内的信息技术，沃尔玛如虎添翼，得到了长足的发展。

沃尔玛在全球第一个实现了集团内部24小时计算机物流网络化监控，建立了全球第一个物流数据处理中心，使采购、库存、订货、配送和销售一体化。例如，顾客到沃尔玛店里购物，然后通过POS机打印发票，与此同时负责生产计划、采购计划的人以及供应商的计算机上就会同时显示信息，各个环节就会通过信息及时完成本职工作，从而减少了很多不必要的时间浪费，加快了物流的循环。在物流信息实时反应的网络条件下，物流各环节成员能够相互支持，相互配合，以适应激烈的市场竞争环境，这正是信息技术成为现代物流企业核心竞争力的典范。

点评

物流信息技术及对物流信息的高效管理成为沃尔玛的核心竞争力。

10.1 物流信息概述

物流信息是伴随着物流活动而产生的，与运输、仓储、装卸搬运、包装、流通加工、配送等各个环节都有密切的关系。物流过程中的各个环节都会产生大量的物流信息，物流信息是物流活动各个环节的桥梁、纽带和粘合剂，对整个物流起着支持保障作用。

10.1.1 物流信息的定义

根据中华人民共和国国家标准《物流术语》（GB/T 18354—2006）的定义，物流信息是反映物流各种活动内容的知识、资料、图像、数据、文件的总称。从物流信息来源看，一部分来自物流活动本身，另一部分则来源于商品交易活动和市场。因此，物流信息包含的内容可以从狭义和广义两个方面来理解。

从狭义范围来看，物流信息是指与物流活动（如运输、仓储、包装、装卸搬运、流通加工和配送等）有关的信息，在物流活动的管理与决策中，如货物批量的确定、在途货物的跟踪、运输工具的选择、运输路线的确定、订单管理、库存数量的确定等，都需要详细和准确的物流信息。从广义范围来看，物流信息不仅指与物流活动有关的信息，还包括与其他流通活动有关的信息，如商品交易信息、市场信息、政策信息、通信交通等基础设施信息；不仅起到连接整合生产厂家、批发商、零售商、消费者的整个供应链的作用，还在应用现代信息技术的基础上实现了整个供应链活动的效率化。

知识链接　商品交易信息和市场信息

（1）商品交易信息是指与买卖双方的交易过程有关的信息，如销售和购买信息、订货和接收订货信息、发出货款和收到货款信息等。

（2）市场信息是指与市场活动有关的信息，如消费者的需求信息、竞争业者或竞争性商品的信息、销售促进活动有关的信息、交通通信等基础设施信息。

10.1.2　物流信息的特征

物流信息除了具备信息的一般特征之外，与其他领域的信息相比主要有以下 4 个方面的特征。

1. 信息量大、分布广

物流是一个大范围的活动，在运输、仓储、包装、装卸搬运、流通加工、配送等环节都会产生大量的物流信息，且这些物流信息分布在厂商、仓库或堆场、物流中心、配送中心、分销商、客户等不同的物流节点。信息量大，分布面广，这就要求有较高的信息收集、传递、储存和处理能力。

2. 更新速度快、时效性强

物流活动的频繁发生、市场竞争状况及客户需求的变化会使物流信息瞬息万变、动态性强、更新速度快。同时，物流信息的价值也会随时间的变化不断贬值，且衰减速度很快，呈现出较强的时效性。这就对信息工作的及时性要求较高。

3. 物流信息种类多

物流信息不仅包括企业内部的物流信息，而且包括企业间的物流信息及与物流活动相关的基础设施、市场等多方面的信息。随着物流业的发展，物流信息种类将更多，来源将更复杂多样。这就使物流信息的分类、研究、筛选等难度增加。

4. 物流信息趋于标准化

现代物流信息涉及多个国家、多个企业、多个部分，在物流活动中各国家、企业、部门之间都需要进行大量的信息交流。为了实现不同系统间的物流信息共享，必须采用国际或国家信息标准。同时，随着信息处理手段的电子化，更要求物流信息标准化。

10.1.3　物流信息的分类

物流信息的种类繁多，按照不同的标准，会有各种各样的分类方法。

1. 按照信息的来源分类

1）外部信息

外部信息是在物流活动以外发生但提供给物流活动使用的信息，包括供货人信息、客户信息、订货合同信息、交通运输信息、市场信息、政策信息；还有来自企业内生产、财务等部门的与物流有关的信息。

2）内部信息

内部信息是来自于物流系统内部的各种信息的总称，包括物流流转信息、物流作业层信息、物流控制层信息和物流管理层信息。

2. 按照信息的功能和作用分类

1）计划信息

计划信息是指尚未实现的但已当做目标加以确认的信息，例如仓储计划、物流量计划等，这类信息相对稳定，变动频率较小。

2）控制及作业信息

控制及作业信息是指物流活动过程中产生的信息，如库存量、运输工具状况等，这类信息动态性较强，更新速度快，是掌握物流现实活动状况不可缺少的信息。

3）统计信息

统计信息是在物流活动结束后，对整个物流活动的一种总结性、归纳性的信息，如上一年度或月度发生的物流量、运输工具使用量等，这类信息是恒定不变的信息，有很强的资料性，具有很强的战略价值。

4）支持信息

支持信息是指能对物流计划、业务、操作具有影响或有关的文化、科技、产品、法律、教育、民俗等方面的信息，如物流人才需求、物流技术革新等。这类信息不仅对物流战略发展具有价值，而且也对控制、操作起到指导和启发作用。

3. 按照信息的稳定程度分类

1）固定信息

所谓固定信息也是相对而言的。这种信息通常具备相对稳定的特点。固定信息包括物流生产标准信息、物流计划信息和物流查询信息等。

2）流动信息

与固定信息相反，流动信息是指物流系统中经常发生变动的信息，是物流状态在某一时点的反映，如货物的即时动态等。

4. 按信息加工程度分类

1）原始信息

原始信息指未加工过的信息。这些信息是信息工作的基础，也是最权威的凭证。

2）加工信息

加工信息是指对原始信息进行提炼加工和处理后的信息。这些信息比起原始信息更为简明扼要，有规律、有条理，便于作用于物流管理与决策和活动。

知识链接

下面为一些比较权威和专业的物流信息网站。

http://www.chinawuliu.com.cn/中国物流与采购联合会

http://www.clb.org.cn/中国物流招标网

http://www.eipm.org/The European Institute of Purchasing Management

http://www.elalog.org/欧洲物流协会

http://www.ala-national.org/美国物流协会
http://www.hkla.org.hk/香港物流协会
http://www.iwla.com/International Warehouse Logistics Association
http://www.dft.gov.uk/Department For Transport
http://www.transportamerica.com/Transport America
http://www.shipbuilders.org/Shipbuilders Council of America
http://www.mhia.org/Material Handling Industry of America

10.2 物流信息技术

信息技术（Information Technology，IT）泛指凡是能拓展人的信息处理能力的技术，通过信息技术的运用，可以替代或辅助人们完成对信息的检测、识别、变换、储存、传递、计算、提取、控制和利用。

物流信息技术是应用于物流作业各环节中的现代信息技术的总称，包括计算机、网络、信息分类编码、自动识别、电子数据交换、全球定位系统、地理信息系统等技术。物流信息技术是物流现代化的重要标志，也是物流技术中发展最快的领域之一。本节主要介绍在物流中常用的自动识别技术、电子数据交换技术、自动定位与跟踪技术的相关知识及其它们在物流管理中的应用。

知识链接

据国外统计，物流信息技术的应用，可为传统的运输企业带来以下实效：降低空载率15%～20%；提高对在途车辆的监控能力，有效保障货物安全；网上货运信息发布及网上下单可增加商业机会20%～30%；无时空限制的客户查询功能，有效满足客户对货物在运情况的跟踪监控，可提高业务量40%；对各种资源的合理综合利用，可减少运营成本15%～30%。对传统仓储企业可带来以下实效：配载能力可提高20%～30%；库存和发货准确率可超过99%；数据输入误差减少，库存和短缺损耗减少；可降低劳动力成本约50%，提高生产力30%～40%，提高仓库空间利用率20%。

10.2.1 自动识别技术

自动识别技术是应用一定的识别装置，通过被识别物品和识别装置之间的接近活动，主动地获取被识别物品的相关信息，并提供给后台的计算机处理系统来完成相关后续处理的一种技术。

自动识别技术是将信息数据自动识读、自动输入计算机的重要方法和手段。在物流过程中，自动识别技术通过对所有实体对象（包括零售商品、物流单元、集装箱、货运包装等）进行唯一有效标识，可以有效解决物流领域各项业务运作数据的输入/输出、业务过程的控制与跟踪等问题，并减少出错率，在仓库管理、运输管理、生产管理、物料跟踪、运载工具和货架识别等领域都具有明显的优势。

根据识别原理的不同，自动识别技术包括条码技术、无线射频识别技术、磁卡及智能卡识别技术、光学字符识别技术、语音识别技术、图形识别技术和生物识别技术等。目前，在物流中常用的是条码技术和无线射频识别技术。

1. 条码技术

条码技术是在计算机技术与信息技术基础上发展起来的一门集编码、印刷、识别、数据采集和处理于一身的新兴技术。条码技术的核心内容是利用光电扫描设备识读条码符号，从而实现机器的自动识别，并快速准确地将信息录入到计算机进行数据处理，以达到自动化管理的目的。条码技术主要研究编码技术、符号表示技术、印刷技术、识别技术、条码应用系统设计等内容。

1) 条码概述

条码(Bar Code)是由一组规则排列的条、空及对应的字符组成的标记，"条"指对光线反射率较低的部分，"空"指对光线反射率较高的部分，这些条和空组成的数据表达一定的信息，并能够用特定的设备识读，转换成计算机兼容的二进制和十进制信息，如图10.1所示。

图10.1 某商品的条码

条码具有简单、信息采集速度快、采集信息量大、可靠性高、设备结构简单、灵活、实用、自由度大等特点，是迄今为止最经济、实用的一种自动识别技术。

2) 条码的分类

条码的分类方法有很多种。按条码的长度，可分为定长和非定长条码；按排列方式，可分为连续型和非连续型条码；按校验方式，可分为自校验码和非自校验条码；按应用场合，又可分为金属条码、荧光条码等。

条码根据其维数的不同通常分为一维条码和二维条码。

一维条码只是在一个方向(一般是水平方向)上通过"条"与"空"的排列组合来表达信息。由于受信息容量的限制，一维条码仅仅是对"物品"进行标识，而无法对"物品"进行描述，在使用过程中必须通过在计算机系统的数据库中提取相应的信息以达到识别意义，这使其应用受到了限制。常用的一维条码的码制包括EAN码、UPC码、交叉25码、39码、库德巴码(Codabar)、128码、93码、49码等。

二维条码是用某种特定的几何图形按一定规律在平面(水平和垂直二维方向上)分布的黑白相间的图形记录数据符号信息。它不仅可作为"物品"的标识，而且还能对"物品"进行描述。二维条码有信息容量大、编码范围广、保密防伪性能好、译码可靠性高、纠错能力强等特点。常用的二维条码的码制有PDF417码、Data Matrix码、Maxi Code码、QR码、Code49码等，如图10.2所示。

PDF417

Code 49

Code 16K

QR Code

Data Matrix

Code one

图 10.2 几种常用的二维条码

 知识链接

世界上约有 225 种以上的一维条码，每种一维条码都有自己的一套编码规则，规定每个字符、数字或符号信息是由几个线条(Bar)及几个空白(Space)组成，以及其排列规则。

3) 常见物流条码的码制

国际上公认的用于物流领域的条码码制主要有 3 种：EAN-13 条码、ITF-14 条码和 UCC/EAN-128 条码。在选用条码时，要根据货物的不同和商品包装的不同，采用不同的码制。单个大件商品，如电视机、电冰箱、洗衣机等商品的包装箱往往采用 EAN-13 条码。储运包装箱常常采用 ITF-14 条码或 UCC/EAN-128 条码。包装箱内可以是单一商品，也可以是不同的商品或多件头商品小包装。

(1) EAN-13 条码。EAN 条码是按照国际物品编码协会(EAN)统一规定的规则编制的一种商品条码，分为标准版(EAN-13 码)和缩短版(EAN-8 码)两种。EAN-13 码通常用于日常消费商品，而 EAN-8 码主要用于一些较小包装的商品，如图 10.3 所示。

图 10.3 EAN 条码

物流条码应用的是 EAN 码制中的 EAN-13 码，它是一种定长的、无含义的一维条码，由 13 位数字组成，其结构见表 10-1。

表 10-1 EAN-13 码的结构

结构种类	厂商识别代码	商品项目代码	校验码
结构一	$X_{13} X_{12} X_{11} X_{10} X_9 X_8 X_7$	$X_6 X_5 X_4 X_3 X_2$	X_1
结构二	$X_{13} X_{12} X_{11} X_{10} X_9 X_8 X_7 X_6$	$X_5 X_4 X_3 X_2$	X_1

EAN-13 码包含了厂商识别代码、商品项目代码和校验码。

厂商识别代码由 8~9 个数字组成，用于对厂商的唯一标识。厂商识别代码是 EAN 在分配前缀码（$X_{13} X_{12} X_{11}$）的基础上分配给厂商的代码。$X_{13} X_{12} X_{11}$ 是国际物品编码协会（EAN）统一分配给各国或各地区的前缀码。目前，分配给我国的前缀码为 690、691、692 这三种。我国目前使用 EAN-13 码的两种代码结构，当前缀码 $X_{13} X_{12} X_{11}$ 为 690、691 时，其代码结构为表 10-1 中的结构一，当前缀码 $X_{13} X_{12} X_{11}$ 为 692 时，其代码结构为表 10-1 中的结构二。

商品项目代码由 3~4 个数字组成，表示每个制造厂商的商品。商品项目代码由厂商自行编码，厂商必须遵循商品编码的唯一性、永久性和无含义性原则进行编码。

校验码只有 1 位数字，用于检验厂商识别代码和商品项目代码的正确性。

如某商品的条码字符为 6901234567892，则该商品的厂商识别代码为 6901234，商品项目代码为 56789，检验码为 2。

知识链接　EAN-13 码的编码原则

（1）唯一性。同种规格同种产品对应同一个产品代码，同种产品不同规格应对应不同的产品代码。

（2）永久性。产品代码一经分配，就不再更改，并且是终身的。当此种产品不再生产时，其对应的产品代码只能搁置起来，不得重复启用再分配给其他的商品。

（3）无含义。为了保证代码有足够的容量以适应产品频繁更新换代的需要，最好采用无含义的顺序码。

（2）ITF-14 条码。ITF-14 条码是一种连续型、定长、具有自校验功能，并且条、空都表示信息的双向条码。它由矩形保护框、左侧空白区、条码字符、右侧空白区组成，如图 10.4 所示。

图 10.4　ITF-14 条码

ITF-14 条码通常用于标识储运单元。储运单元是指为便于搬运、仓储、订货、运输等，由消费单元（即通过零售渠道直接销售给最终用户的商品包装单元）组成的商品包装单元。ITF-14 条码对印刷精度要求不高，比较适合直接印制（热转换或喷墨）于表面不够光滑、受力后尺寸易变形的包装材料，如瓦楞纸纤维板上。

知识链接

ITF 是英文"Interleaved Two and Five"（交插二五）的缩写。顾名思义，ITF-14 条码就是 14 位的交插二五条码。

ITF-14 条码保护框的目的是使印版对整个条码符号表面的压力均匀，帮助减少误读和当倾斜光束从条码顶端进入或从底边漏出而导致的不完全识读，提高识读可靠性。

(3) UCC/EAN-128 条码。UCC/EAN-128 条码是一种可变长度的、有含义的连续型条码,能更多地标识贸易单元中需表示的信息,如产品批号、数量、规格、生产日期、有效期、交货地等。图 10.5 为某一 UCC/EAN-128 条码。

图 10.5　UCC/EAN-128 条码

贸易单元的相关应用信息可以以应用标识条码的形式加入到条码中。UCC/EAN-128 应用标识条码由应用标识符(AI)和数据两部分组成,每个应用标识符由 2~4 位数字组成,用于定义其后续数据的含义和格式。条码应用标识的数据长度取决于应用标识符。

在图 10.5 中,括号内的数字为应用标识符,其后的数字就是应用标识符表示的内容。如 AI(01)指示后面的数据为全球贸易项目代码(GTIN);AI(11)表示生产日期,070301 表示该批货物的生产日期为 2007 年 3 月 1 日。

(4) 条码在物流中的应用。

① 库存管理。通过对条码的识别,掌握入库、出库、库存数量、库内位置的信息,以支持库存管理和库内作业。

② 物品的重点管理。根据条码信息,可以通过相关软件自动生成 ABC 的分类,从而支持了重点管理。

③ 配送领域。在配送工作时,根据条码所提供的信息,进行拣选或分货,实现配货作业。

④ 电子数据交换。将通过条码扫描获取的信息作为电子数据交换系统的基础数据。

⑤ 供应链管理。通过对条码的识别,企业可以随时了解有关物品在供应链上的位置,并且及时做出反应。当今在欧美等发达国家兴起的 ECR、QR、CRP 等供应链管理策略,都离不开条码技术的支持。条码是实现 POS 系统(Point of Sale,销售时点信息系统)、EDI、电子商务和供应链管理的技术基础。

⑥ 物流管理。通过条码所传递的信息,进行统计、结算、分析等管理活动。

⑦ 沟通国际物流。现代物流的趋势是国际化,条码实际上是一种国际上通用的商品语言,通过对条码的识别,可以进行国际间的沟通,就省却了不同国家语言文字的转换问题,有力地支持了物流的国际化。

　知识链接　**条码技术在物流配送中心的应用**

在配送中心的业务处理中,条码主要用于订货、收货、入库、理货、在货管理、配货、补货等,条码应用几乎出现在整个配送中心作业流程中所有环节。

在物流分拣作业中,尤其是在配送中心,条码技术发挥着重要的作用。总部或配送中心在接收客户的订单后将订货单汇总,并分批发出印有条码的拣货标签,这种条码包含有这件商品要发往的连锁店的信息。分拣人员根据计算机打印出来的拣货单,在仓库中进行拣货,并在商品上贴上拣货标签(在商品上已有包含商品基本信息的条码标)。将已经拣出来的商品运到自动分类机,放置于感应输送机上。激光扫描器对商品上的两个条码自动识别,检验拣货有无差错。如无差错,商品即分岔流入按分店分类的滑槽中。然后将不同分店的商品装入不同的货箱,并在货箱上贴上印有条码的送货地址卡,这种条码包含有商品到达区域的信息。再将货箱送到自动分类机,在自动分类机的感应分类机上,激光扫描器对货箱上贴有的条码进行扫描,然后将货箱输送到不同的发货区。当发现拣货有错时,商品流入特定的滑槽中。

由于条码的应用,大大提高了信息传递速度和数据的准确性,从而可以做到实时跟踪整个配送中心的运营状况,商品的库存量也会及时反应到管理层和决策层。这样就可以进行有效的库存控制,缩短商品的流转周期,将库存降到最低。另一方面,由于采用条码扫描代替原有的填写表单、账簿的工作,避免了人为的错误,提高了数据的准确性,减少了错账、错货等问题造成的商品积压、缺货、超过保质期等情况发生,减少了配送中心由于管理不善而造成的损失。

2. 无线射频识别技术

无线射频识别技术(Radio Frequency Identification,RFID)是 20 世纪 90 年代开始兴起的一种非接触式自动识别技术,该技术在世界范围内正被广泛应用。

1) 射频识别技术概述

射频识别技术是一项利用射频信号通过空间耦合(交变磁场或电磁场)实现无接触信息传递并通过所传递的信息达到识别目的的技术。简单地说,RFID 是利用无线电波进行数据信息读写的一种自动识别技术或无线电技术在自动识别领域中的应用。

射频识别技术具有可非接触识别(识读距离可以从十厘米至几十米)、标签信息可改写、可识别高速运动物体、抗恶劣环境、保密性强、可同时识别多个识别对象等突出特点。

目前,RFID 技术在工业自动化、物体跟踪、交通运输控制管理、防伪和军事用途方面已经有着广泛的应用。

2) RFID 系统的组成与原理

射频识别系统在具体的应用过程中,根据不同的应用目的和应用环境,系统的组成会有所不同,但从射频识别系统的工作原理来看,系统一般都由信号发射机、信号接收机、发射接收天线三部分组成,如图 10.6 所示。

图 10.6　RFID 系统

(1) 信号发射机(射频标签)。在射频识别系统中,信号发射机为了不同的应用目的,会以不同的形式存在,典型的形式是标签。标签相当于条码技术中的条码符号,用来储存需要识别传输的信息。另外,与条码不同的是,标签必须能够自动或在外力的作用下,把储存的信息主动发射出去。标签一般是带有线圈、天线、储存器与控制系统的低电集成电路，如图 10.7 所示。

图 10.7　射频标签

(2) 信号接收机(读写器)。在射频识别系统中，信号接收机一般称为读写器，如图 10.8 所示。读写器一般由天线、射频模块、读写模块组成，基本功能是提供与标签进行数据传输的途径。另外，读写器还提供相当复杂的信号状态控制、奇偶错误校验与更正功能等。

图 10.8　读写器

(3) 发射接收天线。天线是标签与阅读器之间传输数据的发射、接收装置，如图 10.9 所示。在实际应用中除了系统功率，天线的形状和相对位置也会影响数据的发射和接收，需要专业人员对系统的天线进行设计。

图 10.9　天线

RFID 读写器通过天线发送出一定频率的射频信号，当标签进入磁场时产生感应电流从而获得能量，发送出自身编码等信息，这些信息被读写器读取并解码后送至电脑主机进行有关处理。

3) 射频识别技术在物流中的应用

RFID 技术能够适用于要求非接触式的数据采集和交换场合，从而能够帮助物流各环节数据的采集和业务过程的控制与跟踪，因此 RFID 技术能够广泛应用于物流运作过程中的各领域。

在储存方面，RFID 技术主要应用于存取货物与库存盘点。将标签贴在每个货物的包装上或托盘上，在标签中写入货物的相关信息，同时在货物进出仓库时可在标签中写入货物存取的相关信息，并在仓库内各经销管道设置阅读器，以实现货物存取控制与库存盘点。

在生产方面，RFID 技术主要应用于自动化生产线运作，利用标签快速准确地从种类繁多的库存中找出适当工位所需的适当的原材料和零部件，并结合运输系统及传输设备，实现物料的转移，以实现对物料在整个生产过程中的识别与跟踪。同时，应用 RFID 技术还能对生产过程实现自动监控，及时根据生产进度发出补货信息。

在运输方面，RFID 技术主要应用于货物的跟踪、管理及监控。在货物运输过程中，可以在在途运输的货物和车辆贴上 RFID 标签，同时在运输线路上的一些检查点以及仓库、车站、码头、机场等关键地点安装上 RFID 接收转发装置。当接收装置收到 RFID 标签发出的信息后，可以将货物当前的情况及所在的地理信息等信息传送至通信卫星，再由卫星传送给运输调度中心送入数据库中。

在配送方面，RFID 技术主要应用于提高配送的速度和效率。当贴有 RFID 标签的所有商品进入配送中心时，配送中心的阅读设备可以读取所有商品各自标签中所包含的内容，配送系统将这些信息与发货记录进行核对，以检测出可能的错误，然后将 RFID 标签更新为最新的商品存放地点和状态，并且根据要求将商品进行下一步处理，确保对商品的精确控制。

在零售方面，RFID 技术能够改进零售商的库存管理水平，有效跟踪运输与库存，实现适时补货，提高商品管理效率，减少出错率，免除跟踪过程中的人工干预；同时，RFID 系统能够对某些特殊的商品进行监控。零售商还能利用 RFID 系统在付款台实现商品的自动扫描和计费，取代人工收款方式。

在交通领域，RFID 技术可以应用在电子停车收费系统、海关码头电子车牌系统、车辆调度管理系统等系统中。

知识链接 物联网（Internet of Things）

麻省理工学院（MIT）的自动识别实验室提出，要在计算机互联网的基础上，利用 RFID、无线数据通信等技术，构造一个覆盖世界上万事万物的"Internet of Things"。

在"物联网"的构想中，RFID 标签中存储着规范而具有互用性的信息，通过无线数据通信网络把它们自动采集到中央信息系统，实现物品（商品）的识别，进而通过开放性的计算机网络实现信息交换和共享，实现对物品的"透明化"管理。

知识链接 RFID 在集装箱跟踪管理上的应用

超高频 RFID 技术具有识别距离长、识别物体速度高、系统成本低等特点，因此是利用集装箱和托盘跟踪的最理想的手段。

对于大宗货物的运输来讲,最理想的运输方式当然是集装箱运输。一般情况下,集装箱由专门的集装箱运输公司提供给需要运输的企业使用。在货物运到后,经过掏箱,然后由集装箱公司回收使用。在集装箱的运输和使用过程中,最关键的环节就是集装箱的跟踪管理,以及如何防止集装箱的丢失、被盗和损坏,提高集装箱的周转率,从而提高资源的使用频率。为了实现以上目的,集装箱运营公司需要在整个供应链过程中对其集装箱进行跟踪,以减少丢失、被盗和损坏,从而最大程度地利用其资源,提高企业的效益。

RFID 识别系统在集装箱管理上的应用是将标签粘贴或者镶嵌在集装箱或者托盘上,并伴随集装箱或者托盘走过集装箱的整个生命周期。

通过入口处的悬空读写器、安装在叉车上的读写器或者手持机来读取标签,实时信息在显示器上被显示出来或者直接进入数据库。集装箱 RFID 识别系统可以同时识别 40 个托盘和 80 个塑料集装箱。

RFID 在可回收塑料箱上的应用

全球领先的托盘和集装箱运输服务提供商 CHEP 和著名的纸业制造商 Georgia-Pacific 都已在可回收塑料箱(Recyclable Plastic Container,RPC)上使用了 RFID 技术。RPC 用来装载和运输货物。例如,农场用 RPC 向超市运输新鲜水果和蔬菜,超市不需要任何人工卸货和处理,直接把 RPC 放上货价就可以销售。卖完后,RPC 被运回进行清理和再利用。RFID 标签不仅用来定位 RPC,还可以储存 RPC 的清洗记录,包括何时何地何种温度用的是何种清洁剂。即使在高速传送带上或是数以百计地被堆放在一起时,RPC 上的 RFID 标签也可以在 3~5 米的距离内被识别。RFID 还可以帮助实现更快的货款结付,并保证最早到达的货物最先上架。

10.2.2 电子数据交换技术

1. 电子数据交换的概念

电子数据交换(Electronic Data Interchange,EDI)是指商业贸易伙伴之间,将按标准、协议规范化和格式化的经济信息通过电子数据网络,在单位的计算机系统之间进行自动交换和处理,它是电子商业贸易的一种工具,将商业文件按统一的标准编制成计算机能识别和处理的数据格式,在计算机之间进行传输。

国际标准化组织(ISO,International Standards Organization)于 1994 年确认了 EDI 的技术定义:"根据商定的交易或电文数据的结构标准实施商业或行政交易从计算机到计算机的电子传输。"

这表明 EDI 应用有它自己特定的含义和条件。

(1) 使用 EDI 的是交易的两方,是企业之间的文件传递,而非同一组织内的不同部门。

(2) 交易双方传递的文件是特定的格式,采用的是报文标准,现在即是联合国的 UN/EDIFACT。

(3) 双方各有自己的计算机系统。

(4) 双方的计算机(或计算机系统)能发送、接收并处理符合约定标准的交易电文的数据信息。

(5) 双方计算机之间有网络通信系统,信息传输是通过该网络通信系统自动实现的。信息处理是由计算机自动进行的,无需人工干预,人为介入。

EDI 所传输的数据是指交易双方互相传递的具备法律效力的文件资料,可以是各种商业单证，如订单、回执、发货通知、运单、装箱单、收据发票、保险单、进出口申报单、报税单、缴款单等，也可以是各种凭证，如进出口许可证、信用证、配额证、检疫证、商检证等。

2. EDI 系统的组成

EDI 数据标准、EDI 软件及硬件和通信网络是构成 EDI 系统的三要素。

1) EDI 数据标准

EDI 标准是由各企业、各地区代表共同讨论、制定的电子数据交换共同标准，可以使各组织之间的不同文件格式，通过共同的标准，获得彼此之间文件交换的目的。

2) EDI 软件及硬件

EDI 软件可分为转换软件、翻译软件和通信软件 3 类。EDI 软件具有将用户数据库系统中的信息译成 EDI 的标准格式以供传输交换的能力。虽然 EDI 标准具有足够的灵活性，可以适应不同行业的不同需求，但由于每个公司都有其自己所规定的信息格式。因此，当需求发送 EDI 电文时，必须用某些方法从公司的专有数据库中提取信息，并把它翻译成 EDI 的标准格式进行传输，这就需要有 EDI 相关软件的帮助。

（1）转换软件(Mapper)。转换软件可以帮助用户将原有计算机系统的文件，转换成翻译软件能够理解的平面文件(Flat File)，或是将从翻译软件接收来的平面文件，转换成原计算机系统中的文件。

（2）翻译软件(Translator)。翻译软件将平面文件翻译成 EDI 标准格式，或将接收到 EDI 标准格式翻译成平面文件。

（3）通信软件。通信软件将 EDI 标准格式的文件外层加上通信信封(Envelope)，再送到 EDI 系统交换中心的邮箱(Mailbox)，或由 EDI 系统交换中心，将接收到的文件取回。

EDI 所需的硬件设备大致有计算机、调制解调器(Modem)及电话线。

3) 通信网络

通信网络是实现 EDI 的手段。EDI 通信方式有多种，第一种方式为点对点，这种方式只有在贸易伙伴数量较少的情况下才使用。但随着贸易伙伴数目的增多，当多家企业直接用电脑通信时，会出现由于计算机厂家不同、通信协议相异以及工作时间不易配合等问题，造成相当大的困难。为了克服这些问题，许多应用 EDI 的公司逐渐采用第三方网络与贸易伙伴进行通信，即增值网络(Value Added Network，VAN)方式(图 10.10)。它类似于邮局，为发送者与接收者维护邮箱，并提供储存转送、记忆保管、通信协议转换、格式转换、安全管制等功能。因此，通过增值网络传送 EDI 文件，可以大幅度地降低相互传送资料的复杂度和困难度，大大提高 EDI 的效率。

3. EDI 系统工作过程

EDI 系统工作过程如图 10.11 所示。

（1）发送方将要发送的数据从信息系统数据库中提出，转换成平面文件(Flat File)。

（2）将平面文件翻译为标准 EDI 报文，以邮件形式发送到接收方的信箱中。

（3）接收方收取 EDI 邮件并翻译为平面文件。

（4）将平面文件转换为相应数据信息，并传送到信息系统中进行处理。

方式1　原始连接方式

方式2　网络连接方式(VAN)

图 10.10　EDI 通信方式

图 10.11　EDI 工作过程

4. 物流 EDI

物流 EDI(Logistic EDI)是指货主、承运业主以及其他相关的单位之间，通过 EDI 系统进行物流数据交换，并以此为基础实施物流作业活动的方法。

物流 EDI 参与单位有货主业主(如生产厂家、贸易商、批发商、零售商等)、承运业主(如独立的物流承运企业等)、实际运送货物的交通运输企业(铁路企业、水运企业、航空企业、公路运输企业等)、协助单位(政府有关部门、金融企业等)和其他的物流相关单位(如仓库业者、专业报送业者等)。物流 EDI 的框架结构如图 10.12 所示。

图 10.12　物流 EDI 的框架结构

下面看一个应用物流 EDI 系统的实例，下面是一个由发送货物业主、物流运输业主和接收货物业主组成的物流模型。这个物流模型的运作步骤如下所述。

（1）发送货物业主（如生产厂家）在接到订货后制订货物运送计划，并把运送货物的清单及运送时间安排等信息通过 EDI 发送给物流运输业主和接收货物业主（如零售商），以便物流运输业主预先制订车辆调配计划和接收货物业主制订货物接收计划。

（2）发送货物业主依据顾客订货的要求和货物运送计划下达发货指令、分拣配货、打印出物流条形码的货物标签（即 SCM 标签，Shipping Carton Marking）并贴在货物包装箱上，同时把运送货物品种、数量、包装等信息通过 EDI 发送给物流运输业主和接收货物业主依据请示下达车辆调配指令。

（3）物流运输业主在向发货货物业主取运货物时，利用车载扫描读数仪读取货物标签的物流条形码，并与先前收到的货物运输数据进行核对，确认运送货物。

（4）物流运输业主在物流中心对货物进行整理、集装，做成送货清单并通过 EDI 向收货业主发送发货信息。在货物运送的同时进行货物跟踪管理，并在货物交纳给收货业主之后，通过 EDI 向发货物业主发送完成运送业务信息和运费请示信息。

（5）收货业主在货物到达时，利用扫描读数仪读取货物标签的物流条形码，并与先前收到的货物运输数据进行核对确认，开出收货发票，货物入库。同时通过 EDI 向物流运输业主和发送货物业主发送收货确认信息。

5．EDI 在物流信息管理中的应用

EDI 最初是由美国企业应用于企业间订货业务活动中的电子数据交换系统，其后 EDI 的应用范围从订货业务向其他业务扩展，如 POS 销售信息传送业务、库存管理业务、发货/送货信息和支付信息的传送业务等。

EDI 既准确又迅速，可免去不必要的人工处理，节省人力和时间，同时可减少人工作业可能产生的差错。所以，它已被广泛应用于物流公司、制造商、批发商、零售商等的物流作业流程中。EDI 在物流信息管理中的应用主要表现在以下几个方面。

1）配送中心的 EDI 应用

配送中心是连接供应商与客户的桥梁，它对调节产品供需、缩短流通渠道、解决不经济的流通规模以及降低流通成本起到了极大的作用。配送中心利用 EDI 可改善作业流程，如应用 EDI 出货单可与自己的拣货系统集成，生成拣货单，这样就可以加快内部作业速度，缩短配货时间；在出货完成后，可将出货结果用 EDI 通知客户，使客户及时了解出货情况，也可以尽快处理缺货情况。

2）运输商的 EDI 应用

运输商利用 EDI 进行数据传输，可接收委托人传来的 EDI 托运单报文，从而可事先得知托运货物的详情，包括箱数、重量等，以便配备车辆。运输商利用 EDI 可改善托运、收货、送货、回报、对账、收款等作业流程。托运人传来的 EDI 托运数据可与发送系统集成，自动生成发送明细单；托运数据可与送货的回报作业集成，将送货结果及早回报给托运人，提高客户服务质量。此外，对已完成送货的交易，也可回报运费，供客户提早核对，并可运用 EDI 催款对账单向客户催款。

3）制造商的 EDI 应用

制造商通过 EDI 可以实现与其交易伙伴间的接单、出货、催款及收款作业。期间往来的数据单证包括采购单、出货单、催款对账单及付款、收款凭证等。制造商利用 EDI 进行数据传输，接收客户传来的 EDI 订购单报文，将其转换成企业内部的订单形式，从而不需要重新输入订单数据，提高了作业的效率。制造商利用 EDI 还可以改善作业流程，可以与客户、供应商进行实时的数据共享与处理，并与企业内部的信息系统集成，改善接单、出货、对账、收款等作业流程。

4）批发商的 EDI 应用

批发商的相关业务包括向客户提供商品以及向厂商采购商品。批发商应用 EDI，可将采购进货单转换成 EDI 报文传给供应商，从而不需要为配合不同厂商而使用不同的电子订货系统。供应商提早收到订单，可以及时处理，加快送货速度。批发商也可以接收客户的 EDI 采购进货单，从而不需要重新输入订单数据，节省了人力和时间，同时也可以降低人为错误。EDI 还可以改善批发商的接单、出货、催款、验收、对账、付款等作业流程。

5）零售商的 EDI 应用

零售商与其交换伙伴发生的交易行为大致有订货、进货、对账、付款等业务。期间利用 EDI 进行数据交换的单据有订单、进货单、对账单、付款单等。利用 EDI 技术可以大大提高零售商的交易作业效率，将商品及时运达商店或及时销售给顾客。

此外，在报关、商检等物流活动中也常常应用 EDI 技术。EDI 还特别适用于国际贸易中的大量文件传输。在商业贸易活动中，每个贸易伙伴每天都要与供应链中的供应商、生产商、批发商、零售商及其他商业组织交换数据，从而产生大量的文档，如订购单、发票、产品目录、销售报告等，这些文档也是商业贸易中重要的信息流。EDI 可有效地使信息在不同职能部门间通畅，可靠地流通，能有效地减少低效工作和非增值业务。同时，通过 EDI 可快速获取信息，使企业合作伙伴之间能更好地进行联系、交流，更好地为用户提供服务。EDI 技术使供应链变得更加集成化，使供应链中的物流、资金流、信息流变得更加通畅与及时。

 知识链接　McKesson 医药批发公司的 EDI 电子采购系统

CVS 公司是美国最大的连锁药店，在 CVS 公司的供应链中，医药批发商 McKesson 公司占据十分重要位置，它是美国最大的药品经销商，包括医院、私人药店、连锁药店、诊所、疗养院等在内的 35 000

家客户，每天会收到六万份订单。客户一般采用电子形式发出订单，资金流动主要通过电子资金转账(EFT)，库房管理采用电子商务，80%的采购是通过电子数据交换(EDI)进行的。

10.2.3 全球定位系统

1. 全球定位系统概述

全球定位系统(Global Positioning System，GPS)是由美国国防部研制的新一代卫星导航、授时和定位系统，它是利用分布在约2万多千米高空的24颗卫星对地面目标的状况进行精确测定以进行定位、导航的系统，主要用于车辆、船舶和飞机的导航，对地面目标的精确定时和精密定位、地面及空中交通管制、空间与地面灾害监测等，如图10.13所示。

图10.13 全球卫星定位系统

2. GPS的组成

GPS包括三大部分：空间星座部分——GPS卫星星座；地面控制部分——地面监控系统；用户设备部分——GPS信号接收机，如图10.14所示。

图10.14 GPS的组成

1) 空间星座部分

GPS 卫星星座由 24 颗卫星组成，其中 21 颗为工作卫星，3 颗为备用卫星。24 颗卫星位于距地表 20 200 千米的上空，均匀分布在 6 个轨道平面上（每个轨道面 4 颗）。卫星轨道面相对于地球赤道面的轨道倾角为 55°，轨道平面的升交点的赤经相差 60°。GPS 空间卫星的这种分布方式（图 10.15）可以保证在全球任何地点、任何时刻至少可以观测到 4 颗卫星，从而提供全球范围从地面到 2 万千米高空任一载体的三维位置、三维速度和系统时间信息，GPS 卫星如图 10.16 所示。

图 10.15　GPS 卫星分布

图 10.16　GPS 卫星

2) 地面监控部分

地面监控部分的主要作用是对空间卫星系统进行监测、控制，并向每颗卫星注入更新的导航电文。地面监控部分由均匀分布在美国本土和三大洋的美国基地上的 1 个主控站、3 个注入站和 5 个监测站构成。其中，主控站是整个地面监控系统的管理中心和技术中心。注入站的作用是把主控站计算得到的卫星星历、导航电文等信息注入到相应的卫星。监测站的主要作用是采集 GPS 卫星数据和当地的环境数据，然后发送给主控站。

3) 用户设备部分

用户设备主要是 GPS 接收机，主要作用是从 GPS 卫星收到信号并利用传来的信息计算用户的三维位置、速度及时间，如图 10.17 所示。

图 10.17　GPS 接收机

3. GPS 的特点

（1）定位精度高。单机定位精度优于 10 米，采用差分定位，精度可达厘米级或毫米级。

（2）定位速度快。随着 GPS 系统的不断完善，软件的不断更新，实时定位速度不断加快。目前 GPS 接收机的一次定位和测速工作在 1 秒甚至更短的时间内便可完成，这对高动态用户来讲尤其重要。

（3）操作简便。随着 GPS 接收机的不断改进，自动化程度越来越高，有的已达"傻瓜化"的程度；接收机的体积越来越小，重量越来越轻，使得用户的操作和使用非常简便。

（4）功能多，应用广。GPS系统不仅可用于测量、导航，还可用于测速、测时。测速的精度可达0.1m/s，测时的精度可达几十毫微秒。

（5）抗干扰性能好、保密性强。由于GPS采用了扩频技术和伪码技术，因此GPS卫星所发送的信号具有良好的抗干扰性和较强的保密性。

（6）全球、全天候作业。GPS卫星数目较多且分布合理，所以在地球上任何地点均可连续同步地观测到至少4颗卫星，从而满足了全球、全天候连续实时导航与定位的需要，并不受恶劣气候的影响。

4. GPS在物流领域中的应用

GPS定位技术的出现给车辆、轮船、火车等交通运输工具的导航与跟踪提供了准确、实时的定位功能。

（1）出行路线规划。GPS可以提供自动规划和人工设计的路线，也能提供信息查询，而且查询到的资料可以文字、语言及图像的形式显示，并在电子地图上显示其位置。

（2）车辆导航与跟踪。通过车载GPS，驾驶员通过显示屏及时查看车辆的有关信息，如经度、纬度、速度、航向等，同时车载电台将定位信息发送给车辆监控中心。若车辆出现紧急情况，司机启动报警装置，在监控中心即可显示出车辆情况、出事地点、车辆人员等信息，从而实现对重要车辆和货物进行跟踪运输，也可以帮助追踪失窃车辆。

（3）交通指挥。交通指挥中心可以检测区域内车辆运行状况，对被监控车辆进行合理调度。指挥中心也可随时与被跟踪目标通话，实行管理。

（4）紧急援助。通过GPS定位和监控管理系统，可以对遇有险情或发生事故的车辆进行紧急援助。监控台的电子地图可以显示求助信息和报警目标，规划最优援助方案，并以报警声光提醒值班人员进行应急处理。

10.2.4 地理信息系统

1. 地理信息系统概述

地理信息系统（Geographic Information System，GIS）是以地理数据库为基础，在计算机软硬件的支持下，对地理数据进行采集、管理、操作、分析、模拟和显示，并采用地理模型分析方法，实时提供多种空间和动态的地理信息，为地理研究和地理决策服务而建立起来的计算机技术系统。

地理信息系统主要由两部分组成：一部分是桌面地图系统；另一部分是数据库，用来存放地图上与特定点、线、面所相关的数据。通过点取地图上的相关部位，可以立即得到相关的数据；反之，通过已知的相关数据，也可以在地图上查询到相关的位置和其他信息。借助这个信息系统，可以进行路线的选择和优化，可以对运输车辆进行监控，可以向司机提供有关的地理信息等。

 知识链接　地理数据

地理数据是用来描述地球表面所有要素或物质（地理实体）的数量、质量、分布特征、联系和规律信息息的数字、文字、图像、图形和声音等符号的总称。

一种完整的地理数据，通常包括3类数据：空间数据、属性数据和时间数据。空间数据是描述目标的空间位置、几何形态及与其他目标空间关系的数据,例如描述一幢房子位置和形状的坐标数据。属性数据(又称非空间数据)是指描述空间目标的社会或自然属性的数据,如房子的户主、建筑年代、建筑材料等。时间数据用来反映要素的时态特征。

2. GIS 的主要特点

与一般的管理信息系统相比,GIS 具有以下特点。

(1) GIS 使用了空间数据与非空间数据,并通过数据库管理系统将两者联系在一起共同管理、分析和应用;而管理信息系统只有非空间数据库的管理,即使储存了图形,也往往以文件形式机械地储存,不能进行有关空间数据的操作,如空间查询、检索、相邻分析等,不能进行复杂的空间分析。

(2) GIS 强调空间分析,GIS 所具备的空间叠置分析、缓冲区分析、网络路径分析、数字地形分析等功能是一般 CAD 系统所不具备的。

(3) GIS 的成功应用不仅取决于技术体系,而且依靠一定的组织体系包括实施组成、系统管理员、技术操作员、系统开发设计者等。

(4) 信息的可视化。GIS 将不同区域的各个属性如人口等显示在地图上,形象、直观地让人一目了然。

3. GIS 的分类

GIS 按内容、功能和作用可分为两类:工具型 GIS 和应用型 GIS。

1) 工具型 GIS

工具型 GIS 常称为 GIS 工具、GIS 开发平台、GIS 外壳、GIS 基础软件等,它具有地理信息系统基本功能,但没有具体的应用目标,只是供其他系统调用或用户进行二次开发的操作平台,如国外的 ARC/Info、MapInfo 软件,国内的 MAPGIS、Geostar 软件等是建立应用型 GIS 的支持软件。工具型 GIS 具有图形图像数字化、数据管理、查询检索、分析运算和制图输出等 GIS 的基本功能,通常能适应不同的硬件条件。

2) 应用型 GIS

应用型 GIS 具有具体的应用目标、特定的数据、特定的规模和特定的服务对象。通常,应用型 GIS 是在工具型 GIS(基础软件)的支持下建立起来的。应用型 GIS 又可分为专题地理信息系统和区域地理信息系统。

(1) 专题地理信息系统。专题 GIS 是以某个专业、问题或对象为主要内容的系统。如水资源矿产资源信息系统、农作物估产信息系统、土地利用信息系统、环境保护和监测系统、城市管网系统、通信网络管理系统、配电网管理系统、城市规划系统、供水管网系统等都属于应用型专题地理信息系统。

(2) 区域地理信息系统。区域 GIS 是以某个地区为其研究和分析对象的系统。其以不同的规模,如国家级、地区或省级、市级和县级等分为不同级别行政区服务的区域信息系统,也以自然分区或流域为单位的区域信息系统,如加拿大国家地理信息系统、日本国土信息系统等国家级的系统;黄河流域地理信息系统、黄土高原重点产沙区信息系统等区域级的系统;北京水土流失信息系统、铜山县土地管理信息系统等地方一级的系统。

4. GIS 技术在现代物流中的应用

GIS 应用于物流分析,主要是指利用 GIS 强大的地理数据功能来完善物流分析技术。

国外企业已经开发出利用GIS为物流提供专门分析的工具软件。完整的GIS物流分析软件集成了车辆路线模型、最短路径模型、网络物流模型、分配集合模型和设施定位模型等。

(1) 运输路线模型。该模型用于解决在一个起始点、多个终点的货物运输中,如何降低物流作业费用,并保证服务质量的问题,包括决定使用多少运输工具,每个运输工具的行驶路线等。

(2) 网络物流模型。该模型用于解决寻求最有效的分配货物路径问题,也就是物流网点布局问题。如将货物从N个仓库运往到M个商店,每个商店都有固定的需求量,因此需要确定由哪个仓库提货送给哪个商店,使得运输代价最小。

(3) 分配集合模型。该模型可以根据各个要素的相似点把同一层上的所有或部分要素分为几个组,用以解决确定服务范围和销售市场范围等问题。如某一公司要设立X个分销点,要求这些分销点要覆盖某一地区,而且要使每个分销点的顾客数目大致相等。

(4) 设施定位模型。该模型用于确定一个或多个设施的位置。在物流系统中,仓库和运输线共同组成了物流网络,仓库处于网络的节点上,节点决定着线路。如何根据供求的实际需要并结合经济效益等原则,在既定区域内设立多少个仓库,每个仓库的位置、规模以及仓库之间的物流关系等,运用此模型均能很容易地得到解决。

 知识链接　GIS的网络路径分析功能

　　GIS网络是现代生产生活中不可缺少的物质、能量和信息流的通道。网络路径分析是GIS的一种典型的空间分析功能。GIS中的网络是由一些列相互联结的现状要素组成,例如水流、电能、客货流以及有线电视信号等都通过各种网络进行流动和传输。网络路径分析主要包括最佳路径分析、网络追踪分析和辐射区分析等。

　　最佳路径分析是指在联系给定两点的所有路径中找出符合需要的最佳路径。在城市的道路交通网络中,各个节点描述为城市道路中心线在主要交叉路口的交点,每条线串表示城市内部的交通联系。当把每条线串的长度或沿此线串(或链)运输所花费的时间或交通费用表示为该路径的权值时,就可以进行最佳路径的选择,为城市交通管理提供服务。

　　网络追踪分析是拓扑结构在网络分析中的一个重要应用。例如,在城市地下管线管理信息系统中,将各个节点描述为地下管网的控制阀,纵横交错分布的地下管线表示为线串(或链)。当某一段管线发生故障时,可以在最短的时间内找出该段管线的控制阀,及时排除故障。

　　辐射区分析即预先设置一个长度最大值 L_{max},从给定的某一点出发,沿着所有以该点为起始点的路径发散搜索,找出所有的结点和弧段,其中这些节点中的任何一个点到给定点的总路径不超过 L_{max}。如以某一点为中心,沿着所有的路径出发找出所有的距该点的总路径不超过10千米的加油站。

10.3　物流信息系统

10.3.1　物流信息系统的概念

　　物流信息系统(Logistic Information System,LIS)是根据物流运作、管理和决策的需要,利用计算机硬件、软件、网络通信及其他设备,进行物流信息收集、运输、加工、储存、更新和维护,以支持物流管理人员、操作人员和客户进行物流管理和运作、协调和控制各作业子系统正常运行的信息系统。从本质上讲,物流信息系统是利用信息技术,通过信息流将各种物流活动与某个一体化过程连接在一起的通道。物流系统中各环节的相互衔接是通过信息交换实现的，基本资源的调度也是通过信息共享来实现的。因此，组织物流活动必须以信息为基础。为了有效地对物流系统进行管理和控制，使物流活动正常而有规律地进行，必须建立完善的信息系统，保证物流信息畅通。例如，某一工厂通过建立物流信息系统，能合理制订生产计划，控制生产、物流节奏，压缩库存，降低生产成本，合理调度运输和搬运设施，使厂内物流畅通。信息系统的水平是物流现代化的标志，物流信息系统几乎覆盖了整个物流活动过程，将物流信息通过现代信息技术使其在企业内、企业间乃至全球达到共享。

10.3.2 物流信息系统的总体结构

1. 物流信息系统的组成要素

根据系统的观点，构成物流信息系统的主要组成要素有硬件、软件、信息资源、相关人员以及企业管理思想和理念、管理制度与规范等，物流信息系统将这些结合在一起，对物流活动进行管理、控制和衡量，如图10.18所示。

1) 硬件

硬件包括计算机和必要的通信设施等，如计算机主机、外存、打印机、服务器、通信电缆及通信设备，它是物流信息系统的物理设备和硬件资源，是实现物流信息系统的基础，它构成了系统运行的硬件平台。

2) 软件

在物流信息系统中，软件一般包括系统软件、实用软件和应用软件。

系统软件是指管理和支持计算机资源及它的信息处理活动的程序，是物流信息系统必不可少的软件。系统软件主要有操作系统、网络操作系统等。

实用软件主要有数据库管理系统、计算机语言、各种开发工具包及浏览器软件等，主要用于开发应用软件、管理数据资源及实现通信等。

应用软件是指为了用户处理信息的需求，具有特定功能的程序。对于物流信息系统而言，它是为了企业进行相关的物流管理活动而开发的程序，应用软件一般面向的是具体问题，不同的企业有不同的物流活动，因此其物流应用软件，甚至物流信息系统也是千差万别的。

3) 信息资源

信息资源是指以文字、图形、图像、声音、动画和视像等形式储存在一定的载体上并可供利用的信息。与物流运作相关的数据、信息、知识和模型都是企业的无形资产。

4) 相关人员

物流信息系统是人机一体化系统，它一方面为相关人员（如企业管理人员、信息主管、业务主管、业务人员等）提供物流管理的信息分析和决策支持，另一方面要依赖人（如系统分析员、系统设计员、程序设计员、系统维护人员等）来进行系统的构建和维护。

5) 企业的管理思想与理念、管理制度及规范

企业本身的决策者和管理者的管理思想和理念决定了物流信息系统的结构，是物流信息系统的灵魂。企业管理制度与规范，如组织机构、部门职责、业务规范和流程及岗位制度等，都是物流信息系统成功开发和运行的管理基础和保障，它是构造物流信息系统模型

的重要参考依据，制约着系统硬件平台的结构、系统计算模式及应用软件的功能。

图 10.18　物流信息系统的组成要素

2. 物流信息系统的功能结构

物流信息系统有 4 个功能层次：交易系统、管理控制、决策分析以及制订战略计划，如图 10.19 所示。

第一层次：交易系统

交易系统是用于启动和记录个别的物流活动的最基本的层次。交易活动包括记录订货内容、安排存货任务、作业程序选择、装船、定价、开发票以及客户查询等。例如，当收到的客户订单进入信息系统时，就开始了第一笔交易；按订单安排存货，记录订货内容意味着开始了第二笔交易；指导材料管理人员选择作业程序是第三笔交易；第四笔交易是指挥搬运、装货和按订单交货；最后一笔交易是打印和传送付款发票。在整个过程中，当客户需要而且必能获得订货状况信息时，通过一系列信息系统交易就完成了客户订货功能的循环。交易系统的特征是格式规则化、通信交互化、交易批量化，以及作业程序化。

第二层次：管理控制

管理控制侧重于功能衡量和报告。功能衡量包括成本衡量（如每吨货的运输和仓储成本）、资产衡量（如存货周转）、客户服务衡量（如供应比率）、生产率衡量（如每工时生产量）、质量衡量（如客户的感觉）等方面。功能衡量对于提供有关服务水平和资源利用等管理反馈来说是必要的。管理控制涉及评价过去的功能和鉴别各种可选方案。当物流信息系统有必要报告过去的物流系统功能时，物流信息系统是否能够在其被处理的过程中鉴别出异常情况也是重要的。管理控制的例外信息对于鉴别潜在的客户或订货问题很有用。

第三层次：决策分析

决策分析层侧重于决策应用，协助管理人员鉴别、评估和比较物流战略和策略上的可选方案。典型的决策分析有车辆日常工作和计划、存货管理、设施选址以及有关作业比较和安排的成本-收益分析。决策分析与管理控制不同的是，决策分析更强调评估未来策略上的可选方案，并且它需要相对的灵活性，以便做范围很广的选择。

第四层次：制订战略计划

制订战略计划侧重于信息支持，以期开发和提炼物流战略。这类决策往往是决策分析层次的延伸，但是通常更加抽象和松散，并且注重于长期性。例如决策中包括通过战略联盟使协作成为可能、厂商的能力和市场机会的开发和提炼，以及客户对改进所做的反应。

制订战略计划层必须把较低层的数据结合到范围很广的交易计划中去，以及结合到有助于评估各种战略的概率和损益的决策模型中去。

图 10.19　物流信息系统的功能层次

10.3.3　物流信息系统的类型

物流信息系统根据分类的方法不同，可以分为不同类型的系统。

1. 按系统的结构分类

（1）单功能系统，指只能完成一种职能的系统，如合同管理系统、物资分配系统、物流财务系统等。

（2）多功能系统，指能够完成一个部门或一个企业所包括的物流管理的职能的系统，如仓储管理系统、经营管理决策系统等。

2. 按系统功能的性质分类

（1）操作型系统，指为管理者处理日常事务的系统，只要进行记账、汇总、统计等数据处理。

（2）决策型系统，指在处理日常事务的基础上运用现代化管理方法加工计算，为管理人员提供定量的依据或决策方案的系统，通常也称这类系统为辅助决策系统或决策支持系统。

3. 按系统所采用的设备和技术分类

（1）单机系统，指仅使用一台计算机，通过一个或多个终端对数据采用批处理方式的系统。

(2) 网络系统，指使用多台计算机，相互间以通信网连接，实行资源共享的分布式结构的系统。随着网络系统的进一步发展，人们把分布式管理信息系统与分布式生产控制系统结合在一起，利用计算机既搞信息管理，又搞生产过程控制，即所谓"无人工厂"的集成生产系统。

4. 按系统作用的对象分类

(1) 面向生产企业的物流信息系统，涉及的物流信息包括供应物流、原材料仓储、生产配送、产品仓储、配送、废弃物流与回收物流等作业所产生的信息。

(2) 面向零售商、中间商、供应商的物流信息系统，涉及的物流信息包括订货采购、仓储与配货、销售送货等作业所产生的信息。

(3) 面向第三方物流企业的物流管理信息系统，涉及提供第三方物流服务的过程所产生的信息。

10.3.4 典型的物流信息系统

物流信息系统根据不同企业的需要可以有不同层次、不同程度的应用和不同子系统的划分。一般来说，一个完整、典型的物流信息系统通常包括订单管理、采购管理、仓储管理、运输管理、财务管理以及决策管理等子系统。这些子系统之间并不是彼此孤立的，它们之间存在信息交换和共享，使物流信息系统成为一个一体化的系统。图10.20是一个典型的物流信息系统的子系统构成。在实际中运用的信息系统会根据业务需要而侧重点各有不同。

图10.20 典型的物流信息系统的子系统构成

1. 订单管理子系统

订单管理子系统(OMS)是物流信息系统的前端，管理所有与订单有关的信息和资料的处理。订单管理系统对客户下达的各种指令进行管理、查询、修改、打印等，同时将业务部门的处理信息反馈至客户。

订单管理子系统通常包括客户订单的接收、存货查询、存货分配、订单处理资料输出、订单异常变动处理、订单跟踪查询等各项作业内容。当接到客户的订单后，OMS与仓储管理系统相互交流，核查产品可得率(来自库存或来自生产)，由此判断供应网络中产品的位置、可得数量和预计送货时间，一旦产品可得信息得到客户的首肯，就要进行客户信用审核，OMS将与企业财务系统相联系审核客户的状况和信用。在订单被接收后，OMS将产品分派到某订单下，指定生产地、扣减库存、在运输安排确定后准备发票。在

OMS与运输管理系统的信息共享支持下,客户可以根据日期、订单号、订单类型、业务部门、客户信息、配送区域等条件对订单进行跟踪查询。

2. 采购管理子系统

采购管理子系统(PMS)管理所有与采购有关的信息和资料的处理。采购管理系统通常包括采购单管理、供应商管理、采购单到期提醒、采购单数据处理、采购变更处理以及周期报表生成等功能模块。

采购管理子系统的主要业务流程及功能:当收到一个采购请求以后,采购部门需要确定能够满足此需求的供应商。系统首先根据订单的物料清单查询库存量并查询数据库中相关的采购商,如果数据库中没有合意的供应商,则根据现实信息新建一个供应商信息。经过向供应商询价、核价等过程系统做出采购计划并制作采购单,等待供应商发货。系统根据采购单到期的日期提前提醒供应商,以保证物料能及时到货。如若订单取消,系统可做出采购单取消的管理。系统可在一定周期内,根据采购单的类别(紧急采购单或一般采购单),提供采购单周期的资料查询。

3. 仓库管理子系统

仓库管理子系统(WMS)是物流信息系统中重要的子系统之一,管理所有与仓库资源有关的信息及资料的处理,可以对不同地域、不同属性的仓库资源实现集中统一管理。

仓库管理子统的主要内容包括接收、入库、库存管理、订单处理和取货、运输准备。所有这些要素都出现在典型配送仓库的WMS内,但是在某些主要供长期储存或周转比较快的仓库中,有些内容可能缺失。

(1) 接收。这是WMS的入口或"登记处"。利用条码、无线射频等技术对入库货物进行系统登录,并通过产品编码检索内部产品文件获知重量、尺码、包装方式等信息,同时对货物进行验收。

(2) 入库。入库的货物需要在仓库内进行短期储存。WMS记录仓库空间布局信息和仓储位信息。根据可用空间和货物存放规则,WMS进行库位分配。如果在同一次存货作业中,有多件货物要放到多个库位,WMS将指定存放顺序和路线来使作业时间最小化。随后,各仓储位的库存水平要变化,仓储位的记录要调整。

(3) 库存管理。WMS对库存货物进行内部操作处理,检测仓库内各货位上的货量,进行盘点。如果库存水平低于控制水平,就会依据某些原则提出补货数量和时间的建议。补货请求将通过EDI系统或互联网传输给采购部门或直接送达供应商或工厂。有时WMS还需对货物进行包装处理和退货处理。

(4) 订单处理和取货。按订单拣取所需货物即取货作业,由于耗费人工最多,在仓库作业中所占费用最高。WMS的最大价值就在于可以降低取货成本、提高作业效率。WMS按照其内部规则,将订单货物分类(如按货物数量和所在仓位分组),进而将订单分解,进行货物调配,合理安排拣货顺序。此外,WMS还可以为作业人员安排合理的拣货任务,平衡作业人员的工作量,以缩短拣货时间。

(5) 运输准备。订单货物的拣取常常取决于合并运输的安排,如相邻客户的订单会一起拣取,使货物同时到达发货站台,卡车也会同一时间到达。还要考虑货物的体积和重量,以安排装上同部卡车、集装箱或铁路车厢的货物。再将来自不同仓位的同一订单货物汇集并按顺序装配,以最佳运输路径进行配送。

总之,WMS在仓库作业计划、库存水平管理、仓储空间利用和拣货路线等方面进行信息支持以辅助管理。同时,WMS还与订单管理子系统、运输管理子系统等物流信息子系统共享信息来实现一体化管理。

案例链接

某大型连锁企业每周接到来自零售店的订单数百份,仓库每天约接收59份订单。本地仓库向零售店提供普通商品,中央仓库供给药品。在企业总部接到订单后,就立刻将订单按两种产品类别进行分解。首先满足订单药品部分的要求,然后送往本地仓库,和零售店订购的普通货物汇合在一起,一并送到同一家零售店。其次,在本地仓库,再将订单分解成零散货物、整箱货物、安全区域和散装区域的拣货安排。因为仓库里存放着8 000到1 200种货物,都需要从散货区拣取,所以对这项劳动力密集型作业的管理十分重要。为此,散货区的拣货安排进一步落实到每个拣货员上。拣货人员只需在他附近区域进行作业,他们拣取货物的顺序也都按WMS中的最佳路径原则进行安排。

WMS还控制着仓库内所有区域拣货开始的时间,这样同一订单下的货物就可以在大约相同的时间到达发货区。在纸盒和包装盒上还粘有识别标签,在发货区可以将订单下的所有货物集中到一起装上配送卡车,而每辆卡车上最多可以装送到5个不同零售店的货物。

每当来自供应商的补货库存达到后,工作人员就会将入库产品信息输入WMS,WMS随后会制定货物的存储仓位,并且保有产品生产日期记录来控制出库的顺序。

4. 运输管理子系统

运输管理子系统(TMS)主要侧重于企业内向和外向运输管理,是物流信息系统必不可少的组成部分。TMS的目标是帮助计划和控制企业的运输活动,包括运输方式的选择、装载优化、安排运输路线和时间、投诉处理、货物及车辆跟踪、运费结算等内容。

(1) 运输方式的选择。由于运输的货物批量和运输方式各有不同,TMS可以将运输批量与运输服务成本和质量要求结合起来。好的TMS能够储存多种运输方式、服务费用、预计运输时间、可用方式和服务频率的数据,能够为每单货物提议最好的承运人。

(2) 装载优化。TMS的一个重要功能就是将小批量货物合并成大批量,对拼货作业提出建议。TMS可以实时掌握运输批量、目的地和预计到达时间等信息。根据这些信息,利用内部决策规则,就可以决定经济批量,使车辆车型的使用和搭配达到最优,同时兼顾配送服务目标。

(3) 安排运输路线和时间。如果企业拥有或租用车队,就需要认真管理以使得车队可以有效运作。订单管理系统提供订单信息,仓库管理系统提供订单处理信息,运输管理系统指派运货的车辆,并且建议卡车经停站点的顺序。TMS还考虑每个经停点的时间窗口,在经停点搭载运回的货物,为回程货做计划,满足驾驶员驾车时间和休息时间的规定,多个时段车队的利用率等因素。TMS还存有运输资源的基本信息,如车辆经停点、卡车类型、卡车数量和运力;经停点装卸次数;经停点的时间窗口限制和途中其他的一些限制条件的信息。在这样的信息支持下,TMS利用决策规则或本身的算法制订当前的运输计划。

(4) 投诉处理。在运输过程中某些货物受到损坏是不可避免的,在掌握所运货物、货物价值、所使用的承运人、起点和终点、责任限额后,很多投诉可以自动进行处理,或者尽量减少人的介入。

(5) 货物及车辆跟踪。一旦货物转移到运输承运人的控制之下，就主要由信息技术来实现跟踪查询。条码、无线射频识别设备、全球定位系统和车载计算机都是信息系统的组成部分，可以实时获知货物及车辆所处位置。随后来自 TMS 的货物跟踪信息就可以通过互联网或其他电子手段提供给收货人，甚至可以计算出预计到达时间。

(6) 运费结算。TMS 对运输子系统中发生的相关业务进行物流费用的结算记录，并将和费用信息转至财务结算系统中的物流业务核算。

5. 财务管理子系统

财务管理子系统(FMS)可能包含于其他物流信息管理子系统中，也可以看成是物流信息系统中的独立单元。财务管理子系统管理所有与物流费用有关的信息和资料。对企业发生的所有物流费用，包括运输费用、库存费用、行政费用、办公费用等费用计算。根据规范的合同文本、货币标准、收费标准自动生成结算凭证，为企业以及物流企业的自动结算提供完整的结算方案。

6. 决策支持子系统

决策支持子系统(DSS)能及时地掌握商流、物流、资金流和信息流所产生的信息并加以科学地利用，在运筹学模型的基础上，通过数据挖掘工具对历史资料进行多角度、立体的分析(如采购分析、库存分析、销售分析、财务分析、质量分析、人事结构分析等)，实现对企业中的人力、物力、财力、客户、市场、信息等各种资源的综合管理，为企业管理、客户管理、市场管理、资金管理等提供科学决策的依据，从而提高管理层决策的准确性和合理性。

本 章 小 结

物流信息是反映物流各种活动内容的知识、资料、图像、数据、文件的总称。物流信息伴随着物流活动而产生，是物流活动各个环节的桥梁、纽带和粘合剂，对整个物流起着支持保障作用。物流信息除了具备信息的一般特征之外，还具有信息量大、分布广、更新速度快、种类多、信息趋于标准化的特点。

物流信息技术是应用于物流作业各环节中的现代信息技术的总称，包括计算机、网络、信息分类编码、自动识别、电子数据交换、全球定位系统、地理信息系统等技术。自动识别技术包括条码技术和无线射频识别技术。电子数据交换在物流领域的应用是物流 EDI，它是指货主业主、承运业主以及其他相关的单位之间，通过 EDI 系统进行物流数据交换，并以此为基础实施物流作业活动的方法。GPS 是新一代卫星导航、授时和定位系统，它为车辆、轮船、火车等交通运输工具的导航与跟踪提供了准确、实时的定位功能。GIS 应用于物流分析，主要是指利用 GIS 强大的地理数据功能来完善物流分析技术。

物流信息系统是根据物流运作、管理和决策的需要，利用计算机硬件、软件、网络通信及其他设备，进行物流信息收集、运输、加工、储存、更新和维护，以支持物流管理人员、操作人员和客户进行物流管理和运作、协调和控制各作业子系统正常运行的信息系统。物流信息系统的主要组成要素有硬件、软件、信息资源、相关人员以及企业管理思想和理念、管理制度与规范等。物流信息系统有 4 个功能层次：交易系统、管理控制、决策分析以及制订战略计划。一般来说，一个完整、典型的物流信息系统通常包括订单管理、采购管理、仓储管理、运输管理、财务管理以及决策管理等子系统。

习　题

一、单项选择题

1. 将物流信息分成外部信息和内部信息两大类是按（　　）来划分的。
   A. 信息稳定程度　　　　　　　　B. 信息的功能和作用
   C. 信息来源　　　　　　　　　　D. 信息加工程度

2. 信息技术泛指凡是能（　　）人的信息处理能力的技术。
   A. 拓展　　　　B. 优于　　　　C. 替代　　　　D. 改变

3. 与一维条码相比，以下哪一个是二维条码的特点？（　　）
   A. 信息密度低，信息容量较小　　B. 信息密度高，信息容量大
   C. 信息密度低，信息容量大　　　D. 信息密度高，信息容量较小

4. EDI 表示（　　）。
   A. 电子数据处理　　B. 电子数据交换　　C. 电子订货系统　　D. 全球定位系统

5. GPS 地面监控跟踪站又被分为主控站、监控站和注入站，其中主控站有（　　）个。
   A. 1　　　　　B. 2　　　　　C. 3　　　　　D. 4

6. 商品条码 EAN-13 的校验码由（　　）位数字组成，用以校验条码的正误。
   A. 1　　　　　B. 2　　　　　C. 3　　　　　D. 4

7. 关于条码识读技术和射频识读技术（RFID），下列说法正确的是（　　）。
   A. 它们一次都只能识读一个标签
   B. 它们一次都能同时识读数个标签
   C. 条码阅读器一次只能识一个条码标签，RFID 读写器可同时识读取多个 RFID 标签
   D. 条码阅读器可同时识读取个条码标签，RFID 读写器一次只能识读一个 RFID 标签

8. 在物流配送过程中，如果需要将生产日期、有效日期、运输包装序号、重量、尺寸、体积、送出地址、送达地址等重要信息条码化，以便扫描输入，可应用（　　）。
   A. EAN-13 码　　B. EAN-8 码　　C. UCC/EAN-128 码　　D. ITF-14 条码

9. GPS 用户并不需要给卫星发射任何信号，卫星也不必理会 GPS 用户的存在，所以系统中用户数量（　　）。
   A. 受到限制　　　　　　　　　　B. 没有限制
   C. 在某些领域受到限制　　　　　D. 仅在物流领域不受限制

二、多项选择题

1. 物流信息系统的主要组成要素有（　　）。
   A. 硬件　　　　B. 软件　　　　C. 信息资源
   D. 企业管理思想与管理制度　　　E. 人员

2. GPS 地面控制部分由分布在全球的若干个跟踪站所组成的监控系统构成，这些跟踪站分为（　　）。

A. 主控站　　　　B. 监控站　　　　C. 测试站　　　　D. 注入站
3. 物流信息的特点有（　　）。
A. 信息量大、分布广　　　　　　B. 更新速度快、时效性强
C. 物流信息种类多　　　　　　　D. 物流信息趋于标准化
4. RFID 系统一般由（　　）组成。
A. 射频标签　　　B. 读写器　　　C. 电源　　　　D. 天线
5. GIS 按内容、功能和作用可分为（　　）。
A. 工具型 GIS　　B. 区域 GIS　　C. 专题 GIS　　D. 应用型 GIS

三、填空题

1. 条码是由一组规则排列的条、空以及对应字符组成的标记。其中"条"是对光线反射率＿＿＿＿的部分，"空"是对光线反射率＿＿＿＿的部分。
2. GPS 由 3 个部分组成：＿＿＿＿、＿＿＿＿、＿＿＿＿。
3. EDI 系统的三要素：＿＿＿＿、＿＿＿＿、＿＿＿＿。

四、判断题

1. EAN 码结构分为 13 位标准版商品条码和 8 位缩短版商品条码。（　　）
2. 二维条码主要用于对物品的标识，一维条码用于对物品的描述。（　　）
3. GPS 只能对动态对象进行动态空间信息的获取。（　　）
4. EDI 标准由企业自己制定。（　　）
5. EDI 报文必须人为干预或人工处理。（　　）

五、简答题

1. 物流信息具有哪些特点？
2. 结合实际，谈谈条码在物流中的应用。
3. 简述 EDI 系统的工作原理。
4. GPS 由哪几部分组成？
5. GPS 在物流中有何应用？
6. GIS 在物流中有何应用？
7. 物流信息系统的组成要素有哪些？
8. 简要说明物流信息系统的功能层次。
9. 典型的物流信息系统由哪些子系统组成？

案例分析

现代物流信息技术构筑 UPS 的核心竞争力

成立于 1907 年的美国联合包裹速递服务公司（United Parcel Service，UPS）是世界上最大的配送公司。表面上 UPS 的核心竞争优势来源于其 101 900 万辆卡车和 531 架飞机组成的运输队伍，而实际上联邦快递公司今天的成功并非仅仅源于此。

20世纪80年代初，UPS公司以其大型的棕色卡车车队和及时的递送服务，控制了美国陆路的包裹速递市场。然而，到了20世纪80年代后期，随着竞争对手利用不同的定价策略以及跟踪和开单的创新技术对联合包裹公司的市场进行蚕食，联合包裹公司的收入开始下滑。许多大型托运人希望通过单一服务来源提供全程的配送服务，进一步，顾客们希望通过掌握更多的物流信息，以利于自身控制成本和提高效率。随着竞争的白热化，这种服务需求变得越来越迫切。正是基于这种服务需求，UPS从20世纪90年代初开始了致力于物流信息技术的广泛利用和不断升级。今天，提供全面物流信息服务已经成为包裹速递业务中的一个至关重要的核心竞争要素。

UPS通过应用3项以物流信息技术为基础的服务提高了竞争能力。

(1) 条形码和扫描仪使UPS能够有选择地每周7天、每天24小时跟踪和报告装运状况，顾客只需拨个免费电话号码，即可获得"地面跟踪"和航空递送这样的增值服务。

(2) UPS的递送驾驶员现在携带着以数控技术为基础的笔记本电脑到排好顺序的线路上收集、递送信息。这种笔记本电脑使驾驶员能够用数字记录装运、接收者的签字，以提供收货核实。通过电脑协调驾驶员信息，减少了差错，加快了递送速度。

(3) UPS最先进的信息技术应用，是创建于1993年的一个全美无线通信网络，该网络使用了55个蜂窝状载波电话。蜂窝状载波电话技术使驾驶员能够把适时跟踪的信息从卡车上传送到UPS的中央电脑。无线移动技术和系统能够提供电子数据储存，并能恢复跟踪公司在全球范围内的数百万笔递送业务。通过安装卫星地面站和扩大系统，到1997年适时包裹跟踪成为现实。

UPS通过这三方面推广物流信息技术，从而发挥了核心竞争优势。

在信息技术上，UPS已经配备了第三代速递资料收集器Ⅲ型DIAD，这是业界最先进的手提式计算机，可几乎同时收集和传输实时包裹传递信息，也可让客户及时了解包裹的传送现状。这台DIAD配置了一个内部无线装置，可在所有传递信息输入后立即向UPS数据中心发送信息。司机只需扫描包裹上的条形码，获得收件人的签字，输入收件人的姓名，并按动一个键，就可同时完成交易并送出数据。Ⅲ型DIAD的内部无线装置还在送货车司机和发货人之间建立了双向文本通信，专门负责某个办公大楼或商业中心的司机可缩短约30分钟的上门收货时间。每当接收到一个信息，DIAD角上的指示灯就会闪动，提醒司机注意。这对消费者来说，不仅意味着所寄送的物品能很快发送，还可随时"跟踪"到包裹的行踪。通过这一过程速递业真正实现了从点到点、户对户的单一速递模式，除了为客户提供传统速递服务外，还包括库房、运输及售后服务等全方位物流服务，从而大大地拓展了传统物流信息技术。

在信息系统上，UPS将应用在美国国内运输货物的物流信息系统，扩展到了所有国际运输货物上。这些物流信息系统包括署名追踪系统和比率运算系统等，其解决方案包括自动仓库、指纹扫描、光拣技术、产品跟踪和决策软件工具等。这些解决方案从商品原起点流向市场或者最终消费者的供给链上帮助客户改进了业绩，真正实现了双赢。

在信息治理上，最典型的应用是UPS在美国国家半导体公司(National Semiconductor)新加坡仓库的物流信息治理系统，该系统有效地减少了仓储量及节省货品运送时间。今天人们可以看到，在UPS物流治理体系中的美国国家半导体公司新加坡仓库，一位治理员像挥动树枝一样用一台扫描仪扫过一箱新制造的计算机芯片。随着这个简单的动作，他启动了高效和自动化、几乎像魔术般的送货程序。这座巨大仓库是由UPS的运输奇才们设计建造的。UPS的物流信息治理系统将这箱芯片发往码头，然后送上卡车和飞机，接着又是卡车，在短短的12小时内，这些芯片就会送到国家半导体公司的客户——远在万里之外硅谷的个人计算机制造商手中。在整个途中，芯片中嵌入的电子标签将让客户以精确到3英尺以内的精确度跟踪订货。

由此可见，物流信息技术通过深入物流企业的业务流程实现了对物流企业各生产要素(车、仓、驾等)的合理组合与高效利用，降低了经营成本，直接产生了明显的经营效益。它有效地把各种零散数据变为商业智慧，赋予了物流企业新型的生产要素——信息，大大提高了物流企业的业务猜测和治理能力，通过"点、线、面"的立体式综合治理,实现了物流企业内部一体化和外部供给链的统一治理,有效地帮助物流企业提高了服务素质,提升了物流企业的整体效益。具体地说,它有效地为物流企业解决了单点治理和网络化业务之间的矛盾、成本和客户服务质量之间的矛盾、有限的静态资源和动态市场之间的矛盾、现在和未来猜测之间的矛盾等。

资料来源:张磊,吴忠. 物流信息技术概论[M]. 北京:北京大学出版社,2011.

讨论题:

1. UPS通过什么提高了竞争能力?
2. UPS为提高竞争能力应用了哪些技术?这些技术使哪些工作得到了改善?

第11章 物流客户服务

【本章教学要点】

知识要点	掌握程度	相关知识
物流客户服务概述	了解	客户服务概述
	掌握	物流客户服务定义
	掌握	物流客户服务特点
物流客户服务内容与标准	了解	物流客户服务内容
	了解	物流客户服务衡量标准
建立物流客服战略	掌握	客服缺货战略
	掌握	成本与服务战略
	掌握	客户服务 ABC 分析战略
	掌握	客户服务自我检查战略
	掌握	客户服务延伸战略
其他特殊物流客户服务	了解	应急服务
	了解	召回服务

【名人名言】

服务业是 100－1＝0 的世界；服务即使有再多的加分要素，只要一个小小的减分要素，全部归零。

——日本 DUSKIN 前社长驹春元井

基于延后处理模式的包装

惠普公司生产的打印机行销全世界，由于发往世界不同地方的打印机在说明书、电源、包装材料等方面都有特殊要求，如果在生产过程中就完成最终发送到客户的包装，往往会出现某些包装的产品缺货而另一些包装的产品货物积压的情况。为了解决这个问题，惠普公司采用延后处理模式，将包装环节放在配送中心进行，即销售部门在收到客户订单后，通知物流中心，物流中心根据客户要求，选择相应的说明材料、电源和包装材料，完成最终的包装工作。

点评：物流客户服务是物流企业的核心竞争力

随着当代社会分工的不断细化和物流业的发展，物流服务已然成为物流企业与众多客户企业之间的重要纽带，帮助众多客户企业解决各种物流问题，促进客户发展；同时也是物流企业在多种竞争者中脱颖而出、屹立不倒的最重要法宝，是物流企业的生命线。

11.1 物流客户服务概述

随着世界一体化，企业间的竞争愈发激烈，早已超出了产品的价格、质量、特色的竞争，随之而来的主要竞争都集中于产品的服务竞争；而本身就以出售服务而作为产品的物流企业，其客户服务水平就成为了评价物流企业优劣的重要标准，也是物流企业是否能够屹立于当今竞争激烈的市场的重要因素。

11.1.1 客户服务概述

随着资本主义的发展，企业间的竞争从传统的4P策略（即产品Product、价格Price、渠道Place、促销Promotion）发展为6P策略（即多了"政治力量"Political Power、"公共关系"Public Relations），但是企业间的竞争依然不断加深，产品的同质化依然严重，无法凸显企业的差异化竞争力，而随着管理学、营销学、行为学等学科不断深化发展，学术界和企业界似乎得到了一项能够体现企业间差异化的共识——服务的差异化。而事实也证明随着经济不断深化发展，当今社会各行各业，从原材料行业，例如采矿业，到制造业，例如汽车业、房地产业，一直到服务性行业，例如零售业等各行业的发展都离不开它们的客户，而客户的数量规模以及客户的质量水平都直接控制着企业的生死，因此为了挽留和发展众多的优秀客户就必须不断地发展、深化和更新客户服务，才能使企业不断地发展和壮大。

显而易见，成功地吸引和留住客户是企业经营的成败关键，而物流企业作为服务性行业，出售服务这种特殊产品的企业就显得尤为重要。然而，据不完全统计，我国的各大企业客户流失率都为20%~40%，而物流企业的客户流失率在各行业中处于中间水平；而企业通过各种努力使得客户流失率每降低1%，则企业利润将会提升20~50%，甚至更高。因此，不断的改善服务水平是各大企业，尤其是物流企业发展的一个永恒课题。

11.1.2 物流客户服务定义

物流客户服务是企业所提供的总体服务中的一部分,因此,我们首先了解认识企业客户服务的定义、内涵和本质,继而提取客户服务中有关物流活动的各种因素,才能深刻了解物流客户服务的真正含义和内容。

客户服务的定义因组织而异,因侧重点而异,因学术观点而异,因此,我们只能列举了一些被广泛接受的著名学者的定义。

Larissa S. Kyj and Myroslaw J. Kyj:客户服务在得到有效利用时,是对创造需求、保持客户忠诚产生重大影响的首要变量。(IJPDLM)

Warren Blanding:物流管理中客户服务就是:"使客户得到所订购产品的速度及可靠程度。"(Washington D. C.;Marketing Publications)

James L. Heskett:特指销售—满足客户的一系列活动,通常始于订单录入,止于产品送达客户。有时,还会以设备服务、保修或其他技术支持的形式继续下去。(IJPDLM)

而本书则对客户服务定义为:是企业与客户交互的一个完整过程,包括听取客户的问题和要求,对客户的需求做出反应并探询客户新的需求。客户服务不仅仅包括了客户和企业的客户服务部门,实际上包括了整个企业,即将企业整体作为一个受客户需求驱动的对象。

而对于企业总体客户服务中的物流客户服务,《物流术语》一书中认为:物流客户服务是工商企业为支持其核心产品销售而向客户提供的物流服务。

因此,不难看出,物流客户服务来源于企业客户服务,具有企业客户服务中的大部分因素,同时拥有物流特有活动的因素,是一种混合的客户服务。而对于第三方物流企业来说也同样是一种混合服务,只是物流因素的性质更为突出。

11.1.3 全面物流质量管理

物流客户服务除了要具备企业总体客户服务中的"视客户为亲人(情感上的要求);客户永远是对的(理智上的要求),客户的需求是第一位的"等原则之外,更应该具备物流活动特有因素的客户服务特点,即物流客户服务质量。

企业生产的一般产品都是有形产品,可以通过观察、触摸和使用了解其质量,而作为物流服务则是属于无形产品,无论是企业内部物流服务还是第三方物流企业提供的物流服务,其质量只能通过物流行业自身的特点来进行,即通过物流服务的行业标准和企业自身制定的严格标准来确定其物流服务质量的优劣。

我们知道企业为了赢得客户所付出的代价是昂贵的,因此留住客户才是最重要的。而为了留住客户就必须以一种高效率,客户满意的服务水平去持续的维持客户的忠诚度。为了尽可能地避免出现客户不满意的情况出现,因为任何一次客户的不满意,客户都有可能将不愉快经历告知其伙伴,甚至出现法律纠纷等企业不想发生的情况,而这些情况都可能会永久丧失客户,甚至出现连带其他本来没关联的企业也丢失的情况,而这些情况都是会让企业付出沉重的代价。

因此企业界尤其是物流企业在为客户提供服务时都应该有"第一次就做好它"的一切准备(包括物质准备和思想准备),这样才会让企业因服务而丢失客户的概率降到最低,而要做到"第一次就做好它"就必须依靠现代管理思想,也是众多杰出企业所推崇全面质量管理,而作为企业内部物流部门或者第三方物流企业更应该执行全面质量管理来对物流客户服务进行全面质量上的指导和管理。

1. 物流客户服务质量概念

质量是一组固有特性满足要求的程度,而物流质量是物流活动本身固有的特性满足物流客户和其他相关要求的能力。物流质量的概念既包含物流对象质量,又包含物流手段、物流方法的质量,还包含工作质量,因而是一种全面的质量观。

本书物流质量概念是指依据物流系统运动的客观规律,为了满足物流顾客的服务需要,通过制定科学合理的基本标准,运用适当的方法实施计划、组织、协调、控制的活动。其主要内容包括质量计划、质量保证、质量控制、质量改进四个内容。全面物流质量管理的目标是:保质、保量、准时地完成客户所要求的一切物流需求。

而物流服务质量是指物流服务是"以满足顾客需要、保证顾客满意度及赢取企业赞誉为目的的活动"。其质量目标就是其服务质量,包括保护商品质量、改善商品质量、物流过程质量;同时还包括其他物流质量,例如物流工作质量、物流工程质量、物流技术水平、管理水平、装备等物流质量要求。

2. 物流质量问题的表现

众所周知,物流客户服务包含众多不同类型的服务,而最集中就是物流单证服务、物流运输服务、物流配送服务和物流仓储服务,这些服务都是当今企业需求比较集中的物流服务,而这些客户服务由于企业没有实行严格的全面物流质量管理而经常出现不同情况的质量问题,具体表现为以下几点。

(1) 车祸、沉船、空难。

(2) 货物丢失、损坏、变质。

(3) 物流过程中的化学品泄漏。

(4) 爆炸;送达的货物不全、数量不对、延误等。

(5) 问题处理不及时、无效。

(6) 客户抱怨处理不力等。

以上的物流质量表现行为绝大部分都是由于物流质量管理问题而导致,除了第一点人为因素导致之外也可能是由于天气、灾害等不可抗力所导致,但是总体来说,发生以上问题基本都是物流质量管理不善,也就是全面质量管理制度没确立导致,而这些行为都给企业带来不同程度的伤害,甚至可以给企业带来灭顶之灾,因为出现以上问题企业必须要承担质量问题所导致的赔偿责任,如果出现生命安全事故,就不但要赔付巨额金额,甚至还要背负刑事责任,因此如果企业轻视物流客户服务的质量管理问题将可能给企业带来意想不到的后果。

案例一:2008 年在重庆某物流公司司机因疲劳驾驶致一名正在过马路的路人死亡,死者家属随后要求赔偿 100 万赔偿金,而肇事后司机逃逸失踪,而法院判决物流公司暂时垫付死者家属赔偿金,立刻执行。物流公司多次上诉由于肇事司机始终没找到,也导致上诉失败,最终物流公司只好变卖固定资产进行赔付,也直接导致了该物流公司资金链短缺而最终破产。

案例二：2010年上海某公司委托某货运代理公司从上海港运至广州一批价值300万元化工原料，双方签订了一份运输合同，合同中订有明确条款规定，货运代理保证货物卸离船舶后办妥一切手续，并于10天之内将该批货物运抵广州交给收货人。船舶抵港后，由于火车车皮未能及时办妥，致使该批货物不能及时运抵广州交给收货人，同时货物在卸港存储期间发生了水湿，致使该化工原材料80%基本报废。于是该公司诉至法院，要求货运代理赔偿储运过程中货物水湿部分，同时要求赔偿迟延交付所引起的市价变化的损失。最终，法院最后认定：货运代理虽然只收取了代理费，但由于该代理作为运输协议的当事人，且违反了协议中订明的货物抵达时间的保证条款，故对货物迟延所产生的损失要承担50万元经济责任，同时对其货损货差，即货物总价格的80%即240万元承担经济责任。

以上两个案例都是由于明显的人为事故和管理不善而导致，如果对案例一的肇事司机进行开车前的精神测试和合理安排副司机，就不会让一家刚刚成立规模不大的物流公司因一宗交通事故而破产；而案例二的物流公司则完全是因为没有做好多式联运的合理调节和安排，同时对货物的保管意识淡薄，最终不但要承担高昂的赔偿责任，同时也丧失了一个重要的客户。

因此，我们从以上两个案例可以看出，物流质量管理问题可以让企业承担想象不到的责任，所以，建立企业物流客户服务标准，加强物流服务质量管理是企业，尤其是物流企业的必选之路。

3. 物流质量管理的原则与措施

为了实现全面物流质量管理，必须有由上至下的思想准备，坚定地实施各项物流质量措施。但是，在实施过程会出现不同情况的矛盾。因此，必须要有一套战略性的实施原则方能有效的指导物流全面质量管理，以下为全面物流质量管理的六大原则。

1）以顾客为核心原则

顾客是指接受产品的组织和个人。物流客户部门组织要明确谁是自己的顾客，要调查顾客的需求是什么，要研究怎么满足顾客的需求。这是每个客服部门都必须要做到的最基本原则，同时还要求物流客户部门积极的发现和挖掘潜在客户，只有这样才能及时抓住市场机遇，作出快速而灵活的反映，从而提高市场占有率，增加收入，提高经济效益，更为重要的是可以不断的提高顾客的忠诚度，只有培养和提高顾客的忠诚度才真真正正的体现本原则的本质要求。

2）领导带动原则

全面物流质量管理的能否顺利执行并贯彻实施的另外一个重要原则就是物流组织的领导者是否能够建立组织统一的宗旨及方向，并为其员工建立和创造能充分参与实现组织目标的内部环境是本原则的关键因素。

领导作用原则要求领导者要全面考虑组织所有相关方面的需求，提出和建立一套组织长远的发展战略，为组织勾画远景目标同时设定挑战性目标，这样才能激发组织的活力；还要求领导者要建立和培养共同的价值观，企业精神和企业文化；建立和谐宽松和相互信任的工作环境；给员工更多的提供不同的资源、培训、职责自主权；建立有效的激励制度，全面激发鼓励并承认员工的贡献；最后要在企业客户服务部门和其他部门间搭建公开和诚恳的交流和沟通平台，让企业内部各部门间更加的融洽协调，也只有这样才能使客户部门更加好得调动企业各个部门的各项资源来服务客户，赢得客户的信任，建立客户忠诚度。

3）全员参与原则

要实现全面的物流质量管理，必须要求全体物流客户服务部门的人员全体参与，同时还要求企业各部门的所有人员也积极全面参与配合，即所谓的全员参与原则。因为，服务客户，留住客户，并不是物流客户部门一个部门就可以完全的工作，作为企业这样一个大组织里面的一个部门组织，就相当于人体的其中一个器官，人体的健康全面发展不是单靠一个器官的健康发展就可以的，因此，作为直接面对客户的前线部门物流客户服务部门除了本身要做到最好之外，更重要的是企业的其他部门也要积极的配合，也只有这样才能实现全面物流质量管理。

而全员参与原则的实施具体措施包括加强职业教育，即加强各部门的职业观念，强化部门职能的特点教育，使之更好地了解本身部门和其他部门的区别和联系，为了全面实行物流质量管理奠定基础；识别和突破制约条件，鼓励打破部门间的条条框框，废除一切阻碍实施全面物流质量管理的制度和条例；权责利明晰，建立清晰的部门自身和部门间的权责利制度；实行高效绩效管理，对于服务目标难度大的可以进行分解目标，综合评价业绩等具体措施；知识和经验的共享，要建立一个优秀的组织就必须要有一套知识和经验共享的机制，这样的机制不但是企业的核心竞争力的体现，也是物流客户服务人员不断地提高自身业务水平的一个关键机制，也就是能够持续的为客户提供优质服务的重要基础。

4）持续改进原则

持续改进整体业绩应当是组织的一个永恒目标，因为，如果一个组织不能不断的自我更新，自我改善，这个组织迟早会被竞争者淘汰，而作为物流客户服务部门，要实现全面的物流质量管理，就更加需要聆听客户的不同声音，根据客户的不同要求来对自身进行调整，尽量用最快的速度来达到客户的要求，因此，要实现此项目的就必须建立一套持续改进服务的机制。

这套持续改进原则实行的具体机制我们建议选择使用戴明循环原理，也就是PDCA原理，即计划(Plan)、实施(Do)、检查(Check)、处理(Action)，依次不断的进行循环重复直到企业满意为止。

(1) 计划(Plan)，分析质量现状、找出存在的质量问题；分析产生质量问题的各种因素；找出影响质量问题的主要因素；针对主要因素制定对策，拟定改进质量的管理、技术和组织措施，提出执行计划和预期效果。

(2) 实施(Do)，作好计划、措施的交底和落实（组织、技术、物资）；有关人员经过训练、考核，达到要求后才能参与实施；采用各种措施保证计划得以实施。

(3) 检查(Check)，检查计划是否被执行；检查计划执行的效果；查找存在的问题。

(4) 处理(Action)，总结经验、纳入标准；将遗留问题转入下一循环，为下一循环计划的制订提供资料。

物流质量管理是由大小不同的PDCA循环构成完整的体系，因此设定分析不同的PDCA循环和建立合理的PDCA循环周期是本措施的关键，也是本持续改进原则的核心。

5）基于数据的决策方法原则

有效决策是建立在数据和信息分析的基础上的，物流客户部门要想做到第一时间准确地满足客户的需求也要对客户所提要求和企业自身情况是否具备条件满足其要求而做出准确的分析，也只有这样才不会发生自身不能满足要求却答应了客户要求，到最后因为高估自身服务能力却无法满足客户要求而导致客户不满,最后出现不可想象的后果,因此,要想实现全面的物流客户服务,对客户要求和自身条件评价做出快速而准确的决策方案才是最关键的,而要做出这种准确的决策就必须依赖基于事实和信息分析基础上的各种有效数据。

该原则的具体措施有通过测量积累,或有意识的收集与目标有关的数据和信息,并明确其种类、渠道和职责;通过鉴别,确保数据和信息的准确性和可靠性;采取各种有效方法,对数据和信息进行分析。在分析时,应采用适当的统计技术;应确保数据和信息能够为使用者得到和利用;根据对事实的分析、过去的经验和直觉判断做出决策并采取行动。

6) 与合作方互利的关系原则

一个优秀的物流客户服务组织必然需要与各大合作方进行良好的互动,增强相互依存,相互有利的关系才可以更加好地对客户进行服务。因为在大多数情况下,企业物流客户服务部门靠自身不能完全提供客户所需的服务,因此就需要与不同的合作方联合起来才能提供服务。例如,像DHL这样的跨国物流公司,当客户要求海空多式联运的时候就必须邀请各大远洋物流巨头,例如马士基、中国远洋等远洋企业的合作才能满足客户的需求。同时,加强和合作方的交流合作还可以实现联合快速和灵活的反应,降低成本、资源配置最优化,创造竞争优势等多方面优势。因此,作为物流客户服务部门,要想满足不同层次,不同方面的客户要求,就要与合作方建立良好的互利互惠关系,这样才能实现多赢,也能更好地服务客户,留住客户。

具体措施有建立识别并选择重要合作方的重要机制;在建立与合作方的关系时,既要考虑眼前利益,又要考虑长远利益;与重要合作方共享专门技术、信息和资源;创造一个通畅和公开的内部渠道,及时解决问题;确定联合改进活动;激发、鼓励和承认合作方的改进及其成果。

11.2 物流客户服务内容与标准体系

提供令顾客满意的物流服务,或处理顾客抱怨的措施是企业区别于竞争对手、吸引顾客的重要途径。但是,究竟什么样的物流客户服务才能真正地满足客户的服务需求呢?因为客户服务的难点在于很难判断客户真正的行为动机,甚至几乎不可能确切地了解客户的真正需求,但是我们可以通过分析客户服务有哪些因素构成及如何影响消费者的购买行为等途径去了解客户服务的真正的需求,从而达到留住客户的真正目的。

11.2.1 物流客户服务内容

物流客户服务内容根据市场营销学的相关概念划分分为交易前要素、交易中要素和交易后要素,这些要素内容如图11.1所示。

1. 交易前的因素

交易前的客户服务因素是客户服务第一次与客户接触的服务,由于客户的每一次的消费行为是否持续,关键往往在于第一次消费时企业给客户的印象,也就是管理理论的晕轮效应,指人们对他人的认知判断首先是根据个人的好恶得出的,然后再从这个判断推论出认知对象的其他品质的现象。因此交易前的客户服务在整个客户服务中变得至关重要。

图 11.1　物流客户服务内容图

1）企业书面的客户服务章程

这个章程设立是决定企业客户服务优劣的重要基础，是企业是否赢得客户的关键所在。因为章程的设定要根据企业自身的服务能力而设定，设定的服务水平过高或者过低都会对企业产生致命影响，因此企业要充分的分析自身所能提供服务水平情况和社会竞争情况相结合设定对自身最有利的服务章程。

2）告知客户的书面服务章程

企业设定好了对自身最有利的服务章程后就要对客户进行推介，让客户了解本公司能提供哪些物流服务，同时也要对客户详细解释章程没有详细说明的部分，以免日后让客户产生不合理的期望。如果企业没达到章程的服务，章程也应当告知客户如何进行反映和企业如何进行赔付。

3）组织结构

物流企业的组织结构应当以客户服务为核心为设置，而其他企业的组织结构设置也应当至少保证客户能及时反映并处理问题而设置。因为组织结构的设置好坏直接影响着客户对服务的反应速度和对问题处理是否及时。可以试想，如果客户反映一个最普通的物流问题例如送货延期的问题，要打三四个电话才能处理，那么客户以后还会继续使用该企业的物流服务吗？因此设置一个反映快速，处理迅捷的组织结构是物流客户服务的重要因素。

4）系统灵活性

这里的系统灵活性主要指企业面对突发事件时，物流客户服务如何迅速进行处理以及设定处理措施都是要素的重点，例如个人罢工、物料因各种情况短缺、自然灾害等。

5）技术支持服务

提供一定的技术支持服务是物流企业与其合作伙伴最重要的合作内容之一，我们知道物流客户服务多数情况下都要与合作伙伴一起合作才能完成，因此，提供技术支持服务或者相互提供技术服务都是重要的服务因素

以上五点是交易前的相关要素，企业根据自身情况可以进行不同的设定，但是，无论进行何种设定，都必须坚持设定好的决策要相对稳定，不能经常变动，这样才能让客户感受到服务的稳定性。

2. 交易中的因素

物流客户部门经过交易前的因素让客户初步了解服务内容，使其感受到服务的可靠性和满意性之后，就进入了实质性的交易，而在交易过程中也会出现不同的情况，本节列举了一些主要的物流客户服务交易中的要素。

1）缺货情况

缺货情况是衡量物流服务水平的一个重要标志，因此，做到零缺货水平一直都是物流服务商和其合作企业的共同愿景。但是，在当今复杂多变的经济环境下，企业的缺货就变得不可避免，而作为物流服务提供商的物流企业就要制定各种策略来应对缺货问题，例如，能否对缺货零件或者产品立刻提供替代品，又或者可以从其他渠道迅速调运缺货零件或者产品，这些都是体现物流客户服务优劣的重要标志。

2）订单情况

随着网络科技的发展，客户对自身货物的物流服务情况要求其信息的透明度也越来越高，甚至有的物流服务商可以提供实时信息。这些信息主要包括货物的存储状态、存储地点、运输路线、配送路径、装运日期以及延迟订货等服务内容。

3）订货周期

订货周期主要指客户提出订货、购买或者服务要求到收到所订购产品或者服务所经过的时间。我们知道一个订货周期的时间因素包括订单传输时间、订单处理时间、配货时间、存货可得率、生产时间和送货时间。这些时间因素的处理和配合程度的不同会对整个订货周期产生重大影响，我们同样知道订货周期的缩短或者延长也是评价物流客户服务水平一个重要指标，缩短订货周期不但降低了客户的订货成本，加速了客户的流动资金，同时也为物流企业减低库存成本，提高竞争力，赢得客户信任的重要指标之一。因此，合理高效的对订货周期时间因素进行优化处理是物流客服的重要内容。

4）加急运输

在交易过程中可能会出现客户突发要求一些特殊的运输要求，例如加急运输或者特殊物品运输，这种情况的出现是最能考验物流客户部门的应变能力水平，客服部门要立刻对客户的提出特殊运输要求进行分析，对于一个额外增加的服务成本与丢失一个客户的成本进行比较，当然，物流客户服务部门要有对该客户的全面资料，分析该客户是否属于重要客户一类，这样才有利于我们对这种情况的分析。

5）转运

在众多的交易过程中的因素里面，转运应当算是最普通最平常的交易中因素之一。这里的转运主要指为了避免缺货，在不同的配送点间运输货物，而不是国际运输中货物转运。这里就涉及配送公司的单点对多点配送，单点对单点配送和多点对多点配送的配送服务能力，这些能力都是物流企业要具备的基本服务能力。

6）系统准确性

除了各种个性化的物流服务或者其他有竞争力的物流服务之外，客户最希望得到的其实是物流客户服务部门所提供的一切准确的信息。因为，不准确的信息或者超过预定误差的信息都会对客户的决策产生巨大的影响，甚至会永久破坏双方的合作，例如订单情况有误、库存水平出现较大不合理的波动等都是客户不想见到的。因此，系统的准确性是物流客户服务的重要因素。

7）订货的方便程度

订货的方便程度是指客户下订单进行订货的难易程度。现在由于科学技术的发展，订货平台的多元化，可以进行电话、网络、电视、媒体等多种渠道进行订货，但是，无论哪种渠道，都应该把渠道服务做到最好，如果出现电话打不进去，或者打进去客服不能有效沟通等情况出现，再多的渠道也是徒劳的。因此，设置不同的订货渠道和优化渠道服务才是根本。

8）产品的可替代性

作为物流客户服务部门，就是在自身与客户间或者客户与客户搭建一条桥梁，因此会经常碰到当客户 A 需求客户 B 的产品的时候出现了缺货现象，而这种现象会导致作为中间渠道的物流企业夹在狭缝中，因此处理这种缺货问题，最有效的办法是提供一种或者多种可替代的产品来满足客户的需求，这样做不但既可以满足 A 的需求，增加的客户 C 或者 D 的供应，更重要的是物流客服部门无需要因催促客户 B 赶货而得罪客户 B，可谓一举多得。

以上是众多交易中因素中最受企业关注，也是出现几率最高的因素，作为物流客户部门应该时刻把握如何有效处理这些因素来留住各种客户。

3. 交易后的因素

当客户已经得到商品或者服务后，原则上交易已经结束，但是，随着社会的竞争和服务水平的提高，交易后的服务变得越来越重要，甚至是客户是否继续再次光顾的重要因素。而当前的企业界也不断地研究不同的交易后服务来增加自身的竞争力。

1）产品安装、品质保证、维修、零部件供应

这些要素是几乎所有的商品和服务的重要考虑因素，也是目前大部分企业都能做到的因素，当然，服务质量的程度也因企业的重视度而不同。而作为物流企业来说，提供的产品就是服务，因此服务过后出现服务质量问题也应当有所保证，持续改善。

2）商品跟踪

商品跟踪也称为商品追踪，对于物流公司来说，物流公司的商品就是服务，因此，对于一般有形商品来说，商品追踪主要指商品售出后，不间断的定时进行客户回访调查，确认客户购买商品后对商品的意见，然后对以后的商品服务进行调整来获取更好的交易后服务，而物流公司的商品物流服务作为无形商品，商品追踪则主要指对接受物流服务的客户同样进行不间断的不定时的回访，询问服务内容和质量，可以进行及时的改善。

3）客户投诉、索赔和产品回收

客户服务的最重要的一个职责就是接受客户的投诉，严重的就会进行索赔，同时也可能发生产品回收的情况。因此，一个合格的客户服务应该有一套完善的接受客户投诉、索赔和产品回收的机制。而作为物流服务来说，主要集中在服务投诉和索赔，而产品回收属于逆向物流，主要是配合回收企业做的物流服务，所以，物流客户服务主要是针对不同客户的不同投诉进行处理，对严重问题如要进行赔偿的要耐心地与客户进行洽谈。至于配合回收企业的逆向物流服务主要注意回收成本问题。

4）临时性替代品

对于客户交易后发生意想不到的事故，导致产品短时间内无法使用，如果企业能及时

提供替代品，对于培养顾客的忠诚度是非常好的办法。至于物流服务，一旦相关的物流服务因特殊情况不能满足客户需求，有相关其他替代服务，同样也起到让客户安心，消除客户的埋怨，同时也提高了客户的忠诚度。

11.2.2 物流客户服务衡量指标

对于物流客户服务部门来说，不断地提高服务水平，不断地听取客户的意见是最重要的。但是，更重要的是首先要设置一套相对完善的物流服务衡量指标，在日后的客户服务中根据客户的意见不断进行修改，最终达到一个符合自身企业服务条件的物流服务衡量指标体系。

由于不同的物流企业或者相关企业的物流服务部门在制定其物流服务指标体系都会根据自身情况和侧重点不同而进行不同的设置，因此，本节只介绍两类定性衡量标准体系和一些定量指标以供参考。

1. 物流重点服务衡量指标体系

该体系主要针对在物流企业经常发生物流客户服务问题的内容进行设置，把重点都集中在物流客服最容易发生问题地方，主要有12点：①现货供应比率/供品率(Fill Rate)，②缺货频率(Stock-Out Frequency)，③完整出货订单数(Orders Shipped Complete)，④产品破损比率(Damage)，⑤使用替代品频率(Product Substitutions)，⑥平均订货周期(Average Order Cycle Time)，⑦订货周期的变化(Variability of Order Cycle)，⑧发票的错误率(Invoice Error Rate)，⑨运输延迟比率(Shipment Delays)，⑩短装、短卸的比率(Shipment Shortages)，⑪运输路线变动的比率(Routing Change)，⑫回运或运输调整的比率(Returns/Adjustments)。

2. 物流服务环节衡量指标体系

该体系主要按物流活动内容的不同环节进行划分，根据每个环节特点对其服务进行标准体系的设置，好处在于可以更清楚直观地对物流每个部分进行服务考察。主要内容参考表11-1。

表11-1 物流服务环节衡量指标体系表

物流作业环节	标 准 内 容
物流包装环节	单元货载尺寸和运输包装系列尺寸的标准 包装机械化、省力的程度 绿色科技化包装和废弃物处理标准
装卸搬运环节	搬运作业中单元货载利用情况 冗余作业搬运的消除 易于移动的"搬运活性"
流通加工环节	适应客户多样化需要的能力 流通加工的集中程度和加工质量 物流效率的提高和费用的降低 流通加工对不同运输方式的衔接质量

续表

物流作业环节	标 准 内 容
运输运输与配送环节	运输途中货物破损及污染率 货物准时到达率；配载率及配送率 信息的及时有效性；客户的满意度
仓储保管环节	分区存放、分类堆垛标准 物理存放原则 方便搬运装卸的标准 应用存储优化模型诸如"零库存"等理念 库存总量和库存周转率等
订购环节	下订单的方便、高效性 订单修改、查询、取消的方便性

3. 定量化指标体系

1) 总体定量服务指标

(1) 服务水平指标 F

$$F = 满足要求次数/用户要求次数$$

或者以不可操作率 Q 来表示

$$Q = (不可操作次数/用户要求次数) \times 100\%$$

(2) 满足程度指标 M

$$M = 满足客户数量/用户要求数量$$

(3) 交货水平指标 $J1$

$$J1 = 按交货期次数/总交货次数$$

(4) 交货期质量指标 $J2$（交货的及时性）

$$J2 = 规定交货期 - 实际交货期$$

(5) 商品完好率指标 W

$$W = (交货时完好的商品质量/物流商品总量) \times 100\%$$

(6) 物流吨位费用指标 C

$$C = 物流费用/物流总量$$

2) 仓储服务指标

(1) 商品收发正确率

$$T = (吞吐量 - 出错总量)/吞吐量$$

(2) 商品完好率

$$W = (商品库存量 - 出现缺损量)/商品库存量$$

(3) 设备完好率

$$W = 完好设备台数/总设备台数$$

3) 运输服务指标

(1) 正点运输率 Z

$$Z = (正点运输次数/运输总次数) \times 100\%$$

(2) 满载率 M

$$M=(车辆实际装载量/车辆装载能力)\times 100\%$$

(3) 运力利用率 Y

$$Y=(实际吨位公里数/运力往返运输总能力)\times 100\%$$

以上定量指标只列举了一部分，同时也是根据不同物流企业而进行设置更改。

11.3 物流客户服务战略

战略是一个企业的风向标，就像人生的导航仪一样，正确的导航仪可以给人生带来无穷的乐趣和成就，正确的风向标可以给企业带来巨大的利润和长期的霸主地位，因此，制定一套正确的战略是所有企业的共同追求。而作为物流企业这类特殊的服务行业来说，制定一套长远的服务性战略当然就成为物流企业的核心战略，也是整个企业的赖以抗衡竞争对手的重要法宝，甚至是企业的生命线。因此，积极的建立一套客户服务战略是物流企业的工作重心。

物流战略是指为寻求物流的可持续发展，就物流发展目标以及达成目标的途径与手段制定的长远性、全局性的规划与谋略。

而对于物流战略中物流客户服务战略的建立可以根据不同的方法进行建立，而本节主要介绍根据企业自身情况、客户的需求和满意度调查以及竞争对手服务水平和竞争策略等相关情况而建立，介绍最有价值5种战略为：缺货战略、成本与服务战略、客户服务 ABC 分析战略、客户服务自我检查战略和客户服务延伸战略。

 案例链接　与谁赛跑？

两个人在森林里，遇到了一只大老虎。A 就赶紧蹲下来系好自己的鞋带。B 急死了，骂道："你干嘛呢，鞋带系得再紧你也跑不过老虎啊！" A 说："我只要跑得比你快就好了。"

点评

在当今激烈的社会竞争环境下，企业就好比案例的 A 和 B，大家看似无差别，但是如果面对同样恶劣的环境下谁选择了正确的战略，就好像系好鞋带这么简单，最终赢得的竞争，可以继续生存下去。

11.3.1 缺货战略

大多数情况下，而且在我们普遍的认知下，"缺货"这个名词在商品流通业界和物流业界都被视为最大的企业状况，应该想尽一切办法进行处理，然后制定策略防止再次出现缺货，而缺货究竟对企业和客户造成何种影响以至于使流通业界和物流业界对其甚为恐惧呢？同时，是不是缺货对企业就是坏事呢？当我们客户因为我们的原因而缺货的时候我们该如何进行战略制定呢？我们在以下内容会详细分析并给出相关答案以供参考。

1. 客户对缺货的反应

当一个企业发生缺货现象时，无论是内部缺货还是外部缺货，都会形成一种特殊成本，我们称之为缺货成本，当缺货成本发生时候，会对企业造成以下影响。

(1) 延期交货。当发生缺货的时候，第一种可能是客户没有对企业进行索赔或者起诉，而是跟企业进行协商，允许其缺货商品可以在下次规则订货时得到补充，或者利用加班加点等多种手段加速生产或者加快送递来延期交货。

（2）失销。由于缺货，可能造成一些用户会转向其他供应商，也就是说，许多公司都有生产替代产品的竞争者，当一个供应商没有客户所需的商品时，客户就会从其他供应商那里订货，在这种情况下，缺货导致失销，对于企业来说，直接损失就是这种商品的利润损失。因此，可以通过计算这批商品的利润来确定直接损失。

（3）失去客户。第三种可能发生的情况是由于缺货而失去客户，也就是说，客户永远转向另一个供应商。

（4）失去信誉。在业内会产生连锁宣传效应，对企业的商誉造成严重损害。

以上四种情况都是对企业造成不同程度的损害，最严重的应该是后两种情况，也是缺货导致最恶劣两种影响，也是企业不想看到的，因此企业一旦发生缺货，第一时间是让客户服务部门做好客户的公关工作，尽量不流失客户，但是，绝大多数情况下，客户因缺货而流失的比例越来越高，同时，信誉的流失也不是短时间的公关可以挽回的。

流通业界和物流业界作为服务业尤其对缺货更为敏感，因为，客户对缺货的反应决定了客户服务的水平，服务水平的高低决定的企业的生存。因此，物流企业要建立一套对应缺货的战略，而承担这个战略的建立和使用就落在物流客户服务部门身上。

2. 根据客户对缺货的反应制定客户个性化服务水平战略

（1）高效补货系统策略。当我们碰到的是第一种客户，即我们缺货对其造成比较大的影响，但是却因为各种原因一般不会进行较大规模索赔或者起诉的情况下，我们就必须要留住这些客户，因为同样情况继续出现的话，客户的流失就成为必然了，因此，我们为了防止流失这类客户应该建立一套高效的补货系统战略来满足该类客户。

高效的补货系统也是目前世界大部分流通巨头不缺货的法宝之一，主要原理是利用 POS 系统（销售点系统）与仓库或者配送中心的 EOS 系统（电子补货系统）进行实时对接，同时对每种商品都进行安全库存的设置，当商品低于安全库存的时候，信息会通过 POS 和 EOS 系统实时传输，仓库或者配送中心就可以实时的进行配货和送货，当货物送到店面时候商品基本还没缺货就可以进行补齐。

这种策略需要我们对系统进行测试和比较，最后进行实际运作，一般前期投入较大，但是，留住客户的这种回报远远大于其投资，也是我们第一种战略。

（2）替代品战略。当我们碰到第二种客户的时候，即一旦缺货就会转向其他供应商的客户，我们作为物流服务商，如果不能阻止这种情况，除了会失去这个客户之外，更重要的还会损害原来客户的利益，导致原来的供应商客户也因埋怨而选择其他物流服务商的情况下，我们就会在短时间丢失两位客户，由于这种情况比上一种情况要严重得多，因此，我们就要建立替代品战略来作为对策。

具体措施是根据现有客户的商品特性来进行比较分析得出最接近其特性的替代品名单，然后当上述情况一旦发生，在得到原供应商的许可情况下，可以立刻进行替代品推销，利用各种的营销手段来让客户接受替代品，这样就会让客户对物流服务商原来的不满降低，同时也帮助替代品商开拓了新的客源，而由于物流服务商是在原供应商的允许前提下作出该服务的，也不会因此得罪原供应商，因此，此战略可谓一箭三雕，多赢战略。

（3）重建信誉战略。当我们碰到第三种客户的时候，是物流服务商最棘手的一类客户，这种客户的忠诚度非常低，同时，转变非常之快，一旦缺货，基本不会回头再找原来导致其缺货的物流服务商，也就是"一旦缺货，永远丢失"的客户。

对于这种客户，我们物流客户服务部门只能通过重建信誉来挽回此类客户，因为这类客户之所以离开是由于对物流服务商的信心不足，一次的缺货导致巨大的信心落差。因此，物流客户服务部门只能不断地通过更优质的物流服务来打动那些与其有交往的相关企业，通过这种无形的宣传来达到让目标客户重建信心的目的。

（4）物流公关战略。当我们非常不幸地碰到最后一种客户，即不但离你而去，同时还会积极的就物流服务商由于缺货导致其损失的情况对其相关联的企业进行不间断的宣传，这种伤害比单纯的索赔还要严重，因为，损害的不是金钱而是企业最重要的信誉。

因此，面对这类客户，物流客户服务部门要进行耐心、长期的公关，如果经过一番努力结果还是公关失败，物流服务商只能考虑法律途径来维护自身的信誉，但是，这是迫于无奈的最后一步。

11.3.2 成本与服务战略

毋庸置疑任何一种服务都需要花费一定的成本（市场上所谓的免费服务都是在长期利益的掩盖下成本构成），因此，我们基本可以确定服务与成本必然存在着一定的关系。而物流客户服务作为物流企业的产品，其服务水平自然就成为了产品的质量标准，我们在前面已经提到了全面物流质量管理问题，但是，我们在进行物流客户服务管理过程中发现这样以下两种情况。

（1）即服务水平与物流成本呈现双高或者双低情况，即随着不同物流服务水平的提高，物流成本会出现不同情况的增长，总体趋势是增长趋势。

（2）当物流服务水平的下滑时候，物流成本会出现不同程度的下降或者说物流成本的下降必然会伴随着物流服务水平的下滑。

当然，我们更多的理想情况是想要第三种：即物流服务水平的不断提高，同时伴随着物流成本不断下降。这种貌似悖论的理想情况，我们不能绝对否定其不能实现，但是至少在目前的科技水平和管理科学上，物流企业基本上不可能实现。

以上理论也就解释了，一些服务优秀的物流服务企业，一般其员工的流失率会比那些服务较差的物流公司要低，就其原因就是服务优秀的物流企业在员工工资、福利等人员成本的投入比服务水平较差的物流公司要高，自然其流失率就较低。

但是，当物流企业大力的投入，物流成本的不断提高，物流服务水平的也随之不断提高的同时，是否意味着物流企业的收入也会伴随着一定比例的提高呢？我们观察图11.2，就知道问题的答案。

图 11.2 成本与服务均衡图

如图11.2所示，我们可以看出随着物流服务水平的不断提高，物流成本曲线也不断的呈现上升趋势，同时我们的物流收入曲线却在拉升到一定水平后呈现上升放缓现象，而这种现象呈现一直的持续趋向平缓的趋势。

因此，我们可以看出，当我们追求极致的物流服务的时候，并不代表我们可以获取更高的利润，相反，当我们不断的提高物流服务水平而导致过于猛烈增涨的成本时候，利润却变得越来越稀薄，甚至出现亏损，所以，我们要采取的服务与成本战略是，在物流服务与物流成本之间选择一个最佳服务水平点即成本服务平衡点来确定我们的服务水平，使我们的利润达到最大化。

至于G点的确定就要根据不同企业的不同种类的服务水平成本以及对应不同客户所要求的不同服务要求来进行对比分析，最终确定。

在11.3.1节分析了物流服务的缺货战略，也提出了是否缺货对于企业来说就是坏事的问题，我们通过下面的案例来回答这个问题，同时也可以有效的解释本节所阐述的成本服务权衡战略。

 案例链接　　"积极的"　容忍式战略：　沃尔玛缺货背后

存在所谓的对缺货"积极的"容忍式战略吗？

美国沃尔玛公司是总职员数约210万人的世界最大零售企业。包括日本的西友在内，沃尔玛在世界16个国家拥有8 000个超市和折扣店。

日本的流通行业频繁派遣考察团前往沃尔玛的店铺。但不论怎样深入的考察，只能看到随处可见的空空如也的柜台，沃尔玛在哪里高人一等完全不得而知。相反在日本人的眼中，看到的只是商品单调贫乏。

在日本，积极地补充店面库存保持柜台商品充足是理所当然的事。这是因为害怕缺货而造成销售机会的丢失，或者卖场会看起来不美观。

毛利虽低却有利可图的秘密

顾客对应和店内清扫思想，在日本是根深蒂固的。店员们的认真工作也比沃尔玛要好很多，可以说是世界首屈一指的水平。

但是利润却少之又少。即使是Seven & i Holdings 与 AEON 这样优秀企业，不但超市业务的总营业利润率接近赤字，而且盈利能力从长期来看也有衰落倾向，几乎无法向海外进军。

沃尔玛持续高速成长的同时，始终保持着5%～6%的营业利润率。去年的现金流超过2兆日元，达成24.6%的国际商务比例，即使在美国以外的年销售额也有10兆日元。

沃尔玛将折扣作为武器，毛利率比日本主要的综合超市低近5个百分点。但销售管理费用率却低10个百分点左右所以利润有较大盈余。看不见的物流系统成为利润的源泉。

沃尔玛店铺醒目的缺货现象，并不代表管理的草率。为了获得利润，存在故意造成缺货的可能性。

缺货率和库存量基本上是对立的关系。如果绝不允许断货的话，安全库存的水平就会以指数级上升。在管理过程中，需要将保持库存的成本和因缺货而造成的销售机会的损失放在"天平"上，判断经营中允许多少缺货就十分必要了。

但是，日本的多数零售商并没有设定允许缺货率。对于现场的管理人来说，即使是很少的缺货也要负责任，所以只能储备更多库存。但又会担心卖不掉而且店铺的面积也有限。

这就产生了增加订货频率小幅度补充库存的对策。这就要对供应的批发商发出订货后必须马上将商品送到的指示。而更加极端的是出现了现在订货4小时以内必须将货送到的贸易条款。

为了应对这种情况，批发商不得不在买家附近建造仓库储备商品。往往是订单一到，在仓库中马上打包并且不顾及货车负荷率的情况下就将送货车发出。而这些成本是加到周边零售商的购买价格中的。

这样批发商就可以把自身的责任转给零售商，不会增加手头的库存又能够避免缺货。高频率小批量进货方式下批发商物流费增加等问题都是零售商的订货管理人不知道的。

各环节都无法盈利的"合成的谬误"

日本的商贸习惯是购买价格里含有不明确标示出来的物流费。决定购买价格的是供应链总部。而即使是作为供应链总部的谈判对手的批发商，对各处收货地点及各商品的物流成本也没有明确把握。

同样的情况在批发商与生产商之间的商贸中也会发生。如果按照零售商的要求批发商的库存会恶作剧般膨大。这样的话，必要的周转资金会大量增加。随之而来的是批发商要对生产商提出小批量订货和缩短交货时间的要求。

为了对应客户需求生产商的营业负责人会为了交货方式和确保库存而奔波。并动员全厂上下提高产量，完成销售计划。在这里生产商同样没有设定允许缺货率。为了确保不断货，工厂不停的过剩生产。这种影响还会波及原料供应商。

结算期临近，上司命令削减库存，混乱状况就会接踵而至。全部商品一律盲目的降到安全库存水平以下。或者将占清单中比例较大的主要产品快速的削减。结果就是一部分畅销商品断货，而其他商品却库存过剩。

在供应链的各个流程中，各个环节的责任人都会完成肩负的使命努力的优化流程。但结果却是全体的效率低下，出现各环节都无法盈利的"合成的谬误"。无论现场如何努力，供应链全体的构造无法改变的话问题就无法解决。

资料来源：中国信息主管网，http://www.cio360.net，2009年9月8日。

通过上述案例，可以知道沃尔玛竟然会故意允许缺货，这种事情在其他企业尤其是日本以服务作为"第一生命"的企业来说是不可接受的，但是事实上，沃尔玛是真真正正的实行了该策略。

沃尔玛的实行该策略的思想很简单，就是基于本节所分析成本服务权衡战略，即当缺货发生时给企业造成的缺货成本，以及企业为了防止缺货成本而进行积极的防缺货措施导致虚高的营运和服务成本的时候，在两者间，沃尔玛做出了一个中间选择，就是适当的缺货战略。

这种战略虽然会得罪一部分客户，但是，总体来说，客户还是会接受短时间的非紧急商品的缺货，因此，是可以适当地安排一些这类的商品的短暂缺货，同时，该战略的实施就不需要像日本企业那样花费高昂的补货成本，也可以把这些节约的物流成本从商品中剥离，从而保证了商品的最低价，也间接地提高了沃尔玛的"天天低价"的声誉，更重要的是这样做就不会像日本企业那样把整个流通业的供应链带到无底深渊，造成社会极大的资源浪费。

11.3.3 客户服务 ABC 分析战略

众所周知，客户是企业的生命，服务好每一位客户，留住客户一直都是每一个企业的核心任务，尤其是作为服务业的物流企业。但是，企业的资源是有限的，物流企业的服务资源一样，如何分配有限的资源而获取最大的利润，这才是企业经营的关键所在。因此，我们不难发现，将企业的资源根据客户给企业带来的贡献（赢利性、销售收益、开拓其他社会关系）的多少而进行分配，才能达到最高效率的资源分配。

因此，我们就有必要了解客户、分析客户和对客户进行分类，而（Pareto' Law）帕累托法则和 ABC 分类法就能帮助我们发现重要（VIP/BIG）客户，并提供良好的服务。

1. 客户的概念

客户,就是指公司所有的服务对象(公司股东、雇员、顾客、合作者、政府官员、社区的居民)。客户,是企业的动力,是企业的利润来源。客户与顾客我们经常混淆,以为是同样的意思,因此,这里必须要分清楚两者的区别,以便日后的客户管理。

(1) 客户:一般指特定的服务对象,有具体的名称,纳入企业的信息管理。

(2) 顾客:泛指消费的对象,可能成为企业的客户,没有具体的名称、地址等详细的资料记录。

2. 客户的内涵

(1) 客户不全是产品或服务的最终接受者。处于物流供应链下游的企业是上游的客户,他们可能是物流商、批发商和零售商,而最终消费产品和服务的自然人或机构法人则是用户。

(2) 客户不一定是用户。处于物流供应链下游的批发商、零售商是生产商的客户,只有当他们消费这些产品和服务时,他们才是用户。

(3) 客户不一定在公司之外,内部客户的地位日益引起重视。内部客户使企业的服务链无缝连接起来,长时间以来,人们习惯于为企业之外的客户服务,而把企业内的上、下流程工作人员和供应链中的上、下游企业看做是同事或合作伙伴,而淡化了服务意识,造成客户服务内外脱节和不能落实。

3. 客户的分类

客户的分类多种多样,有按时间进行分类,例如:过去型客户、现在型客户和未来型客户;也有营销角度进行分类,例如:经济型客户、道德型客户、个性化客户和方便型客户等等,但是,作为物流企业,我们结合物流服务的特点和 Pareto 法则和 ABC 分类法对物流客户进行分类。这里我们先介绍 Pareto 法则和 ABC 分类法:

Pareto 法则也称之为二八法则,即在任何一组东西中,最重要的只占其中一小部分,约 20%,其余 80% 的尽管是多数,却是次要的。例如:20% 的人口掌握 80% 的社会财富;80% 的 GDP 是由 20% 的企业创造的;20% 高收入者收入占全部收入的 80%;80% 的业务收入来自 20% 的业务品种等。而根据这个法则,我们对应将事物、业务、组织、人员等进行分类,划分主次进行管理,我们称之为 ABC 分类法。

因此根据 Pareto 法则和 ABC 分类法结合物流客户角度对物流客户进行如下分类。

(1) 常规客户:这类客户主要希望从企业那里获得直接好处,获得满意的客户价值。他们是上面所介绍的经济型客户,追求实惠;这类客户占到客户 80%,但给企业带来的利润仅占 5%。

(2) 合适客户:这类客户希望从企业的关系中增加价值,从而获得附加的收益,是物流企业与客户关系的核心。占企业客户数的 15%,并创造 15% 左右的利润。

(3) 关键客户:这类客户除希望从企业那里获得直接利益外,还希望获得其他间接利益,从而实现精神需求。是企业稳定的客户,占客户的 5%,但企业 80% 左右的利润来自于他们。

4. 客户分类的意义

(1) 有效使用现有资源。任何一个企业的资源都是有限的,因此,企业常常用有限的资源主要满足关键客户和合适客户的需要，求得最大化客户价值与最大化的企业价值的平衡，这是企业营销管理的杠杆。

（2）扩展服务范围。从企业营销管理的社会责任角度来看，一个企业的有限资源能不能为客户提供满意的产品或服务，或虽然只能满足一小部分客户的服务要求，但尽量满足和扩大合适客户和关键客户的要求和范围，使企业的一般客户也能得到企业力所能及的更广泛的服务，从而促进客户整体价值的提高，这正是企业营销管理的社会责任所在。

（3）提供个性化的服务。通过客户的分类，有利于根据关键客户和合适客户的需要进行针对性客户化设计、制造和服务，使客户的个性需求得到满足，从而提高客户的价值，这是客户的需要，也是物流企业客户服务的动力源泉。

综上所述，本战略的实施对物流企业的长远发展是至关重要，只有充分的了解和分析客户，同时了解自身的资源状况和社会竞争情况，才能让物流企业的服务得到充分的均衡的发挥，这也是物流客户服务的精髓所在。

11.3.4 客户服务自我检查战略

当物流企业设定了一套物流服务标准体系后，就必须按照服务标准对客户进行服务。但是，我们在对客户进行物流服务过程中，服务是否落实，质量是否达标，客服反映的问题是否能尽快处理，都是客户服务部门的主要面临的问题，为了尽快地妥善处理类似问题，就必须建立一套对客户服务自我检查的战略。检查的目标是：定期合理的检查，发现问题，改善问题，优化服务质量，提高客户忠诚度。

客户服务自我检查战略具体包括以下措施。

1. 外部客户服务检查

首先主要确认哪些要素是客户最敏感，反应最激烈和最迅速的，例如：订货周期的长短、收款手续等敏感性因素；然后通过各种调查途径，例如问卷调查、电话调查、网上调查和客户当面访谈等方式对客户服务进行评分调研；接着根据调查评分结果对每个客户服务因素进行综合分析，然后根据分析结果进行纠正处理。

2. 内部客户服务检查

该检查主要是针对物流企业内部的员工、部门和员工之间、部门之间对物流客户服务的认知水平和态度。同时，重点检查对物流企业各服务部门对物流服务流程之间的熟练度，例如：订单录入的准确率、收付款差异率等问题。然后同样通过各种调查方式，检查发现问题，通过再培训等方法对问题进行处理。

3. 识别改进方法

通过内外部的服务检查，把所有检查出的问题进行彻底的研究和讨论，建立一套有效的改进方法和体系。只有这样，才能在以后陆续出现的各种服务问题中，迅速进行处理和改善。

4. 建立和改善的服务水平

当我们识别和建立了改进服务的方法和体系后，自然而然就会对原有的服务体系进行更改，当然这种更改不能偏离企业自身的实际状况。因此，在此基础上，根据内外部检查和建立识别以及改善服务体系，从而可以持续的对企业的服务水平进行改善，也最终达到服务客户，留住客户的目的。

11.3.5 客户服务延伸战略

客户服务的目标不但是改进服务，留住客户，更重要的还有开发客户。因此，企业必须建立一套持之有效的开发客户战略，而这套开发客户的战略我们称之为客户延伸战略。

（1）通过营销手段开发客户。这是目前大部分企业都在进行的最基础手段，通过价格、广告、服务质量和培训业务员等营销手段来达到开发客户的目的。

（2）参加展览会或者行业协会。开发客户的另外一个重要手段是通过参加大大小小不同种类的展览会来达到开发客户的目的，例如，我国每年都会在上海、深圳和北京等地举办不同的物流展览会；同时，其他非物流展览会，例如广交会等国际性的展览会也是我们进行开发物流客户的主要手段。

（3）关系延伸战略。这个战略主要是指通过客户建立口碑，然后，再通过客户之间的传递，来达到一个良好的企业信息传播渠道。当这个渠道一旦打通，客户就会接踵而来，达到了开发客户的目的，最重要的这些开发来的客户大部分都是优质客户。

11.4 其他特殊物流客户服务

本节介绍的特殊物流客户服务主要针对目前市场主流的两大物流服务，即产品召回服务和应急服务。这两大类服务属于物流服务的特殊类别，不是经常发生，当然需求也不是经常，但是，当一旦发生时候，如果物流企业能提供此类服务对企业的声誉和社会影响度是非常大的，甚至还会赢得更多的客户。

11.4.1 应急服务

一般情况下，社会发生的应急需求，大部分集中在天灾上，少部分是人祸，但是无论是天灾或者人祸，作为发生这些应急情况而又需要物流企业提供服务的时候，作为一家负责任同时又有能力应对该些应急情况的物流企业也应当义不容辞地提供服务。

1. 天灾应急服务

一般情况，天灾发生的种类很多，例如，火灾、洪水、雪灾、海啸、地震、台风等都属于经常发生的灾害，这些灾害都对人类产生巨大的生命威胁，因此，物流公司能提供的物流服务主要集中在食品和药品的储运和输送上，一般不同的灾害会对当地的基础设施造成不同程度的破坏，物流公司要根据具体情况选择最适宜的存储方式和运输方式对灾区人民进行紧急物品输送，例如空投物资是最普遍的，但是在台风和大雪天气就不能使用，要改为路上运输等等具体情况。

2. 人员应急服务

这里主要指非气候环境影响情况下，物流公司提供的物流服务主要指企业发生系统故障问题，当物流企业帮助其客户建立了一套物流系统后，如果在长时间的使用过程一直良好，而双方的服务协议也到期后，发生系统故障的情况下，客户的一些日常作业会陷入混乱和停顿，如果物流客户服务人员能立刻进行处理，帮助客户渡过难关，就会建立起优良的客户忠诚度。

11.4.2 召回服务

消费者保护主义的兴起使很多企业越来越关注客户的需求。而对于一些对客户的生命安全起到关键影响的产品世界各地政府陆续的以各种形式保护最常见的法律形式来建立起一个新的产品维护制度——产品召回制度。

因此,对于一些对人类的生命安全起到关键影响的产品,例如:食品、药品、汽车等产品都是产品召回制度下的常客。而为了更好更快地进行产品召回,对于食品和药品业来说,防止危害食品或者有问题的药品继续流入市场,现代物流科技利用了 RFID 技术和卫星 GPS 技术对产品进行的全面追踪,也是物流企业提供的最常见的物流服务。对于汽车业来说,产品召回的主要物流服务在于产品要在不同的分销点进行召回,然后根据问题的大小可以选择在分销点进行维护或者集中回总部工厂进行维护。

但是,无论是哪种召回,都会给企业产生或大或小的回流成本,我们也称之为逆向物流成本,在这里我们就不做详细讨论。

本 章 小 结

本章主要介绍了客户服务的含义和物流客户服务的本质,企业尤其是物流企业对物流客户服务应该进行何种重视程度;同时介绍了全面物流质量管理的内涵和原则和详细分析了物流客户服务的售前、售中和售后等三大服务环节具体因素,还提供了一套定性的物流客户服务标准和定量物流客户服务模型供大家参考;接下来我们着重地介绍了五种对物流客户服务至关重要的服务战略,即缺货战略、服务与成本权衡战略、ABC 客户战略、物流客户服务自我检查战略和最后的客户延伸战略;最后我们由于篇幅所限简单地介绍了两种特殊的物流客户服务,即应急服务和产品召回服务。而以上的内容也基本上可以反映当今物流客户服务对于一个物流企业的重要性,也反映当今社会的一体化下物流企业如何建立一套做出对自身利益最大化的战略。

习 题

一、选择题

1. 物流质量问题的表现有(   )。
   A. 车祸、沉船、空难   B. 货物丢失、损坏、变质
   C. 问题处理不及时、无效   D. 客户抱怨处理不力

2. 下面属于物流质量原则的是(   )。
   A. 以顾客为核心原则   B. 领导带动原则
   C. 基层参与原则   D. 持续改进原则

3. PDCA 原理中 A 表示(   )
   A. 计划   B. 实施   C. 检查   D. 处理

4. 下面属于交易前因素的是(　　)。
A. 企业书面的客户服务章程　　　B. 订货周期
C. 缺货情况　　　　　　　　　　D. 组织结构
5. 下面属于客户服务战略的是(　　)。
A. 缺货战略　　　　　　　　　　B. 成本与服务战略
C. ABC 分析战略　　　　　　　　D. 自我检查战略

二、名词解释

1. 客户服务　　2. 物流战略

三、问答题

1. 客户对缺货的反应是什么？
2. 根据 Pareto 法则和 ABC 分类法结合物流客户角度对物流客户进行分类有哪些？
3. 客户延伸战略是什么？

案 例 分 析

UPS 公司让包裹聪明地旅行

午夜时分，仰望星空，繁星点点。然而，星星似乎都不是相对静止不动的，你用肉眼就能看得到它们正在快速地移动。

这不是梦境，你完全可以相信自己的眼睛，当然，前提条件是这一幕发生在位于美国东南部肯塔基州最大城市路易维尔的 UPS 世界港。每天午夜的 11 点到次日凌晨 4 点，上百架次的飞机在这里繁忙的起降，飞机上闪烁的灯光很容易被误认为是星星在眨眼。"现在，你们看到的是 UPS 的天空。"UPS 世界港的一位经理说。

路易维尔这个有着棒球和赛马传统的典型美国南方城市曾是美国南北战争时期重要的商业中心，斯科特·费茨杰拉德的小说《了不起的盖茨比》使这里的 seelbach 酒店闻名于世。但是，随着新经济时代的来临，这个位于内陆，以农业为传统，仅有 100 多万人口的城市似乎没有太强的竞争力。从 1998 年开始，UPS(联合包裹快运公司)在这里启动了该公司近百年历史上最大的投资项目——UPS 世界港——这是一个针对该公司北美地区业务，第一期投资就高达 11 亿美元建设的，迄今为止，全世界最大的物流转运中心。由于这项全球最大的物流企业在当地的投资，该市迅速成长为美国"最适合物流业发展的城市"之一，被美国《商业 2.0》杂志列为新经济的重要引擎城市。

由于 UPS 世界港的建立，很多需要物流服务的公司都纷纷在路易维尔建立总部。加拿大一家名为 Clearwater 的专门经营龙虾的公司甚至在路易维尔设立了一个他们自称是全世界最大的"龙虾转运中心"，每年有十多万吨的活龙虾从这里，通过 UPS 的服务送往世界各地——在内陆地区设立鲜活海产品通往全球的转运中心，这似乎非常难以想象。

那么，世界港究竟是怎样工作的呢？

世界港在外在形态上的铺陈就已经令人叹为观止。为了减少噪音对城市的干扰，它被建立在路易维尔近郊，机场共有多条跑道。紧挨着机场，一幢幢巨大的白色厂房铺展在总面积为 400 万平方英尺左右的土地上，它们就是一个个独立的分拣中心，包裹根据体积的大小以及外形是否规则而被分送到不同的中心。每个分拣中心都建立了与货机的无缝衔接码头，货机在跑道上降落后就直接滑行到码头，与分拣中心的传送带连接起来。

物流管理

当一件货运包裹躺在进入属于自己类别分拣中心的传送带上,它在世界港的奇妙旅行就以100多英里每小时的速度真正开始了。

进入分拣中心内部,才算真正进入了世界港的心脏。在这里,总长122英里的1.7万条传送带分散在各个巨大的白色建筑物中,每一个分拣中心中都藏着几百条甚至是上千条的高速传送带,它们看上去非常繁杂的交错在一起,或平行,或迂回,有时候甚至有好几条传送带叠加在一起,位置最高的传送带甚至有几层楼高,它们全部按照预先设计好的程序快速运动着。

每件货物在进入分拣中心的第一时间,其包含货物信息的智能标签就被头顶摄像机读取和处理,然后才正式进入旅程,在旅程中它会经过无数的岔路口,无数个转弯,以及上坡下坡,但是包裹们都很聪明,除了少量手写地址的包裹,以及智能标签信息被污损的包裹需要工人来协助分拣以外,几乎每一件包裹都清楚地知道自己应该去哪。这些聪明的包裹甚至知道在岔路口进入其他传送带的时候避免和其他货物相撞——如果它们发现自己有可能和即将进入的这条传送带上的货物相撞,它们会在进入这条道之前等候一两秒。

让包裹独自聪明的旅行,要在今天的科技条件下做到看起来并不难,不过,在世界港,每一个小时,就有30.4万件包裹在这里旅行。而在未来,世界港最终的分拣能力将达到每小时50万件。而目前,一件包裹在这里被处理完毕,最短的时间是8分钟,最长的时间也仅仅是45分钟。

作为一个一直宣扬同步管理物流、信息流和资金流的供应链解决方案提供商,世界港见证了UPS对物流和信息流管理的强大能力。不过,当迈克·埃思丘(Mike Eskew)——UPS董事长,首席执行官在UPS位于亚特兰大的总部接受记者专访的时候,他似乎并没有觉得这已经让他足够自豪。

在创新方面,他认为UPS下一步的创新还是需要有效的聆听客户的需要,让客户告诉他们需要什么样的服务,什么样的资源,以及如何协助很多和中国做商务、做贸易的客户和中国的商务连接到一起。同样,怎样把中国的企业和世界上的贸易连接在一起也是UPS思考的问题。UPS需要进行更多的聆听和了解,才能帮助我们的客户超越国界、边境,超越文化的差异。UPS拥有很多创新的工具。比如说我们的DIAT(一种货运终端的手持电脑设备),可以对小包裹的递送路线图的规划使UPS把最基本的能力和不同的资讯流结合在一起,让小包裹的运送更先进有效,达到最有经济效益的值,这是我们在核心基础业务中很大的一个创新。但遗憾的是,目前UPS还不能把它的整个方案应用在中国。他希望在不久的将来,UPS可以把一整套的科技解决方案应用在中国。

在业务拓展方面,他认为UPS确实做了很多多元化的业务,这中间也涉及并购。第一,在并购前UPS首先会评估这家公司,在行业中,在市场里,它是不是有前景。第二,会看这个公司的业务内容是不是和UPS原有的业务产生很好的杠杆作用,这不只是指在生意上面,还包括品牌以及客户层的杠杆效应。第三,还要看这家公司是否符合我们的全球发展战略。这个战略在于,UPS致力于提供一对一的客户解决方案,以及怎样才能更好地产生协调性。评估之后,UPS就会和对方坐下来谈,介绍UPS的战略,讨论怎样合作以达成目标,怎样才可以整合双方的企业文化。他相信UPS的企业文化是很容易被融入和接受的,因为UPS相信只要大家合作,同心协力,就可以为客户提供更好的解决方案。

在商业模式的不足方面,他认同UPS的创始人吉米·凯西(James E. Casey)说过的一句话:任何事情,先要有破坏,才会有建设,才会有进步。他觉得UPS离完美还很远。在全球,每天有200万的客户向UPS交运他们的包裹和文件,他们的包裹文件,UPS要代他们送达600万的客户,就是客户的客户。那UPS要怎样把这200万客户当成单一的客户,帮助他们做好他们的财务、现金流的管理、仓储的管理、帮他们做好供应链的,网络的管理,所有的这些东西,让他觉得UPS还有很长的路要走,我们离完美还很远。

讨论题:

1. 描述UPS公司包裹旅行的流程特点。
2. UPS的优势有哪些?
3. 你认为UPS的业务流程是否完善?还能怎样改进?

第12章 物流成本管理

【本章教学要点】

知识要点	掌握程度	相关知识
物流成本管理概述	掌握	物流成本的概念
	了解	物流成本的构成
	理解	物流成本管理的分类
物流成本的计算	了解	物流成本的计算对象
	了解	物流成本的计算方法
	了解	物流成本计算程序
物流成本的分析、预测与决策	掌握	物流成本的分析
	掌握	物流成本的预测
	掌握	物流成本的决策
影响物流成本的因素及降低物流成本的途径	重点掌握	影响物流成本的因素
	重点掌握	降低物流成本的途径

【名人名言】

在企业内部,只有成本。

——美国管理大师彼得·杜拉克

经营管理,成本分析,要追根究底,分析到最后一点。

——台塑集团董事长王永庆

多挣钱的方法只有两个:不是多卖,就是降低管理费。

——克莱斯勒汽车公司总裁李·艾柯卡

导入案例

物流成本：第三利润源泉

在超市里花6元钱买一瓶饮料时，你是否想过，这6元包含多少原材料成本、人工成本、营销成本、多少利润，又有多少是物流成本呢？我们会得到这样的答案：制造成本（原材料成本、人工成本等）4元钱左右，利润1元钱左右，而物流成本却超过了1元钱。你是否感到惊讶？

一瓶饮料，在运输、仓储上消耗的费用能够占到销售价格的20%～30%，对某些产品，这个比例还会更高。在市场竞争日益激烈的今天，原材料和劳动力价格利润空间日益狭小，劳动生产率的潜力空间也有限，靠传统的降低原材料消耗、劳动力成本或大力提高制造环节的劳动生产率来获取更大利润已变得十分困难。因此，生产和流通中的物流环节成本继劳动力、自然资源之后的"第三利润源"，而保证这一利润源实现的关键是降低物流成本。

点评

当今，物流成本已经成为企业生产成本中不可忽视的一笔消耗。物流作为"第三利润源"，已成为企业追求利润增长的又一重要来源。了解物流成本，控制物流成本，以物流成本为手段优化物流活动，是企业降低成本、提高效益的又一手段。

物流成本是物流管理的重要内容，也是物流经济效益的量化指标。要有效的实施物流成本管理，首先要在了解物流成本与物流成本管理概念、构成与分类；其次学会计算各类物流成本，对物流成本进行分析、预测与决策；最后，通过掌握科学的管理工具，采用有效的途径降低物流成本，从而充分地挖掘第三利润源泉。

12.1 物流成本管理概述

12.1.1 物流成本与物流成本管理的概念

1. 物流成本的概念

根据2006年发布实施的国家标准《企业物流成本构成与计算》（GB/T 20623—2006），物流成本被定义为："物流活动中所消耗的物化劳动和活劳动的货币表现，包括货物在包装、运输、储存、装卸搬运、流通加工、物流信息、物流管理等过程中所消耗的人力、物力和财力的总和以及与存货有关的资金占用成本、物品损耗成本、保险成本和税收成本。"其中，与存货有关的资金占用成本包含负债融资所发生的利息支出即显性成本和占用资金所产生的机会成本即隐性成本两部分内容。我们把此概念定义为狭义的物流成本。

知识链接

隐性成本是相对于显性成本而言的，是一种隐藏于经济组织总成本之中、游离于财务监督之外的成本。是由经济主体的行为而有意或无意造成的，具有一定隐蔽性的将来成本和转移成本，是成本的将来时态和转嫁的成本形态的总和。这些成本具有隐蔽性大，难以避免、不易量化的特点。

而广义的物流成本，包括狭义物流成本与客户服务成本。物流活动是企业追求客户满意，提高客户服务水平的关键因素和重要保障。物流系统的每一组成部分都会影响顾客是否在适当的时间、适当的地点，以适当的条件收到适当的产品。现实当中常有企业因为物流服务水平低，造成客户不满意，而失去现有客户与潜在客户的情况，这种情况带来的损失，就是客户服务成本。

2. 物流成本管理的概念

物流成本管理是通过成本去管理物流，可以说是以成本为手段的物流管理方法，通过对物流活动的管理，从而在既定的服务水平下达到降低物流成本的目的。换句话说，物流成本管理是以相对较低的物流成本达到客户所满意的服务水平，对物流活动进行计划、组织、协调与控制。

物流成本管理的意义在于，通过对物流成本的有效把握，利用物流要素之间的效益背反关系，科学、合理地组织物流活动，加强对物流活动过程中费用支出的有效控制，降低物流活动中的物化劳动和活劳动的消耗，从而达到降低物流总成本、提高企业和社会经济效益的目的。

12.1.2 物流成本的构成

了解物流成本构成，首先要明确是哪个层次的物流成本。本书在探讨物流成本构成时，是按照宏观与微观，即社会与企业物流成本两个体系进行。

1. 社会物流费用构成

根据中华人民共和国国家标准《社会物流统计指标体系》（GB/T 24361—2009），我国社会物流总成本是指我国全部长住单位因社会物流经济活动而发生的总费用，具体包括运输费用、保管费用和管理费用。

 知识链接　2013年中国社会物流总费用情况

2013年全国社会物流总费用10.2万亿元，同比增长9.3%，增幅比上年回落2.1个百分点。其中，运输费用5.4万亿元，同比增长9.2%，保管费用3.6万亿元，增长8.9%，管理费用1.3万亿元，增长10.8%。

2013年全国社会物流总额197.8万亿元，同比增长9.5%，增幅比上年回落0.3个百分点。2013年全国物流业增加值3.9万亿元，同比增长8.5%，增幅比上年回落0.7个百分点。物流业增加值占GDP的比重为6.8%，占服务业增加值的比重为14.8%。

2013年全国社会物流总费用与GDP的比率为18%，与上年基本持平。这一比率高于美国、日本和德国9.5个百分点，高于全球平均水平约6.5个百分点，反映出中国物流成本偏高的问题依然明显。同时，全社会物流企业收入增速低于物流费用增速，物流企业普遍盈利能力偏低。

1) 运输费用

运输费用是指社会物流经济活动中，国民经济各部门由于物品运输而支付的全部费用。包括支付给物品承运方的运费（即承运方的货运收入），支付给装卸搬运、保管、代理等辅助服务提供方的费用（即辅助服务提供方的货运业务收入），以及支付给运输管理部门与投资部门的、由货主方承担的各种交通建设基金、过路费、过桥费、过闸费等运输附加费用。

运输费用的基本计算公式是：

$$运输费用 = 运输 + 装卸搬运等辅助费 + 运输附加费$$

具体计算时，可根据铁路运输、道路运输、水上运输、航空运输和管道运输不同的运输方式及对应的业务核算方法分别计算。

2) 保管费用

保管费用是指社会物流经济活动中，物品从最初的资源供应地（生产环节、海关关境）向最终消费地流动过程中所发生的运输费用和管理费用除外的全部费用。包括物流过程中因流动资金的占用而需承担的利息费用，仓储保管方面的费用，流通中配送、加工、包装、信息及相关服务方面的费用，以及流通过程中发生的保险费用和物品损耗费用等。

保管费用的基本计算公式是：

$$保管费用 = 利息费用 + 仓储费用 + 保险费用 + 货物损耗费用\\ + 信息及相关服务费用 + 配送费用 + 流通加工费用\\ + 包装费用 + 其他保管费用$$

3) 管理费用

管理费用是指社会物流活动中，物品供需双方的管理部门，因组织和管理各项物流活动所发生的费用。它主要包括管理人员报酬、办公费用、教育培训费用、劳动保险、车船使用费用等各种属于管理费用科目的费用。

管理费用的基本计算公式是：

$$管理费用 = 社会物流总额 \times 社会物流平均管理费用率$$

式中，社会物流平均管理费用率是指一定时期内，各物品最初供给部门完成全部物品从供给地流向最终需求地的社会物流活动中，管理费用额占各部门物流总额比例的综合平均数。

表12-1表明：我国社会物流费用构成中，运费费用占的比例最大，占总费用一半以上；保管费用约占35%左右；管理费用约占12%左右。

表12-1 我国社会物流费用构成/%

年 份	运输费用	保管费用	管理费用	社会物流总费用
2009	55.3	32.8	11.9	100
2010	54	33.9	12.1	100
2011	52.8	35	12.2	100
2012	52.1	35.1	12.8	100
2013	52.5	35	12.5	100

资料来源：中华人民共和国发展和改革委员会网站。

知识链接　美国、欧洲、日本的社会物流成本构成

美国社会物流成本主要由存货持有成本、运输成本和物流行政管理成本三部分构成。存货持有成本除了包括仓储成本、残损、人力费用及保险和税收费用，还包括库存占用资金的利息；运输成本是直接从美国ENO运输基金会出版的《美国运输年度报告》中得到的货运数据，分为公路运输、其他运输方式和货主费用三个类别；物流行政管理成本包括订单处理、IT成本以及市场预测、计划制定和相关人员发生的管理费用。

欧洲社会物流成本是包括运输、仓储、包装以及基础设施投资等费用在内的全社会物流总成本。从现有资料看，欧洲社会物流成本的核算并没有把管理费用单列，而是将其分散在仓储、包装和搬运等各方面。

日本社会物流成本包括运输费、保管费和管理费三部分内容。

2. 企业物流成本构成

按照国家标准《企业物流成本构成与计算》（GB/T 20623—2006），企业物流成本构成包括企业物流成本项目构成、企业物流成本范围构成和企业物流成本支付形态构成三种类型，如图12.1所示。

图 12.1 企业物流成本构成

从图 12.1 可看出，企业物流成本包括运输成本、仓储成本、包装成本、装卸搬运成本、流通加工成本、物流信息成本、物流管理成本等物流功能成本和与存货有关的流动资金占用成本、存货风险成本以及存货保险成本。企业物流成本由不同支付形态构成，存在不同的物流范围阶段。

12.1.3 物流成本管理的分类

1. 按物流费用的支付形态分类

按物流费用的支付形态分类，分为委托物流成本和内部物流成本。其中内部物流成本按支付形态分为材料费、人工费、维护费、一般经费和特别经费。具体如表 12-2 所示。

表 12-2 物流成本支付形态构成表

成本支付形态		内容说明
企业内部物流成本	材料费	资材费、工具费、器具费等
	人工费	工资、福利、奖金、津贴、补贴、住房公积金等
	维护费	土地、建筑物及各类物流设施设备的折旧费、维护维修费、租赁费、保险费、税金、燃料与动力消耗费等
	一般经费	办公费、差旅费、会议费、通信费、水电费、煤气费等
	特别经费	存货资金占用费、物品损耗费、存货保险费和税金
委托物流成本		企业向外物流机构所支付的各项费用

资料来源：中华人民共和国国家标准《企业物流成本构成与计算》（GB/T 20623—2006）

2. 按成本与业务量的关系分类

按其与业务量的关系分类，可以分为固定物流成本、变动物流成本和混合物流成本。

（1）固定物流成本。固定物流成本是指其总额在一定时期和一定业务量范围内，不受业务量增减变动影响而保持不变的成本。如物流管理人员的工资，按直线法计算的固定资产折旧等。其主要特点是物流成本总额保持不变，但单位物流成本与物流作业量成反比关系。

（2）变动物流成本。变动物流成本是指其总额随着业务量的变动而成正比例变动的成本。如材料消耗、燃料消耗、与业务量挂钩的物流人员的工资等。这类成本的最大特点是成本总额随业务量的变动而变动，但单位成本保持原有水平。

（3）混合物流成本。混合物流成本是指全部物流成本介于固定物流成本和变动物流成本之间，既随物流作业量变动又不与其成正比例变动的那部分成本。在实务中，有很多物流成本项目不能简单地归类为固定物流成本或变动物流成本，它们兼有变动物流成本和固定物流成本两种不同特性。

3. 按物流活动发生的范围分类

按物流活动发生的范围进行分类，可分为供应物流成本、企业内物流成本、销售物流成本、回收物流成本和废弃物流成本。

（1）供应物流成本。供应物流成本是企业在采购环节所发生的物流费用。

（2）企业内物流成本。企业内物流成本是货物在企业内部流转所发生的物流费用。

（3）销售物流成本。销售物流成本是企业在销售环节所发生的物流费用。

（4）回收物流成本。回收物流成本指退货、返修物品和周转使用的包装容器等从需方返回供方的物流活动过程中所发生的物流费用。

（5）废弃物物流成本。废弃物物流成本指将经济活动中失去原有使用价值的物品，根据实际需要进行收集、分类、加工、包装、搬运、储存等，并分送到专门处理场所的物流活动过程中所发生的物流费用。

4. 按物流活动类别分类

按物流活动类别分类，可分为物流环节成本、物流信息成本和物流管理成本。

（1）物流环节成本。物流环节成本是指产品实体在空间位置转换过程中所发生的环节成本，包括运输费、仓储费、包装费、流通加工费、装卸搬运费等。

（2）物流信息成本。物流信息成本是指处理各种物流信息而发生的成本，包括与库存管理、订货处理、为客户服务等相关的费用。如网络费用、信息传输费等。

（3）物流管理成本。物流管理成本指为了计划、组织、控制、协调等管理活动而发生的各种管理费。如人工费用、办公费用、物料消耗费用等。

12.2 物流成本的计算

物流成本计算，是指企业按物流管理目标对物流耗费进行确认、计量和报告。物流成本计算是加强物流企业管理，特别是加强物流成本管理、降低物流成本、减少资金占用、提高物流企业经济效益的重要手段。

12.2.1 物流成本的计算对象

物流成本的计算取决于成本计算对象的选取。成本计算对象的选取方法不同，得出的物流成本的结果也就不同。因此，正确确定成本计算对象，是进行成本计算的基础与前提。

所谓成本计算对象，是指企业或成本管理部门为归集和分配各项成本费用而确定的，以一定期间和空间范围为条件而存在的成本计算实体。

知识链接

成本计算实体，是指其发生并应合理承担各项费用的特定经营成果的体现形式，包括有形的各种产品和无形的各种劳务作业。就物流企业而言，其成本计算实体，主要是各种不同类型的物流活动或物流作业。

成本计算期间，是指汇集生产经营费用、计算生产经营成本的时间范围。物流企业的成本计算期视其物流作业性质可有不同的确定方法，如对于远洋货物运输，可以航次周期作为成本计算期。

成本计算空间，是指成本费用发生并能组织企业成本计算的地点和区域。

一般来说，物流成本计算对象的选取主要取决于物流范围、物流成本项目、物流成本支付形态。除此之外，企业还可根据自身成本控制的重点选取其他成本计算对象。

1. 以物流成本项目作为成本计算对象

物流成本项目是最基本的物流成本计算对象。以物流成本项目作为物流成本计算对象，是将物流成本首先按是否属于功能性成本分为物流功能成本和存货相关成本。其中，物流功能成本包括运输成本、仓储成本、包装成本、装卸搬运成本、流通加工成本、物流信息成本和物流管理成本；存货相关成本指企业在物流活动过程中所发生的与存货有关的流动资金占用成本、风险成本和保险成本。

以物流成本项目为成本计算对象的意义在于，第一，有利于加强各物流功能环节的管理，促进各功能成本的降低；第二，直观地了解与存货有关的物流成本支出数额，有利于加速存货资金周转速度；第三，通过掌握其他成本支出在总成本中所占的份额及其具体构成，有利于提高物流成本控制和管理的针对性。

2. 以物流范围作为成本计算对象

以物流范围作为成本计算对象，是对物流的起点与终点以及起点与终点间的物流活动过程的选取，具体包括供应物流、企业内物流、销售物流、回收物流和废弃物物流等阶段所发生的成本支出。通过各阶段数据的分离和计算，可以得出不同范围物流成本以及物流成本总额，有利于全面了解各范围物流成本的全貌，并据此进行比较分析。

3. 以物流成本支付形态作为成本计算对象

以物流成本的支付形态作为物流成本计算对象是将一定时期的物流成本从财务会计数据中予以分离，按照成本支付形态进行分类。可将企业的物流成本分为自营物流成本和委托物流成本。其中，自营物流成本归为五类：材料费、人工费、维护费、一般经费和特别经费。委托物流成本指企业委托外单位组织物流活动所支付的运输费、保管费、装卸搬运费等支出。

以支付形态作为物流成本计算对象，可以得出不同形态的物流成本信息，掌握企业本身发生的物流成本和对外支付的物流成本；同时，可以获取较为详尽的内部支付形态信息。

4. 其他物流成本计算对象

除了上述三种成本计算对象确认方法外，企业还可根据自身物流成本管理和控制重点选取其他物流成本计算对象。如以客户为成本计算对象，对加强客户服务管确定有竞争力的服务价格以及为不同客户提供差别化的物流服务具有重要意义；以产品作为成本计算对象，可以进一步了解各产品的物流费用开支情况，以便进行重点管理；以某一物流部门为计算对象，这种方法对加强责任中心管理，开展责任成本管理以及对部门的绩效考核十分有利。

12.2.2 物流成本的计算方法

对于物流成本计算可以采用会计方式、统计方式以及会计和统计相结合的方式。

1. 会计方式计算物流成本

通过会计方式计算物流成本，就是通过凭证、账户、报表对物流耗费予以连续、系统、全面地记录、计算和报告的方法。具体包括两种形式：一是把物流成本计算与正常的会计核算截然分开，建立独立的物流成本核算的凭证、账户、报表体系，物流成本的内容在物流成本计算体系和会计核算体系中得到双重反映；二是物流成本计算与企业内现行的会计核算体系相结合，增设"物流成本"科目，将与物流成本有关的先计入"物流成本"

科目，会计期末再将各物流成本账户归集的物流成本余额按一定的标准分摊到相关的成本费用账户。

2. 统计方式计算物流成本

通过统计方式计算物流成本，不需要设置完整的凭证、账户、报表体系，主要是对企业现行成本核算资料进行解析和分析，从中抽取物流耗费部分，再按不同的成本计算对象进行重新归集、分配和汇总，加工成物流管理所需要的成本信息。

3. 会计和统计结合的方式计算物流成本

通过会计和统计相结合的方式计算物流成本，其要点是将物流耗费的一部分通过会计方式予以计算，另一部分通过统计方式计算。会计核算数据主要计算显性成本，统计方式主要核算隐性成本。

12.2.3 物流成本计算程序

1. 会计方式计算显性物流成本

1) 选取会计科目

计算显性物流成本需要依赖现行会计核算体系，完整、准备的会计核算资料是物流成本计算的基础。要从纷繁复杂的会计信息中获取物流成本信息，可以从原始凭证、会计科目、会计报表等入手。其基本思想是，在计算物流成本时，只要从会计核算中所有的成本费用类会计科目入手，逐一分析其发生的明细项目，必要时追溯至原始凭证，逐一确认其是否属于物流成本的内容，就找到了计算物流成本的切入点。

另外，我国会计核算中对于采购环节存货成本的确认通常包括运输费、装卸费等与物流成本有关的内容，而这部分内容连同存货本身的采购价格一并计入"材料采购"科目。所以，计算企业物流成本时，除了从上述成本费用类会计科目入手计算，还应考虑材料采购科目中所包含的物流成本信息。

2) 设置物流成本辅助账户

计算物流成本时往往需要设置物流成本辅助账户，设计哪些账户，主要取决于物流成本计算对象的选取和物流成本管理的要求。以某企业的物流成本计算为例，按物流成本项目和物流成本支付形态设置。以"物流成本"为一级账户；在"物流成本"账户下，按物流成本项目设置运输成本、仓储成本、包装成本、装卸搬运成本、流通加工成本、物流信息成本、物流管理成本、流动资金占用成本、存货风险成本、存货保险成本等二级账户；按物流成本支付形态设置自营和委托物流成本三级账户；对于自营物流成本，还应按费用支付形态设置材料费、人工费、维护费、一般经费、特别经费费用专栏。由此可得企业物流成本支付形态表（表12-3）。

例如，物流成本中自营仓储成本的计算可设置5个明细账户：

物流成本——仓储成本——材料费

物流成本——仓储成本——人工费

物流成本——仓储成本——维护费

物流成本——仓储成本——一般经费

物流成本——仓储成本——特别经费

表12-3 企业物流成本支付形态表

企业名称： 单位：元 年 月

成本项目		支付形态						
		自营					委托	合计
		材料费	人工费	维护费	一般经费	特别经费		
物流功能成本	运输成本							
	仓储成本							
	包装成本							
	装卸搬运成本							
	流通加工成本							
	物流信息成本							
	物流管理成本							
	合计							
存货相关成本	流动资金占用成本							
	存货风险成本							
	存货保险成本							
	合计							
其他成本								
物流总成本								

单位负责人： 填表人： 填表日期： 年 月 日

其他物流成本明细账户的设置可参照仓储成本的设置。关于物流成本明细账户的设置，需要注意以下四个方面的问题：一是企业在实践中仅需对本会计期间实际发生的物流成本耗费设置相应的明细账户。二是企业可根据实际情况确定账户名称和次序。三是企业物流成本账户除了按上述所列项目设置，还可按物流成本范围、产品、客户、部门等设置。四是无论其中还是期末计算物流成本，都需要设置明细账户。

3) 计算物流成本

在设置物流成本辅助账户，明确应选取会计科目的基础上，可逐一分析各相关会计科目，明确哪些费用支出应计入物流成本，对于应计入物流成本的内容，可根据本企业实际情况，选择期中同步或者期末集中归集计算物流成本。

2. 统计方式计算隐性物流成本

对于隐性物流成本，即现行成本核算体系中没有反映但应计入物流成本的费用。我们以存货占用自有资金所发生的机会成本为例，计算存货资金占用成本。

首先，期末（月末、季末、年末）对存货按采购在途、在库和销售在途三种形态分别统计出账面余额。其次，按照下列公式计算存货占用自有资金所产生的机会成本：

存货资金占用成本＝存货账面余额（存货占用自有资金）×行业基准收益率

其中，对于生产制造和流通企业而言，若企业计提了存货跌价准备，则存货账面余额为扣除存货跌价准备后的余额；对于物流企业而言，如果在受托物流业务时需要垫付一定的备用金和押金，这部分可视同存货占用自有资金，也应计算其产生的机会成本。另外，企业若无法取得有关行业基准收益率的数值，也可按 1 年期银行贷款利率计算。

3. 物流成本计算案例

这里，以 A 公司为例，介绍物流企业成本计算的具体方法步骤。A 公司为一家专业的物流公司，截至 2012 年 10 月，资产总额 3 200 万元，负债 1 420 万元。公司主要从事受托物流业务的组织运营工作，运输业务由有运输资格的车队负责，装卸搬运业务雇佣外部搬运工完成。经查阅会计核算有关资料，知 A 公司的成本费用科目主要包括主营业务成本、销售费用、管理费用、财务费用和营业外支出。下面根据上述成本费用类科目记载的有关信息，计算 A 公司 2012 年 10 月发生的部分物流成本。

【例 12-1】经查阅，2012 年 10 月 A 公司的"主营业务成本"科目余额为 81 546.16 元。经进一步分析相关明细资料得到，"主营业务成本"科目下的搬运费和营运费细目支出均与物流成本有关，其中"主营业务成本——搬运费"51 445.23 元，"主营业务成本——营运费"30 100.93 元，分别为对外支付搬运费和运输费。

根据上述资料，设置物流成本辅助账户，计算与"主营业务成本——搬运费"、"主营业务成本——营运费"有关的物流成本：

物流成本——装卸搬运成本——委托　51 445.23
　　　　——运输成本——委托　30 100.93

【例 12-2】经查阅，2012 年 10 月 A 公司的"销售费用"科目余额为 110 023.55 元，经进一步分析相关明细资料得到，"销售费用"科目下的工资、通讯费、办公费、差旅费、保险费、折旧等细目支出与物流成本相关。这里仅计算与"销售费用——折旧"有关的物流成本。经查阅，"销售费用——折旧"科目余额为 8 400 元，为卡车、叉车、自有仓库折旧费，数额分别为 2 200 元、2 300 元和 3 900 元。

根据上述资料，设置物流成本辅助账户，计算与"销售费用——折旧"有关的物流成本：

物流成本——运输成本——维护费　2 200
　　　　——装卸搬运成本——维护费　2 300
　　　　——仓储成本——维护费　3 900

12.3　物流成本的分析、预测与决策

物流成本分析是物流成本计算完成后，进入物流成本决策之前所要做的重要管理工作；物流成本的预测与决策则是物流成本管理的关键性活动。它们都是物流成本管理中的重要环节。

12.3.1　物流成本的分析

1. 物流成本分析的含义

物流成本分析是指利用物流成本计算数据和其他相关资料，以本期实际物流成本指标

与目标物流成本指标、上期实际物流成本指标、国内外同类企业的物流成本指标等进行比较，以便了解物流成本相关指标升降变动情况，以及变动的因素和原因，并分清单位与个人的责任。

物流成本分析并不只是对过去成本管理工作的简单回顾、总结与评价，更重要的是通过对过去企业物流资金耗费活动规律的了解，正确评价企业物流成本计划的执行结果，揭示物流成本升降变动的原因，为编制物流成本预算和成本决策提供重要依据，以实现对未来成本管理工作展望和指导的目的。因此，物流成本分析是企业成本管理的重要内容。

2. 物流成本分析的步骤

物流成本的分析步骤是依据分析目标，采用一定的分析方法，针对某一分析对象，由分析人员具体设计的。但物流成本分析的一般步骤应包括以下几步。

(1) 确定分析目标。首先要明确物流成本分析的目标，根据分析目标进而选择分析方法并制定分析计划。

(2) 明确分析对象。明确分析对象，是物流成本分析的出发点。

(3) 选择分析方法，制定分析计划。针对分析目标，首先要明确为了实现目标需要做哪些工作，完成这些工作需要哪一种或哪几种分析方法，进而制定出科学合理的分析计划。

(4) 收集基本数据，统计并核算。按照以上思路，收集尽可能完整和准备的数据，并对数据进行分类和分解，使之符合分析和评价的需要，只有这样才能计算出正确的结果。

(5) 得出分析结果，为决策提供信息。对收集到的数据，要用一定的定性和定量方法对其进行分析、统计与核算，从而得出科学的结论，帮助物流成本管理者进行决策。

3. 物流成本分析的基本方法

在物流成本分析中，可选取方法很多，既包括定性评价也包括定量分析。在此介绍三种成本分析的方法，即比较分析法、因素分析法和比率法。

1) 比较分析法

比较分析法是将实际达到的数据与特定的各种标准相比较，从数量上确定差异，并进行差异分析或趋势分析的一种分析方法。差异分析是通过差异来揭示成绩或差异，作出评价，并找出产生差异的原因及其对差异的影响程度，为今后改进企业物流成本管理指引方向的一种分析方法。趋势分析是将实际达到的结果，与不同时期企业物流成本同类指标的历史数据进行比较，从而确定物流成本变化趋势的一种分析方法。将差异分析和趋势分析统称为比较分析法。

在企业物流成本分析过程中，可使用的比较标准主要有：本期实际与预定目标、计划或定额比较；本期实际与上期同期实际或历史最高水平比较，以及与若干期的历史资料比较；本企业实际与行业先进水平比较；本企业实际与评价标准进行比较。

比较方法可具体细分为横向比较法和纵向比较法。

 知识链接

横向比较法又称水平分析法，是将实际达到的结果与某一标准包括前面提到的各种比较标准进行比较。纵向比较法又称垂直分析法，是以物流成本表的某一关键项目为基数，以其金额为100，而将其余项目的金额分别除以关键项目余额，计算出百分比，这个百分比表示各项目的比重，通过比重对各项目作出判断和分析。该方法通常以物流总成本作为基数。表12-4，表12-5分别为横向比较法和纵向比较法示意。

表12-4　某企业比较物流成本　　　　　　　　　　　　　　　　　　单位：万元

成本项目		2011年度	2010年度	增加(减少) 金额	增加(减少) 百分比
物流功能成本	运输成本	20	18	2	11.11
	仓储成本	15	16	-1	-6.25
	包装成本	10	9	1	11.11
	装卸搬运成本	10	13	-3	-23.08
	流通加工成本	5	6	-1	-16.67
	物流信息成本	8	7	1	14.29
	物流管理成本	12	15	-3	-20
	合计	80	84	-4	-4.76
存货相关成本	流动资金占用成本	7	8	-1	-12.5
	存货风险成本	9	10	-1	-10
	存货保险成本	4	4	0	0
	合计	20	22	-2	-9.09
其他成本					
物流总成本		100	106	-6	-5.66

表12-5　某物流比较共同比物流成本　　　　　　　　　　　　　　单位：万元

成本项目		2011年度
物流功能成本	运输成本	20
	仓储成本	15
	包装成本	10
	装卸搬运成本	10
	流通加工成本	5
	物流信息成本	8
	物流管理成本	12
	合计	80
存货相关成本	流动资金占用成本	7
	存货风险成本	9
	存货保险成本	4
	合计	20
其他成本		
物流总成本		100

2）因素分析法

因素分析法是将某一综合指标分解为若干个相互联系的因素，并分别计算、分析每个因素影响程度的一种方法。因素分析法在进行分析时，首先假定众多因素中的一个因素发生了变化，而其他因素不变，然后逐个替换，并分别比较其计算结果，以确定各个因素的变化对成本的影响程度。下面举例说明。

设物流成本指标 Y 是 A、B、C 三个因素的乘积，其计划成本指标与实际成本指标分别如下：

$$计划成本指标\ Y_1 = A_1 + B_1 + C_1$$
$$实际成本指标\ Y_2 = A_2 + B_2 + C_2$$
$$差异额\ M = Y_2 - Y_1$$

计算程序是：计划成本指标 $A_1 + B_1 + C_1 = Y_1$

第一次替换 $A_2 + B_1 + C_1 = Y_3$　$Y_3 - Y_1 = A$ 变动的影响

第二次替换 $A_2 + B_2 + C_1 = Y_4$　$Y_4 - Y_3 = B$ 变动的影响

第三次替换 $A_2 + B_2 + C_2 = Y_2$　$Y_2 - Y_4 = C$ 变动的影响

以上三个因素变动影响的总和为

$$(Y_3 - Y_1) + (Y_4 - Y_3) + (Y_2 - Y_4) = M$$

因此，可知三个因素变动的差异之和与前面计算的实际物流成本指标脱离计划成本指标的总差异是相符的，既确定了各个因素对成本指标升降的影响程度，又确定各个因素所占差异的比重程度，为物流成本决策提供了可靠的依据。

3）比率法

在物流成本分析中，比率分析法是指在物流成本表的不同项目之间，或在物流成本表与其他财务报表的有关项目之间进行对比分析，以计算出的比率反映各项目之间的相互关系，据此分析评价企业的物流成本水平。例如，物流成本占销售收入的比率，可以反映出单位销售额的物流成本水平，便于不同规模企业物流成本水平的比较；再如，物流利润净额占物流净资产的比率，可以反映物流企业的获利能力，用于评价物流企业的盈利水平。

12.3.2 物流成本的预测

1. 物流成本预测的含义

所谓物流成本预测是指依据物流成本与各种技术经济因素的依存关系，结合发展前景及采取的各种措施，并利用一定的科学方法，对未来期间物流成本水平及其变化趋势做出科学的推测和估计。物流成本预测的主要目的是为企业物流决策提供可靠依据，通过物流成本预测可以使企业对未来的物流成本水平及其变化趋势做到心中有数，从而与物流成本分析一起，减少物流成本决策过程中的主观性和盲目性。

知识链接

凡事预则立，不预则废。预测是决策的基础。

2. 物流成本预测的步骤

企业在进行物流成本预测时，通常要包括以下几个步骤。

(1) 确定物流成本预测目标。进行物流成本预测时，首先要有一个明确的目标。明确的目标是制定预测计划、确定资料来源、收集资料、选择预测模型和实施成本预测的依据。物流成本预测目标确定后，便可以明确物流成本预测的具体内容。

(2) 收集、整理预测资料。准确、有效的资料是成本预测的基础，直接影响到物流成本预测的结果。因此，企业应确保资料来源的真实、可靠，同时应对资料进行分类、整理、去粗存精、去伪存真。

(3) 选择预测方法，建立预测模型。物流成本预测方法有很多，大致可分为定性和定量方法两类，每种方法都有特定的适用条件。企业可根据物流成本目标、内容、要求，选择相应的方法，建立预测模型。

(4) 组织、实施物流成本预测。企业在做好上述工作后，组织人力进行物流成本预测。

(5) 评价与修正物流成本预测结果。以历史资料为基础的预测模型可能与未来的实际状况之间有一定的偏差，因此，要采用一定的方法对预测结果进行综合的分析判断，对存在的偏差及时予以修正。

3. 物流成本预测的方法

物流成本预测的方法可以概括为定性预测法和定量预测法。实践中，企业物流成本预测通常使用定性和定量方法想结合。

1) 定性预测法

定性预测法是物流成本预测者根据掌握的专业知识和丰富的实践经验，运用逻辑思维方法对未来物流成本进行预计推断的各种方法的统称。定性预测适用于对预测目标的数据资料掌握不充分，或影响因素负责难以用数学描述的情况，着重对事物发展的趋势、方向进行预测。常用的定性预测方法有德尔菲法、主观概率法和调查研究判断法。

(1) 德尔菲法是根据有专门知识的人的直接经验，对研究问题进行判断、预测的一种方法，是美国兰德公司于1964年首先用于预测领域的。德尔菲法具有反馈性、匿名性和统计性的特点，选择合适的专家是做好德尔菲预测的关键环节。德尔菲法适用于长期预测和对新产品的预测，在历史资料不足或不可测因素较多时尤为适用。

(2) 主观概率法是人们凭经验或预感而估算出来的概率。它与客观概率不同，客观概率是根据事件发展的客观性统计出来的一种概率。在很多情况下，当人们没有办法计算事情发生的客观概率时，只能用主观概率来描述事件发生的概率。主观概率法是一种适用性很强的统计预测方法，可用于人类活动的各个领域。

(3) 调查研究判断法是在对物流成本耗费过程及相关影响因素深入调查研究的基础上进行的物流成本预测，该方法主要依靠专家来实施。实施前，一般要向专家提供翔实的物流成本信息资料，让专家了解整个物流成本耗费过程和相关影响因素，由专家结合自己的知识和经验，对未来物流成本作出个人判断，然后综合分析所有专家的意见，形成物流成本预测的结论。预测结果的准确性一般取决于专家知识、经验的广度和深度。

定性预测法的优点在于预测所需时间短，预测成本低，具有较大的灵活性，易于充分发挥人的主观能动作用。缺点是易受主观因素的影响，客观性较差。比较注重于人的经验和主观判断能力，从而受人的知识、经验和能力大小的束缚和限制。所以，使用定性预测法作为定量预测法的补充，将会使预测结果更为科学合理。

2）定量预测法

定量预测法是根据历史资料以及物流成本与相关因素之间的关系，通过建立数学模型来预测计算未来物流成本的各种方法的统称。定量分析法可分为时间序列预测法和回归分析法。

物流成本预测的时间序列预测法的基本思路是按时间顺利排列的一系列历史数据，应用一定的数学方法进行计算，借以预测物流成本未来发展趋势的分析方法。根据所采用的具体数学方法的不同，时间序列物流成本预测法又可分为简单平均法、加权平均法、移动平均法和指数平滑法。

 知识链接

简单平均法是直接将若干期历史物流成本的算术平均数作为预测值。其计算公式是

物流成本预测值＝历史各期物流成本总和/期数

这种方法的优点是计算简便。缺点在于将预测对象的波动性被平均了，不能反映预测对象的变化趋势。该方法只适用于比较稳定且各期物流成本差异不大的企业或部门的物流成本预测。

【例12-3】假定某企业2012年1～8月份物流成本的历史资料见表12-6。

表12-6　1～8月份物流成本　　　　　　　　　　单位：万元

月份	1	2	3	4	5	6	7	8	合计
物流成本	60	80	120	90	120	130	130	150	880

根据表12-6所列资料，用简单平均法预测企业9月份物流成本水平。

9月份物流成本预测值＝880/8＝110（万元）

 知识链接

加权平均法是以历史各期物流成本的加权平均值作为预测值。其计算公式是

$$物流成本预测值 = \frac{\sum 某期物流成本 \times 某期权数}{权数之和}$$

这种方法将历史各期物流成本的权重纳入了成本预测，体现了近期的成本发展趋势，比简单平均法更为科学。

【例12-4】假定某企业2012年1～8月份物流成本的历史资料见表12-7。

表12-7　1～8月份物流成本　　　　　　　　　　单位：万元

月份	1	2	3	4	5	6	7	8	合计
物流成本	60	80	120	90	120	130	130	150	880
权重/%	5	5	10	10	10	15	20	25	100

根据表 12-7 所列资料，用加权平均法预测企业 9 月份物流成本水平。

9 月份物流成本预测值 $=\dfrac{60\times5\%+80\times5\%+120\times10\%+90\times10\%+120\times10\%+130\times15\%+130\times20\%+150\times25\%}{5\%+5\%+10\%+10\%+10\%+15\%+20\%+25\%}$

$=123(万元)$

知识链接

移动平均法是根据历史各期物流成本自主选择移动期，并以移动期内的平均物流成本作为预测值的一种预测方法。其计算公式是：

$$M_t=(x_t+x_{t-1}+\cdots+x_{t-n+1})/n$$

$(t+1)$ 期的物流成本预测值 $=M_t+N_t$

其中，x_t 为 t 时刻的物流成本数据，M_t 为 t 时刻的简单移动平均数，n 为每组数据的个数，N_t 为 t 时刻的趋势移动平均。

【例 12-5】假定 A 企业 2012 年 1～8 月份物流成本的历史资料，及按 $n=5$ 计算的各期移动平均数见表 12-8。

表 12-8　A 企业 2012 年 1～8 月物流成本及移动平均数　　　　单位：万元

月　份	时间 (t)	物流成本 (x_t)	5 期移动平均 (M_t)	变动趋势	3 期趋势移动 平均(N_t)
1	1	60			
2	2	80			
3	3	120			
4	4	90			
5	5	120	94		
6	6	130	108	14	
7	7	130	118	10	
8	8	150	124	6	10

根据表 12-8 所列资料，用移动平均法预测企业 9 月份物流成本水平。

9 月份物流成本预测值 $=M_8+N_8=124+10=134(万元)$

知识链接

指数平滑法是一种特殊的加权平均法，它是通过导入平滑系数对本期实际物流成本和本期预测物流成本进行加权，并将其作为下期的预测物流成本，其计算公式为：

$$M_{t+1}=ax_t+(1-a)M_t$$

其中，M_{t+1} 为下期预测值，M_t 为本期预测值，a 为平滑系数。

【例 12-6】假定 A 企业 2012 年 1～8 月份物流成本的历史资料如下，$a=0.2$，则 A 企业 2012 年 2～8 月物流成本预测值计算见表 12-9(已知 2012 年 2 月份的物流成本预测值为 70 万元)。

表 12-9　A 企业 2012 年 1~8 月物流成本预测值　　　　　　　　　单位：万元

月份	时间 (t)	物流成本 (x_t)	ax_t	$(1-a)M_t$	M_{t+1}
1	1	60			70
2	2	80	16	56	72
3	3	120	24	57.6	81.6
4	4	90	18	65.28	83.28
5	5	120	24	66.62	90.62
6	6	130	26	72.5	98.5
7	7	130	26	78.8	104.8
8	8	150	30	83.84	113.84

物流成本预测的回归分析法是通过对观察值的统计分析来确定相关指标之间的联系形式的一种预测方法，通过建立因果数学模型进行物流成本预测。回归分析法根据自变量的不同，分为一元线性回归法和多元线性回归法，这里主要介绍一元线性回归法。

一元线性回归分析法也称为最小二乘法，一元线性回归模型可用下式表示：

$$Y = a + bx$$

$$a = \frac{\sum y - b \times \sum x}{n}$$

$$b = \frac{n\sum xy - \sum x \sum y}{n\sum x^2 - (\sum x)^2}$$

其中，Y 为一元线性回归预测值；a 为截距，即自变量 $x=0$ 时的预测值；b 为斜率；n 为变量数；x 为自变量的取值；y 为因变量的取值。

【例 12-7】A 公司 2006—2011 年产品产量及物流成本有关资料见表 12-10。若 2012 年预计产量为 25 万件，根据表 12-10 所列资料预测计算其 2012 年的物流成本。

表 12-10　A 企业 2006—2011 年产品产量及物流成本一览表

年份	2006	2007	2008	2009	2010	2011
产量/万件	10	12	15	18	20	22
成本/万元	100	115	130	140	150	155

根据表 12-10 所列资料编制回归分析计算表见表 12-11。

表 12-11　回归分析计算表

年份	产量 x	成本 y	xy	x^2	y^2
2006	10	100	1 000	100	10 000
2007	12	115	1 380	144	13 225
2008	15	130	1 950	225	16 900

续表

年份	产量 x	成本 y	xy	x^2	y^2
2009	18	140	2 520	324	19 600
2010	20	150	3 000	400	22 500
2011	22	155	3 410	484	24 025
$n=6$	$\sum x=97$	$\sum y=790$	$\sum xy=13\,260$	$\sum x^2=1\,677$	$\sum y^2=106\,250$

$$a=\frac{\sum y-b\times\sum x}{n}=59.08$$

$$b=\frac{n\sum xy-\sum x\sum y}{n\sum x^2-(\sum x)^2}=4.49$$

$$Y=a+bx=59.08+4.49\times 25=171.33(万元)$$

12.3.3 物流成本的决策

1. 物流成本决策的含义

决策是指为了达到一定目标，采用一定的科学方法和手段，从两个以上的方案中选择一个满意方案的分析判断过程。物流成本决策是针对物流成本，在调查研究的基础上确定行动的目标，拟定多个可行方案，然后运用统一的标准，选择适合本企业的最佳方案的全过程。从整个物流流程来说，有仓库新建、改建、扩建的决策；物流设施设备的决策等。

2. 物流成本决策的基本程序

一般来说，物流成本决策的基本程序包括研究现状、明确问题和目标、制定、比较和选择方案等步骤。具体如下所述。

1）研究现状

物流成本决策是为了解决一定问题而制定的，决策的目的是为了实现企业内部活动及其目标与外部环境的动态平衡。不平衡可能会对企业产生不利影响，因此，物流成本管理人员要分析企业物流活动是如何影响企业经营活动，并通过确定物流成本存在的问题，为制定决策目标奠定基础。

2）明确决策目标

明确决策目标，不仅为方案制定和选择提供依据，同时也为决策的实施和控制，为组织资源的分配和协调提供了标准。物流成本决策的目标就是要求在所处理的生产经营活动中，资金耗费水平达到最低，所取得的经济效益最大，这就是物流成本决策的总体目标。

3）制定可行性方案

决策的本质就是选择。要进行正确的选择，就必须提供多种备选方案。物流成本决策的可行性方案就是保证成本目标实现、具备实施条件的基础。拟定可行性方案时，一般要把握住两个原则：一是保持方案的全面完整性；二是满足方案的互斥性。

4）方案的比较和选择

对各种备选方案进行比较分析的基础是事先确定的标准和方法，采用合理的方法进行筛选,作出成本最优化的决策。对可行性方案进行比较和选择时,需要注意两点:一是确定方案优劣的标准;二是决策方法的选择,包括定性的方法和定量的方法。

12.4 影响物流成本的因素及降低物流成本的途径

12.4.1 影响物流成本的因素

1. 产品因素

物流所涉及的实物即产品,本身的特性不同会影响物流成本。通常产品特性包括以下几个方面:产品价值,产品密度,产品破损率和风险性等。

(1)产品价值直接影响物流成本的大小。一般来讲,产品的价值越大,对其所需使用的运输工具要求越高,仓储及相关成本也随着产品价值的增加而增加。因此,高价值的产品意味着更高的运输成本、包装成本等。

(2)产品密度越大,相同运输单位所装货物越多,单位运输成本就越低。同理,密度越大,仓库单位面积区域存放货物越多,单位库存成本也会降低。

(3)易损品如玻璃、陶瓷等物品,在运输、仓储、流通加工、包装等环节破损率较高,会对相关物流环节提出更高的要求,因此对物流成本的影响也是显然的。

(4)风险性较大的物品如易燃易爆、有毒有害物品,对运输、仓储等环节的要求较高且易发生安全事故,同样会影响物流成本。

2. 物流成本计算方式

就国家而言,每个国家在计算社会物流成本时采取的计算方法不一致,这直接影响到了国家间的物流成本的比较和分析。就一国内的企业而言,不同企业规定的物流成本科目不同,所计算出来的企业物流成本也缺乏可比性,也无法得到产业平均物流成本值。2006年,我国出台了国家标准《企业物流成本构成与计算》,对企业物流成本构成内容与计算方式进行了明确和统一,企业计算物流成本有了统一的标准。

3. 物流成本计算范围

从供应链的角度看,物流包括供应物流、企业内物流、销售物流、回收物流和废弃物流,涉及供应链、企业自身、下游各级销售商以及各类中间商,具有范围广、跨度大的特点,在计算物流成本时难免有所遗漏,难以做到准确。目前企业日常物流成本计算的范围只限于采购物流、销售物流环节,而忽视了其他环节物流的计算。

4. 物流成本计算内容

从计算内容上看,我国目前现行的企业会计制度中没有单独的物流项目,一般所有成本都列在费用一栏,因此,很难对企业发生的各种物流费用作出全面的计算。相当一部分企业只把向外支付的费用,如运输费、仓储费等计入企业物流成本中,而忽视了内部发生的物流费用。例如,采购环节产生的运输费、装卸费等被计入材料采购成本,生产环节中发生的物流费用被计入制造费用并最终分配到产品成本中,销售环节产生的物流费用被计入到销售费用等。

12.4.2 降低物流成本的途径

物流成本按照成本项目可分为运输成本、仓储成本、包装成本、装卸搬运成本、流通加工成本、物流信息成本、物流管理成本以及与存货有关的流动资金占用成本、存货风险成本和存货保险成本。本部分着重介绍运输成本和仓储成本的成本控制。

1. 降低运输成本的途径

运输是物流系统的核心，运输成本通常是物流成本中最大的单项成本，因此物流运输成本已经成为企业物流成本中不可忽视的消耗。运输成本的控制目的在于不影响运输服务的可靠性、安全快捷的基础上，使总物流成本最低。企业可根据自身情况和成本控制重点采取不同的措施。降低运输成本的措施有以下几种。

1) 优化运输网络，降低运输成本

对于固定的道路网络，一般不可能改变，但是对现有运输资源进行合理的运输网络优化用于降低运输成本是可行的。在现有的公路网、铁路网、水运航道和航空线中找到运输的最佳路线，尽可能缩短运输时间和运输距离，使运输成本降低的同时改善客户服务。常用的运输网络优化方法有最短路径法和表上作业法。

2) 合理选择运输工具，降低运输成本

选择合理的运输工具，对于降低运输成本具有重要的意义。每种运输工具都有其优点和缺点，选择何种运输工具就是在权衡各种运输工具特点的基础上，结合货物特性，选择最适宜的运输工具，从而实现运输成本的控制。同时，运输工具的选择还取决于运输方式的技术经济特征，包括运输速度、运输工具的容量及运输线路的运输能力、运输成本、经济里程和环境保护等。因此，在选择运输工具时，要注意根据不同货物的特点及物流时效的要求，对各运输工具所具有的特征进行综合分析评估，以做出合理选择。

3) 合理选择运输方式，降低运输成本

企业在组织运输作业时，可以选择三种物流方式：运输自营、运输外包和两者结合。

运输自营是企业自备仓车队、仓库等物流设施，在企业内部设立物流运作的综合管理部门，通过资源和功能的整合，专设企业物流部或物流公司来统一管理企业的物流运作。通过自营物流运输，企业可以对物流运输系统运作的全过程进行有效的控制，能以较快的速度解决物流活动管理过程中出现的任何问题，降低交易成本。但运输自营具有资源配置不合理、管理机制约束等缺点。

运输外包是企业将物流运输业务剥离出来交给第三方物流企业运作，从而可以集中精力开展主流业务，发挥竞争优势的运营方式。运输外包可以使企业专注核心业务，避免用于固定设置的额外投资，降低风险。但就目前而言，我国物流公司质量参差不齐，人员素质和经营规模不高，运输外包的质量得不到应有的保证。另外，运输外包也容易面临信用风险。

 知识链接　科龙电器的物流外包

2002年，国内知名家电生产企业科龙与中远联合组建广州安泰达物流有限公司。科龙把物流业务交给安泰达来做，取得了较好的成绩。首先通过联合招标，将科龙旗下的空调、冰箱、小家电及冷柜四类产品的干线运输进行整合，与2001年同期相比，运输价格整体下降了9.6个百分点，仅此一项，每年为科龙节省运输费用支出上千万元。同时,通过简化工厂运作流程,降低了科龙公司物流运作的管理成本开支,每年节约了700多万元人民币。可见,科龙的物流外包实践是比较成功的。

运输自营与运输外包相结合是指企业结合内外环境,采用外包物流和自营物流的混合模式,充分发挥各自的优势而采用的物流运作方式。

4) 开展共同运输,降低运输成本

在货物运输中,运输批量越大,运输费率越低,这就是运输中的规模经济效益。为了实现规模经济,可采用共同运输方法,即几个物流公司联合起来,共同制订计划,将小批量货物合并成大批量货物进行运输的方式。采用共同运输,可以减少企业对物流设施的投资,还可以充分利用物流资源,使企业的运输成本得以降低。

5) 运用先进的技术,降低运输成本

在运输中广泛的采用现代技术,不仅可以有效解决运输中的难题,同时也可降低运输成本。如采用托盘化运输、集装箱化运输及其他特殊运输工具和技术。托盘化运输和集装化运输都属于单元化运输形式,其特点是以单元进行装运,可以加快中转速度,缩短运输时间,节省大量商品包装费用和检验费用,提高运输效率,降低运输成本。

2. 降低仓储成本的途径

仓储成本控制的目标在于实现货物的合理库存,在保证货物保管质量的前提下,降低仓储成本。

1) 优化仓库布局,降低仓储成本

现代化仓库的建设,除了要考虑建筑结构和层数外,还要考虑仓库布局,包含空间布局和功能分区。仓库平面布置的优劣对仓储运作的效率和效益具有举足轻重的影响,是仓库顺利投入运营的必要前提。一般来说,进行仓库布局需要考虑的因素有:客户、品项、数量、渠道、服务、交货时间和成本七个因素。合理布局仓库的目的是在满足客户需求的基础上,降低仓储成本。

2) 合理选择仓储类型,降低仓储成本

仓储类型大致可以分为三类:自建仓库、租赁仓库或采用公共仓库。这三类仓储类型各有其优缺点,企业需要在综合考虑各种相关因素的基础上,作出合理选择,努力降低仓储成本。一般来说,选择仓储类型要考虑的因素大致有周转量、需求的稳定性、市场密度、运营成本等因素。

3) 加强仓库内部管理,降低仓储成本

企业仓储成本一般包括人工费、仓储设施的折旧费、设施设备保养费、水电费、燃料与动力消耗费等,所以,企业应加强对仓库的日常管理工作,努力降低仓储成本。如提高仓储作业的机械化程度,减少仓库作业人员的人数和劳动强度;提高仓库与仓储设备的利用率,充分发挥仓库使用效能等。

本 章 小 结

本章首先对物流成本及物流成本管理进行了阐述,从社会与企业两个角度分析了物流成本的构成,并从物流费用的支付形态、成本与业务量的关系、物流活动发生范围和物流活动类别等四方面对物流成本做了分类。其次介绍了物流成本的计算对象、计算方法和计算程序。再次对物流成本分析、预测与决策进行了分析。最后介绍了四类影响物流成本的因素,并对降低物流成本的途径做了分析。

习 题

一、单项选择题

1. 下列选项中,(　　)不属于我国社会物流总成本的组成部分。
   A. 运输费用　　　　B. 保管费用　　　　C. 配送费用　　　　D. 管理费用

2. 按物流费用的支付形态分类,物流成本可分为(　　)。
   A. 委托物流成本和内部物流成本
   B. 固定物流成本、变动物流成本和混合物流成本
   C. 供应物流成本、企业内物流成本、销售物流成本
   D. 物流环节成本、物流信息成本和物流管理成本

3. 按成本与业务量的关系分类,物流成本可分为(　　)。
   A. 委托物流成本和内部物流成本
   B. 固定物流成本、变动物流成本和混合物流成本
   C. 供应物流成本、企业内物流成本、销售物流成本
   D. 物流环节成本、物流信息成本和物流管理成本

4. 下列说法中,不正确的是(　　)。
   A. 一般来说,产品价值越大,其物流成本就越高
   B. 一般而言,产品密度越大,其单位运输成本就越高
   C. 大多数的运输活动存在规模经济
   D. 在物流过程中,市场的竞争性会影响物流成本的波动

二、名词解释

1. 物流成本　　2. 物流成本管理　　3. 物流成本分析
4. 物流成本预测　　5. 物流成本决策

三、简答题

1. 简述物流成本管理的意义。
2. 简述企业物流成本的构成。
3. 简述如何选取物流成本计算对象。
4. 简述物流成本计算方法。
5. 简述降低运输成本的途径。

四、计算题

假定某企业某年1~10月份物流成本的历史资料见表12-12。

表 12-12　1~10 月份物流成本　　　　　　　　　　　　　单位：万元

月份	1	2	3	4	5	6	7	8	9	10	合计
物流成本	50	50	60	65	78	82	85	95	98	102	765
权重/%	5	5	5	5	5	10	10	15	20	20	100

根据表 12-12 所列资料，完成下列计算。

（1）用简单平均法预测企业 11 月份物流成本水平。

（2）用加权平均法预测企业 11 月份物流成本水平。

案例分析

沃尔玛公司是世界上最大的商业零售企业，在物流运营过程中，尽可能地降低成本是其经营的哲学。沃尔玛有时采用空运，有时采用船运，还有一些货品采用卡车公路运输。在中国，沃尔玛百分之百采用公路运输，所以如何降低卡车运输成本，是沃尔玛物流管理面临的一个重要问题，为此他们主要采取了以下措施。

（1）沃尔玛使用一种尽可能大的卡车，大约有 16m 加长的货柜，比集装箱运输卡车更长或更高，沃尔玛把卡车装得非常满，产品从车厢的底部一直装到最高，这样非常有助于节约成本。

（2）沃尔玛的车辆都是自有的，司机也是他的员工。沃尔玛的车队大约有 5 000 名非司机员工，还有 3 700 多名司机，车队每周每一次运输可以达 7 000~8 000km。沃尔玛知道，卡车运输是比较危险的，有可能会出交通事故，因此，对于运输车队来说，保证安全是节约成本最重要的环节。沃尔玛的口号是"安全第一、礼貌第一"，而不是"速度第一"。在运输过程中，卡车司机都非常遵守交通规则。沃尔玛定期在公路上对运输车队进行调查，卡车上面都带有公司的号码，如果看到司机违章驾驶，调查人员就可以根据车上的号码报告，以便于进行惩处。沃尔玛认为，卡车不出事故，就是节省公司的费用，就是最大限度地降低物流成本。

（3）沃尔玛采用全球定位系统对车辆进行定位，因此在任何时候，调度中心都可以知道这些车辆在什么地方，离商店有多远，还需要多长时间才能运到商店，这种估算可以精确到小时。沃尔玛知道卡车在哪里，产品在哪里，就可以提高整个物流系统的效率，有助于降低成本。

（4）沃尔玛的连锁商场的物流部门，24 小时进行工作，无论白天或晚上，都能为卡车及时卸货。另外，沃尔玛的运输车队利用夜间进行从出发地到目的地的运输，从而做到了当日下午进行集货，夜间进行异地运输，翌日上午即可送货上门，保证在 15~18 个小时内完成整个运输过程，这是沃尔玛在速度上取得优势的重要措施。

（5）沃尔玛的卡车把产品运到商场后，商场可以把它整个地卸下来，而不用对每个产品逐个检查，这样就可以节省很多时间和精力，加快了沃尔玛物流的循环过程，从而降低了成本。这里有一个非常重要的先决条件，就是沃尔玛的物流系统能够确保商场所得到的产品是与发货单上完全一致的产品。

（6）沃尔玛的运输成本比供货厂商自己运输产品要低，所以厂商也使用沃尔玛的卡车来运输货物，从而做到了把产品从工厂直接运送到商场，大大节省了产品流通过程中的仓储成本和转运成本。

沃尔玛的集中配送中心把上述措施有机地组合在一起，做出了一个最经济合理的安排，从而使沃尔玛的运输车队能以最低的成本高效率地运行。

讨论题：

1. 沃尔玛是如何降低物流成本的？

2. 沃尔玛的成功经验给了我们什么启示？

第13章 第三方物流

【本章教学要点】

知识要点	掌握程度	相关知识
第三方物流理论	掌握	第三方物流的概念
	掌握	第三方物流的价值
	理解	第三方物流的分类
	了解	国外第三方物流的发展状况
第三方物流的营销管理	掌握	第三方物流市场营销的含义和特点
	掌握	第三方物流市场营销的过程
	理解	第三方物流营销战略和计划
第三方物流的客户服务	掌握	第三方物流客户服务概述
	掌握	第三方物流的客户需求分析
	掌握	制定第三方物流客户服务方案
第三方物流的项目管理	掌握	第三方物流项目决策
	掌握	第三方物流项目招标
	掌握	第三方物流项目投标

> **导入案例**
>
> 美国通用汽车公司从20世纪90年代开始发现其存货和配送成本不断上升，装配厂里到处都是不足整车的货运卡车出出进进。分析原因发现，当时有分布在14个州的400多个供应商通过电话指令向通用公司的30个装配厂供应物料。于是，通用公司求助于第三方物流服务公司Penske为自己设计一个解决方案。目标有3：降低成本，改善物料回运管理和相关的信息处理方法，减少承运人的数量。第三方物流服务公司首先对通用公司的物料回运和配送过程进行了诊断，然后提出在克里夫兰设立一个可进行换装作业的战略配送中心，由该中心负责回运物料和零部件配送的组织管理，且战略配送中心全部由第三方物流公司的人来操作和管理。第三方物流公司还为通用公司配置了全天候的专职运输车队，设立EDI专线系统，安排供应商的送货时间，设计物料回运路线，并对总装厂实施JIT配送。
>
> **点评**
>
> 随着社会分工日益专业化，企业很难能够做到自给自足，只有把有限的资源投入到企业的核心竞争力上，才能取得竞争优势。如果企业的核心业务不是物流管理，那么把物流活动交给专业的物流公司去规划控制是明智的选择。

13.1　第三方物流理论

在经济全球化趋势的带动下，企业为进一步提高自身竞争实力和扩大市场占有率，越来越认识到物流作为"第三利润源"的重要性。然而企业必须把大部分精力放在其核心业务上，往往缺乏能力完成必要的物流活动，因此企业需要专业的物流服务供应商提供配套和高效的物流服务，于是第三方物流逐渐发展起来，为企业提供运输、配送、保管等物流服务。

13.1.1　第三方物流的概念

第三方物流(Third Party Logistics，3PL或TPL)是20世纪80年代中期由一些欧美国家提出的。在1988年美国物流管理委员会的一项顾客服务调查中，首次提到第三方服务提供者一词。目前对于第三方物流解释很多，国外尚没有一个统一的定义，在中国2006年公布的中华人民共和国国家标准《物流术语》中，将第三方物流定义为"独立于供需双方为客户提供专项或全面的物流系统设计或系统运营的物流服务模式"。

企业第三方物流包括了提供更复杂、更广泛的服务功能作用，是以长期的、更多互惠关系作为其特征的。第三方物流在物流渠道中，以签合同的方式，在一定期限内，为其他公司提供全部或部分专业的物流服务，其高级运作形态常常与企业间的战略伙伴关系密切相关，所以有时也把专业的第三方物流公司称为企业的物流伙伴(Logistics Partner)。

第三方物流的概念源于管理学中的外部协作，意指企业动态地配置自身和其他企业的功能和服务，利用外部的资源为企业内部的生产经营服务。所以，第三方物流是生产经营企业为集中精力搞好主业，把原来属于自己处理的物流活动，以合同方式委托给专业物流服务企业，同时通过信息系统与物流服务企业保持密切联系，以达到对物流全程的管理和控制的一种物流运作与管理方式，所以第三方物流又叫合同物流(Contract Logistics)。

1. 广义第三方物流的概念

广义的第三方物流是指提供全部或部分企业物流功能的外部服务的提供者，或者以商品交易为参照系，第三方物流是指商品买卖双方之外的第三方提供的物流服务。按照这个定义，传统的运输公司、仓储公司、报关行等单一环节的服务提供商，都属于第三方物流的范畴，例如在国际快运、快递市场上的巨头 UPS、FEDEX、TNT、DHL 或者国内的中远、中海、中外运等，都是第三方物流服务商。

广义的第三方物流概念没有将传统运输、仓储与现代综合物流服务区分开来，其概念范围太广，不利于研究和认识现代物流。

 知识链接

TNT 物流公司为 TNT 邮政集团(TNT Post Group)的分支机构，该集团在全球快递分发、物流及国际信件业务方面堪称欧洲市场的领头羊。TNT 集团是一家总部设在荷兰阿姆斯特丹的上市公司，来自 200 多个国家的雇员总数达 10 万人。TNT 物流公司成功地为其客户的产品组织和运输提供了完整、综合的物流方案。其在世界上 23 个国家提供的服务主要集中于运输、分销配给和仓储三方面。在为顾客量身定制的物流方案中则包括工厂供给及零部件的境内运输交付、向终端顾客境外交付成品，以及产品修理所需的备用零件的仓储和交付。此外，TNT 物流公司还提供 93 处仓储设备，总建筑面积达到 120 万平方米。

2. 狭义第三方物流的概念

对于狭义的第三方物流的概念，不同学者在概念解释、理论和实际运作方面，都存在着一些差异性的认识，一般分为以下几种。

1）合同物流

第三方物流就是合同物流，或契约物流，是指第三方物流提供者在特定的时间内向使用者提供个性化的系列物流服务。合同物流说明了合作的长期性，涉及长期关系或战略关系的问题，但对物流服务的内容没有明确的约定，没有办法从本质上界定现代物流的特质。

2）集成物流

第三方物流是提供全部物流业务服务的活动，即通常所说的一站式一体化的综合物流服务。集成物流强调物流服务的集成性、系统性和综合性，对物流服务做了过高的定义，因此概念的范畴比较窄，以此论断，现在的大多数物流服务并不能成为第三方物流。

3）供需之外的第三方

物流活动是由供方、需方之外的第三方去完成的物流运作模式，此概念最接近第三方物流的本义，特别从服务主体的角度说明了"第三方"的含义。不难看出，供需之外的第三方明确了第三方物流的地位和作用，此概念明确表示了第三方物流的管理特性。按照这个定义，可以认为现代物流企业本质的职能是管理和运作低层的物流资源，为客户完成特定的服务。因此，第三方物流本质上都是管理型的。

13.1.2 第三方物流的价值

随着我国物流市场的不断扩张和物流日益成为企业的第三方利润源泉，越来越多的企业开始关注自身的物流成本和利润,与此同时,一种独立于生产和销售企业的专业组织形式已经形成,它就是第三方物流。就其本身来说,第三方物流是指由供方和需求方外的物流企业提供物流服务、承担部分或全部物流运作的业务模式,它是在特定的时间内按照一定的价格向使用者提供个性化的系列物流服务,是专业化、社会化和合同化的物流。

就目前我国的物流市场来看,尽管第三方物流的市场渗透还处于一个较低水平,但随着我国入世,大量资金开始活跃在物流领域里,而提供专业物流服务的第三方物流必然成为一个新的经济增长点,这是因为它帮助客户获得诸如利润、价格、供应速度、服务、信息的准确性以及在新技术采用上的潜在优势。

1. 减轻企业成本

企业考虑把物流业务运作外包给第三方物流的一大驱动力就是降低成本。因为企业可以将物流业务外包给第三方物流公司,以支付服务费用的形式获得服务,而不需要自己内部维持运输设备、仓库等物流基础设施和人员来满足这些需求,从而可以使得公司的固定成本转化为可变成本,其影响对于那些业务量呈现季节性变化的公司更加明显。

由于拥有强大的购买力和货物配载能力,一家第三方物流公司可以通过自身广泛的节点网络实施共同配送,或者可以从运输公司或者其他物流服务商那里得到比他的客户更为低廉的运输报价,可以从运输商那里大批量购买运输能力,然后集中配载不同客户的货物,大幅度地降低单位运输成本。

2. 帮助企业提高顾客服务水平和质量

企业利用第三方物流企业信息网络和节点网络,能够加快对顾客订货的反应能力,加快订单处理,缩短从订货到交货的时间,进行门对门运输,实现快速交付,以提高顾客满意度。

第三方物流通过其先进的信息和通信技术可加强对在途货物的监控,及时发现、处理配送过程中的意外事故,保证订货及时、安全送达目的地,尽可能实现对顾客的承诺。产品的售后服务、送货上门、退货处理、废品回收等也可由第三方物流企业来完成,以保证企业为顾客提供稳定、可靠的高水平服务。

3. 风险规避

企业如果自己运作物流,要面临两大风险:一是投资的风险。物流设施、设备及运作等的巨大投资,以及对这些物流见诸行动的波动需求,物流管理能力相对不强,很容易造成千万企业内部物流资源的闲置浪费。二是存货的风险。企业由于自身配送、管理能力有限,为了能对顾客订货及时做出反应,防止缺货,快速交货,往往采取高水平库存的策略,而存货要挤占大量资金,随着时间的推移,变现能力会减弱,造成巨大的资金风险。

如果企业利用第三方物流的运输、配送网络,通过其管理控制能力,可以提高顾客响应速度,加快存货的流动周转,从而减少内部的安全库存量,降低企业资金风险,或者把这种风险分散一部分给第三方物流企业来共同承担。

4. 提升企业竞争力

在专业化分工越来越细的时代,企业不可能面面俱到,任何企业都要面临自身资源有限的问题。因此,对于那些并非以物流为核心业务的企业而言,将物流运作外包给第三方物流企业来承担，有助于使企业专注于自身的核心能力、提高竞争力。

5. 社会价值

除了独特的经济效益外，第三方物流还具有为大多数人所忽视的一大价值，即其社会效益。在经济发展速度日益加快的今天，第三方物流可将社会的众多闲置物流资源有效整合、利用，有助于缓解城市交通压力，减少能源消耗、废气排放量和噪声污染等，也有利于环境的保护与改善，促进经济的可持续发展。因此，第三方物流的成长和壮大可带动中国物流业的发展，对中国产业结构的调整和优化有着重要的意义。

 案例链接

加拿大的Derre农机公司在发现总装厂里的物料和零部件越集越多而影响产品装配的时候，认为自己的核心业务是装配零部件而不是接收零部件。为了不增加基础设施和人力资源的投资，决定聘请Caliber物流公司来组织和管理其物料的回运。于是，第三方物流服务公司在离总装厂5千米处新设一仓库作为配送中心，为Derre公司控制存货水平、管理承运人、安排供应商的送货时间、对送货路线进行优化、对货运集装箱进行跟踪管理、前置清关等。

13.1.3 第三方物流的分类

我国的物流企业，由于对第三方物流本身没有正确的认识，对国外的第三方物流企业的发展规律也没有深入的分析，因此造成了市场定位和业务模型雷同，形成了盲目竞争的局面。实际上，在成熟的物流市场中，第三方物流企业由于其核心优势、资金投入能力等不同，可以分为很多种类型，因此研究第三方物流的分类，对于认识第三方物流的发展和运营规律，正确定位自己的业务范围和客户群体，具有重要的意义。第三方物流公司有不同的划分方法，这里给出一种根据服务客户的数量和服务内容来划分的组合式分类方法。

1. 针对少数客户提供的低集成度的物流服务

针对少数客户提供的低集成度物流服务，存在两种情况：一种是作为成长的阶段性存在的，即物流公司在发展初期，其客户资源有限，且服务能力还处于不完善阶段，能够提供的物流服务集成度有限。目前国内有些大型的投资商涉足物流，尽管他们有为更多客户提供一体化物流的潜力，但由于发展的历史较短，且中国的物流需求市场还没有完全启动，基本上属于第一类企业。另一种情况是针对少数客户提供低集成度的物流服务的第三方物流企业，这类物流服务提供商自身规模和能力有限，不具备提供高集成度物流服务的能力，同时，由于投入能力的限制，只能为有限的客户提供服务。

2. 同时为较多的客户提供低集成度的物流服务

这也是目前存在比较多的一种第三方物流公司，从提供的物流服务看，这类物流服务供应商基本上还是以仓储、运输等传统的物流环节为主，一般不涉及库存计划等比较高端的物流服务。但从中国物流业的发展实践看，这类物流公司是目前物流市场的主流模式。

3. 针对较少的客户提供高集成度的物流服务

这也是西方物流服务的一种典型形式。值得注意的是，很多大型物流集团在操作具体客户时，采用同客户共同投资新的物流公司的方式，全面管理客户的物流业务，就这个新公司而言,就是专门为特定客户提供高集成度的物流服务的典型,如联邦快递在欧洲,就同某家具公司联合成立了一家物流公司,专门负责该家具公司全球物流业务的管理和运作。高集成度的物流服务由于个性化很强,物流企业参与客户的营运程度很深,一般不适合大规模运作,即一家公司同时为很多家企业同时提供高集成度的物流服务是很困难的。

4. 同时为较多的客户提供高集成度的物流服务

上面提到,同时为较多客户提供高集成度的物流服务(见表13-1)是很困难的,即使是在西方发达国家,能同时为很多家企业提供高集成度的物流服务的公司是很少的。原因是高集成度的物流服务需要个性化定制,资源无法在不同的客户中共享,运作成本比较高,不适合大规模运作,还有一个原因是高集成度物流深入客户内部的战略、计划和管理,同客户是亲密无间的战略型合作伙伴关系,这种合作具有排他性,降低了为同类客户提供服务的可能性,这种服务是完全外包的,客户企业面临的风险巨大。

知识链接

表 13-1

物流集成度	物流服务
高 ↑	供应链上物流体系的规划、设计等咨询活动
	整个供应链上物流活动的链接、管理和优化
	将物流活动同销售、生产、财务等相衔接的预测、计划、控制等活动
低	运输、仓储、配送、流通加工等环节的功能集成

13.1.4 国外第三方物流的发展状况

1. 美国第三方物流发展状况

美国第三方物流开始于20世纪80年代,20多年来发展迅猛。从1999年以来,美国3PL市场规模几乎每年以20%的速度在递增,2003年达7 690万美元。美国第三方物流公司数量多、规模大。美国东北大学和埃森哲咨询公司以美国19家第三方物流企业的CEO为对象,对第三方物流产业发展现状做了调查。这19家企业包括APL Logistics、Cardinal Logistics、Caterpillar Logistics Services、Exel Logistics、NYK Logistics、Ryder、UPS Supply Chain Solutions等。结果显示,美国第三方物流企业收入在9亿美元以上的企业有9家,这19家企业平均收入为9亿美元。

对于推动第三方物流产业发展因素的调查显示,排名在前6位的依次是降价的压力、大型第三方物流企业的合并、外包需求的增加、提供国际化服务的压力、客户要求提供IT支持的增加和国外第三方物流服务商的进入。在对第三方物流产业发展面临的主要问题的调查中,被要求不断降价的压力、找到并留住合格人才和对IT投资的低回报排在前3位。对第三方物流产业发展机遇的调查结果显示,全球化运作的扩展、供应链整合的推进、信息技术整合的推进、消费者协作的增强是3PL产业发展的机遇所在。

2. 欧洲第三方物流发展状况

欧洲第三方物流发展非常快,欧洲目前使用第三方物流服务的比例为76%,而且有

70%不止使用一家第三方物流；在24%没有使用第三方物流的企业中又有24%表明正在考虑使用。目前，欧洲市场物流收入占物流总收入的比重第三方物流平均达到24.42%，每年第三方物流市场的交易额可达到500亿欧元，且需求仍呈增长趋势。欧洲经营第三方物流的领头羊主要为Exel、Maersk、Schenker、Kuehne&Nagel等几家大公司。第三方物流企业所涉及的行业领域主要集中在汽车、高科技、制造业等领域。

欧洲第三方物流快速发展的原因，一方面在于企业对于物流服务的需要，另一方面，在于欧洲目前较高物流管理水平与成本的优势。内外因综合作用，推动了欧洲第三方物流的发展。在物流服务市场上，欧洲第三方物流公司面向不同的目标市场，提供不同层次的服务，基本可分为4类。

（1）服务范围广泛的大型物流企业。它们为制造商提供范围广泛的服务，包括制作不同语言的标签和包装，帮助这些制造商在欧洲不同市场进行销售。这一层次有领先和经营良好的欧洲物流公司，也有总部设在美国的物流公司，例如UPS环球物流。

（2）从事传统物流的欧洲公司。这些企业拥有自己的资产，经营卡车货运、仓储、报关等。这些公司由于技术不高，并且资源有限，大多数业务起源于处理欧洲各国海关之间复杂的业务（目前这些业务已经消失），所以可能会合并或离开这个行业。

（3）新兴的第三方物流公司。例如，欧罗凯集团是德国汉堡主要的集装箱经营者，成立了Oceangate Distribution，除在欧洲拥有仓储和配送能力以外，还为零售商和制造商提供复杂的物流服务，最普遍的一种增值服务是加速接运分送，增加库存周转次数。

（4）大型国有机构的第三方物流，如国家铁路公司和港务局。

目前欧洲供应链一体化还处在发展阶段，为满足用户日益增长的一站式服务需求，欧洲的第三方物流提供商正在通过并购、网络联盟的形式拓展服务范围，提高服务能力。

3. 亚太地区第三方物流发展状况

亚太地区的第三方物流将是一个持续增长壮大的行业，中国经济的持续快速发展是推动亚太地区第三方物流发展的最首要的因素。在这种形势下，全球物流公司纷纷在亚太地区建立基地或"物流分销中心"，例如UPS、FedEx、DHL、TNT、Exel、APL、BAX、Maersk、SchenKer等。亚太地区第三方物流收入分布比例如下：中国40%，日本和澳大利亚各为18%、印度9%，其他亚太国家为15%。预计今年第三方物流收入分布比例将如下：中国38%，日本和澳大利亚各为14%、印度12%，其他亚太国家为22%。

虽然亚太地区第三方物流发展迅速，但与发达国家相比，还存在不小的差距，实力依然需要进一步改善，物流行业专业化发展已成为亚太地区的当务之急。在亚洲高度工业化的国家和地区，例如，日本、新加坡、韩国等，它们的技术设施和金融体制都非常健全，所以，合同物流发展较好。然而，即使在这些发达国家，第三方物流依然相对处于不成熟状态，例如韩国政府只是在最近才放松对运输业的管制，只有政府将全部运输市场自由化以后，其国内第三方物流才会迅速发展。而在东南亚一些国家，如越南、印度尼西亚、柬埔寨和泰国，物流管理理念还处于萌芽状态。

案例链接

UPS国际物流公司与Fender国际公司（美国在欧洲的吉他生产厂家）的合作如下。Fender委托UPS对其配送系统进行集约化和条理化组合，以帮助自己实现在欧洲的营业额翻番的目标。UPS负责管理

Fender 国际公司从世界各地厂家通过海、陆运来的货物,并利用荷兰的物流中心掌握 Fender 的存货,物流中心雇员检验产品质量、监视库存,履行分拨商和零售商的订单及管理多式联运。Fender 利用 UPS 的集约化物流中心,可以减少运送时间,更有效地监控产品的质量,发送不同品种的订单货物。UPS 为 Fender 供应链提供增值服务的奇特之处就在于 UPS 作为物流商,在把吉他运到零售商那里之前,就已经把吉他调好音,包装完毕,当零售商从包装箱里拿出吉他时,这个吉他就可以马上用于弹奏,过去在美国能够提供的服务,现在到了欧洲也同样能够达成这种服务水平。

13.2 第三方物流的营销管理

13.2.1 第三方物流市场营销的含义和特点

1. 第三方物流市场营销的含义

所谓第三方物流市场营销,是指在物流活动过程中,产品经过将客户需求和相关产品信息的调查、细分、计划等营销服务活动后,将产品送达客户手中,同时又将产品在物流中的储存、订购、运输和签收等信息反向传递给企业的循环过程。该定义涉及以下含义。

第三方物流市场营销活动主体包括两个:需求方为物流方外部需求者;供给方为独立司职于提供外部服务的供应者。

第三方物流市场营销的目标是为了有效地满足市场供给和需求,物流需求方的有效率是指能够及时、便利和低成本的得到物流服务,物流供给方的有效率是指能够准确地寻求到企业的物流需求者,以满足企业的成长要求。物流营销主体的有效率最终将带来社会物流体系的有效率,最终降低社会的市场交易成本。

第三方物流市场营销是指能够体系地提高物流外部的服务整体,这种服务整体包括理念、沟通、价值、价格、时间、地点、环境以及其他技术性服务。这种服务整体,综合性地体现出第三方物流企业的地位和作用。

第三方物流市场营销在形式上是物流市场内部某类企业市场活动行为的组合,它的出现是物流市场发展的结果,更是社会分工的集中表现。

作为一种复合型的营销状态,第三方物流市场营销系统要面对诸如物流需求调查、市场细分、客户定位、营销组合、客户服务等环节,需要进行全方位组织、统筹、控制、跟踪以及评估营销计划。

2. 第三方物流市场营销的特点

在国外,第三方物流是作为物流专家和客户企业的战略联盟的角色出现的,因此第三方物流的市场营销同传统的仓储、货运类企业比较,具有鲜明的特点。

1) 专业化特点

第三方物流作为专业化方案的提供者,在营销过程中,必须体现自己的专业能力。其实在实际营销过程中,专业化的物流营销和非专业化的物流营销有着本质的不同。如在提及自己的优势时,专业化的物流营销可能如下:我们的专家队伍可以在分析你的运作现状的基础上,为你定制方案,我们的系统也可以在较短时间内同你们的系统连接。而非专业的物流营销员会告诉客户：我们有 18 000 平方米的仓库和 50 台车辆，您可以自己管理，也可以由我们来管理。

在问及客户的需求时，专业的物流营销员会问客户：如果加强市场预测和加快物流的响应速度，各个环节的库存是否还有降低的空间。而非专业的物流营销员会问客户：你明年的运输批量有多大。在更专业的营销中，物流企业往往会预先准备好适合行业特点的物流解决方案，在营销过程中，向客户展示自己的方案。

2）针对高层营销

针对高层营销的另一个更具体的说法是总经理营销，这也是由第三方物流的特点决定的。第三方物流是作为客户企业的战略合作伙伴出现的，而这种战略合作关系的决定，一定是在企业的高级管理和决策层。因此，第三方物流的营销层面，应当是客户企业的总经理为首的高层团队，而不是通常认为的物流经理或储运经理。

其实从现代物流的特点也不难理解高层营销的意义。现代物流关注的是企业总成本和客户服务水平，现代物流的运作需要公司各个部门的有效协调，有时候这种协调甚至外推到客户企业的上下游企业，同时，物流又是企业战略最重要的支撑系统，因此能够对第三方物流服务做出决定的，一定是企业的高层决策人员，甚至是总经理本人。

3）团队式营销

传统的储运业务的营销只要一个人就够了，而现代物流的营销是一个人很难完成的，必须采用项目团队的营销模式，在项目团队中，至少要拥有以下各类人才：市场人员、物流策划人员、运作和管理人员。

有一类人才在市场营销中似乎被忽视了，那就是物流公司的总经理。其实如果将第三方物流服务看做是企业的一种战略联盟，那么能够有权利和能力建立这个联盟的，其实只有总经理。

 案例链接

戴尔（Dell）公司的营销模式越来越受到全球企业界的关注。直销模式使这家名不见经传的电脑公司迅速成长为 IT 巨人。戴尔无论是直面最终客户进行个性化营销，还是网上订制购物、取消存货、与供应商结成联盟、JIT 送货管理、实时配送跟踪等的经验，无不都在强调这样一个规律：营销与物流的完美融合将产生强大的竞争力。

13.2.2 第三方物流市场营销的过程

第三方物流市场的特点决定了市场营销流程。在一个完整的营销过程中，通常包含以下几个典型的阶段。

1. 目标客户信息收集与需求分析

在市场营销之前，必须对自己的目标市场进行定位，关于目标市场的定位，将放在企业发展战略中详细分析。假定企业已经对自己的目标市场进行了定位，在营销中需要做的第一件事就是对目标客户进行信息收集和物流需求分析。获取信息的渠道有很多种，如统计局公布的企业统计年报、公开媒体的报道等。对于上市公司，还可以通过其定期的报表了解企业的情况。另外，外商投资的审批和管理部门，也会有新项目投资的信息。除了这些途径外，还可以通过一些专业会议结识朋友、搜集信息。

信息收集的主要目的，是了解企业的经营运作情况、产品及渠道特点、市场情况和走向，更重要的，是了解其物流现有的运作模式和特点、是否有改进的余地等。市场调研的目标是确定同客户接触的最佳时机，一般在客户面临流程重组、新项目启动或客户服务面临危机的时候，对第三方物流的介入会持比较欢迎的态度。同时，市场调研可以为市场人员同客户初次接触提供针对性的话题，如熟悉客户经营业绩的市场人员一般可以缩短同客户的距离；在交流中巧妙地提及客户在物流方面存在的问题和自己在这方面的经验，可以吸引客户的兴趣和信任，为后面的洽谈创造条件。

  案例链接　第三方物流故事： 会议迷还是情报员

某在中国投资的跨国物流企业，经常派人参加各类物流培训和会议，在每次参加会议之前，他们向会议主办方要的不是会议内容介绍，而是参加会议的人员名单，如果名单中有他们的目标客户，则一定派人参加会议，通过会议了解目标客户的信息，为市场开发提供信息支持。

2. 市场人员初步意向洽谈

市场人员在对收集到的客户资料进行分析的基础上，准备自己会谈的提纲，同时还要准备公司相关的宣传资料。在登门拜访客户前，最好通过朋友引荐，如果没有朋友引荐，可以采用事先预约的方式争取上门拜访的机会。一般情况下，要避免在没有事先预约的情况下登门。

市场人员在初次拜访客户时，应重点向客户介绍自己公司的实力和相关的经验，并将事先准备好的公司资料交给对方，同时，了解客户的物流运作模式和双方合作的可能性。关于合作问题，只要了解到有无可能性后，就可以结束，没有必要一定要对方承诺合作。在会谈结束前，对于有合作可能性的，要安排双方的第二次会面，并且请对方尽可能安排决策层面的领导参加。

3. 专家同客户的高层研讨

对于在第一次拜访后有明确合作意向的客户，按照事先的约定，进行第二次拜访。不同于第一次的意向拜访的任务，是争取同客户达成初步的合作意向，因此这次拜访中，要充分发挥专家在营销中的作用，通过专家的参与，展示物流公司的实力。如果达成合作意向，一般还会签定保密协议，为下一步进行客户的需求和运作现状的调查创造条件。

4. 专家分析客户的详细需求和运作现状

在此过程中，赢得客户具体操作和管理人员的信任是非常重要的，否则，对方可能提供不真实的信息，对后面制定方案会有影响。

5. 项目团队定制物流方案

制定物流方案需要多方面的配合，一般以项目组的形式将相关人员组合到一起来制定方案。一个项目组中，一般包含以下人员：物流策划专家、物流管理和运作人员、成本分析人员、信息系统支持人员。通常情况下，项目小组中，还应有一部分客户的物流人员，负责协调双方的关系，提供数据和协同制定物流方案。

6. 项目团队实施物流方案

项目实施过程非常重要，很多物流企业重视物流方案设计，但对实施的环节，重视不够，造成项目在实施过程中问题严重，从而打击客户对新方案的信心。为了保证项目的顺利实施，一般制订专门的实施计划，有些物流企业甚至建立专门的项目实施小组，负责项目的实施。在实施过程中，根据出现的问题，随时对物流方案进行调整。

7. 项目运作平稳后交给运作团队

一个新实施的物流项目，一般在经过一个月到半年的时间后，才可以比较顺畅的运作。当项目运作平稳后，对物流方案进行最后的修订，然后将项目完全交给运作团队，实施小组解散。

必须指出的是，上面提及的 7 项流程只是一种比较合理的参考模型，实际上在市场开发过程中，环节可能比现在还多，也可能会略掉其中的一些环节。

13.2.3 第三方物流营销战略和计划

1. 第三方物流营销战略

物流营销战略是指物流企业长期效益的系统性规划方法。这一定义强调的是未来效益，而实际工作中了解到的物流领域内的各项活动，极大地影响着企业的成本和利润。物流战略是企业成本控制和利润最优化的重要手段，是协调和促进企业从产品生产（或服务）到最终消费的所有活动的方式。关于物流战略的基本出发点，企业应考虑以下几个方面。

（1）主导业态的明确化，明确并强化本企业具有发展方向性的物流业务领域。
（2）经营商圈的再评估。
（3）物流服务水平的确定。
（4）库存盘点的集约化。
（5）与商品政策保持同步。
（6）物流中心的发展要明确投资方针。
（7）与信息系统建设保持同步。

总之，客户对物流的要求是商品的储存和迅速、安全、准确地配送。而第三方物流企业对谋求输送网络充实度的需求更大，希望信息和货物同步不分离。另外，第三方物流企业还要应付市场风险等问题。因此，物流营销的战略规划是必不可少的。

2. 第三方物流营销计划

营销计划是一种实现目的的方法，如果一个服务性企业希望在一个竞争性的环境中生存和发展下去，它就需要设定一套营销目标，明确地认识到组织目前所处的位置，以及希望到达的未来位置。一份好的营销计划不但要以事实和当前环境下的假设为基础确定目标、策略，而且要提供一份完成使命、使用现有资源、开发未来资源的行动计划。有效地实施计划的要求如下：建立必要的组织；从特定执行工作的人和工作内容两方面分清职责；建立必要的程序和控制系统；保持计划执行的连续性；计划涉及的人员和环节保持良好的沟通。

第三方物流营销具有一般产品市场营销的一些特征，然而，由于物流所具有的特点，要求第三方物流营销组合与有形产品及其他服务产品的营销有着不同的特点，其计划也就具有了不同层次。

物流营销计划涉及战略层面、策略层面和运作层面。它们之间的主要区别在于计划的时间跨度。各个计划层面有不同的视角，由于时间跨度长，战略计划所使用的数据是宏观的，常常是不完整的，因为有时数据经过平均化，一般只要在合理范围内接近最优就可以认为计划是准确的。而运作计划则要使用非常正确的数据，计划的方法是既拥有大量数据，又能得出合理的计划。例如，战略计划可能是整个物流需求者的所有库存不超过一定金额，或者达到一定的库存周转率，而库存的运作计划却要求对每类产品实施精确的管理。策略计划介于这两种计划之间。

13.3 第三方物流的客户服务

13.3.1 第三方物流客户服务概述

1. 第三方物流客户服务的含义

在生产或制造型企业中，物流的核心功能就包含客户服务，客户服务水平的好坏直接影响到双方合作的效率和持久性。现代物流管理追求的目标可以概括为"7R"：将适当数量(Right Quantity)、适当产品(Right Product)、适当的时间(Right Time)、适当的地点(Right Place)、适当的条件(Right Condition)、适当的质量(Right Quality)和适当的成本(Right Cost)交付给客户。如适当的时间，在客户服务的概念里可能是供货的及时性；适当的价格，可能是较低的产品价格；适当的地点和数量，则体现了送货的准确性等。

既然物流是担负生产制造型企业客户服务职能的，那么，采用了第三方物流的合作形式，其实就意味着客户企业通过物流公司完成他们的客户服务工作(至少是一部分)。因此，第三方物流企业的客户服务，具备两个含义：一个是代替客户企业为客户企业做客户服务，另一个是针对客户企业的客户服务。

2. 第三方物流客户服务的特点

第三方物流从一开始，就是作为客户企业的战略联盟伙伴出现的，因此第三方物流同客户企业必须体现为一种互惠、长期发展的战略性合作伙伴关系。第三方物流服务具有以下几个鲜明的特点。

1) 双赢的关系

第三方物流企业同客户表现为一种双赢的合作关系，这是最基本的原则，也是战略合作关系双赢的合作关系，这是最基本的原则，也是战略合作关系赖以存在的基石。双赢的原则，在美国和欧洲等相对成熟的市场中，是为第三方物流合作各方面所接受的。但在我国，这种双赢的理念在实际推行中还存在困难，不论是物流企业还是客户企业都存在"唯利是图，不管其余"的倾向，很多第三方物流合作关系不能长久的维系，往往就在于他们在利益的处理上，过分考虑自身的利益，忽视了合作伙伴的利益。尤其是客户企业，往往利用目前物流市场的卖方优势，不断地要求物流公司降价，造成物流公司收益降低，发展后劲不足，合作的积极性不高。双赢原则执行的好坏，不仅关系到合作是否长久，而且关系到合作双方经营的成败。

 案例链接

全球著名的家居产品供应商瑞典宜家(IKEA)就是马士基极其重视的一个全球协议伙伴。马士基承揽着宜家在全球29个国家、2 000多家供应商、164家专卖店、10 000多种家具材料的物流任务。宜家和马士基有牢不可断的"纽带关系",因为宜家的"供应商家族"多年前就一直在和马士基合作。两家公司长期的合作以及彼此在生意模式、价值观、商业目的等方面多有相似之处。

1998年宜家在上海开了第一家家居商场,1999年又在北京开了第二家。随后,宜家风行中国,两年内在中国的销售额涨了43.6%,全球采购量的10%也转移到了中国。这时候,供应商的数量增加,地域分布拓宽,在部署了在中国的生产网络和销售网络后,物流业务量快速膨胀。

就在宜家火爆中国的时候,马士基也没有闲着。经过层层努力,终于将"有利集运"注册成了独资公司。在权限扩大后,该独资公司接着又在中国沿海城市设立分公司和办事处,迅速扩张网络。2000年4月,有利集运正式改为"马士基物流中国有限公司(独资)",在13个城市设立了8家分公司和5家办事处,网络由沿海向内陆扩张。有人笑言:"马士基的物流服务几乎是随着宜家的扩张而扩张的。只要宜家在新的地区找到供应商,马士基就尽量扩张到那里。"马士基和宜家在物流领域的合作是经典的"点对点"链条关系。这种链条关系并不仅仅是业务需求,更关键的是,它们长期的合作使彼此相互促进。

2) 柔性化和个性化的服务

柔性化和个性化是第三方物流区别于第二方物流(车队、仓储企业等)最重要的特点。第三方物流提供的是个性化的服务,尤其是客户企业的产品、市场策略、行业、管理模式等方面,这决定了第三方物流合作方式的多样性。

在典型的第三方物流项目合作过程中,物流公司一般为客户配备专门的服务小组,服务小组将接受客户的关于产品、客户服务和安全等的培训,服务人员有些要工作在客户企业的作业现场,甚至办公室。在信息系统方面,第三方物流企业一般会采用同客户兼容的系统,有些还有根据客户的需要,为客户单独制定信息系统。

很多从传统的类物流企业转型过来的物流企业,对第三方物流服务的柔性化和个性化没有正确的理解,往往还是采用以我为主的服务模式,要求客户按照自己的标准操作,这不符合第三方物流的特点,也自然不可能做好服务。

3) 合作的战略性

对于生产、制造企业而言,第三方物流的合作是一种战略层面的合作,这是因为,第三方物流企业既是客户企业物流战略的重要组成部分,又是企业战略的重要实施者。客户企业的市场、销售、生产、客户服务等,都需要第三方物流的配合,同时,第三方物流还掌握客户企业最重要的战略信息,如客户资源、市场策略、产品特性、发展战略等。因此,第三方物流企业,其实是客户企业成功的一个关键的环节。

在我国,很多客户企业认识不到第三方物流的战略意义,有些跨国企业的中方管理人员,将第三方物流等同于一般的运输车队,甚至将第三方物流服务人员看做是花钱雇来的保姆,这对第三方物流合作伙伴自然不公平,对自己的企业也是很危险的。

13.3.2 第三方物流的客户需求分析

首先对第三方物流需求进行界定。第一,要明确物流需求与第三方物流需求的区别。并不是所有的物流需求都是第三方物流需求。第三方物流需求只是总体物流需求中能够转化为社会化需求的部分,即通过供需双方之外的社会化物流组织来完成的物流量。目前即使在物流比较发达的国家,第三方物流在物流市场中的份额也一般在30%左右。在中国物流市场化程度不高,物流产业还不成熟的环境下,大部分物流需求是通过企业自身完成的。第二,这里说的第三方物流需求不仅指当前的需求,还包括潜在的需求。需求分析不应只着眼于眼前，还应以动态的眼光来看待第三方物流今后的发展。物流企业将来能够从客户企业中挖掘出来，转化为社会化物流需求的部分，便是第三方物流的潜在需求。潜在需求越大，第三方物流发展的潜力就越大，前景就越看好。第三，第三方物流需求不仅包括对传统的物流基本功能如仓储、运输等的需求，更包括对各种增值物流服务的需求。

1. 第三方物流需求内容分析

1) 国外第三方物流需求内容

据调查，西欧和美国企业对第三方物流服务的需求已不仅仅停留在基本物流功能上，而已经发展到对增值性的延伸服务的需求。西欧企业需求的主要是仓储管理、共同运输、车队管理、订单履行和产品回收；美国企业物流服务需求的主要是仓储管理、共同运输、车队管理、物流信息系统以及订单履行。总的来看发达国家对第三方物流服务的需求水平较高，大多是在传统的物流功能如仓储、运输等的基础上延伸出来的增值服务，而对更高层次的增值物流服务的需求不是很大。

2) 我国第三方物流需求内容

目前中国工商企业对第三方物流服务的总需求层次还比较低，主要集中在对基本常规项目的需求上。生产企业外包的服务第一是干线运输，第二是市内配送，第三是储存保管。商业企业需求的服务第一是市内配送，第二是储存保管，第三是干线运输。这表明生产企业和商业企业对物流服务内容的侧重点有所不同。企业对增值性高、综合的物流服务如库存管理、物流系统设计、物流总代理等的需求还很少。与发达国家相比，显示出了较大差距。

生产企业期望新的物流服务商提供的服务内容主要以物流总代理、市内配送、干线运输、仓储保管为主；商业企业期望新的物流服务内容为物流系统设计、条码采集和仓储保管服务。可见，生产企业的物流需求以物流运作为主，受地域跨距和管理幅度的影响，更强调集成化的物流服务。而商业企业对物流的信息服务要求更强烈，物流决策、数据采集等增值信息服务越来越受企业重视。这也表明，中国企业对增值物流服务的需求将逐渐增多，需求水平将进一步提高，今后能够提供更多信息增值服务的物流企业将具有更大的竞争优势。

2. 客户需求的种类

第三方物流之所以在世界范围内受到企业的青睐，根本原因就在于其独特的作用与价值，能够帮助客户获得诸如利润、价格、供应速度、服务、信息的准确性和真实性及新技术的采用上等潜在优势。客户对第三方物流企业的服务需求，一般分为以下几类。

1) 关注成本价值

客户希望通过与第三方物流企业的合作，降低成本。这类客户多是在市场上已经取得一定的市场份额，他们关注的不是大幅度提高服务水平的问题，而是在现有的服务水平基础上如何降低成本的问题。事实证明，企业单靠自己的力量降低物流费用存在很大的困难。

企业将物流业务外包给第三方物流公司，以支付服务费用的形式获得服务，不需要自己内部维持运输设备、仓库等物流基础设施和人员来满足这些需求，从而可以得公司的固定成本转化为可变成本。这种影响对于那些业务量呈现季节性变化的公司更为明显。

2）关注服务能力价值

客户关注的是通过第三方物流企业的能力，提高自身的服务水平。对于附加价值较高的产品，或刚刚进入市场的产品，往往会对这种能力有需求。服务水平的提高会提高客户的满意度，增强企业信誉，促进企业的销售，提高利润率，从而提高企业市场占有率。

利用第三方物流企业信息网络和节点网络，能够加快对客户订货的反应能力，加快订单处理，缩短从订货到交货的时间，进行门对门运输，实现货物的快速交付，提高客户满意度；通过其先进的信息和通信技术可加强对在途货物的监控，及时发现、处理配送过程中的意外事故，保证订货及时，安全送达目的地，尽可能实现对客户的承诺；产品的售后服务、送货上门、退货处理、废品回收等也可由第三方物流企业来完成，保证企业为客户提供稳定、可靠的高水平服务。

案例链接

美国的太阳微系统公司在北美市场上面临客户对维修用配件的配送时间从两天逐步缩短到 1 小时，甚至要求即时的现场作业时，就与制药业物流专家 USCO 物流服务公司建立战略联盟关系，把运输、仓储、配件调度以及维修作业本身都交给 USCO 公司管理。不仅使 1 小时配送的服务准时率大于 96.3%，而且取消了几个地区性仓库。

3）关注资金价值

这类客户，一般资金不足或较重视资金的使用效率，不愿意自己在物流方面投入过多的人力和物力。针对这种需求，第三方物流企业要充分展现自己在物流方面的能力和投资潜力，提供可垫付货款或延长付款期限的物流服务项目。

物流需求企业如果利用第三方物流的运输、配送网络，通过其管理控制能力，可以提高客户响应速度，加快存货的流动周转，从而减少内部的安全库存量，降低企业的资金风险，或者把这种风险分散一部分给第三方物流企业来共同承担。

4）关注复合价值

客户对第三方物流服务的需求是出于多种因素来考虑的。第三方物流企业需要在综合考虑多个因素后，取得一个折中方案。第三方物流企业的客户可能遍及供应链的上下游，通过它可以将各相关企业的物流活动有机衔接起来，形成一种更为强大的供应链竞争优势，这是个别企业，特别是中小企业所无法实现的工作。

13.3.3 制定第三方物流客户服务方案

制定客户物流服务方案相当于具体的产品设计，是第三方物流服务中最体现管理水平、策划能力和技术含量的环节，也是赢得客户的关键所在。一个完整的物流服务方案包含众多的过程和环节，本书将从方法论的角度，阐明制定客户物流服务方案的方法。制定客户物流服务方案过程，可以总结为以下 3 个互相联系的阶段。

1. 调研过程

调研阶段是在对客户需求进行详细分析的基础上，对具体的物流过程进行分析，这个阶段具体包括以下工作。

（1）对现有的物流过程进行描述。

（2）评价现有物流体系的绩效。

(3) 同本行业先进企业的物流实践进行对比。

在调研的基础上，通过一系列的指标对物流体系的绩效进行衡量，同时与行业的标杆企业进行对比分析，就可以发现现有物流体系存在的问题与不足，找到解决问题的关键所在。

2. 创新阶段

在调研的基础上，发现现有体系中存在的问题，就明确了创新的方向。具体的创新手段有以下几种。

(1) 简化式创新，如省略或合并某些物流活动或环节。

(2) 优化式创新。采用一些决策支持系统来对物流体系进行重新设计，如配送网络设计、动态运输计划等。

(3) 模仿式创新。将国内外相关企业先进的物流实践，结合客户企业特殊的情况进行创新。

创新阶段是方案制定过程中最具战略色彩的阶段。我国的第三方物流企业由于自身创新能力不足，还很难为客户企业提供创新的物流方案。目前，从事这一块业务的，主要是高校的研究机构和一些咨询类的公司。

3. 实施阶段

这里所说的实施阶段，并不是通常讲的具体实施过程，而是方案的实施设计。这个阶段的工作有以下几点。

(1) 过程的系统化。所谓过程的系统化描述，就是将方案执行的细节描述出来，便于实施人员学习和参照。集中体现过程的系统化描述的是物流服务计划书，有些单位为了更好地规范物流管理和作业，还将标准操作流程按照岗位进行拆分，形成岗位工作指南，如运输人员工作指南、仓储人员工作指南等。

(2) 过程自动化。自动化实际上就是选择或开发合适的信息系统，将物流管理和运作的过程自动化。采用系统实际上不只解决了工作效率问题，还可以规范管理和运作的过程。

(3) 人力配置。在过程系统化和标准化的基础上，设计组织结构、岗位职责等。

13.4 第三方物流的项目管理

第三方物流项目管理是指第三方物流项目管理者为了实现其目标，按照客观规律的要求，运用系统工程的观点、理论和方法，对第三方物流项目发展周期中的各阶段工作进行计划、组织、控制、沟通和激励，以取得良好效益的各项活动的总称。

13.4.1 第三方物流项目决策

作为物流服务需求方的工商企业，购买物流服务的决策过程一般有以下几个步骤。

1. 需求的概念化

这一步包括客户完全意识到物流需求，并把它们明确地表达出来，从而成为对潜在第三方物流服务供应商的服务需求。由于大多数第三方物流的决策对企业目标的实现，关系重大，决策的过程复杂，所以开始时对需求理解所花费的时间较长。

2. 确定可选目标

该步骤的一半时间用来确定选择第三方供应商的标准。第一步中有关对需求的表达应使确定选择标准在可管理的范围。

虽然物流经理都会参与对第三方物流服务商选择的决策，但是其他部门包括财务、制造、营销、信息系统、人力资源部的经理也常常参与其中。另外，公司总裁参与第三方供应商的选择决策也是常见的。

确定可选对象的过程包括要求感兴趣的物流供应商提供建议书、初选候选人以达到可管理的数量以及对这些候选公司进行评价与考虑。

3. 选择供应商

这一步对客户是关键的。第三方供应商的选择只有对可能的候选人的信誉进行全面考量后才能做出。它必须对最终候选人有专业性地接触与了解。

在公司里，会有多名经理在决定第三方物流购买过程中起着至关重要的作用。在最终选择的决策中，应鼓励在他们之间进行一定程度的协调，保证他们中的每一位对做出的决策有一致的理解，并了解对被选的物流公司的期望。

4. 第三方物流服务关系的实施

一旦做出选择第三方物流供应商的决策，就必须认识到与该物流公司的相互理解与合作是非常重要的，可以说这一过程也十分重要。

根据与新的第三方物流服务关系的复杂程度，整个实施过程可以是相对较短的，也可以延续一段时间。例如，如果这一过程包括了对顾客物流系统网络的显著改变和重构，则完全付诸实施就需花费更多的时间，而当第三方的作用较为直接与简单时，则实施过程可以较快。

5. 过程改进

传统的购买过程结束于选择第三方物流的实施阶段。对于第三方物流供应商的参与，要知道他可以继续的类型与可以突破的改进。供应商应对这种类型的改进负责，同时突破性的改进也是必需的，因为只有这样，才可能增加公司的竞争优势。要达到此目标，需要鼓励第三方供应商打破传统的思维方式，创造性地进行思维。当然，这也包含风险，但只有冒险才能获得物流过程显著改进的益处。

13.4.2 第三方物流项目招标

第三方物流项目招标就是招标人在购买第三方物流服务前，按照公布的招标条件，公开或书面邀请投标人在接受招标文件要求的前提下前来投标，以便招标人从中择优选的一种交易行为。

第三方物流项目招标的一般过程包括发布招标公告、资格预审、招标文件的编制和发放、接受投标文件、开标、评标、定标及签订合同。

1. 公布招标公告

公开招标应当发布招标公告。招标公告应当通过报刊或者其他媒介发布。招标公告应当载明下列事项：①招标人的名称和地址；②招标项目的性质、数量；③招标项目的地点和时间要求；④获取招标文件的办法、地点和时间；⑤对招标文件收取的费用；⑥需要公告的其他事项。对于公开的竞争性招标，一般要在投标开始前至少 45 天发布招标公告，即在国内外有影响的报刊上刊登招标广告或发布招标公告，邀请第三方物流服务提供商申请投标资格预审，或对不需资格预审的招标项目购买招标文件。

2. 资格预审

招标人或招标投标中介机构可以对有兴趣投标的法人或者其组织进行资格审查，此时应当通过报刊或者其他媒介发布资格预审通告。资格预审通告应当载明下列事项：①招标人的名称和地址；②招标项目的性质、数量；③招标项目的地点和时间要求；④获取资格预审文件的办法、地点和时间；⑤对资格预审文件收取的费用；⑥提交资格预审申请书的地点和截止日期；⑦资格预审的日程安排；⑧需要通告的其他事项。

资格预审的主要内容如下：①投标人的基本情况，如企业的性质、组织机构、法人地位、公司章程、主要领导成员等；②项目经验及业绩，主要考核投标人是否承担过类似标的项目的经验，投标人以往取得的成绩、获得的荣誉等；③财务状况，一般要求投标人提交近几年经审计过的财务报表；④人员及设备能力；⑤企业的信誉，主要审查已经履行及正在履行的合同情况和所完成项目的质量评定、企业的资质等级等；⑥其他方面。

3. 编制和发放招标文件

招标人或者招标投标中介机构根据招标项目的要求编制招标文件。招标文件一般应当包括下列内容：①投标人须知；②招标项目的性质、数量；③技术规格；④投标价格的要求及其计算方式；⑤评标的标准和方法；⑥提供服务的时间；⑦投标人应当提供的有关资格和资信证明文件；⑧投标保证金的数额或其他形式的担保；⑨投标文件的编制要求；⑩提供投标文件的方式、地点和截止日期；⑪开标、评标、定标的日程安排；⑫合同格式及主要合同条款；⑬需要载明的其他事项。

4. 接受投标文件

招标文件要明确规定投标文件的投送地点和期限，如从招标公告或投标邀请书发布之日到提交投标文件截止之日，一般不得少于 30 天。投标人送达投标文件的，招标单位应检验文件是否密封和送达时是否符合要求，合格者发给回执，否则拒绝或作为废标。在投标书递交后，投标截止期限前，仍允许投标者通过正式函件调整报价及做补充说明。

5. 开标

开标应当按照招标文件规定的时间、地点和程序以公开方式进行。开标由招标人或者招标投标中介机构主持，邀请评标委员会成员、投标人代表和有关单位代表参加。投标人应先检查投标文件的密封情况，在确认无误后，再由有关工作人员当众拆封、验证投标资格，并宣读投标人名称、投标价格以及其他主要内容。

6. 评标与定标

评标应当按照招标文件的规定进行，评标委员会按照招标文件的规定对投标文件进行评审和比较，并向招标人推荐 1～3 个中标候选人。招标人应当从评标委员会推荐的中标候选人中确定中标人。

中标的投标者应当符合下列条件之一：①能够最大限度地满足招标文件中规定的各项综合评价标准；②能够最大限度地满足招标文件的实质要求，并且经评审的投标价格最低（投标价格低于成本的除外）。

7. 签订合同

招标人或者招标投标中介机构应当将中标结果书面通知所有投标人。招标人与中标人应当按照招标文件的规定和中标结果经谈判后签订书面合同。

13.4.3 第三方物流项目投标

第三方物流项目投标就是投标人在同意招标人拟订的招标文件的前提下，对招标项目提出自己的报价和相应的条件，通过竞争以求被招标人选中的一种交易方式。这种方式是投标人之间的直接竞争，而不通过中间人，在规定的期限内以比较合适的条件达到招标人所要达到的目的。

1. 第三方物流项目投标程序的步骤

（1）获取信息。
（2）登记并购买招标文件。
（3）准备投标文件（商务和技术）。
（4）开出保函和银行资信函。
（5）送交投标文件，并参加开标。
（6）对招标人提出的疑问进行澄清应答。
（7）若中标，则准备签约。

2. 第三方物流项目投标中应注意的问题

1）明确投标目的

若投标是为创造经济效益，在投标前应详细计算成本、开支、利润等，对大的、时间拖长的项目，还应将风险计算进去，然后在将不利的因素统统计算之后，看是否投这个标。若投标是为打开市场、创牌子，则可不注意利润。

2）投标操作中商务方面

（1）应从多渠道获得信息，包括概算、第三方物流项目的主要指标等。
（2）与项目单位、招标单位进行必要的接触，了解它们的需要。
（3）要正式购买招标书，并以购到的招标书中的指标来准备投标。
（4）在开保函方面，开户行级别、金额、天数等应合格。
（5）投标人应严格按照标书规定，做出合格的投标书。
（6）投标书正本一份，副本数份。
（7）提供最好的供应链解决方案。

3）投标操作中技术方面

（1）应达到招标书中各项指标的要求。
（2）争取邀请用户进行考察。
（3）标书中的特殊要求应当得到满足。

知识链接

为了取得投标胜利，除了正常的投标过程工作外，还应针对不同的物流服务内容和竞标对手，采取不同的投标策略。

(1) 掌握招标方的物流服务需求特点，提供多种物流服务方案以满足招标方特殊需要。

(2) 分析竞标对手的优势和劣势，掌握竞争对手的投标动向。

(3) 与招标方建立密切联系，认真对待招投标中的每一次活动，最大限度取得招标方的信任。

(4) 树立全心全意为客户服务，一切以客户需求为中心的理念。在投标活动中，一定要站在招标方的立场上，看待自己的每一项方案和建议。

(5) 提出灵活的报价方式。在与对方交流价格时，提出几种价格方案。由于价格不同，服务质量也有所区别，由客户选择既能满足服务质量需求，又能采用较为合理的价格。同时，应该承诺每年以一定的百分比降低物流服务成本。由投标方主动提出，表示出合作伙伴的诚意，会使自己中标的几率加大。

(6) 高层领导的交流和沟通。在投标期间，应安排物流企业高层领导与招标方领导会谈，介绍本公司的实力和发展前景，从而在招标方高层中留下深刻的印象。

本章小结

本章主要介绍了第三方物流理论、第三方物流的服务管理、第三方物流的营销管理、第三方物流的项目管理。第三方物流理论主要介绍了第三方物流的概念、第三方物流的价值、第三方物流的分类、国外第三方物流的发展状况。第三方物流的服务管理主要介绍了第三方物流服务管理的概念、第三方物流的客户需求分析、第三方物流客户服务方案的制定。第三方物流的营销管理主要介绍了第三方物流营销的含义和特点、第三方物流营销的过程、第三方物流营销战略和计划。第三方物流的项目管理主要介绍了第三方物流的项目决策、第三方物流的项目招标、第三方物流的项目投标。

习 题

一、选择题

1. 第三方物流与传统物流委托相比，具有（   ）的特点。
   A. 供应链无动态联盟特征　　　　　　B. 增值服务少
   C. 运营成本高　　　　　　　　　　　D. 个性化服务功能强

2. 以下（   ）是属于第三方物流利益的来源。
   A. 作业利益　　B. 成本利益　　C. 销售利益　　D. 超额利益

3. 以下（   ）不属于第三方物流项目招标的过程。
   A. 开标　　　　B. 资格预审　　C. 编制投标文件　　D. 编制招标文件

4. 在第三方物流的设计和运作中，（   ）是至关重要的环节，是第三方物流服务管理的主要内容。
   A. 顾客服务　　B. 库存管理　　C. 运输　　　　　　D. 仓库管理

二、名词解释

1. 第三方物流
2. 第三方物流市场营销
3. 第三方物流投标
4. 第三方物流客户服务
5. 第三方物流项目管理

三、简答题

1. 你是如何从不同角度理解第三方物流的?
2. 简述第三方物流市场营销的过程。
3. 简述我国第三方物流客户需求内容。
4. 在制定客户第三方物流服务方案过程中,具体有哪些创新手段?
5. 简述第三方物流项目投标的步骤。

案例分析

冠生园集团物流外包

冠生园集团是国内唯一一家拥有"冠生园"、"大白兔"两个中国驰名商标的老字号食品集团。集团生产大白兔奶糖、蜂制品系列、酒、冷冻微波食品、面制品等食品,总计达到了2 000多个品种,其中糖果销售额近4亿元人民币。近几年市场需求增大了,但运输配送跟不上。集团拥有的货运车辆近100辆,要承担上海市3 000多家大小超市和门店的配送,还有北京、大原、深圳等地的货物运输。淡季运力空放,旺季忙不过来,每年维持车队运行的成本费用就达上百万元。

产品规格品种多、市场辐射面大,靠自己配送运输成本高、浪费大。为此,2002年初,冠生园集团下属合资企业达能饼干公司率先做出探索,将公司产品配送运输全部交给第三方物流。在物流外包以后,不仅配送准时准点,而且费用要比自己做节省许多。达能公司把节约下来的资金投入到开发新产品与改进包装上,使企业又上了一个新台阶。为此,集团销售部门专门组织各企业到达能公司去学习,决定在集团系统推广它的做法。经过选择比较,集团委托上海虹鑫物流有限公司作为第三方物流机构,搞"门对门"物流配送。

虹鑫物流与冠生园签约后,通过集约化配送,极大地提高了效率。每天一早,他们在电脑上输入冠生园相关的配送数据,制定出货最佳搭配装车作业图,安排准时、合理的车流路线。货物不管多少,就是两三箱也送。此外按照签约要求,遇到货物损坏,按规定赔偿。一次,整整一车糖果在运往河北途中翻入河中,物流公司掏出5万元,将掉入河中损耗的糖果全部"买下"作赔。

据统计,冠生园集团自委托第三方物流以来,产品的流通速度加快,原来铁路运输发往北京的商品途中需要7天,现在虹鑫物流运输只需2~3天,而且实行的是门对门的配送服务。由于第三方物流配送及时周到、保质保量,使商品的流通速度加快,集团的销售额有了较大增长。此外,更重要的是能使企业从非生产性的后道工序,即包装、运输中解脱出来,集中精力开发新产品、提高产品质量、改进包装。

讨论题:

结合冠生园集团从物流外包中得到的好处,分析工商企业物流外包的意义以及第三方物流需求的来源和决策。

第14章 电子商务与物流

【本章教学要点】

知识要点	掌握程度	相关知识
电子商务概述	掌握	电子商务的概念
	掌握	电子商务的特点
	了解	电子商务的主要模式
电子商务与物流的关系	理解	物流对电子商务的影响
	理解	电子商务对物流的影响
电子商务环境下的物流作业流程	了解	电子商务下的物流系统
	了解	电子商务下的物流流程
	了解	电子商务物流作业流程
电子商务物流模式	重点掌握	电子商务下的物流模式类型
	重点掌握	电子商务下的物流模式选择

【名人名言】

  现在的网站就像一个高位截肢的病人，脑子非常好，什么都能想象，什么都能规划出来，但就是胸部以下不能动，没胳膊没腿。这个腿就是商品实体的流动，即物流。

——某位商务老总的精彩比喻

> 物流对电商之重要，有如荆州城池对蜀汉之意义。
>
> ——逐一时代传媒科技有限公司副总裁朱翊

> 2011年，可以说是中国电子商务企业全力进军物流业的一年。1月，阿里巴巴宣布，将投资200亿到300亿人民币，逐步在全国建立起一个立体式的仓储网络体系。2月，京东商城CEO刘强东宣称，将把募集来的15亿美元中的大部分资金投入物流体系建设。5月，沃尔玛与1号店达成战略合作协议。沃尔玛拥有全球化的经验和先进的供应链系统，1号店仓库管理系统将借鉴沃尔玛经验，提高自动化程度，形成专业的流水线运作，一个原来日订单承载量2万的仓库提高到5万~6万单。7月，麦考林在吴江兴建近14万平方米的全球运营中心，并且斥巨资引进美国"红色草原"供应链信息系统。11月，苏宁电器在合肥建立的首个第三代大型物流基地正式投入使用。
>
> **点评**
>
> 当今，随着信息技术的发展，电子商务企业越来越多，竞争越来越大。电子商务企业的发展在经历了价格、人才、资本等种种因素的考验之后，物流的重要性日趋凸显。电子商务与物流相互影响，相互促进。

当前，科学技术日新月异，一场席卷全球的信息化热潮，深刻地影响着社会和经济发展的各个领域。电子商务作为信息技术与现代经济贸易相结合的产物，已经成为人类社会进入知识经济、网络经济时代的重要标志。物流是电子商务的重要组成部分，也是实现电子商务的保证。

14.1 电子商务概述

14.1.1 电子商务的概念

电子商务源于英文Electronic Commerce，简写为EC。电子商务指的是通过信息网络以电子数据信息流通的方式在全世界范围内进行并完成的各种商务活动、交易活动、金融活动和相关的综合服务活动。其内容包含两个方面：一是电子方式，二是商务活动。就其本质而言仍然是"商务"，其核心仍然是商品的交换，与传统商务活动的差别主要体现在商务活动的形式和手段上。

电子商务可以通过多种电子通信方式来完成。现在所探讨的电子商务主要是指以EDI（电子数据交换）和Internet来完成的商务活动。尤其是随着Internet技术的日益成熟，电子商务真正的发展将是建立在Internet技术上的，所以也有人把电子商务称为IC(Internet Commerce)。

从贸易活动的角度分析，电子商务可以在多个环节实现，由此也可以将电子商务分为两个层次。较低层次的电子商务如电子商情、电子贸易、电子合同等，而最完整的也是最高级的电子商务应该是利用Internet能够进行全部的贸易活动，即在网上将信息流、商流、资金流和部分的物流完整地实现，也就是说，可以从寻找客户开始，一直到洽谈、订货、在线付(收)款、开具电子发票以至电子报关、电子纳税等通过Internet一气呵成。

当然要实现上述完整的电子商务还会涉及很多方面，除了买家、卖家外，还要有银行或金融机构、政府机构、认证机构、配送中心等机构的加入。由于参与电子商务的各方是互不谋面的，整个电子商务过程并不是物理世界商务活动的"电子化"翻版，网上银行、在线电子支付等条件和数据加密、电子签名等技术在电子商务中发挥着重要的不可或缺的作用。

知识链接

2014年1月16日，中国互联网络信息中心（CNNIC）发布《第33次中国互联网络发展状况统计报告》。数据显示，截至2013年12月底，中国网民规模达到6.18亿，其中手机网民规模达到5亿，互联网普及率为45.8%。我国域名总数为1 844万个，其中国家顶级域名CN域名数为1 083万个，网站总数达到320万个。网络购物、网上支付等电子商务类应用的用户规模增幅明显，截至2013年12月底，我国网络购物用户规模达到3.02亿，使用率达到48.9%。我国使用网上支付的用户规模达到2.60亿，使用率达到42.1%。网络购物、网上支付等电子商务类应用在手机端的发展也较为迅速，手机网上购物用户达1.44亿人，手机在线支付的用户规模达到1.25亿人，使用率为25.1%。互联网的发展，全面促进了电子商务的发展。

14.1.2　电子商务的特点

电子商务起源于20年前的专用增值网络和EDI的应用，在Internet的推动下，电子商务得到迅速发展，其主要具有以下几个特点。

（1）信息化。电子商务是以信息技术为基础的商务活动，它的进行须通过计算机网络系统来实现信息交换和传输。由于计算机网络系统是融数字化技术、网络技术和软件技术为一体的综合系统，因此电子商务的实施和发展与信息技术发展密切相关，也正是信息技术的发展推动了电子商务的发展。

（2）虚拟性。Internet作为数字化的电子虚拟市场（Electronic Market），它的商务活动和交易是数字化的。由于信息交换不受时空限制，因此可以跨越时空，形成虚拟市场，完成过去在实物市场中无法完成的交易，这正是电子商务迅速发展的根本所在。

（3）全球性。作为电子商务的主要载体，Internet是全球开放的，开展电子商务可以不受地理位置限制，它面对的是全球性统一的电子虚拟市场。

（4）平等性。电子商务使企业可以用很低的成本进入全球电子虚拟市场，使得中小企业有可能拥有和大企业一样的信息资源，能平等参与市场竞争和获取市场机会，从而提高了中小企业的竞争能力。

（5）社会性。虽然电子商务依托的是网络信息技术，但电子商务的应用发展是社会性的系统工程。因为电子商务活动涉及企业、政府组织、消费者的参与，并需要配套的、适应电子虚拟市场的法律法规和竞争机制等。如果缺少任意一个环节（如电子商务交易纳税问题等敏感问题），势必制约甚至妨碍电子商务的发展。

14.1.3　电子商务的主要模式

电子商务模式，就是指在网络环境中基于一定技术基础的商务运作方式和盈利模式。电子商务模式越来越多样，并且不断趋于成熟。电子商务模式按照交易对象大致可以分为以下五种类型。

1. 企业与消费者之间的电子商务(Business to Customer，即 B2C)

B2C 电子商务是消费者利用 Internet 直接参与经济活动的形式，类同于商业电子化的零售商务。其特点是利用 Internet 代替传统的中间商，如零售商和批发商，这样既可以提高企业对市场的反应速度，也可以减少企业的营销费用，特别是营销渠道费用，以更低廉的价格为客户提供更满意的服务，大大提高企业的竞争力。典型的 B2C 型电子商务企业包括两种类型：一是中介型 B2C 电子商务网站，如亚马逊公司；二是直销型 B2C 电子商务网站，如 Dell 公司等。

2. 企业与企业之间的电子商务(Business to Business，即 B2B)

B2B 电子商务是电子商务应用最多和最受企业重视的形式，企业可以使用 Internet 或其他网络对每笔交易寻找最佳合作伙伴，完成从订购到结算的全部交易行为，包括与供应商订货、签约、接受发票和使用电子资金转账、信用证、银行托收等方式进行付款，以及在商贸过程中发生的其他问题(如索赔、商品发送管理和运输跟踪)等。企业对企业的电子商务在交易额和交易领域的覆盖上，其规模比起 B2C 来都更为可观，对于电子商务发展的意义也更为深远。典型的 B2B 电子商务企业包括两种类型：一是基于第三方平台的 B2B 电子商务网站，如阿里巴巴网站；二是传统企业的 B2B 电子商务网站，如海尔的供应商管理平台(http://www.haier.com)等。

3. 消费者与消费者之间的电子商务(Consumer to Consumer，即 C2C)

C2C 电子商务是消费者之间通过某个电子商务平台直接进行交易的电子商务模式。通过 C2C 商务平台，个人消费者可以直接把商品或服务卖给其他的消费者。现在 Internet 上很多的拍卖网站允许个人拍卖商品就属于 C2C 模式。典型的 C2C 电子商务网站有淘宝网、易趣网等。

4. 消费者与企业之间的电子商务(Consumer to Business，即 C2B)

C2B 是一种创新型的电子商务模式，不同于传统的供应商主导商品，这是通过汇聚具有相似或相同需求的消费者，形成一个特殊群体，经过集体议价，以达到消费者购买数量越多，价格相对越低的目的。典型的 C2B 模式如团购网站。

5. 企业与政府之间的电子商务(Business to Government，即 B2G)

B2G 是指企业与政府机构之间依托 Internet 等现代信息技术手段进行的商务或业务活动。这种商务活动涵盖了企业与政府间的各项事务，包括政府采购、税收、商检、管理条例发布，以及法规政策颁布等。政府一方面作为消费者，可以通过 Internet 发布自己的采购清单，公开、透明、高效、廉洁地完成所需物品的采购；另一方面，政府对企业宏观调控、指导规范、监督管理的职能通过网络以电子商务方式更能充分、及时地发挥。

 知识链接　电子商务的发展

按照各个时期有代表性的不同技术，可将电子商务的发展分为四个阶段。

1. 第一阶段：EFT 时代

20 世纪 70 年代，银行间电子资金转账(EFT)开始在安全的专用网络上推出，它改变了金融业的业务流程。电子资金转账是指通过企业间通信网络进行的账户交易。由于它以电子方式提供汇款信息，从而使电子结算实现了最优化。这是电子商务最原始的形式之一,也是最普遍的形式。

2. 第二阶段:电子报文传送技术

从20世纪70年代后期到80年代早期,电子商务以电子报文传送技术(如电子数据交换,EDI)的形式在企业内部得到推广。电子报文传送技术减少了文字工作并提高了自动化水平,从而简化了业务流程。电子数据交换(EDI)使企业能够用标准化的电子格式与供应商之间交换商业单证(如订单)。

3. 第三阶段:联机服务

在20世纪80年代中期,联机服务开始风行,它提供了新的社交交互形式(如聊天室),还提供了知识共享的方法(如新闻组和FIP)。这就为互联网用户创造了一种虚拟社区的感觉,逐渐形成了"地球村"的概念。同时,信息访问和交换的成本已降得很低,而且范围也在空前扩大,全世界的人都可以相互沟通。

4. 第四阶段:WWW

20世纪90年代中期到现在,互联网上出现了WWW应用,这是电子商务的转折点。WWW为信息出版和传播方面的问题提供了简单易用的解决方案。WWW带来的规模效应降低了业务成本,它所带来的范围效应则丰富了企业业务活动的多样性。WWW也为小企业创造了机会,使它们能够与资源雄厚的跨国公司在平等的技术基础上竞争。

14.2　电子商务与物流的关系

14.2.1　物流对电子商务的影响

1. 物流是电子商务的重要组成部分

电子商务中的任何一笔交易,都包含四种基本的"流",即信息流、商流、资金流和物流。其中信息流既包括商品信息的提供、促销、技术支持、售后服务等内容,也包括诸如询价单、报价单、付款通知单、转账通知单等商业贸易单证,还包括交易方的支付能力、支付信誉等。商流是指商品在购、销之间进行交易和商品所有权转移的运动过程,具体是指商品交易的一系列活动。资金流主要是指资金的转移过程,包括付款、转账等过程。在电子商务下,以上三种流的处理都可以通过计算机和网络通信设备实现。物流,作为四流中最为特殊的一种,是指物质实体(商品或服务)的流动过程,具体指包装、运输、储存、装卸搬运、流通加工、配送等各种活动。在电子商务中,除少数商品和服务,如各种电子出版物、信息咨询服务、有价信息软件等可以直接通过网络传输的方式进行配送外,绝大多数商品和服务的物流需要经由实物方式进行传输,最多可以通过网络来优化。所以,在一定意义上物流是电子商务的重要组成部分,是信息流和资金流的基础与载体。

2. 物流是电子商务所具优势正常发挥的基础

电子商务的开展能够有效地缩短供货时间和生产周期,简化订货程序,降低库存水平,同时使得客户关系管理更加富有成效。在电子商务条件下,商品生产和交换的全过程,即从原材料的采购、各工艺流程的生产到成品的交付,都需要各类物流活动的支持。物流还是商流的后续者和服务者,如果消费者所购的商品没有物流体系来保证送达,电子商务快速、便捷的优势得不到发挥,落后的物流使计算机和网络节约的时间和劳动被抵消,消费者最终会转向他们认为更为安全的传统购物方式。因此,物流是电子商务中的一个关键环节,是电子商务所具优势正常发挥的基础。

3. 物流是实施电子商务的保证

1）物流保障生产

无论是传统的贸易方式，还是电子商务，生产都是商品流通之本，而生产的顺利进行需要各种物流活动的支持。生产的全过程从原材料的采购开始，便要求有相应的供应物流活动，使所采购的材料到位，否则生产就难以进行；再生产的各工艺流程之间，也需要原材料、半成品的物流过程，即所谓的生产物流，以实现生产的流动性；部分余料、可重复利用物资的回收，就需要所谓的回收物流。可见，整个生产过程实际上就是系列化的物流活动。

2）物流服务于商流

在商流活动中，商品所有权在购销合同签订时起，便由卖方转移到买方，而商品实体并没有移动。在传统交易中，除了非实物交割的期货交易，一般的商流都必须伴随相应的物流活动，即按照买方的要求将商品由卖方以适当的方式、途径向买方转移。而在电子商务下，用户通过上网点击购物完成了商品所有权的交割过程，即商流过程，只有商品和服务真正转移到买方手中，商务活动才告终结。在整个电子商务的交易过程中，物流实际上是以商流后续者和服务者的姿态出现的。没有现代化的物流，电子商务的优势就无法发挥。

3）物流是实现以"客户为中心"理念的最终保证

电子商务的出现，在最大程度上方便了最终用户。他们足不出户，在互联网上搜索、查看、挑选，就可以完成购物过程。但如果商品不能及时准确地送到用户手中，电子商务的购物便捷就失去了效用，消费者就不会再选择网上购物了。因此，物流服务水平的高低决定了顾客的满意程度，同时也就决定了电子商务的形象和地位。物流是电子商务中实现以"客户为中心"理念的最终保证。

14.2.2 电子商务对物流的影响

1. 电子商务给物流业带来了发展机遇

电子商务是一次高科技和信息化的革命。它把商务、广告、订货、购买、支付、认证等实物和事务处理虚拟化、信息化，使它们变成脱离实体而能在计算机网络上处理的信息，又将信息处理电子化，强化了信息处理，弱化了实体处理。这必然导致产业大重组，原有的一些行业、企业将逐渐压缩乃至消亡，将扩大和新增一些行业、企业。

产业重组的结果，可能实际上使得社会上的产业只剩下两类行业：一类是实业，包括制造业和物流业；一类是信息业，包括服务、金融、信息处理业等。在实业中，物流企业会逐渐强化，这是因为在电子商务环境里必须承担更重要的任务：既要把虚拟商店的货物送到用户手中，而且还要从生产企业及时进货入库。物流公司既是生产企业的仓库，又是用户的实物供应者。物流企业成了代表所有生产企业及供应商对用户的唯一最集中、最广泛的实物供应者。物流业成为社会生产链条的领导者和协调者，为社会提供全方位的物流服务。可见电子商务把物流业提升到了前所未有的高度，为其提供了空前发展的机遇。

2. 电子商务促进物流服务的社会化和多功能化

随着电子商务的发展，物流服务的社会化趋势也越来越明显。在传统的经营方式下，

物流管理

无论是实力雄厚的大企业,还是三五十人的小企业,一般都由企业自身承担物流职能,从而导致了物流的高成本和低效率的结果。而在电子商务条件下,在网上订购、网上支付实现后,最关键的问题就是物流配送,如果完全依靠自己的力量来完成肯定是力不从心的,特别是对小企业来说,当面对跨地区、跨国界的用户时,将显得束手无策。因此,物流的社会化,如第三方物流、第四方物流将是电子商务发展的一个十分重要的趋势。

为了更好地满足客户的需求,与传统的把物流分割成包装、运输、仓储、装卸等若干个独立的环节,并分别由不同的企业单独完成的做法不同,电子商务要求物流提供给企业全方位的服务,既包括仓储、运输服务,还包括配货、分发和各种客户需要的配套服务。社会化的物流通常把物流的各个环节作为一个完整的系统进行统筹协调、合理规划,为电子商务企业提供全面化和功能多样化的物流服务。

3. 电子商务促进增值性物流服务的发展

传统的物流只是一般的运输仓储,根本无法满足电子商务发展的需求。电子商务需要的不是普通的运输和仓储服务,它需要的是物流服务,而且是增值性的物流服务。增值性的物流服务包括以下几层含义和内容。

1)给客户带来便利性的服务

一切能够简化手续、简化操作的服务都是增值性服务。这里的简化并不是指服务内容的简化,而是指以前需要由消费者自己做的一些事情,现在由商品或服务提供商以各种方式代替消费者做了,从而使消费者可以很便利地获得这种商品或服务,这自然就增加了商品或服务的价值。在提供电子商务的物流服务时,如推行一条龙门到门服务、提供完备的操作或作业提示、免费培训、免费维护、省力化设计或安装、代办业务、24小时营业、自动订货、传递信息和转账(利用 EOS、EDI、EFT)、物流全过程追踪等都是对电子商务销售有用的增值性服务。

2)加快反应速度的服务

快速反应已经成为物流发展的动力之一。传统观点和做法将加快反应速度变成单纯对快速运输的一种要求,而现代物流的观点却认为,可以通过两条途径使过程变快:一是提高运输基础设施和设备的效率,例如修建高速公路、铁路提速、制定新的交通管理办法、将火车、汽车本身的行驶速度提高等,这是一种提高速度的途径,但这种途径也有极限;二是在现代物流条件下,通过优化电子商务系统的配送中心、物流中心网络,重新设计适合电子商务的流通渠道,以此来减少物流环节、简化物流过程,提高物流系统的快速反应性能。这种使流通过程变快的物流服务也是一种增值性物流服务。

3)降低成本的服务

电子商务发展的前期,物流成本将会居高不下。有些企业可能会因为根本承受不了这种高成本而退出电子商务领域,或者选择性地将电子商务的物流服务外包出去。因此,发展电子商务一开始就应该寻找能够降低物流成本的物流方案。企业可以考虑的方案包括采用第三方物流服务商、电子商务经营者之间或电子商务经营者与普通商务经营者联合,采取物流联盟计划,提高物流的效率和效益,降低物流成本等。增值性的物流服务无疑应该是一种能够降低物流成本、发掘第三方利润源的服务。

4)延伸服务

增值性的物流服务应该是向上可以延伸到市场调查与预测、采购及订单的处理,向下可以延伸到配送、物流咨询、物流方案的选择与规划、库存控制决策建议、贷款回收与结算、教育与培训、物流系统设计与规划方案的制作等。从发展趋势看，增值性的物流服务还包括向企业提供产品研发与设计、全球资源与采购、融资、订单跟踪、库存管理、生产与品质监控，以及全球分销等服务。这些延伸服务最具有增值性，但也是最难提供的服务。能否提供此类增值服务现在已成为衡量一个物流企业是否真正具有竞争力的标准。

4. 电子商务促进物流管理的信息化

1) 电子商务物流运作是以信息为中心的

在电子商务下，物流的运作是以信息为中心的，信息不仅决定了物流的运动方向、也决定着物流的运作方式。在实际运作过程中，通过网络信息的收集、整理、分析、传递和及时沟通，可以有效地实现对物流的实时控制，实现物流的合理化。此外，一些生产厂商和下游的经销商、物流服务商可以共用数据库，共享库存信息等，目的是尽可能减少实物库存水平，但并不降低供货服务水平。物流信息化能更好地协调生产与销售、运输、储存等环节的联系，对优化供货程序、缩短物流时间以及降低库存都具有十分重要的意义。

2) 电子商务环境下物流信息管理可在全球范围内实现实时控制

在传统的物流活动中，虽然也有依据计算机对物流实施控制，但这种控制都是以单个的运作方式来进行的。例如，在实施计算机管理的物流中心或仓储企业中，所实施的计算机管理信息系统，大都是以企业自身为中心来管理物流的。而在电子商务时代，经济全球化越加明显，跨时空的交易需求和网络全球化、通信技术的支持，可使物流在全球范围内实施整体的实时控制。

5. 电子商务促进物流技术水平的提高

所谓物流技术，是指与物流要素活动有关的、实现物流目标的所有专业技术的总称。物流技术包括物流硬技术和软技术。物流硬技术是指在组织物流过程中所需的各种材料、机械和设备等。物流软技术是指组织高效率的物流所需的计划、管理、评价等方面的技术和管理方法。从物流环节来考察，物流技术包括现代运输技术、保管技术、装卸技术、包装技术等。

电子商务的飞速发展，促使传统的物流技术向现代物流技术转变。现代物流硬技术是以计算机技术和自动化技术为基础的，如地理信息系统(GIS)、全球卫星定位系统(GPS)、电子数据交换技术(EDI)、条码技术、自动识别技术、自动分拣技术、自动跟踪技术、自动导向技术等。现代物流软技术是以信息技术为基础的物流管理技术，如快速反应(QR)、有效客户反应(ECR)、电子订货系统(EOS)，以及企业资源计划(ERP)等物流管理方法。建立一个适应电子商务运作的高效率物流系统，对加快提高物流的技术水平有着重要的作用。

14.3 电子商务环境下的物流作业流程

14.3.1 电子商务下的物流系统

1. 电子商务下的物流系统的概念

电子商务下的物流系统就是能够适应或满足电子商务要求的物流服务系统。在电子商务环境下,消费者需求个性化、商店和银行虚拟化,商务事务处理信息化,制造过程柔性化,这时整个市场就剩实物的物流处理工作,物流服务商成为制造商和供应商对客户最集中和最广泛的商品实体供应者,直接与客户打交道。

电子商务下的物流系统的基本目的是通过高效的物流配送服务,更好地满足客户或消费者的需要,实现商品的时间与空间价值。该物流系统具有输入、转换和输出三大功能。通过输入、输出使物流系统与电子商务系统及社会环境进行交换。其中,输入包括人、财、物、信息和知识等资源;输出包括效益、服务、环境的影响以及信息等,转换包括物流的经营管理活动、业务活动等。

2. 电子商务下的物流系统的特点

与传统物流系统相比,电子商务下的物流系统具有以下特点。

1) 信息化

电子商务时代,物流系统信息化是电子商务的必然要求。物流系统信息化主要表现为物流信息商品化、物流信息收集数据库化和代码化、物流信息处理电子化和计算机化、物流信息传递标准化和实时化、物流信息存储数字化等。在电子商务活动过程中,信息流分布于各个环节,贯穿于整个商务过程。物流系统是一个跨部门、跨行业、跨区域的社会系统,物流企业需要与上下游之间进行频繁的信息交换,要实现各部门之间的平滑对接,信息流的畅通是基本保障。在电子商务中,零库存的实现、运转周期的缩短也都须依赖于信息的灵敏传送。

2) 自动化

物流系统自动化的基础是信息化,核心是机电一体化,外在表现是无人化,目的是效率化,即扩大物流作业能力、提高劳动生产率、减少物流作业的差错等。物流自动化的设施非常多,如条码/语音/射频自动识别系统、自动分拣系统、自动存取系统、自动导向车、货物自动跟踪系统等。这些设施与技术在发达国家已普遍应用于物流作业流程,而在我国由于物流业起步晚,发展水平低,自动化技术的普及还需要相当长的时间。

3) 网络化

网络化是现代物流区别于传统运输、仓储的重要特征,高效畅通的网络设施是现代物流业的基础,包括物流企业与上、下游企业,物流企业内部,物流企业之间的信息交换网络,以及物流实体配送交通运输网络等各方面的建设。具体来说,即一方面是物流系统的计算机通信网络,包括物流配送中心与供应商或制造商联系的计算机网络,甚至与消费者个人之间联系的计算机通信网络;另一方面是组织或企业的网络化,即组织或企业内部网。物流服务系统网络化是物流信息化的必然,是电子商务物流活动的主要特征之一。当今世界 Internet 等全球网络资源的可用性及网络技术的普及为物流的网络化提供了良好的外部环境,物流服务系统网络化是必然趋势。

4) 智能化

智能化是物流自动化、信息化的高层次应用的体现,物流作业过程中大量的运筹和决策,如库存水平的确定、运输(搬运)路径的选择、自动导向车的运行轨迹和作业控制、自动分拣机的运行、物流配送中心经营管理的决策支持等问题都需要借助于大量的知识才能解决。随着专家系统、机器人、人工神经网络等智能技术的进一步发展,物流智能化成为电子商务物流发展的趋势。

5) 柔性化

柔性化最早是为实现"以顾客为中心"的理念而在生产领域提出的。电子商务的发展，使得企业根据客户的实际需要"量体裁衣"成为可能。企业生产方式由传统的大规模、机械化方式转为以时间成本为基础的弹性方式，整个生产作业过程呈现出柔性化的特征。但要真正做到柔性化，真正能根据消费者需求的变化来灵活调节生产工艺，必须有配套的柔性化物流系统支撑，否则不可能达到柔性化。20 世纪 90 年代，国际生产领域纷纷推出弹性制造系统(FMS, Flexible Manufacturing System)、计算机集成制造系统(CIMS, Computer Integrated Manufacturing System)、制造资源计划(MRP, Manufacturing Requirement Planning)、企业资源计划(ERP, Enterprise Resource Planning)以及供应链管理等一系列概念和技术。这些概念和技术的实质是要将生产、流通进行集成，根据需求组织生产，计划物流。因此，柔性化的物流正是适应生产、流通与消费的需求而发展起来的一种新型物流模式。根据消费需求"多品种、小批量、多批次、短周期"的特色，灵活组织和实施物流作业。

6) 一体化

物流服务系统的信息化、自动化、网络化和柔性化，必将推动物流服务系统实现一体化，即以物流系统为核心的由生产企业、物流企业、销售企业，直至消费者的供应链的整体化和系统化。现代物流活动已经不仅作为单独的个体而存在，它还在电子商务乃至整个社会生产链条中担负着重要的角色。供应链整合协调和集成化管理是现代物流区别于传统物流的最重要特征，由分散的物流进入社会化的物流体系是物流模式的重大转变。

与传统物流相比，电子商务物流在服务理念、配送体系、技术支持、管理特征等方面都具有明显的特征，见表 14-1。

表 14-1 传统物流与电子商务物流比较

比较项目	传统物流	电子商务物流
服务理念	以规模为中心	以客户为中心
配送体系	单一线性配送网	网状配送、网络体系
技术支持	传统管理技术	网络技术、信息技术
信息响应	信息传递迟缓、响应慢	信息化程度高、反应迅速
管理特征	刚性化	柔性化
合作程度	格局分散	强调协同合作

3. 电子商务对物流系统的要求

电子商务的发展对物流系统提出了诸多方面的要求，主要包括以下几个方面。

1) 物流运作方式信息化、网络化

电子商务要求物流处理的全过程处于受控状态，具体包括采集运输、储存、配送等各个环节的信息，通过信息网络进行汇集，对物流网络实施有效控制，实现物流集约化；同时要求通过 Internet 实现一个地区、一个国家直至全球范围整体的、系统的物流实时控制。

2) 物流运作水平标准化、信息化

电子商务一方面要求物流对所有的物品甚至运输工具都采用标准的标识码技术，对盛装容器、运输包装等进行规范，以便于信息的自动采集和自动处理。另一方面，要求物流系统配置机械化、自动化设备，对各种物品和容器实施高效的自动化分拣处理，缩短商品的流通时间。

3) 物流反应速度高速化、系统化

物流系统的快速反应是物流发展的动力之一，也是电子商务制胜的关键。用户在网上进行交易时，商流和资金流以电子速度在网上流动；网上交易完成后，要求实物商品从受理、分拣、运输、直至配送到用户手中也能高速流动。这就要求物流系统拥有高效快捷的运输和配送。

4) 物流动态调配能力个性化、柔性化

电子商务创造了个性化的商务活动，通过网络营销，它可以向各个用户提供不同的产品和服务。在这样的背景下，作为支持电子商务的物流必须也能根据用户的不同要求，提供个性化、柔性化的服务。

5) 物流的经营形态社会化、综合化

传统商务的物流系统往往是由某一企业来进行组织和管理，而电子商务具有跨行业、跨时空的特点，要求从社会化的角度对物流实行系统的组织和管理，实现物流经营的社会化和全球化。因此，电子商务一方面要求物流企业相互联合起来，在竞争中协同作业；另一方面要求物流业向第三方综合代理方向或多元化、综合化方向发展。

14.3.2 电子商务下的物流流程

电子商务的本质特征是生产者与消费者的关系是直接的，减少中间环节，拉近企业与用户之间的距离。电子商务利用互联网技术，将供应商、企业、用户及其他商业伙伴连接到现有的信息技术上，达到信息共享，彻底改变现有的业务作业方式及手段，实现充分利用资源，缩短商业环节及周期，提高效率，降低成本，提高服务水平的目的。

电子商务下整个供应链是由供应商、制造商、物流中心和顾客所组成的，供应商、制造商、物流中心和顾客通过 Internet 共享需求信息，供应商根据顾客的需求，生产所需要的原材料，原材料经过制造商的加工、包装等一系列作业后，将产品集中到物流中心，物流中心根据顾客的订单情况，将货物送到顾客手中，如图 14.1 所示。

图 14.1 电子商务下的物流流程

与传统商务相比,供应链环节减少了,现实的零售店没有了,物流中心的作用变得越来越显著,物流中心既是制造商的仓库,又是顾客的实物供应仓库。如果上述流程再简化一下,变成电子商务环境下生产企业与用户之间的物流运行过程,如图 14.2 所示。可以看出,用户通过网上的虚拟商店购物,并在网上支付,信息流和资金流的运作过程很快就能完成,剩下的工作就只有实物的物流处理了,物流中心成了所有企业和供应商对用户的唯一供应者,可见,物流中心的作用越来越突出。

图 14.2　电子商务下生产企业与用户之间的物流运行过程

注:--------- 表示信息流;———— 表示物流。

14.3.3　电子商务物流作业流程

1. 传统商务物流作业流程

以连锁企业的配送系统为例,传统商务的物流作业流程如图 14.3 所示。

图 14.3　普通商务物流业务流程

资料来源:严建援. 电子商务物流管理与实践. 北京:高等教育出版社,2006.

2. 电子商务物流作业流程

以 B2B 电子商务的物流配送系统为例，电子商务的物流作业流程如图 14.4 所示。

图 14.4　电子商务物流业务流程

资料来源：严建援. 电子商务物流管理与实践. 北京：高等教育出版社，2006.

电子商务的物流作业流程同普通商务一样，目的都是要将用户所订货物送到用户手中，其主要作业环节与一般物流的作业环节一样，包括商品包装、商品运输、商品储存、商品装卸和物流信息管理等。

电子商务物流系统的基本业务流程因电子商务企业性质不同而有所差异。如制造型企业的电子商务物流系统，其主要业务流程可能起始于客户订单，中间可能包括与生产准备和生产过程相关的物流环节，同时包括从产品入库直至产品送达客户的全部物流过程；而对销售型的电子商务企业（如销售网站）而言，其物流过程就不包括生产过程物流的提供，但其功能商品组织与供应物流和销售物流的则极为完善；对于单纯的物流企业而言，由于它充当为电子商务企业提供第三方物流服务的角色，因此，它的功能和业务过程更接近传统意义上的物流或配送中心。

虽然各种类型的电子商务企业的物流组织过程有所差异，但从电子商务物流过程的流程看还是具有许多相同之处。具体地说，其基本业务流程一般都包括进货、检验、分拣、储存、拣选、包装、分类、组配、装车及送货等。与传统物流模式不同的是，电子商务的每个订单都要送货上门，而有形店铺销售则不用，因此，电子商务的物流成本更高，配送路线的规划、配送日程的调度、配送车辆的合理利用难度更大。与此同时，电子商务的物流过程可能会受到更多因素的制约。

14.4 电子商务物流模式

14.4.1 电子商务下的物流模式类型

从产权的角度看,在电子商务环境下,企业采取的物流模式包括以下几种。

1. 自营物流

从历史的角度看,企业对物流服务的需求最初是以自我提供的方式实现的。自营物流就是指电子商务企业自行组建物流系统,经营管理企业的整个物流运作过程。

目前,采用自营物流模式的电子商务企业主要有两类:一类是经营电子商务网站的传统大型制造企业或批发企业,由于其自身在长期的传统商务中已经建立起初具规模的营销网络和物流配送体系,在开展电子商务时只需将其加以改进、完善就可满足电子商务条件下对物流配送的要求;另一类是资金实力雄厚且业务规模较大的电子商务公司,在第三方物流公司不能满足其成本控制目标和客户服务要求的情况下,自行建立适应业务需要的通畅、高效的物流系统,并可向其他的物流服务需求方(如其他的电子商务公司)提供第三方综合物流服务,以充分利用其物流资源,实现规模效益。如亚马逊、当当网、卓越网等电子商务企业均建有自己的物流配送系统。

案例视窗

京东商城2009年开始自建物流体系。目前,京东商城已拥有北京、上海、广州、成都、武汉、沈阳六大物流中心,并在西安、杭州等城市设立二级库房,物流中心仓储的总面积超过50万平方米。此外,京东还在天津、苏州、杭州、南京、深圳等超过180座重点城市建立了城市配送站,并在全国大部分高校建立高校代理点和自提点,为用户提供物流配送、货到付款、移动POS刷卡、上门换取件等服务。截至2013年12月31日,京东在全国34座城市建立了6大物流中心,7个前端配送中心以及82个仓库。同时,还在全国460座城市拥有1 453个配送站和209个自提点。京东物流已经成为其核心的优势之一。

自营物流有利于企业掌握对顾客的控制权,管理方便,但成本高。自营物流由企业直接支配物流资产,控制物流职能,保证供货的准确和及时,保证顾客服务的质量,维护了企业和顾客间的长期关系。但此种物流模式需要投入大量的资金购买物流设备、建设仓库和信息网络,这对于缺乏资金而又货流量不大的企业,特别是中小企业来说是个沉重的负担。

2. 第三方物流

与自营物流相对应的是第三方物流。第三方物流(Third Party Logistics,3PL)是指由供方与需方以外的物流企业提供物流服务的业务模式。所谓第三方,是指物流的实际需求方(第一方)和物流的实际供给方(第二方)之外的第三方。对于电子商务企业来说,它是指以签订合同的方式,在一定期限内将部分或全部物流活动委托给专业的第三方物流企业来完成。因此,第三方物流也称合同物流、外协物流。第三方物流企业利用专业物流设施和物流运作的管理经验，汇集社会物流需求，为客户定制物流计划。第三方物流是物流社会化、合理化的有效途径。

一般来说，从事电子商务活动的中小企业大多会选择第三方物流模式。

第三方物流具有以下作用：①简单交易。很明显，这种物流模式的存在大大简化了交易过程和结构。②企业能够专心于自己熟悉的业务，将资源配置在核心业务上，增加企业柔性。③减少固定资产投资，加速资本周转。④降低成本，提高效率，增强企业竞争力。物流企业从事物流工作有丰富的专业知识和经验，有助于降低货主企业的物流成本，实现规模经济所带来的高效率。⑤提高企业为顾客服务的水平，改进企业形象。外协物流能更好地满足消费者的物流需求，减少缺货，通过与营销有效的配合，提供更专业的服务。

第三方物流也有不利之处。与自营物流比较，外协物流意味着企业放弃了对顾客的直接控制，放弃了物流专业技术的开发，具有一定程度的风险性和不确定性。物流公司能在多大程度上满足要求及是否可靠，这些都是货主企业需要反复权衡的因素。只有通过认真的成本利益分析，企业才能知道第三方物流是否真有利。

小贴士

美国著名管理学者德鲁克曾预言："在十年至十五年之内，任何企业中，仅做后台支持而不创造营业额的工作都应该外包出去，任何不提供向高级发展的机会的活动、业务也应该采用外包形式"。

3. 物流联盟

物流联盟是介于自营物流和第三方物流之间的一种物流组建模式，是以物流为合作基础的企业战略联盟。物流联盟是指物流企业通过签署合同在物流业务方面形成优势互补、要素双向或多向流动、相互信任、共担风险、共享收益的物流伙伴合作关系。物流服务同样也有规模经济问题，物流联盟就是为追求规模经济而产生的。通过物流联盟，联盟成员可以利用其他成员过剩的物流资源，或具有战略意义的市场位置，或卓越的管理能力等。

物流企业联盟，可以是电子商务企业之间联合发展，如中小型电子商务企业联合投资兴建配送中心，实行配送共同化；也可以由电子商务企业与专业物流服务商联合发展，如天猫商城宣布与包括EMS、顺丰、四通一达在内的国内九大快递公司达成战略合作；也可以由专业物流服务商联合发展。

在物流联盟内部，组成物流联盟的企业之间具有很强的依赖性，同时，各企业间也有明确的分工。各企业为实现整体配送的规模化、专业化和合理化，以互惠互利为原则，形成联盟，各尽所能、各取所需，实现配送的共同化、物流资源利用共同化、物流设施设备利用共同化以及物流管理共同化。这是电子商务发展到目前为止比较合理的一种物流模式。

通常，对于物流联盟中的各企业而言，可以从中获得不同的好处。如果企业自身物流管理水平较低，参与或组建物流联盟将在物流设施、运输能力以及专业管理技巧上获得较大收益；如果物流在企业战略中不是关键地位，但其物流水平却很高，就应该寻找其他企业共享物流资源，通过增大物流量获得规模效益，降低成本；许多物流企业自身也能够利用联盟来改善其竞争能力；还可以通过物流联盟把专门承担特定服务的制造商的内在优势汇集在一起；许多不同地区的物流企业通过联盟，共同为某一电子商务客户服务，能够更好地满足电子商务企业跨地区、全方位的物流服务要求。

 知识链接　中国物流联盟网

中国物流联盟网(http://www.chinawuliu.com.cn)于2000年8月8日由物流与采购联合会和北京网际畅想电子商务中心联合创办，专门为企业提供物流信息服务、完整物流解决方案和可跨区域的门到门的物流代理服务的网站。

中国物流联盟网依托国内外物流和电子商务人才优势，加强与物流科研机构和大型物流企业的合作，利用先进的计算机和网络通信设施，融合现代化的物流技术(如GPS、无线数据采集等)。其发展目标是：国内物流信息最权威的发布中心；国内物流信息最全面的交流中心；国内物流最周到的服务中心；国内物流最具规模的指挥调度中心；国内物流最大的交易中心。

中国物流联盟网的宗旨：最大限度地挖掘和整合物流信息资源，优化物流资源配置，建立高效的数字化物流经济，促进中国物流业的发展和社会效益的提高，推动中国物流业的规模化、社会化、网络化、信息化、现代化。

中国物流联盟网提供全方位的综合物流服务，主要包括以下几种。

(1) 物流信息服务。包括行业新闻、行业政策法规、物流企业信息、物流供求信息(仓储、运输、配送、包装、流通加工)等。

(2) 物流解决方案。为客户提供包括物流方案的规划、设计、优化、网站建设等在内的完整的物流管理和物流一体化解决方案，有效降低客户的物流成本。

(3) 物流代理服务。为会员和客户提供包括提货、发货、运输、接车、入库、储运、清点、整理、分拣、配送、收货、验单等环节在内的门到门的物流代理服务，让客户充分感受到服务的及时、便捷、优质、安全、高效和低成本。

(4) 物流交易服务。依托信息资源和物流资源优势，通过网络交易平台实现信息资源和物流资源的优化配置和整合，促进会员和客户的经济效益和物流业社会效益的提高。

(5) 物流专家论坛和学术交流。包括电子商务、供应链、ERP、MRP、MRPⅡ、ECR、QR、JIT、CR、仓储、运输、配送、包装、流通加工等方面的普及知识和理论。

(6) 物流在线教育。包括物流和电子商务人才培养以及物流报纸杂志和图书集锦。

 知识链接　第四方物流

第四方物流是1998年美国埃森哲咨询公司率先提出的，是专门为第一方、第二方和第三方提供物流规划、咨询、物流信息系统、供应链管理等活动。第四方并不实际承担具体的物流运作活动。

第四方物流是一个供应链的集成商，是供需双方及第三方物流的领导力量。它不是物流的利益方，而是通过拥有的信息技术、整合能力以及其他资源提供一套完整的供应链解决方案，以此获取一定的利润。

第四方物流是一种新生的物流运作模式，正在被研究和实践。

14.4.2　电子商务下企业物流模式的选择

企业在进行物流决策时，应当从电子商务下物流的特点及企业自身的实际情况出发，并结合物流业发展趋势来考虑。不同企业到底选择何种物流模式，需综合以下几方面进行考虑。

1. 业务规模和资金实力

一般地，大中型企业由于实力较雄厚，通常有能力建立自己的物流系统，制定合适的物流需求计划，保证物流服务的质量。另外，还可以利用过剩的物流网络资源拓展外部业务（为别的企业提供物流服务）。而中小企业则受人员、资金和管理的资源限制，物流管理效率难以提高，更适宜把物流管理交给第三方专业物流公司。例如，实力雄厚的麦当劳公司就自己组建了货运公司，每天把汉堡包等保鲜食品运往中国各地，以保证供货的及时准确。

2. 企业的物流管理能力及现有的物流网络资源

当企业物流管理能力强，现有的物流网络资源丰富时，可自营物流。如我国的85818网站就依托原正广和饮用水公司完善的送水网络（三个配送中心、100个配送站、200辆小货车、1 000辆"黄鱼车"、1 000名配送人员），开发建设了自己的物流配送体系。若企业的物流管理水平低，则适宜于第三方物流或组建物流联盟。如联合利华上海有限公司则选择了与上海友谊集团储运公司的合作，利用友谊集团储运公司经验丰富的储运企业和就近的库房，形成物流联盟。

3. 企业的核心业务

如果企业的核心业务不包括物流，就应将物流管理外包给从事该业务的专业公司去做，这样从原材料供应到生产，再到产品的销售等各个环节的各种职能，都是由在某一领域具有专长或核心竞争力的专业物流企业来完成的。如计算机行业的康柏（Compaq）和戴尔（Dell）公司分别将非核心业务的物流外包给英国第三方物流服务商Exel物流集团和美国联邦快递FedEx，而自己专注于计算机研发的核心业务。

4. 物流对企业成功的影响程度

如果物流对企业战略有着关键作用，企业应自营物流，或寻找较为可靠的第三方物流公司，建立长期稳定的物流联盟。自营物流保证了企业的关键业务不受外界因素的影响；而与可靠的第三方物流公司合作，令企业在物流设施、运输能力、专业管理技巧上获益，并可降低成本及风险。

本 章 小 结

电子商务指的是通过信息网络以电子数据信息流通的方式在全世界范围内进行并完成的各种商务活动、交易活动、金融活动和相关的综合服务活动。电子商务具有信息化、虚拟性、全球性、平等性、社会性等特征。电子商务按交易对象大致可分为B2C、B2B、C2C、C2B、B2G五种类型。

物流对电子商务的影响体现在物流是电子商务的重要组成部分；物流是电子商务所具优势正常发挥的基础；物流是实施电子商务的保证。电子商务对物流的影响体现在电子商务给物流业带来了发展机遇；电子商务促进物流服务的社会化和多功能化；电子商务促进增值性物流服务的发展；电子商务促进物流管理的信息化；电子商务促进物流技术水平的提高。

电子商务环境下的物流系统就是能够适应或满足电子商务要求的物流服务系统。

从产权的角度看,在电子商务环境下,企业采取的物流可模式有自营物流、第三方物流和物流联盟,并介绍了电子商务企业物流模式的选择依据。

习 题

一、填空题

1. B2C 指的是_____与_____之间的电子商务。

2. 电子商务下的物流系统具有_____、_____、_____、_____、_____、_____的特点。

3. 物流系统信息化主要表现为物流信息_____、物流信息收集数据库化和_____、物流信息处理_____和计算机化、物流信息传递标准化和_____、物流信息存储数字化等。

4. 在电子商务环境下,企业采取的物流模式包括_____、_____、_____。

二、单项选择题

1. B2B 是指( )。

A. 企业对企业的电子商务　　　　B. 企业对消费者的电子商务
C. 企业对政府的电子商务　　　　D. 消费者对消费者的电子商务

2. 下列关于电子商务与传统商务的描述正确的是( )。

A. 传统商务受到地域的限制,通常其贸易伙伴是固定的,而电子商务充分利用 Internet,其贸易伙伴可以不受地域限制,选择范围很大
B. 随着计算机网络技术的发展,电子商务将完全取代传统商务
C. 客户服务只能采用传统的服务方式,电子商务在这一方面还无能为力
D. 用户购买的任何产品都只能通过人工送达,计算机的用户无法收到其购买的产品

3. 物流对电子商务的意义是( )。

A. 电子商务的利润来源
B. 电子商务的最终目标
C. 实现电子商务的重要保证
D. 传统商务区别于电子商务的主要特征

4. 从生产到销售的整个流通过程中依赖专业物流公司,这样的电子商务物流模式称为( )。

A. 自营物流　　　B. 第三方物流　　　C. 物流联盟　　　D. 第四方物流

三、多项选择题

1. 电子商务与传统的商务活动相比,具有( )特点。

A. 虚拟性　　　B. 全球性　　　C. 平等性
D. 社会性　　　E. 信息化

2. 电子商务的任何一笔交易都包含(　　)基本的"流"。
A. 信息流　　　　B. 物流　　　　C. 资金流
D. 商流　　　　　E. 电流

四、简答题

1. 什么是电子商务？电子商务有哪些特点？
2. 简述电子商务的主要模式。
3. 阐述电子商务与物流的关系。
4. 电子商务下的物流模式有哪些？
5. 电子商务下企业如何选择物流模式？

案例分析

亚马逊电子商务物流

亚马逊网上书店自1995年开业以来，经历了十几年的发展历程，已成为全球最大的网上商城，其骄人业绩的取得，在很大方面得益于物流的成功。亚马逊虽然是一个电子商务公司，但它的物流系统十分完善。正是由于有完善、优化的物流系统作为保障，它才有能力严格控制物流成本和有效地进行物流过程的组织运作。亚马逊在物流运作方面主要具有以下特点。

（1）在配送模式选择上采用外包的方式。在电子商务中，亚马逊将其国内的配送业务委托给美国邮政和UPS，将国际物流委托给国际海运公司等专业物流公司，自己则集中精力去发展主营和核心业务。这样可以减少投资，降低经营风险，又能充分利用专业物流公司的优势，节约物流成本。

（2）将库存控制在最低水平。亚马逊通过与供应商建立良好的合作关系，实现了对库存的有效控制。亚马逊公司的库存图书很少，维持库存的只有200种最受欢迎的畅销书。一般情况下，亚马逊是在顾客买书下了订单后，才从出版商那里进货。购书者以信用卡向亚马逊公司支付书款，而亚马逊却在图书售出46天后才向出版商付款，这就使它的资金周转比传统书店要顺畅。由于保持了低库存，亚马逊的库存周转速度很快。

（3）为邮局发送商品提供便利，减少送货成本，在送货中亚马逊采取一种被称之为"邮政注入"的方式以减少送货成本。所谓"邮政注入"就是使用自己的货车或由独立的承运人将整卡车的订购商品从亚马逊的仓库送到当地邮局的库房，再由邮局向顾客送货。这样就可以免除邮局对商品的处理程序和步骤，为邮局发送商品提供便利条件，也为自己节省了资金。

（4）根据不同商品类别建立不同的配送中心，提高配送中心作业的效率。亚马逊配送中心按商品类别设立，不同的商品由不同的配送中心进行配送。这样有利于提高配送中心的专业化配送作业程度，使作业组织简单化、规范化，既能提高作业中心配送的效率，又可以降低配送中心的管理和运转费用。

（5）采用"组合"包装技术，扩大运输批量。当顾客在亚马逊的网站上确认订单后，就可以立即看到亚马逊销售系统根据顾客所订商品发出的是否有现货，以及选择的发送方式、估计发货日期和送货日期等信息。亚马逊根据商品类别建立不同配送中心，所以顾客订购的不同商品是从位于美国的不同地点的不同的配送中心发出的。由于亚马逊的配送中心只保持少量的库存，因此在接到顾客订货后，亚马逊需要查询配送中心的库存，如果配送中心没有现货，就要向供应商订货，故会造成同一张订单上商品有的可以立即发货，有的则需要等待。为了节省顾客的等待时间，亚马逊建议顾客在订货时不要将需要等待的商品和有现货的商品放在同一张订单中。这样在发货时，承运人就可以将来自不同顾客、相同类别，而且配送中心也有现货的商品配装在同一货车内发运,从而缩短了顾客订货后的等待时间,也扩大了运输批量,提高了运输效率,降低了运输成本。

资料来源:陈建斌. 电子商务与现代物流. 北京:中国经济出版社,2008.

讨论题:

1. 亚马逊采用了哪种电子商务物流模式?
2. 亚马逊电子商务下的物流作业有哪些特点?
3. 亚马逊的成功经验给了我们什么启示?

第15章 供应链管理

【本章教学要点】

知识要点	掌握程度	相关知识
供应链与供应链管理概述	掌握	供应链的概念与特征
	了解	供应链的类型
	掌握	供应链管理的概念
	理解	供应链管理的内容
	掌握	供应链管理的目标
供应链设计与优化	了解	供应链设计的基本问题
	了解	供应链设计的原则与步骤
	掌握	供应链优化的概念与原则
	了解	供应链优化的方法
供应链绩效评价	了解	供应链绩效评价的概念与作用
	理解	供应链绩效评价的内容与关键点
	掌握	供应链绩效评价的具体指标
	掌握	供应链绩效评价方法
供应链管理的基本方法	了解	快速反应
	了解	有效客户响应

【名人名言】

　　真正的竞争不是企业与企业之间的竞争,而是供应链和供应链之间的竞争。
　　市场上只有供应链,没有企业。

——著名供应链管理专家马丁·克里斯托夫

导入案例

麦德龙：限定目标群的供应链管理

1995年，麦德龙公司携自己成功的管理模式和先进的信息管理系统落户上海，并迅速向外扩展。至2000年，麦德龙已相继在上海、无锡、宁波、南京、福州、东莞等地开设分店。在一连串的扩张行动中，麦德龙最引人注目的成功秘诀，恐怕就是坚持仓储店的路线，划定自己的目标顾客群了。

1. 电脑结合人脑下单

有效的物流跟踪与库存控制，是整个供应链在最优化状态下运行的基本保证。据了解，在麦德龙，电脑控制系统掌握了商品进销存的全部动态，将存货控制在最合理的范围。当商品数量低于安全库存时，电脑就能自动产生订单，向供货单位发出订货通知，从而保证商品的持续供应和低成本经营。当然，采购预测是影响整个供应链的关键环节，预测的准确性将影响到其他各个环节效率，对成本高低产生直接影响。麦德龙有专门的监督人员检查整个系统，检查订货数量和交货数量是否相符。一般的订货程序电脑会根据顾客的需求信息提出采购预测，管理者再根据电脑的预测并参考其他的因素（如季节的变化、促销计划、社会上的大型活动以及整个供应链各个环节的负荷能力等）结合经验做出最后订单决定。

2. 建立标准化操作

麦德龙的经营秘诀就是所有麦德龙的分店都一个样，这样可以将成功的运作模式复制到每个商场，包括商场的外观和内部布置及操作规则，所有商场实施标准化、规则化管理。这些规则包括购买、销售、组织等各个方面。就像工厂的机械化操作一样，每个人都知道自己要做什么，应该怎么做，规则非常明确。从与供应商议价开始，直到下单、接货、上架、销售、收银整个流程，都是由一系列很完善的规则来控制的。

据悉，麦德龙的标准化原则以降低成本为最终目标，整个店铺的设计不豪华但很有效率。作为仓储式的配销中心，麦德龙采用的是门店和仓储合一的方式，不但节省了店面投入成本，而且在时间上能做到快速补货。另外，其工业大货架将销售和存货合为一体的设施，使空间上的垂直补货成为可能，适合麦德龙这种大量销售、物流速度快的商业模式，有助于实现低成本高效运作。

3. 限定客户降低成本

麦德龙整个供应链的运作，都是由顾客的需求来拉动的，因而，它总是站在客户的角度去思考，提供更加完善的商品和服务。例如，针对中小型零售商、酒店、餐饮业、工厂、企事业单位、政府和团体等，其供应链管理的特色之一就是对顾客实行不收费的会员制管理，并建立了顾客信息管理系统。

麦德龙认为，如果公司不限定客户，让所有人都来，运营成本就要增加，管理难度也将加大。例如，货架上的商品陈列可以一件一件放，也可以一箱一箱放。但如果在货架上摆一箱可口可乐，一件一件地放，要放24次。如果一箱一箱地放，一次就够了，而且还可从接货处直接用机器将货品摆上货架。麦德龙针对的是选择那些愿意一箱一箱购买的客户，而不是那些希望一件一件零买的客户。这样可以减少操作成本，进而减少人员成本。

其次，限定了客户群，就可以分析他们的需求，增加他们喜欢的商品，减少他们不需要的商品，从而优化商品的品种。例如，其他零售超市可能需要40万种商品去满足他们的顾客需求；麦德龙只需要15万种，前者需要的品种是后者的双倍。麦德龙只关注目标客户，知道他们需要什么，因此可以做到有效控制品种数目。否则，公司就需要更多的投入、更多的供应商、更多的洽谈……这就是成本。从技术的角度讲，限制客户范围可以提高经营效率。

点评：思想决定命运

当今激流的商业竞争发生在竞争者各自的供应链之间，是否在竞争中赢得胜利取决于能够找到一种比竞争对手更快更有效的交货给客户的方法，而有效的供应链管理则是企业实现这一目标的重要方法。目前，供应链管理已经渗透到全球的各个产业，供应链管理日益成为企业获得竞争优势的源泉。

随着经济全球化和组织一体化的发展，21世纪企业之间的竞争已不再是单个企业之间的较量，而演变成为供应链之间的竞争，供应链管理也被提到企业的战略高度。因此，采用先进的管理理念和管理方法，打造一条围绕企业核心竞争力的、快速、高效、随需求而变的供应链是现代企业的发展目标。

15.1　供应链与供应链管理概述

15.1.1　供应链概述

1. 供应链的概念

供应链是20世纪80年代产生的一种思想。目前供应链尚未形成一个统一的定义，许多学者和机构从不同的角度给出了许多不同的定义。

美国供应链协会对供应链的概念给出的解释如下：供应链是涉及生产与交付最终产品和服务的一切努力，从供应商的供应商到客户的客户。

美国学者史蒂文斯(Stevens)认为：供应链是通过增值过程和分销渠道控制从供应商的供应商到用户的用户的流程，它开始于供应的原点，结束于消费的终点。

英国学者哈里森(Harrision)指出：供应链是执行采购原材料，将它们转换为中间产品和成品，并将成品销售到用户的功能网链。

中国学者马士华认为：供应链是围绕核心企业，通过对信息流、物流、资金流的控制，从采购原材料开始，制成中间产品以及最终产品，最后由销售网络把产品送到消费者手中的将供应商、制造商、分销商、零售商直到最终用户连成一个整体的功能网链结构模式。

中华人民共和国国家标准《物流术语》(GB/T 18354—2006)中将供应链的概念定义为"生产及流通过程中，涉及将产品或服务提供给最终用户活动的上游与下游组织所形成的网链结构"。

传统的供应链概念局限于企业的内部操作层上，认为供应链是制造企业中的一个内部过程。后来供应链的概念注意了与其他企业的联系，注意了供应链的外部环境，认为它应是一个"通过链中不同企业的制造、组装、分销、零售等过程将原材料转换成产品，再到最终用户的转换过程"，这是一个更大范围、更为系统的概念。而到了最近，供应链的概念更加围绕核心企业的网链关系，如核心企业与上游供应商乃至供应商的供应商，与下游客户乃至客户的客户的关系。此时对供应链的认识形成了一个网链的概念。

在此基础上，本书给出的供应链的定义如下：供应链是围绕核心企业，从采购原材料开始，到生产产品到产品最终通过销售网络把产品送到消费者手中的过程中，对信息流、物流、资金流的控制。整个供应链将供应商、制造商、分销商、零售商乃至客户连成一个整体的功能网链结构模式。

根据以上供应链的定义，可以将供应链的结构认为是一个网链结构。它是由核心企业的供应商、供应商的供应商、客户、客户的客户组成。一个企业就是一个节点，节点企业与节点企业之间是一种需求和供应关系。图15.1是一个最基本的"网链"结构，在实际运作中，相应的"网链"结构会复杂很多。

图 15.1 供应链的网络结构模型

2. 供应链的特征

从供应链的结构模型可以看出,供应链具有以下特征。

(1) 复杂性。因为供应链节点企业组成的跨度和层次不同,供应链往往由多个、多类型和多国企业构成,它们之间关系错综复杂。所以,供应链结构模型比一般单个企业的结构模型更为复杂。

(2) 动态性。供应链管理因企业战略和适应市场需求变化而变化,其中节点企业需要动态地更新和调整,这使得供应链具有明显的动态性。

(3) 多层次性。包括供应商、制造商、分销商、零售商、最终消费者等多个层次。

(4) 风险性。供应链上的消费需求和生产供应始终存在时间差和空间的分割。通常,在实现产品的数周和数月之前,制造商必须先确定生产的款式和数量,这一决策直接影响到供应链系统中的生产、运输、仓储、配送等功能的容量设定及成本构成。因此,供应链上供需匹配隐含着巨大的财务风险和供应风险。

(5) 增值性。供应链的特征还表现为增值性。企业的生产运营系统是将一些资源进行转换和组合,增加适当的价值,然后把产品分送到顾客手中。

(6) 面向用户需求。供应链的形成、存在、重构都是基于一定的市场需求而发生的。在供应链的运作过程中,客户的需求是供应链中信息流、物流、资金流运作的驱动源。

3. 供应链的类型

根据不同的划分标准,可以将供应链分为以下几种类型。

1) 功能型供应链和创新型供应链

根据产品类别不同,可分为功能型供应链和创新型供应链。

(1) 功能型供应链即针对功能性产品所形成的供应链。功能性产品指的是用于客户基本需求,变化很少,具有稳定的、可预测的需求,一般具备大于两年的较长寿命周期的产品。由于市场需求比较稳定,容易实现供求平衡。对各节点企业来说,重要的是如何利用供应链上的信息,以便降低整个供应链的费用,提高效率,重点在于降低其生产、运输、库存等方面的费用,以最低的成本将原材料转化为产成品。

(2) 创新型供应链即针对创新性产品所形成的供应链。创新性产品指的是产品需求一般不可预测,寿命周期较短,市场的不确定性较高的产品。节点企业除了要利用供应链上的信息，还要特别关注来自于市场的信息。这类产品的供应链应重点考虑供应链的响应速度和柔性，只有这样才能适用多变的市场需求。

2) 推动式供应链和拉动式供应链

根据供应链的市场适应性划分，可分为推动式供应链和拉动式供应链。

(1) 推动式供应链是指从原材料出发，经由半成品、产成品、市场，直至最终客户的物流主导过程。其优点在于能够稳定供应链的生产负荷，提高机器设备利用率，缩短提前期。但这种类型需要有较多的原材料、在制品、完成品的库存，占用流动资金较大，当市场需求发生变化时，企业应变能力较弱。

(2) 拉动式供应链是指从客户的需求出发，按照客户的需求设计、生产产品和服务，这是一种以需求信息流为主导的供应链。其优点在于大大降低各类库存和流动资金占用，减少库存变质和失效的风险。但同时也要面对能否及时获取资源和及时交货以满足市场需求的风险。

3) 平衡的供应链和倾斜的供应链

根据供应链容量与用户需求的关系，可分为平衡的供应链和倾斜的供应链。

供应链具有一定的、相对稳定的设备容量和生产能力(包括供应商、制造商、分销商、零售商、运输商等)，但用户需求处于不断变化的过程中。当供应链的容量能满足用户需求时，供应链处于平衡状态。而当市场变化加剧，造成供应链成本增加、库存增加、浪费增加时，企业不是在最优状态下运作，供应链处于倾斜状态，如图15.2所示。

图 15.2 平衡和倾斜的供应链

4) 有效性供应链和反应性供应链

根据供应链的功能模式(物理功能和市场中介功能)，可分为有效性供应链和反应性供应链。

有效性供应链主要体现供应链的物理功能，即以最低的成本将原材料转化为零部件、半成品、产品，以及在供应链中的运输等。有效性供应链面对稳定的市场需求，提供的产品和相关技术具有相对稳定性。

反应性供应链主要体现供应链的市场中介功能，即对市场需求变化做出快速响应。因此，反应性供应链需要保持较高的市场应变能力并实现柔性化生产，从而降低产品过时或失效的风险。

15.1.2 供应链管理概述

1. 供应链管理的概念

供应链管理(Supply Chain Management，SCM)一词最早于20世纪80年代提出，其后，SCM的概念、基本思想和相关理论开始迅速的发展，相关的SCM学术组织也开始涌现,如2003年更名的美国供应链管理协会,其前身是1963年成立的美国物流管理协会。到目前为止,国内外有关供应链的定义非常多,比较有代表性的有以下几种。

美国供应链协会认为供应链管理包括贯穿于整个渠道的管理供应与需求、原材料与零部件采购、制造与装配、仓储与存货跟踪、订单录入与管理、分销,以及向客户交货。

伊文斯认为供应链管理是通过前馈的信息流和反馈的物料流及信息流,将供应商、制造商、分销商、零售商,直到最终用户连成一个整体的模式。

日本经营学杂志《日经情报》在其"供应链革命"特辑中,将SCM定义如下:SCM是跨越企业组织的边界,作为各完整的流程共享经营资源和信息,以整体优化为目标,彻底消除流程中的浪费的管理技术。

在中华人民共和国国家标准物流术语(GB/T 18354—2006)中,对供应链管理的定义是"供应链管理是对供应链所涉及的全部活动进行计划、组织、协调和控制"。

综上所示,供应链管理的含义应具有以下特征:第一,供应链管理是一种先进的运作管理技术,包含了新的管理方法和信息技术;第二,供应链管理是物流一体化的扩展,其目的是将组织的物流职能和供应链中合作伙伴使用的对等职能的物流部分进行合并或连接,以便和外部节点组成完整的集成化系统;第三,供应链管理是战略层面上的管理方法。

因此,供应链管理是指运用集成的管理思想和方法,以实现供应链整体高效率为目标,对整个供应链系统包括从原材料阶段一直到最终产品交付用户这一过程中,与产品相关的物流、信息流、资金流所进行的计划、组织、协调和控制。

2. 供应链管理的内容

供应链管理主要涉及4个主要领域:供应(Supply)、生产计划(Schedule Plan)、物流(Logistics)和需求(Demand),如图15.3所示,供应链是以同步化、集成化生产计划为指导,以各种技术为支持,尤其以Internet/Intranet为依托,围绕供应、生产作业、物流、需求来实施。供应链主要包括计划、合作、控制从供应商到用户的物料和信息。供应链管理的目标在于提高用户服务水平和降低总的交易成本,并且寻求两个目标之间的平衡。

图15.3 供应链管理涉及的领域

3. 供应链管理的目标

供应链管理的目标是在总成本最小化、客户服务最优化、总库存最少化、总周期时间最短化以及物流质量最优化等目标之间寻找最佳平衡点,以实现供应链绩效的最大化。

1) 总成本最小化

供应链管理的目标是在提高客户服务水平的基础上，降低总的交易成本，但两者具有效益悖反关系，因而还需要寻求两个目标的平衡。采购成本、运输成本、库存成本及供应链的其他成本费用都是相互联系的，要实现有效的供应链管理必须将供应链各成员作为一个有机整体来考虑，站在系统的角度分析问题，从而达到总成本最小化的目标。

2) 客户服务最优化

供应链管理的本质在于为整个供应链的有效运作提供高水平的服务。而由于服务水平与成本费用之间存在悖反关系，要建立一个效率高、效果好的供应链网络结构系统，就必须考虑总成本费用与客户服务水平的均衡。因此，供应链管理的主要目标就是要以总成本费用最低来实现整个供应链客户服务的最优化。

3) 总库存最小化

供应链管理中的库存控制在为了让供应链中的总体库存水平达到最低，而不是单个成员企业。总库存最小化目标的达到有利于实现对整个供应链的库存水平与库存变化的最优控制。

4) 总周期最短化

当今社会，市场变化瞬息变幻，客户的需求也呈现多样化的特征。为了满足多变的市场需求，供应链之间的竞争也就演变为了基于时间的竞争。如何实现快速有效的客户反应，最大限度地缩短从客户发出订单到获取满意交货的整个供应链的总周期时间，成为决定企业成功与否的关键因素。

5) 物流质量最优化

在市场经济条件下，企业产品或服务质量的好坏直接关系到企业的成败。同样，供应链管理下的物流服务质量的好坏直接关系到供应链的存亡。如果提供给客户的产品或服务有缺陷，就无法使供应链的所有业务活动变成增值活动，从而也无法实现供应链的价值。因此，达到与保持高水平的物流服务质量是供应链物流管理的重要目标。

从传统的管理思想来看，上述目标之间可能出现互斥性，如客户服务水平的提高，必然以库存的增加和成本的上升为前提，否则无法达到客户服务最优化。但是，通过运用系统的观点，改进服务、缩短时间、降低成本是可以兼得的。

15.2 供应链的设计与优化

15.2.1 供应链的设计

1. 供应链设计的基本问题

供应链系统的设计，就是要建立以一个重要的企业为核心，联合上游企业和下游企业的协调系统。建立一个优化的供应链系统有利于提高供应链管理的运作绩效，是供应链管理中最重要的环节之一。

供应链的构成不是一成不变，但是，供应链的结构一旦确定后就不能轻易改变。因此，作为供应链管理的一项重要环节，都应非常重视供应链的构建问题。在供应链的设计和构建过程中，应注意以下几个问题。

1) 供应链设计与系统观

系统是由相互作用、相互影响、相互依赖的若干要素组成的具有特定功能的有机体，要素之间具有相互作用、相互影响的关系。供应链就是一个复杂系统，供应链的节点企业也具有上述特征。因此，供应链设计要站在系统的高度，从全局出发，设计和优化供应链。

2) 供应链设计与物流系统

物流系统是供应链的物流通道，是供应链管理的重要内容。物流系统设计是指原材料和外购件所经历的采购、存储、加工、装配、包装、运输、分销、零售等一系列物流过程的设计，是供应链设计中最主要的工作。一个结构合理的物流系统对于降低库存、减少成本、缩短提前期、提高供应链的整体运作效率是非常重要的。

3) 供应链设计与环境因素

一个设计完善的供应链在实际运作中可能并不一定像想象中的完美，甚至无法达到设想的目标。原因并不是系统的设计和构想不完美，而是环境因素影响的结果。因此，在构建和设计一个供应链时必须考虑供应链的运作环境，如地区、政治、文化、经济等因素，同时还需要考虑环境变化将对供应链的影响。因此，供应链设计要充分考虑供应链对环境的适应能力。

4) 供应链设计与先进制造模式

先进的制造模式从客观上要求企业对其传统方式进行改革，与时俱进。如果没有全球制造、虚拟制造、柔性制造系统等先进方式的出现，供应链的管理思想也难以实现。正是先进制造模式的资源配置沿着"劳动密集——设备密集——信息密集——知识密集"的方向发展才使得企业的组织模式和管理模式发生相应的变化。另一方面，供应链设计也成为先进制造模式的推动力，两者相互推动、相辅相成。

 知识链接　柔性制造系统

柔性制造系统(Flexible Manufacturing System，FMS)是在成组技术的基础上，以多台(种)数控机床或数组柔性制造单元为核心，通过自动化物流系统将其连接，统一由主控计算机和相关软件进行控制和管理，组成多品种变批量和混流方式生产的自动化制造系统。柔性制造系统具有设备利用率高、生产能力稳定、产品质量高、运行灵活、经济效果显著等特点。

柔性制造系统的发展趋势大致有两个方面：一方面是与计算机辅助设计和辅助制造系统相结合，利用原有产品系列的典型工艺资料，组合设计不同模块，构成各种不同形式的具有物料流和信息流的模块化柔性系统；另一方面是实现从产品决策、产品设计、生产到销售的整个生产过程自动化，特别是管理层次自动化的计算机集成制造系统。

2. 供应链设计的原则

在供应链设计的过程中，还应遵循一些基本原则，以保证供应链的设计能保证供应链思想得以实现。

1) 自上而下和自下而上相结合的设计原则

在系统设计方法中，有两种设计方法，即自上而下和自下而上的方法。

 知识链接　系统设计的方法

自上而下的方法是从全局走向局部的方法，自下而上的方法是从局部走向全局的方法；自下而上是系统分解的过程，自上而下则是集成的过程。

在设计一个供应链系统时,往往是先由主管高层做出战略规划和决策,然后由下层部门实施决策。因此,供应链的设计是自上而下和自下而上相综合。

2) 简捷性与互补性相结合的设计原则

为了使供应链具有灵活快速响应市场的能力,供应链的每个节点都应该尽量简捷、具有活力地实现业务流程的快速组合。同时在各个节点的选择上应遵循强强联合的原则,实现资源外用的目的。

3) 动态性原则

动态性是指系统本身和所处的环境处于动态变化中,因此具有很大的不确定性。不确定性在供应链管理中是普遍存在的,它会导致需求的扭曲,出现"长鞭效应",即需求沿着供应链前进的过程中发出需求放大效应。因此,要预测各种不确定因素对供应链运作的影响,减少信息传递过程中的失真和延误。

4) 战略性原则

供应链管理属于企业战略管理的层面,要求以战略的观点进行分析,从而设计出符合供应链管理要求的结构。从供应链战略管理角度出发,供应链要充分体现发展的长远规划和对未来的预见性。

3. 供应链设计的步骤

图 15.4 给出了供应链设计的基本步骤。考虑供应链存在的问题,遵循一定的设计方法,并按照下述的设计步骤,借助一定的方法,就可以完成供应链系统。

图 15.4 供应链设计的基本步骤

15.2.2 供应链的优化

1. 供应链优化的概念

供应链优化即在有约束条件或资源有限的情况下的决策方案,它主要有整体优化和局部优化两种类型。整体优化是从大量方案中找出最优方案,然而,实际情况下可能没有最优方案或者没有方法来检测所得方案是否最优,因此有必要进行局部优化。局部优化是在大量类似方案中找出最优方案,此法取决于方案的最初解,最初方案不同,优化结果也不同。

2. 供应链优化的原则

供应链优化的基本原则包括分类管理和时间管理。

1) 分类管理

供应链是复杂的,为此需要将其分类以便管理,如把采购物料分为原材料、辅助材料和备品备件,把供应商分为一级、二级、三级;把客户分为直销商和经销商,等等。不同的类别有不同的特征,采取与不同类别特征相适应的策略可以实现对供应链的优化。

分类作为供应链优化的基本逻辑,就是要对供应链中各个环节的业务要素进行分类,然后根据各个类别分别采取最合适的策略,从而实现供应链优化。采用该原则,关键在于选择合适的分类方法以及针对每一个类别制定合适的策略,同时,确保供应链上下游以及各个环节之间分类的匹配。

(1) 分析分类的合理性。这需要对供应链管理的每一个环节,如需求、生产、采购、物流、计划等各个环节进行详细分析,从实际业务运作的需要审视分类的合理性,可以参考各种管理模型,可以参考各种业务最佳实践。

(2) 针对不同类别采取合适的策略。显然分类越细致,采取的策略就更具有针对性,更为有效。例如,把路边修车店作为一个渠道,这个渠道显然有独自的特征,针对这个渠道采取的策略肯定与商场超市的策略不一致。

(3) 确保各个环节分类策略的匹配性。各个环节的最优不是供应链的最优,要实现供应链优化还必须确保各个环节分类策略的匹配性。例如新增了一个销售渠道类别,它有新的特征,但是否有相应的物流类别去支撑这个销售渠道。在快速消费品行业,针对经销商的物流服务可以全外包,针对市内超市这个渠道很多企业采取了自主做配送的方式。显然,针对不同的销售渠道有不同的物流业务类别。

 知识链接 采用分类方法优化供应链

根据通常对库存的管理方法,宝洁也对采购的材料按照 ABC 方法分类:其中 A 类品种占总数 5%~20%,资金占 60%~70%;C 类品种占总数 60%~70%,资金占总数<15%;B 类介于二者之间。单纯的 ABC 分类还不足以找到最优的采购策略,还需要进一步细分。

宝洁根据不同的分类结果,采取了相应的策略。

(1) 对于价值低,用量大,占用存储空间不大的材料,在供应链中时间减少的机会很少,这类材料占生产材料的 80%,它们适合采用供应商管理库存(VMI)的方式来下达采购订单和管理库存。

效果:节省材料的下单和采购成本;实际的材料采购提前期只是检测周期,库存由 30 天减少到 0 天。

(2) 对于价值不高、用量大且占用存储空间很大的材料以及价值不高但存储空间很大的材料适合采用压缩供应链时间的方法来管理材料供应。

效果：结合对储存过程和运输过程的改变以及延迟时间和检测时间减少，总体提前期最后减少了18天（四分之一的提前期）；材料库存从30天减少到20天，库存价值每个月减少了2万美元。

(3) 全面合作：帮助供应商改进生产技术，宝洁与供应商一起优化物料结构，协调供应商与宝洁的生产计划，宝洁雇佣第三方物流代替客户自有的物流。

效果：供货周期从7天减少到2天，可靠性从88%增加到97%，成本下降了11%。

从宝洁的例子可以看出，分类要与供应链运作的具体情况相适应；详细分类并采取有针对性的策略可以实现显著的优化供应链。当对供应链整体优化方法无解的时候，不妨先对业务详细分类，分类可以引导找到优化方法。

2）时间管理

供应链管理的核心就是时间管理，对于时尚类的产品时间管理非常重要，例如电脑类、服装类产品。众所周知，戴尔公司在个人电脑行业最低的库存天数是其获得竞争优势的关键因素。对于一些非时尚类的产品，如大众消费品，时间管理也是非常重要的。

供应链管理有两个目标：提升客户服务水平以及降低运作成本。这两个方面目标常常是互相矛盾的，即要提高服务水平，是以成本升高为代价的；而降低成本，往往会带来服务水平的下降。时间对两方面目标都有着重要的影响：对于服务水平，最重要的是对市场需求的响应速度，即对需求的响应时间；对于成本来说，时间的延长会导致各种运作成本的升高，例如存储成本、产品滞销的损失等。加强时间管理，可以实现在服务水平与运作成本两个方面的同时优化。

时间管理作为供应链优化的基本逻辑，就是要加强供应链时间管理。在实际操作时可以通过对时间的分析，发现供应链上可以改进的点，找到优化空间，并结合这些优化点，通过对具体业务的分析优化，来缩短供应链运作时间，最终实现供应链优化。

对业务的优化可以向以下两个方向努力。

(1) 加强各个环节在时间上的协调、节奏一致，以减少等待延迟时间。

(2) 缩短各个步骤执行的时间。

时间分析对于供应链优化来说是一种简单而有效的工具。同时由于时间这个因素对于供应链两个目标都非常重要，且能够对两个目标同时优化，所以时间管理常常是供应链优化的突破口，或者说供应链优化的基本原则。当面临供应链优化的难题时，不妨先把供应链时间做详细分析，优化思路可能就会自然显现。

3. 供应链优化的方法

供应链的优化方法包括以下几类。

1）基于规则的系统

基于规则的系统不是优化工具，但是广泛应用于控制系统中。基于规则的系统能控制几百甚至几千个规则。规则系统与规则之间的相互关系非常复杂。如果系统改变而规则没有改变，则系统不能保证所求出的解最优。基于规则的系统有神经元系统等。

2）线性规划

这种方法是应用最广泛的优化工具，通常用于资源分配问题中。任何有决策变量、线性目标函数和线性约束条件的问题都属于线性规划。

3) 约束传播

受约束条件的影响,每一约束都有一定的变量范围。变量域的减少会引起与约束条件相关的变量数目减少。此法在大网络约束条件中尤其有效。

4) 遗传算法

通过改进已有的解找出最优解。尽管为了得到最优解遗传算法要做很多次迭代,然而它求解过程简单,运行速度很快。此类优化方法特别适合那些约束条件和目标函数比较复杂的问题,如非线性函数。

5) 快速反应方法

快速反应(QR)是指在供应链中,为了实现共同的目标,零售商和制造商建立战略伙伴关系,利用EDI等信息技术,进行销售时点的信息交换及订货补充等其他经营信息的交换,用多频度、小数量配送方式连续补充商品,以实现缩短交货周期,减少库存,提高客户服务水平和企业竞争力的供应链管理方法。成功的快速反应供应链伙伴关系将提高供应链上所有伙伴的获利能力。

6) 有效客户响应方法

有效客户响应(ECR)即由零售商、批发商与厂商等供应链节点企业互相协调和合作,更好、更快,以更低的成本为顾客提供更多价值的一种供应链管理方法。ECR旨在消除供应链中不增值的环节,减少成本,提高整个供应链的运行效率,以便最有效地满足客户的需求。

7) CPFR方法

CPFR是协同(Collaborative)、规划(Planning)、预测(Forecasting)和连续补货(Replenishment)的缩写,简称CPFR。CPFR应用一系列的处理和技术模型,提供覆盖整个供应链的合作过程,通过共同管理业务过程和共享信息来改善零售商和供应商的伙伴关系,提高预测的准确性,最终达到提高供应链效率、减少库存和提高消费者满意度的目标。

15.3 供应链绩效评价

15.3.1 供应链绩效评价概述

1. 供应链绩效评价的概念

供应链绩效评价是围绕供应链的目标,基于供应链业务流程,对供应链整体、各环节运营状况,以及各环节之间的运营关系等所进行的事前、事中和事后分析评价。评价供应链的绩效,是对整个供应链的整体运行绩效、供应链节点企业、供应链上的节点企业之间的合作关系所做出的评价。因此,供应链绩效评价指标是基于业务流程的绩效评价指标。绩效评价过程如图15.5所示。

2. 供应链绩效评价的作用

大型供应链企业都非常重视供应链的绩效评价。恰当的绩效评价有利于形成良好的合作关系,获得竞争优势。绩效评价的作用表现在以下几个方面。

图 15.5 绩效评价过程

(1) 用于对整个供应链的运行效果做出评价,主要考虑供应链与供应链间的竞争,为供应链在市场中的存在(生存)、组建、运行和撤销的决策提供必要的客观依据。目的是通过绩效评价而获得对整个供应链的运行状况的了解,找出供应链运作方面的不足,及时采取措施予以纠正。

(2) 用于对供应链上各个成员企业做出评价,主要考虑供应链对其成员企业的激励,吸引企业加盟,剔除不良企业。

(3) 用于对供应链内企业与企业之间的合作关系做出评价,主要考察供应链的上游企业(如供应商)对下游企业(如制造商)提供的产品和服务的质量,从用户满意度的角度评价上、下游企业之间的合作伙伴关系的好坏。

(4) 除对供应链企业运作绩效的评价外,这些指标还可起到对企业的激励的作用,包括核心企业对非核心企业的激励,也包括供应商、制造商和销售商之间的相互激励。

15.3.2 供应链绩效评价指标体系

1. 供应链绩效评价的内容

根据供应链管理运作机制和目标,供应链绩效评价不仅能反映供应链整体运营状况,而且还能反映供应链上各个节点企业之间的运营关系。由于供应链是由多方面组成的一个复杂系统,对供应链的评价不能片面地从好或坏来定论,而应综合多方面的指标评价。因此,供应链绩效评价主要包括内部绩效评价、外部绩效评价、供应链综合绩效评价三方面的内容。

1) 内部绩效评价

内部绩效评价是对供应链内各企业运营情况作出评价,侧重于考虑供应链对企业的激励。在进行内部绩效衡量时需要立足于供应链整体的角度,而非一般意义的企业内部绩效评价。评价的主要内容包括成本、质量、顾客服务、生产率等。

2) 外部绩效评价

外部绩效评价是对供应链内企业之间的合作关系做出评价,包括从用户满意度的角度评价上下游企业之间的合作伙伴关系,核心企业对其他节点企业的激励,以及供应商、制造商、零售商之间的相互激励等。其度量的主要指标有用户满意度、上下游企业合作关系、交付可靠性等。

3) 供应链综合绩效评价

供应链综合绩效评价主要是从整体角度考虑不同供应链之间的竞争,为供应链在市场中的生存、组建、运行、撤销的决策提供依据。评价内容主要包括满意度、柔性、创新和资产等几个方面。

2. 供应链绩效评价的关键点

供应链绩效评价可从组织绩效、供应商、物流和客户4个方面考察关键点，具体见表15-1。

表15-1 供应链绩效评价关键点

方　面	关键点	释　　义
组织绩效	柔性	反映供应链对内、外部干扰的调整能力
	集成度	反映供应链企业信息、物流和管理的集成度
	协调性	主要指供应链中的利益协调和管理协调
	稳定性	供应链成员和组织结构应具有相对的稳定性
供应商	采购提前期	反映供应链经营状况的全面指标
	供应商柔性	不确定环境中的应变能力
	采购成本	反映供应链的整体运营能力
物流	物流速度	与物流业务相关行为的数据传输速度、计划更新速度和物流执行速度
	物流柔性	对客户需求变动的应变能力
	物流可视性	供应链中共享物流信息的程度
客户	可用性	物流系统完成订单的能力和比率
	时间	按时交付和周期时间
	满意度	客户满意度和客户抱怨

3. 供应链绩效评价的具体指标

在评价工作中，供应链绩效往往是由多种因素构成的系统。因此，评价指标也是多种多样的、相互关联的，这些相互关联的评价指标所构成的指标系统就是评价指标体系。反映整个供应链运营的绩效评价指标，应综合考虑指标评价的客观性和实际可操作性，常用的有以下7个评价指标。

1）产销率指标

产销率是指在一定时间内已销售出去的产品与已生产的产品数量的比值，具体公式为

$$产销率 = \frac{已销售出去的产品数量}{已生产的产品数量}$$

产销率指标又可分成如下3个具体的指标。

（1）供应链节点企业的产销率，反映供应链节点企业在一定时间内的经营状况。

（2）供应链核心企业的产销率，反映供应链核心企业在一定时间内的产销经营状况。

（3）供应链产销率反映供应链在一定时间内的产销经营状况。

该指标除了反映产品生产和销售量的比率外，还反映了供应链资源（包括人、财、物、信息等）的有效利用程度，产销率越接近1，说明资源利用程度越高。同时，该指标也反映

了供应链库存水平和产品质量,其值越接近 1,说明供应链成品库存量越小。产销率指标中所用的时间单位越小(比如:天),说明供应链管理水平越高。

2) 平均产销绝对偏差指标

平均产销绝对偏差是指在一定时间内,所有节点企业已生产的产品的数量与其已销售的数量之差的绝对值之和的平均值,具体公式为

$$\text{平均产销绝对偏差} = \frac{\sum_{i=1}^{n} |P_i - S_i|}{n}$$

式中:n 为供应链成员企业的个数;P_i 为第 i 个成员企业在一定时间内生产产品的数量;S_i 为第 i 个成员企业在一定时间内已生产的产品销售出去的数量。

该指标反映了在一定时间内供应链总体库存水平,其值越大,说明供应链成品库存量越大,库存费用越高。反之,说明供应链成品库存量越小,库存费用越低。

3) 产需率指标

产需率是指在一定时间内,节点企业已生产的产品数量与其上层节点企业(或用户)对该产品的需求量的比值,具体分为如下两个指标。

(1) 供应链节点企业产需率,具体公式为

$$\text{供应链节点企业产需率} = \frac{\text{节点企业已生产的产品数量}}{\text{节点企业对该产品的需求量}}$$

该指标反映了上、下层节点企业之间的供需关系。产需率越接近 1,说明上、下层节点企业之间的供需关系协调,准时交货率高,反之,则说明下层节点企业准时交货率低或者企业的综合管理水平较低。

(2) 供应链核心企业产需率,具体公式为

$$\text{供应链核心企业产需率} = \frac{\text{一定时间内核心企业已生产的产品数量}}{\text{一定时间内用户对该产品的需求量}}$$

该指标反映了供应链整体生产能力和快速响应市场能力。若该指标数值大于或等于 1,则说明供应链整体生产能力较强,能快速响应市场需求,具有较强的市场竞争能力;若该指标数值小于 1,则说明供应链生产能力不足,不能快速响应市场需求。

4) 供应链产品出产(或投产)循环期或节拍指标

当供应链节点企业生产的产品为单一品种时,供应链产品出产循环期是指产品的出产节拍;当供应链节点企业生产的产品品种较多时,供应链产品出产循环期是指混流生产线上同一种产品的出产间隔。由于供应链管理是在市场需求多样化经营环境中产生的一种新的管理模式,其节点企业(包括核心企业)生产的产品品种较多,因此供应链产品出产循环期一般是指节点企业混流生产线上同两种产品的出产间隔期。它可分为以下两个具体指标。

(1) 供应链节点企业(或供应商)零部件出产循环期。该循环期指标反映了节点企业库存水平以及对其上层节点企业需求的响应程度。该循环期越短,说明该节点企业对其上层节点企业需求的快速响应性越好。

(2) 供应链核心企业产品出产循环期。该循环期指标反映了整个供应链的在制品库存水平和成品库存水平,同时也反映了整个供应链对市场或用户需求的快速响应能力。核心企业产品出产循环期决定着各节点企业产品出产循环期,即各节点企业产品出产循环期必须与核心企业产品出产循环期合拍。该循环期越短,说明整个供应链的在制品库存量和成

品库存量都比较少，总的库存费用都比较低；另一方面也说明供应链管理水平比较高，能快速响应市场需求，并具有较强的市场竞争能力。

5) 供应链总运营成本指标

供应链总运营成本包括供应链通信成本、供应链库存费用及各节点企业外部运输总费用。它反映供应链运营的效率，具体分析如下。

(1) 供应链通信成本。供应链通信成本包括各节点企业之间的通信费用，如 EDI、因特网的建设和使用费用，供应链信息系统开发和维护费等。

(2) 供应链总库存费用。供应链总库存费用包括各节点企业在制品库存和成品库存费用、各节点之间在途库存费用。

(3) 各节点企业外部运输总费用。各节点企业外部运输总费用等于供应链所有节点企业之间运输费用的总和。

6) 供应链核心企业产品成本指标

供应链核心企业的产品成本是供应链管理水平的综合体现。根据核心企业产品在市场上的价格确定出该产品的目标成本，再向上游追溯到各供应商，确定出相应的原材料、配套件的目标成本。只有当目标成本小于市场价格时，各个企业才能获得利润，供应链才能得到发展。

7) 供应链产品质量指标

供应链产品质量是指供应链各节点企业（包括核心企业）生产的产品或零部件的质量，主要包括合格率、废品率、退货率、破损率、破损物价值等指标。

4. 供应链绩效评价方法

供应链绩效评价方法很多，包括平衡计分卡法、标杆法、SCOR 模型法、指标体系法、专家定性判断法、层次分析法、综合评分法等，下面介绍几种。

1) 平衡计分卡法

平衡计分卡(Balanced Score Card，BSC)是哈佛商学院教授 Robert Kaplan 与诺朗诺顿研究所所长 David Norton 于 20 世纪 90 年代初研究了在绩效测评方面处于领先地位的 12 家大型企业，在其成功经验基础上，从财务方面、客户层面、内部经营过程层面、学习和成长层面等 4 个层面构建的一个完整的评价考核体系。2000 年，布鲁尔和斯拜将平衡记分卡延伸到供应链概念中，认为绩效评价必须与供应链实践协调。他们建立起一种供应链框架，该框架将平衡计分卡的 4 个方面联系起来，以达到供应链管理目标，如图 15.6 所示。

经过将近 20 年的发展，平衡计分卡已经发展为集团战略管理的工具，在集团战略规划与执行管理方面发挥非常重要的作用。

2) 标杆法

标杆法(Benchmarking)是美国施乐公司确立的经营分析方法，用于定量分析自己公司现状与其他公司现状，并加以比较分析。标杆法是一种已具有很多成功实践的绩效管理工具，近年来被广泛地用于供应链绩效评价中。

标杆法的主要特点是将那些出类拔萃的企业作为企业测定基准，通过比较来改进和提高企业的经营绩效。标杆管理法是一种辨别最好企业实践并进行学习的过程，通过辨别行业内外最佳企业业绩及其实践途径，企业可以指定业绩评估标准。然后对其业绩进行评估，同时制定相应的改善措施。

图 15.6 将供应链管理与平衡计分卡相联系

3) SCOR 模型法

SCOR 模型由美国供应链协会于 1996 年发布。该模型是为了帮助公司了解供应链的绩效以及改善的机遇，开发出的跨行业框架。SCOR 应用了一种基于流程的方法，来考察供应链。

SCOR 基于 5 个不同的管理流程。一个整合的计划框架把供应链中所有企业都包括在内，在此框架中，按照重复进行的管理流程——采购、制造和运送，来考察供应链，如图 15.7 所示。

图 15.7 5 个不同的管理流程

其中，核心公司的管理流程和供应商以及客户企业中相应的管理流程被看做是联系在一起的。以下详细介绍这5个不同的管理流程。

(1) 计划：计划供应和需求的任务。在总任务系统中提出这些任务，该系统包括长期生产能力和资源规划等活动。

(2) 采购：物料收购的任务。在总采购系统中提出，该系统包括供应商认可及供应商缔约等活动。

(3) 制造：实施生产的任务。在总生产系统中提出，该系统包括车间生产进度安排等活动。

(4) 运送：需求、订单、仓库和运输、安装和委托代理的日常管理任务。这些任务在总运送管理系统中提出，该系统包括订货准则以及运送量管理。

(5) 退货：需更换和维修的不合格商品的退货，以及客户不再需要的物流的回收利用。

SCOR 具有以下 4 个级别。

第一级：大致描述计划、采购、制造和运送管理流程，用于设定竞争目标。

第二级：详细定义核心流程的分类细目——供应链的可能的组成要素。

第三级：针对第二级中的分类细目，为它们每个组成要素提供计划和设定目标所需的信息。

第四级：为取得改进所需要的实施计划。

表 15-2 所示的是 SCOR 中第一级上的 13 个衡量标准。该表的用意在于，公司不必成为全能冠军，相反，公司应该集中自己的优势，把目标瞄准市场上 4~6 个选定的领域，创造差别优势。同时，公司也要保证自己在其他领域中仍具有竞争力。

表 15-2 供应链绩效和基准衡量标准

SCOR 第一级供应链管理	客户层面		内部层面	
	供应链可靠性	灵活性和响应性	成本	资产
运送绩效	√			
订单完成绩效	√			
完成率				
订单完成的提前期				
完整订单执行	√			
供应链响应时间		√		
生产灵活性		√		
物流管理总成本			√	
增值生产率			√	
保修成本或退货处理成本			√	
现金周转期				√
库存供货天数				√
资金周转				√

案例链接

某公司对照 SCOR 第一级衡量标准的实践绩效见表 15-3。该表显示了那些衡量标准和 SCOR 的数据库之间的比较结果。

表 15-3 在竞争环境中评估供应链绩效

供应链平衡计分卡			绩效与竞争对手相比较			
衡量标准概要		第一级衡量标准	实际	势均力敌	占优势	卓然超群
外部	供应链可靠性	到承诺日为止时的运送绩效完成率	50%	85%	90%	95%
		完整订单执行（准时、全部货物）	63% 0%	94% 80%	96% 85%	98% 90%
		订单完成的提前期（客户到客户）	7 天	7 天	5 天	3 天
	灵活性和响应性	生产灵活性（总）生产进度表确定的时间	45 天	30 天	25 天	20 天
内部	成本	物流管理总成本保修成本、退货和折扣	19% NA	13% NA	8% NA	3% NA
		每名员工生产力增加的价值	12.2 万美元	15.6 万美元	30.6 万美元	46.0 万美元
	资产	存货供货天数	119 天	55 天	38 天	22 天
		现金周转天数	196 天	80 天	46 天	28 天
		资产净值周转（营运资本）	2.2 个周期	8 个周期	12 个周期	19 个周期

试分析，该供应链的绩效如何？

5. 供应链管理成熟度

供应链管理成熟度（Supply Chain Management Maturity）的主要作用之一就是分析供应链的管理绩效，以及管理投入所带来的效率、效益和效能。供应链管理成熟度是供应链绩效评价体系的组成部分，通过建设和纳入供应链管理成熟度这一指标，能够有效补充和完善供应链绩效评价体系，得出制约整个供应链运营的关键因素，从而为供应链的动态优化提供依据，同时为供应链绩效评价体系进行指标的选取和权重的分配提供参考。

15.4 供应链管理的基本方法

供应链管理的方法有很多，但管理的宗旨都是为了降低供应链成本，提高供应链效率，使整个供应链上下游企业都能够受益。主要的供应链管理方法包括以下几种。

15.4.1 快速反应

1. 快速反应的含义

快速反应(Quick Response，QR)是 20 世纪 90 年代末在美国开始实施的，由美国的纺织服装行业以及主要连锁零售商(沃尔玛)等推动的。QR 是指在供应链中，为了实现共同的目标，零售商和制造商建立起战略合作伙伴关系，利用电子数据交换等技术，进行销售时点的信息交换及订货补充等其他经营信息的交换，用多频次、小批量配送补充商品，以实现缩短交货周期，减少库存，提高客户服务水平和企业竞争力的供应链管理方法。该方法的目的是减少从原材料到销售点的时间和整个供应链的库存，最大限度地提高供应链管理的运作效率。

2. 快速反应实施的条件

学者 Black Bum 在美国纺织服装业研究的基础上，认为 QR 成功需具备以下 5 项条件。

1) 改变传统的经营方式、企业经营意识和组织结构

（1）企业不能局限于依靠本企业独自的力量来提高经营效率的传统经营意识，要树立通过与供应链各方建立合作伙伴关系，努力利用各方资源来提高经营效率的现代经营意识。

（2）零售商在垂直型 QR 系统中起主导作用，零售店铺是垂直型 QR 系统的起始点。

（3）在垂直型 QR 系统内部，通过 POS 数据等销售信息和成本信息的相互公开和交换，来提高各个企业的经营效率。

（4）明确垂直型 QR 系统内各个企业之间的分工协作范围和形式，消除重复作业，建立有效的分工协作框架。

（5）必须改变传统的事务作业的方式，通过利用信息技术实现事务作业的无纸化和自动化。

2) 开发和应用现代信息处理技术

目前企业采用的信息技术包括条码(Barcode)技术、EDI 系统(Electric Data Interchange，EDI)、电子订货系统(Electronic Ordering System，EOS)、连续补货(Continuous Replenishment Program，CRP)等。

3) 与供应链各方建立战略伙伴关系

积极寻找和发现战略合作伙伴关系，与之建立起分工和协作关系。合作的目标是为了削减库存，避免缺货现象的发生，从而实现降低风险、简化事务性作业，优化供应链。

4) 改变传统的对企业商业信息保密的做法

将销售信息、库存信息、生产信息、成本信息等与合作伙伴交流共享，并在此基础上，要求各方在一起发现问题、分析问题和解决问题。

5) 供应商必须缩短生产周期，降低商品库存

供应商应努力做到缩短商品的生产周期，通过多品种少批量生产和多频度少数量配送，降低零售商的库存水平，提高顾客服务水平。同时，在商品实际需要将要发生时采用 JIT 方式组织生产，减少供应商自身的库存水平。

3. 实施快速反应的效果

研究显示，零售商在应用 QR 系统后，销售额大幅度增加，商品周转率大幅度提高，需求预测误差大幅度下降。以美国服装行业实施 QR 为例，其实施后的效果见表 15-4。

表 15-4 实施 QR 的效果

对象商品	实施 QR 的企业	零售业者的 QR 效果
休闲裤	零售商：Wal-Mart 服装生产厂家：Semiloe 面料生产厂家：Milliken	销售额：增加 31% 商品周转率：提高 30%
衬衫	零售：J. C. Penney 服装生产厂家：Oxford 面料生产厂家：Burlinton	销售额：增加 59% 商品周转率：提高 90% 需求预测误差：减少 50%

15.4.2 有效客户响应

1. 有效客户响应的含义

有效客户响应（Efficient Consumer Response，ECR）是一种通过制造商、批发商和零售商各自经济活动的整合，以最低的成本，最快、最好地实现消费者需求的流通模式。ECR 强调供应商和零售商的合作，尤其在企业间竞争加剧和需求多样化发展的今天，产销之间迫切需要建立相互信赖、相互促进的协作关系，通过现代化的信息和手段，协调彼此的生产、经营和物流管理活动，进而在最短的时间内应对客户需求变化。

 知识链接　ECR 产生的背景

ECR 的提出与美国食品行业的危机有直接关系。面对日益增多的食品种类和品种，传统的商品供应体制很难适应现代流通市场的需求，销售额日益减少。

在此背景下，1992 年年初，美国食品营销协会成立了一个特别工作小组，着手研究商品供应的新体制。项目小组对食品行业展开调查，提出将物流、品种、促销和新商品的引入 4 个需要改革的领域，并针对这 4 个领域的改革措施和信息技术提出了一种综合运作方法，即 ECR 方法。

2. 实施有效客户响应的关键因素

（1）信息完整。供应链的信息库要具有完整的信息，包括需求、供应、技术和市场等方面的信息。

（2）标准化。为了快速响应客户的需求，供应链上的各项信息、数据的收集和传输应加以标准化。

（3）互信、互利、共识的建立。实施有效客户响应的重点在于供应链企业体系内的上、下游之间彼此分享信息，打破以往互相对立的角色，建立相互信任、荣辱共存、共同发展的新型伙伴关系。

（4）完善的物流系统。建立一个高效率、功能完备、低成本的物流系统，是确保整个有效客户响应体系成功实施的重要条件。

3. 实施有效客户响应的效果

根据欧洲供应链管理委员会的调查报告，接受调查的 392 家公司，其中制造商实施 ECR 后，预期销售额增加 5.3%，制造费用减少 2.3%，销售费用减少 1.1%，仓储费用减少 1.3%，总盈利增加 5.5%。而批发商及零售商业也有相似的获益，销售额增加 5.4%，毛利增加 3.4%，仓储费用减少 5.9%，平均库存减少 13.1%，每平方米的销售额增加 5.3%。

由于在流通环节中缩减了不必要的成本，零售商和批发商之间的价格差异也随之降低，这些节约了的成本最终将使消费者受益。除了这些有形的好处以外，还有一些对消费者、分销商和供应商重要的无形的利益。

对于消费者：增加选择和购物的方便，减少缺货单品，产品更新鲜。

对于分销商：增加消费者的信任，对顾客更加了解，改善了和供应商的关系。

对于供应商：减少缺货，增加品牌信誉，改善了和分销商的关系。

本 章 小 结

本章首先介绍了供应链的概念、特征与类型，并分析了供应链管理涉及的 4 个主要领域：供应、生产计划、物流和需求，从而提出了供应链管理的目标，即在总成本最小化、客户服务最优化、总库存最少化、总周期时间最短化以及物流质量最优化等目标之间寻找最佳平衡点，以实现供应链绩效的最大化。其次，阐述了供应链的设计与优化，通过构建合理的供应链，保证供应链的思想得以实现。再次，建立了一个供应链绩效评价指标体系，对整个供应链的整体运作绩效、节点企业之间的合作关系做出评价。最后，介绍了供应链管理的两类基本方法：快速反应和有效客户响应。其宗旨是为了降低供应链成本，提高供应链效率。

习 题

一、单项选择题

1. 下列选项中，（　　）不属于供应链的特征。
   A. 复杂性　　　　B. 随机性　　　　C. 动态性　　　　D. 风险性
2. 根据产品类别不同，供应链可分为（　　）。
   A. 功能性供应链和创新型供应链　　　B. 推动式供应链和拉动式供应链
   C. 平衡的供应链和倾斜的供应链　　　D. 有效性供应链和反应性供应链
3. 根据供应链的市场适应性划分，供应链可分为（　　）。
   A. 功能性供应链和创新型供应链　　　B. 推动式供应链和拉动式供应链
   C. 平衡的供应链和倾斜的供应链　　　D. 有效性供应链和反应性供应链
4. 供应链优化的原则包括（　　）。
   A. 分类管理和序列管理　　　　　　　B. 时间管理和计划管理
   C. 序列管理和计划管理　　　　　　　D. 分类管理和时间管理

二、名词解释

1. 供应链　2. 供应链管理　3. 快速反应　4. 有效客户响应

三、简答题

1. 简述供应链管理的内容。
2. 简述供应链管理的目标。
3. 简述供应链绩效评价的内容。
4. 简述快速反应实施的条件。
5. 简述实施有效客户响应的关键因素。

案例分析

耐克的中心仓库运作

在20世纪90年代早期，耐克通过减少它在欧洲的仓库数量（从22个减少到只有1个，即只留下建在比利时的Laakdal）合并它在欧洲的仓储。Laakdal接收来自世界各地生产的耐克产品——运动鞋和运动服，并且为整个欧洲的零售商店提供服务。

在欧洲，耐克最初通过经销商运作，在每个国家选择当地的业务伙伴。到20世纪80年代，市场的发展使公司决定逐渐全数收购它的经销商。随后，耐克把它们转变为耐克私有的子公司。然而，在很大程度上，每家经销商的运作是各自为政的。每个当地的仓库都有自己的物流基础设施和自己的销售队伍，独立订货并且独自控制存货。所以，各国的服务水平各有千秋，不尽相同。事实上也根本没有存货分配协调。因此，在一个国家中闲置没用的产品经常是另一个国家所需要的，反之亦然。公司在20世纪90年代的发展导致仓库能力不足。为了响应这些瓶颈效应，配送中心集中大部分的精力解决配送问题，但是其真正优先考虑的事应该是销售和市场。

根据1991年进行的战略评估，耐克决定集中它在欧洲的活动。第一步是在荷兰设立欧洲的总部。第二步是集中其在欧洲所有的配送运作。集中配送的主要原因有以下几点。

(1) 在按既定日期把运动服送到零售商方面存在重大问题。
(2) 没有充分告知当地管理层运输抵达日期。
(3) 统一托收非常困难。当零售商希望单独进行时，通常意味着订单的单独运送。
(4) 很难保证一致的增值服务。
(5) 在每个国家中都独立开发了计算机系统。

在1992年，耐克决定在比利时的Laakdal设立欧洲配送中心(EDC)。于是1994年9月开设了第一个运动服的高层储架，一年以后又开设了第一个运动鞋的储架。

集中运送的实施如下所述。当运动服送到Laakdal时，要经历以下7个步骤。

(1) 收货并将其放在托盘上。把集装箱从河道驳船上卸下，并打开集装箱。给每个从集装箱中取出的箱子上打上条形码。计算机依据这个条形码为箱子分配储位。接着，把箱子放到托盘上。每个起重机都有一个行车记录电脑，由它来告诉司机存放托盘和箱子的地点。这一程序较之全自动的系统更有效、灵活。

(2) 质量控制。在收到货物之后，产品被送到质量控制流程，12道关口有12个人来检查颜色和尺寸。同样，也要查找不合格产品，进行耐洗式测试。质量控制是一项重要的活动。没有这一步，耐克无法向客户保证其产品的质量。这要追溯到耐克不断变化供应商，以获得成本利益的政策。由于耐克与供应商之间没有长期的关系，所以它必须自己进行在欧洲收到的产品的质量控制，质量控制的另一个原因是耐克的质量标准与供应商的质量标准不同。

（3）储存。存货一旦经过了质量控制程序，产品就被存放起来。高层储架组成了一个巨大的仓库，例如一个运动服的高层储架高为28米，长为125米，宽为42米。

（4）拣货和分类。在拣货和分类单元，要根据订单对产品进行分类。计算机的终端利用无线射频，可以使拣货操作员确切地知道需要的是哪件产品以及它存放在哪里。一个可以处理160位客户订单的机器对放置在自动传送系统上的大多数运动服进行分类。自动程序造就了无纸传输数据的仓库。当临近运送日期时，产品被送往拣货中心和拣货仓库。

（5）增值服务。离开拣货单元和分类单元之后，许多产品被运往加工部门。在这里，根据客户具体的订单，把产品加工完成，例如给产品贴标签等。提供增值服务和优秀的质量是客户服务的重要目标之一。这些活动是非常劳动密集型的，且容易出现人为错误。为此，一次只能为一个订单或一种产品实施增值活动。

（6）包装、检查和封装。经过计算机控制的检查后，把运动服装入箱子中。这项活动在包装站进行。但是在打包装之前，操作员要检查运动服，这些服装是根据订单规格由传送带送到包装站的。经过确认后，箱子被自动封上。

（7）运输。根据订单和目的地国家，箱子被自动合并在一起，整装待发。其中，第(1)、(2)、(5)、(6)步是在底层区域进行，而对于其他步骤，可以使用高层区。

讨论题：

1. 在Laakdal的7步物流程序是怎样为耐克提供竞争优势的？
2. 你能识别出上述描述中未能充分阐明的任何物流问题吗？

参考文献

[1] 黄中鼎. 现代物流管理[M]. 2版. 上海：复旦大学出版社，2009.
[2] 钱东人，朱海波. 新编现代物流学[M]. 北京：中国物资出版社，2005.
[3] 海峰，胡娟. 物流管理学[M]. 武汉：武汉大学出版社，2007.
[4] 霍红. 物流管理学[M]. 北京：科学出版社，2009.
[5] 韦恒. 物流学[M]. 北京：清华大学出版社，2007.
[6] 王健. 现代物流概论[M]. 北京：北京大学出版社，2005.
[7] 张理. 物流管理导论[M]. 北京：清华大学出版社，2009.
[8] 崔介何. 物流学概论[M]. 北京：北京大学出版社，2010.
[9] 刘俐. 现代仓储管理与配送中心运营[M]. 北京：北京大学出版社，2008.
[10] 吴清一. 物流管理[M]. 北京：中国物资出版社，2005.
[11] 张开涛，张文法. 仓储管理实务[M]. 北京：人民邮电出版社，2011.
[12] 白世贞，郭健，姜华珺. 商品包装学[M]. 北京：中国物资出版社，2009.
[13] 张新昌. 包装概论[M]. 北京：印刷工业出版社，2011.
[14] 彭国勋. 物流运输包装设计[M]. 2版. 北京：印刷工业出版社，2012.
[15] 罗松涛. 物流包装[M]. 北京：清华大学出版社，2010.
[16] 鲍吉龙. 物流信息技术[M]. 3版. 北京：机械工业出版社，2010.
[17] 卢少平，王林. 物流信息技术与应用[M]. 武汉：华中科技大学出版社，2009.
[18] 陈雅萍，朱国俊，刘娜. 第三方物流[M]. 北京：清华大学出版社，2009.
[19] 霍红. 第三方物流企业经营与管理[M]. 北京：中国物资出版社，2008.
[20] 林慧丹. 第三方物流[M]. 2版. 上海：上海交通大学出版社，2010.
[21] 杜文，任民. 第三方物流[M]. 北京：机械工业出版社，2010.
[22] 钱芝网，孙海涛. 第三方物流运营实务[M]. 2版. 北京：电子工业出版社，2011.
[23] 严建援. 电子商务物流管理与实践[M]. 北京：高等教育出版社，2006.
[24] 蒋长兵. 运输与配送管理实验与案例[M]. 北京：中国物资出版社，2011.
[25] 朱华. 配送中心管理与运作[M]. 2版. 北京：高等教育出版社，2008.
[26] 刘南，等. 运输与配送[M]. 北京：科学出版社，2010.
[27] 蒋长兵. 运输与配送管理理论与实务[M]. 北京：中国物资出版社，2011.
[28] 邓汝春. 物流配送实务[M]. 北京：中国铁道出版社，2008.
[29] 王槐林. 物流管理学[M]. 2版. 武汉：武汉大学出版社，2005.
[30] 朱伟生. 物流成本管理[M]. 3版. 北京：机械工业出版社，2011.
[31] 丁小龙. 现代物流管理学[M]. 北京：北京大学出版社，2010.
[32] 冯耕中，李雪燕，汪寿阳. 物流成本管理[M]. 北京：中国人民大学出版社，2010.
[33] 易华，李伊松. 物流成本管理[M]. 2版. 北京：机械工业出版社，2009.
[34] 黄辉，林略. 物流学导论[M]. 重庆：重庆大学出版社，2008.
[35] 方磊. 电子商务物流管理[M]. 北京：清华大学出版社，2011.
[36] 陈建斌. 电子商务与现代物流[M]. 北京：中国经济出版社，2008.